MostUsedWords.com presents

Swedish Frequency Dictionary

Essential Vocabulary

2500 Most Common Swedish Words

Book 1

First Printing, 2017

Jolie Laide LTD
12/F, 67 Percival Street, Hong Kong

www.MostUsedWords.com

Contents

Why This Book?

Hello, dear reader.

Thank you for purchasing this book. We hope it serves you well on your language learning journey.

Not all words are created equal. The purpose of this frequency dictionary is to list the most used words in descending order, to enable you to learn a language as fast and efficiently as possible.

First, we would like to illustrate the value of a frequency dictionary. For the purpose of example, we have combined frequency data from various languages (mainly Romance, Slavic and Germanic languages) and made it into a single chart.

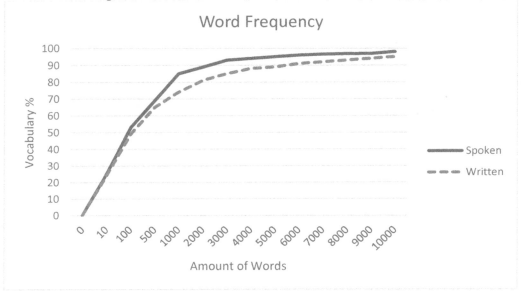

The sweet spots, according to the data seem to be:

Amount of Words	Spoken	Written
• 100	53%	49%
• 1.000	85%	74%
• 2.500	92%	82%
• 5.000	95%	89%
• 7.500	97%	93%
• 10.000	98%	95%

Above data corresponds with Zipfs law and Pareto´s law.

Zipfs law states that given some corpus of natural language utterances, the frequency of any word is inversely proportional to its rank in the frequency table. Thus the most frequent word will occur approximately twice as often as the second most frequent word, three times as often as the third most frequent word, etc.: the rank-frequency distribution is an inverse relation.

For example, in the Brown Corpus of American English text, the word "the" is the most frequently occurring word, and by itself accounts for nearly 7% of all word occurrences (69,971 out of slightly over 1 million). True to Zipf's Law, the second-place word "of" accounts for slightly over 3.5% of words (36,411 occurrences), followed by "and" (28,852). Only 135 vocabulary items are needed to account for half the Brown Corpus.

Pareto's law, also known as the 80/20 rule, states that, for many events, roughly 80% of the effects come from 20% of the causes.

In language learning, this principle seems to be on steroids. It seems that just 20% of the 20% of the most used words in a language account for roughly all vocabulary you need.

To put his further in perspective: The Concise Oxford English Dictionary has over 240.000 words in current use, while you will only need to know 2.1% (5000 words) to achieve 95% and 89% fluency in speaking and writing. Knowing the most common 10.000 words, or 4.2%, will net you 98% fluency in spoken language and 95% fluency in written texts.

(Yes, this is a Swedish dictionary, but the above example is purely for illustration purposes. It is safe to assume that all languages follow a similar pattern.)

Keeping this in mind, the value of a frequency dictionary is immense. At least, that is if you want to speak a language fast. Study the most frequent words, build your vocabulary and progress naturally. Sounds logical, right?

But how many words do you need to know for varying levels of fluency?

While it's important to note that it is impossible to pin down these numbers and statistics with 100% accuracy, these are a global average of multiple sources.

According to research, this is the amount of vocabulary needed for varying levels of fluency.

1. 250 words: the essential core of a language. Without these words, you cannot construct any sentence.
2. 750 words: those that are used every single day by every person who speaks the language.
3. 2500 words: those that should enable you to express everything you could possibly want to say, although some creativity might be required.
4. 5000 words: the active vocabulary of native speakers without higher education.
5. 10,000 words: the active vocabulary of native speakers with higher education.
6. 20,000 words: what you need to recognize passively to read, understand, and enjoy a work of literature such as a novel by a notable author.

Caveats & Limitations.

A frequency list is never "The Definite Frequency List."

Depending on what source material was analyzed, you may get different lists. A corpus on spoken word differs from source texts based on a written language.

That is why we chose subtitles as our source, because, according to science, they cover the best of both worlds: both spoken and written Swedish.

The frequency list is based on analysis of roughly 20 gigabytes of Swedish subtitles.

Visualize a book with almost 16 million pages, or 80.000 books of 200 pages each, to get an idea of the amount words that have been analyzed for this book. A large base text is vital in order to develop an accurate frequency list.

The raw data included over 1 million entries. The raw data has been lemmatized; words are given in their root form.

Some entries you might find odd, in their respective frequency rankings. We were surprised a couple of time ourselves. But the data does not lie. Keep in mind that this book is compiled from a large amount of subtitle data, and may include words you wouldn't use yourself.

You might find non-Swedish loanwords in this dictionary. We decided to include them, because if they're being used in subtitle translation, it is safe to assume the word has been integrated into the Swedish general vocabulary.

We tried our best to keep out proper nouns, such as "James, Ryan, Alice as well as "Rome, Washington" or "the Louvre, the Capitol".

Some words have multiple meanings. For the ease of explanation, the examples are given in English.

"Jack" is a very common first name, but also a noun (a jack to lift up a vehicle) and a verb (to steal something). So is the word "can" It is a conjugation of the verb "to be able" as well as a noun (a tin can, or a can of soft drink).

This skews the frequency rankings slightly. With the current technology, it is unfortunately not possible to rightly identify the correct frequency placements of above words. Luckily, these words are very few, and thus negligible in the grand scheme of things.

If you encounter a word you think you won't need in your vocabulary, just skip learning it. The frequency list includes 25 extra words to compensate for any irregularities you might encounter.

The big secret to learning language is this: build your vocabulary, learn basic grammar and go out there and speak. Make mistakes, have a laugh and learn from them.

We hope that you will find this frequency dictionary a handy tool. If you like this dictionary, please let others know about it, so they can enjoy it too. Or leave a review/comment online, e.g. on social media, blogs or on forums.

How To Use This Dictionary

abbreviation	*abr*
adjective	*adj*
adverb	*adv*
article	*art*
auxiliary verb	*av*
conjunction	*con*
interjection	*int*
noun	*nn*
numeral	*num*
particle	*part*
phrase	*phr*
prefix	*pfx*
preposition	*prp*
pronoun	*prn*
suffix	*sfx*
verb	*vb*
singular	*sg*
plural	*pl*

Word Order

The most common translations are generally given first. This resets by every new respective part of speech. Different parts of speech are divided by ";".

Translations

We made the decision to give the most common translation(s) of a word, and respectively the most common part(s) of speech. It does, however, not mean that this is the only possible translations or the only part of speech the word can be used for.

Swedish English Frequency Dictionary

rank	Swedish *Part of Speech*	English Translation Swedish Example Sentence *-English Example Sentence*
1	**jag** *prn; nn*	**I; self** Jag är inte död, eller hur? *I'm not dead, am I?*
2	**det** *art; prn; adv*	**the; it; there** Jag trodde att du skulle tycka om det. *I thought you'd like it.*
3	**vara** *vb; nn*	**be|make; article** Då återgår jag till att vara ledare. *Well, I guess I'll go back to being the boss.*
4	**du** *prn*	**you** Hur tog du dig dit? *How did you get there?*
5	**inte** *prn; adv*	**not; none** I avtalsförhållanden mellan en näringsidkare och en konsument får parterna inte avstå från att tillämpa denna artikel eller avvika från eller ändra dess verkningar, om det är till nackdel för konsumenten. *In relations between a trader and a consumer the parties may not, to the detriment of the consumer, exclude the application of this Article or derogate from or vary its effects.*
6	**att** *part; con; adv*	**to; that; how** Tycker du om att promenera? *Do you like to walk?*
7	**en** *art; prn; adv*	**an|the; one; about** Inte en chans! *Not a chance!*
8	**och** *con; prp*	**and** Därför frågar jag det tyska ordförandeskapet: när kommer ordförandeskapet att lägga fram verkligt balanserade kompromissförslag, där alla medlemsstater deltar, var och en – självklart – med eftergifter, som kan göra ett avtal möjligt under överskådlig tid? *I would therefore like to ask the German Presidency the following question: when is the Presidency going to put forward truly balanced proposals for a compromise in which all the Member States will participate, with each country naturally prepared to make allowances that might enable us to reach an agreement when necessary?*
9	**ha** *vb*	**have** Sven vill ha en. *Sven wants to have one.*
10	**vi** *prn*	**we** Vi skulle vilja ha en flaska rosé. *We'd like a bottle of rosé.*
11	**på**	**on; on**

adv; prp   Den står på ditt bord.

It's on your desk.

12   i   **in; ye**

prp; prn   Jag fick C i engelska.

I got a C in English.

13   för   **for; for; prow; fore**

con; prp; nn; adv   Den här filmen är för barn.

This film is for children.

14   han   **it**

prn   Han älskade att resa.

He loved to travel.

15   vad   **how; that; calf**

adv; prn; nn   Vad blev det av Sven?

What became of Sven?

16   med   **with; runner; too**

prp; nn; adv   Han lämnade festen med bultande hjärta.

He left the party with his heart pounding.

17   som   **as; as; like; when**

con; prn; prp; adv   Vem är det som överdriver?

Who's overreacting?

18   här   **here; army**

adv; nn   Jag är här för att anmäla ett brott.

I'm here to report a crime.

19   om   **whether; on; if; round**

con; prp; nn; adv   Om du älskar mig, älska också min hund.

If you love me, you must also love my dog.

20   den   **the; it**

art; prn   Kan du inte se den?

Can't you see it?

21   så   **so; so; such; that; sow**

adv; con; adj; prn; vb   Så du ska ingenstans imorgon?

So you're not going anywhere tomorrow?

22   till   **to; for; until**

adv; prp; con   Jag kommer inte vara hemma från morgonen så jag kan inte kolla min mejl på PC:n så skicka till min mobil istället.

I'm not going to be home that morning so I won't be able to check my email on my computer, so text me it instead.

23   kunna   **be able to; could**

vb; av   Skulle jag kunna få ett glas öl, tack?

May I have a glass of beer, please?

24   de   **the; they**

art; prn   Teststandarder för en säker övervakning av tullsystem och för profiler för informationsutbyte mellan verksamhet som rör tjänster och uttag av vägtullar samt översyn av de teststandarder som ligger till grund för det satellitbaserade

systemet för elektroniska vägtullar och profilstandarden för korthållskommunikationsbaserade elektroniska vägtullar (DSRC).
Test standards for the secure monitoring of toll systems and for profiles of information exchange between Service Provision and Toll Charging activities, and revision of the test standards forming the basis of satellite–based electronic tolling systems and the profile standard for Dedicated Short–Range Communications (DSRC) –based electronic tolling.

25 **ni**   **you**
prn
Hör ni, se på det där.
Hey, look at that.

26 **ett**   **an|one**
art
Jag tar ett bad varannan dag.
I take a bath every other day.

27 **men**   **but|however; injury**
con; nn
Jag bodde i Tokyo för några år sedan, men nu bor jag i Kyoto.
I lived in Tokyo a few years ago, but now I live in Kyoto.

28 **av**   **of; off**
prp; adv
Han har en korg full av jordgubbar.
He has a basket full of strawberries.

29 **vilja**   **will; will; wish**
av; vb; nn
Skulle ni vilja ha en till öl?
Would you like another beer?

30 **nu**   **presently**
adv
Åh, nu förstår jag.
Oh, now I understand.

31 **ja**   **yes|well; yes; yean**
adv; nn; vb
Ja! Jag vann två gånger i rad.
Yes! I won twice in a row!

32 **veta**   **ken**
vb
Jag vill veta vad det är som är så roligt.
I want to know what's funny.

33 **nej**   **no; no**
nn; adv
Nej, jag gick ut.
No, I went out.

34 **bara**   **only; so long as**
adv; con
Jag önskar bara hjälpa.
I only wish to help.

35 **hon**   **she**
prn
Följden blev att hon förlorade jobbet.
The consequence was that she lost her job.

36 **komma**   **come|lead; comma**
vb; nn
Kommer hon att komma?
Will she come?

37 **hur**   **how**
adv
Hur åkte de?
How did they leave?

38	**min**	**my|mine; air**
	prn; nn	Min mor är alltid upptagen.
		My mother is always busy.
39	**där**	**where**
	adv	Hur lång är den där bron?
		How long is that bridge?
40	**göra**	**do|have; task**
	vb; nn	Sven kan inte göra det.
		Sven can't do that.
41	**måste**	**must**
	vb	Jag måste tyvärr gå nu.
		I am afraid I must be going now.
42	**din**	**your**
	prn	Har du lärt dig din läxa?
		Have you learned your lesson?
43	**då**	**when; when**
	adv; con	Du kunde räkna till tio redan då du var två år gammal.
		You could count to ten when you were two years old.
44	**bra**	**good|great; well**
	adj; adv	Sven har inte mått bra.
		Sven hasn't been well.
45	**när**	**when; when; near**
	adv; con; prp	Kommer du ihåg när du senast såg Sven?
		Do you remember when you last saw Sven?
46	**ta**	**take|carry**
	vb	Regionkommittén är övertygad om att kommissionen har rätt i att det, mot bakgrund av erfarenheterna från programmets första fas, är nödvändigt att ta fram bättre och mer diversifierade instrument. Kommittén anser dock att förslaget kan förbättras i vissa delar, t.ex. när det gäller invandrare.
		THe Regiocommittee is convinced, in accordance with the Commission document, of the need to frame improved and varied action instruments, in the light of the experiences of the first phase of the programme, but considers that some aspects of the proposal could be improved, such as that concerning immigrants;
47	**ut**	**out**
	adv	Du ser upptagen ut.
		You look busy.
48	**få**	**get|have; few; few; few; could**
	vb; adj; nn; prn; av	Ingen kommer att få reda på det.
		No one will find out.
49	**mig**	**me**
	prn	Inom ramen för detta, och mer specifikt när det gäller byggnaders energieffektivitet, åtog jag mig att omarbeta den aktuella förordningen som Europaparlamentets föredragande.
		Within these frameworks, and more specifically as regards the energy efficiency of buildings, I undertook to recast the regulation in question as the rapporteur for the European Parliament.

50	**man**	**man; you**
	nn; prn	Hur stavar man ert efternamn?
		How is your surname written?
51	**eller**	**or**
	con	Vilken föredrar du? Den här eller den där?
		Which one do you prefer, this one or that one?
52	**varför**	**why**
	adv	Varför sover du?
		Why are you sleeping?
53	**alla**	**all; all; all**
	adj; nn; prn	På grundval av analysen av de resultat och lärdomar som läggs fram i detta meddelande avser kommissionen därför att i enlighet med Europeiska rådets begäran undersöka möjligheten att före våren 2010 föreslå medlemsstaterna en europeisk rättsakt om innovation som omfattar alla villkor för hållbar utveckling och som skulle utgöra en integrerad och avgörande del i EU:s framtida reformagenda.
		Therefore, based on the analysis of achievements so far and the lessons learnt presented in this Communication, and as requested by the European Council, the Commission intends to explore the feasibility of proposing to the Member States before spring 2010 a European Innovation Act encompassing all the conditions for sustainable development and which would form an integral and crucial part of the future European reform agenda.
54	**från**	**from; off**
	prp; adv	Envar har rätt till skydd för de moraliska och materiella intressen, som härröra från varje vetenskapligt, litterärt eller konstnärligt verk, till vilket han är upphovsman.
		Everyone has the right to the protection of the moral and material interests resulting from any scientific, literary or artistic production of which he is the author.
55	**upp**	**up**
	adv	Vi skjuter upp avrättningen tills dess.
		Until then, we are postponing the execution.
56	**tro**	**believe|think; faith**
	vb; nn	Jag skulle vilja tro er.
		I'd like to believe you.
57	**okej**	**okay**
	adv	Sven borde vara okej.
		Sven should be OK.
58	**igen**	**again**
	adv	Måste jag göra det igen?
		Do I have to do it over again?
59	**säga**	**say|speak**
	vb	Det är svårt att säga.
		It's hard to tell.
60	**tack**	**thanks**
	nn	Tack för er gästfrihet.
		Thanks for your hospitality.
61	**dem**	**them**

	prn	På dem stod: "Att förbjuda är förbjudet".
		They stated: 'Banning is banned'.
62	**gå**	**go|walk**
	vb	Jag måste gå och sova.
		I have to go to sleep.
63	**sig**	**itself**
	prn	Om det av jämförelsen emellertid framgår att det föreligger en väsentlig diskrepans, skall värdmedlemsstaten ge förmånstagaren tillfälle att visa att han har tillägnat sig de kunskaper och färdigheter som saknas, genom en anpassningstid eller ett lämplighetsprov, eftervärdmedlemsstatens val, i enlighet med direktiven 89/48/EEG och 92/51/EEG.
		Where, however, the comparative examination shows a substantial difference, the host Member State shall give the beneficiary the opportunity to demonstrate that he has acquired the knowledge and skills which were lacking by, at the choice of the host Member State, attending an adaptation period or taking an aptitude test by analogy with Directives 89/48/EEC and 92/51/EEC.
64	**in**	**in**
	adv	Hur tog du dig in?
		How did you get in here?
65	**allt**	**all; all; all**
	adj; nn; prn	Nästan allt som Sven säger är lögn.
		Just about everything Sven says is a lie.
66	**se**	**see|view**
	vb	Google är inte tillgänglig för tillfället. Vi beklagar olägenheten. Se vår blogg eller Twitter för mer information.
		Google is currently unavailable. We are sorry for the inconvenience. You can check our blog or Twitter for more information.
67	**ingen**	**no one; not any**
	prn; adv	Det är ingen stor skillnad.
		There's not a big difference.
68	**litet**	**small; little; little; some**
	adj; adv; nn; prn	PKK–ledare, är ett litet mer komplicerat fall. Särskilt eftersom det var Turkiet som gjorde den här begäran, ett av de sju länder som röstade mot vid konferensen i Rom.
		The latest focus of attention, the extradition or request for extradition of Mr Ocalan, the former leader of the PKK, is somewhat more complicated.
69	**mycket**	**very; much; heaps**
	adv; adj; nn	Hur mycket äter en elefant varje dag? "Jag tror att jag läste någonstans att en elefant kan äta runt 70 kg växter dagligen."
		How much does an elephant eat each day? "I think I read somewhere that an elephant can eat about 150 pounds of plants on a daily basis."
70	**vem**	**who**
	prn	Vem kan jag prata med?
		Who can I talk to?
71	**hej**	**hi**
	int	Hej allihopa!
		Hello everyone!
72	**aldrig**	**never**

	adv	Varför plockar du aldrig undan efter dig?
		Why do you never clean up after yourself?
73	**kanske**	**perhaps**
	adv	Kanske vi möts igen.
		Perhaps we'll meet again.
74	**något**	**something; something**
	adv; prn	Sven insåg att Mary hade något i kikaren.
		Sven realized Mary was up to something.
75	**behöva**	**need|have to**
	vb	Jag kommer alltid att behöva dig.
		I'll always need you.
76	**finnas**	**be|be found**
	vb	Bromat borde således inte kunna finnas i naturligt mineralvatten.
		It should thus not be possible for bromate to be found in natural mineral water.
77	**bli**	**be|become**
	vb	Sven är levande bevis på att man inte behöver förstånd för att bli framgångsrik.
		Sven's living proof that you don't have to have brains to be successful.
78	**än**	**than**
	con	Vi har mer än tillräckligt.
		We have more than enough.
79	**inget**	**nothing; naught; not any**
	prn; nn; adv	Genom den kompletterande åtgärden för tackor var många av djuren i utbudet i mycket dåligt skick under 1998. 76000 djur utdömdes och gav inget kött.
		In 1998, very many of the animals offered through the Ewe Supplementary Measure were in very poor condition. 76000 animals were condemned and yielded no meat.
80	**lite**	**a little**
	adv	Om tiden bara kunde gå lite snabbare.
		If only time could pass a little faster.
81	**efter**	**after; after; since**
	adv; prp; con	Det här är mannen som jag letat efter.
		This is the man I've been waiting for.
82	**ju**	**of course**
	adv	Ju mer vi har desto mer vill vi ha.
		The more we have, the more we want.
83	**två**	**two; wash**
	num; vb	Julen är bara två veckor bort.
		Christmas is only two weeks off.
84	**henne**	**her**
	prn	Det röda paraplyet påminde henne om hennes farmor.
		The red umbrella reminded her of her grandma.
85	**tillbaka**	**back**
	adv	Sedan allt underhåll avslutats måste en allmän kontroll genomföras, för att garantera att luftfartyget eller komponenten är fritt från alla verktyg, utrustning och alla övriga främmande delar och material samt att alla avlägsnade åtkomstluckor har monterats tillbaka på plats.

After completion of all maintenance a general verification must be carried out to ensure the aircraft or component is clear of all tools, equipment and any other extraneous parts and material, and that all access panels removed have been refitted.

86	**hans**	**his**
	prn	Sven vill att hans pappa köper en ponny till honom.
		Sven wants his father to buy him a pony.
87	**över**	**over; over**
	adv; prp	Jag är stolt över er alla.
		I'm proud of all of you.
88	**sen**	**late; then**
	adj; adv	Sen sjöng jag en dum låt om en myra som försökte brottas med ett tuggummi.
		Then I sang a silly song about an ant who tried to wrestle a chewing gum.
89	**ge**	**give|yield**
	vb	Vilka garantier kan de ge för att det inte kommer att hända?
		What guarantees can they give that this will not happen?
90	**ner**	**down**
	adv	Jag behöver gå ner i vikt, så jag håller på med en diet.
		I have to lose weight, so I'm going on a diet.
91	**åt**	**at; tight**
	prp; adv	Dra åt helvete.
		Go to hell.
92	**oss**	**ourself**
	prn	Situationen är mycket värre än vi föreställt oss.
		The situation is a lot worse than we imagined.
93	**fan**	**fan; bugger; damn**
	nn; nn; int	Sven är ett stort fan av Chopin.
		Sven is a big fan of Chopin.
94	**någon**	**any**
	prn	Grundförordningen tillerkänner dock inte sökandena någon rätt att kräva att rådet skall anta ett förslag till förordning om införande av slutgiltiga antidumpningstullar.
		However, the basic regulation does not confer on the applicants a right to the adoption by the Council of a proposal for a regulation imposing definitive anti–dumping duties.
95	**väl**	**well; well; well**
	adj; adv; nn	När jag väl öppnade ögonen igen satt Amina och stirrade på mig genom botten av sitt ölglas.
		Once I opened my eyes again, Amina was staring at me through the bottom of her beer glass.
96	**vänta**	**wait|be waiting**
	vb	Min pappa insisterade på att vi skulle vänta på tåget.
		My father insisted on our waiting for the train.
97	**också**	**also**
	adv	Gemenskaperna är också utsatta för kreditrisk, dvs. risken för att mottagaren helt eller delvis kommer att vara oförmögen att betala de belopp som förfaller
		The Communities take on exposure to credit risk, which is the risk that a counterparty will be unable to pay amounts in full when due

98	**år**	**year**
	nn	Den här föreningen grundades för etthundraelva år sedan.
		This organization was founded one hundred and eleven years ago.
99	**nog**	**enough**
	adv	Jag kommer nog över det.
		I'll get over it.
100	**låta**	**let|allow**
	vb	Jag kan inte låta dem göra så här mot mig.
		I can't let them do this to me.
101	**hit**	**here; hit**
	adv; nn	Varför tog du med Sven hit?
		Why did you bring Sven here?
102	**pappa**	**dad**
	nn	Hela dagen var min pappa på dåligt humör för att han tappat bort sin plånbok.
		All that day my father was out of humor because he had lost his wallet.
103	**mamma**	**mom**
	nn	Mamma gick inte ut med dig idag, voffsingen.
		Mommy didn't walk you today, doggy.
104	**mot**	**against; opposite**
	prp; adv	Du måste kämpa mot den tendensen hos dig.
		You've got to fight that tendency of yours.
105	**annan**	**otherguess; else**
	adj; prn	Ingen annan vet vad han pratar om.
		No one else knows what he's talking about.
106	**hel**	**whole|full; long**
	adj; adv	Vi drack en hel del.
		We drank a lot.
107	**detta**	**this**
	prn	Är ni roade av detta?
		Are you enjoying this?
108	**känna**	**feel; sense**
	vb; nn	Jag skulle känna likadant.
		I'd feel the same way.
109	**vid**	**at|on; space; so; wide**
	prp; nn; adv; adj	Väntar ni på oss vid stationen?
		Will you wait for us at the station?
110	**några**	**some**
	prn	Har kommissionen tagit några beslut, på samma sätt som den spanska statens regering, om tillämpningen av investeringar som kommer från Sammanhållningsfonden i denna järnvägsförbindelse från Galicien till unionens centrala delar?
		Has it taken any decision, with the agreement of the Spanish central government, on the application of investment from the Cohesion Fund to this rail link between Galicia and the Union heartland?
111	**böra**	**ought; should**
	vb; av	Notera att när myceliet växer, erövrar det territorium och börjar forma sitt nät.

And notice that as the mycelium grows, it conquers territory and then it begins the net.

112	**rätt**	**correct; rightly; the right**
	adj; adv; nn	Sven har rätt.
		Sven is correct.
113	**mena**	**mean**
	vb	Vi bör inte mena att det här bara är forntida historia som inte berör oss.
		We should not feel that this is just ancient history that does not touch us.
114	**själv**	**himself; by itself**
	prn; adv	Fadil ville döda sitt ex och döda sig själv också.
		Fadil wanted to kill his ex and kill himself as well.
115	**alltid**	**always**
	adv	Han kommer att älska henne för alltid.
		He will love her forever.
116	**hem**	**place; home**
	nn; adv	Gå hem. Vila upp dig.
		Go home. Get some rest.
117	**titta**	**look|watch**
	vb	Båda gick till fönstret för att titta ut.
		Both of them went to the window to look outside.
118	**dag**	**day**
	nn	Jag har haft en hemsk dag.
		I had an awful day.
119	**verkligen**	**really|indeed**
	adv	Tror du verkligen på spöken?
		Do you really believe in ghosts?
120	**fel**	**wrong; wrong; error**
	adj; adv; nn	Jag är på fel buss.
		I'm on the wrong bus.
121	**utan**	**without; without**
	con; prp	Ett land utan horhus är inget land.
		A country with no whorehouse is not a country.
122	**viss**	**certain; some**
	adj; prn	Viss uppmärksamhet bör fästas vid ordföljd, genus och böjning.
		Some attention should be paid to word order, gender and declension.
123	**tre**	**three**
	num	Välj tre böcker på måfå.
		Choose three books at random.
124	**prata**	**talk|speak**
	vb	Prata inte.
		Don't speak.
125	**vår**	**our|ours; spring**
	prn; nn	Jag uppskattar vår vänskap mycket.
		I value your friendship very much.
126	**liv**	**life**

nn   Jag räddade ditt liv.

I saved your life.

127 sätt   **way|set**

nn   Sätt dig ner bara, Sven.

Just sit down, Sven.

128 förstå   **grasp|catch**

vb   Sven kunde inte förstå Marys nervositet inför uppträdanden innan han själv fick känna på rampfeber.

Sven couldn't understand Mary's nervousness before the act before he himself got stage fright.

129 älska   **love|adore**

vb   Jag kommer alltid att älska er.

I will always love you.

130 håll   **hold|direction**

nn   Håll dig varm.

Keep warm.

131 död   **death; dead; below ground**

nn; adj; adv   De befarar att han kan vara död.

They fear that he may be dead.

132 tid   **time**

nn   Det kommer det att finnas mycket tid för senare.

There'll be plenty of time for that later.

133 tycka   **think|find**

vb   Jag börjar så sakta tycka om Ken.

I am beginning to like Ken little by little.

134 sluta   **stop|quit**

vb   Sluta klaga och gör som du blivit tillsagd.

Stop complaining and do as you're told.

135 gilla   **like|approve of**

vb   Hur kan ni inte gilla honom?

How can you not like him?

136 precis   **just; precise**

adv; adj   Jag vet inte precis när jag ska vara tillbaka.

I don't know exactly when I'll be back.

137 bort   **away|forth; off**

adv; prp   Sven glömde nästan bort mötet.

Sven almost forgot about the meeting.

138 sin   **its**

prn   Sven har något i sin hand.

Sven has something in his hand.

139 gång   **time|walking**

nn   Jag vill åka dit en gång till.

I want to go there once again.

140 tänka   **think**

vb   Eftersom han är gift, måste han tänka på framtiden.

As he is a married man, he has to think of the future.

141	**höra**	**hear|learn**
	vb	Att höra är att lyda.
		To hear is to obey.
142	**gud**	**the Lord**
	nn	Tack gode Gud.
		Thank God.
143	**dig**	**you**
	prn	Får jag visa dig dem?
		Please let me share them with you.
144	**just**	**just|correct; just**
	adj; adv	Just nu, har vi större problem.
		Right now, we've got bigger problems.
145	**berätta**	**tell**
	vb	Vill du att jag ska berätta för dig vad Sven gjorde?
		Do you want me to tell you what Sven did?
146	**barn**	**children|child**
	nn	Vill du ha barn?
		Do you want kids?
147	**god**	**good**
	adj	God morgon, Mike.
		Good morning, Mike.
148	**hjälp**	**help**
	nn	Vi kan behöva din hjälp.
		We can use your help.
149	**hända**	**happen|come**
	vb	Det är omöjligt att veta vad som kommer att hända i framtiden.
		It is impossible to know what will happen in the future.
150	**under**	**during; marvel**
	prp; nn	Skrev du under det?
		Did you sign it?
151	**innan**	**before; before; before**
	adv; con; prp	Det tog inte lång tid innan månen kom fram.
		Before long, the moon came out.
152	**förlåt**	**veil**
	nn	Förlåt att jag är sen. jag var tvungen att byta kläder
		Sorry I'm late.I had to change
153	**helt**	**completely|fully**
	adv	Helt nyinflyttad i staden kände han sig stundvis ganska ensam.
		Once he moved to the city, there were times were he felt quite lonely.
154	**folk**	**people|folk**
	nn	Det var mycket folk på konserten.
		There were lots of people at the concert.
155	**peng**	**coin**
	nn	Den tänker på hur mycket pang vi får för vår peng.

It thinks in terms of how much bang do we get for our buck.

156	**honom**	**him**
	prn	det är inte för att jag hatar honom, men för att jag älskar honom
		It is not because I hate him, but because I love him.

157	**första**	**first; initial; make out**
	nn; adj; vb	Det var nästan kärlek vid första ögonkastet.
		That was almost love at first sight.

158	**hjälpa**	**help|be helped**
	vb	Jag är faktiskt här för att hjälpa dig.
		I'm here to help you, actually.

159	**ursäkta**	**excuse|be sorry**
	vb	Kan du ursäkta mig?
		Can you excuse me?

160	**snäll**	**kind**
	adj	Var snäll och säg åt Sven att vi är här.
		Please tell Sven we're here.

161	**länge**	**long**
	adv	Hur länge har du stått och väntat?
		How long have you been waiting?

162	**heta**	**be called**
	vb	Ingen brännoljetank får placeras så att spill eller läckage från tanken kan innebära risk för att olja rinner ned på heta ytor.
		No oil fuel tank shall be situated where spillage or leakage therefrom can constitute a hazard by falling on heated surfaces.

163	**jävla**	**fucking**
	adj	Alison är en dum jävla hora, som gillar att strula till det för dig!
		Alison is a stupid bitch–whore, who likes fucking with your head

164	**ledsen**	**sorry|upset**
	adj	Du verkar ledsen.
		You seem sad.

165	**stanna**	**stay|stop**
	vb	Jag kommer inte stanna hos dig.
		I won't stay with you.

166	**var**	**where; each; pus**
	adv; prn; nn	Det var mitt nöje.
		It was my pleasure.

167	**helvete**	**hell**
	nn	Varför i helvete lever du såhär, Sven?
		Why the fuck do you live like this, Sven?

168	**vilken**	**which**
	prn	Vilken söt tjej!
		What a cute girl!

169	**hennes**	**her**
	prn	Hennes röst går mig på nerverna.
		Her voice set my nerves on edge.

170 stå — **stand**
vb
Jag kan inte stå ut med detta ljudet längre.
I can't stand this noise anymore.

171 sak — **cause|matter**
nn
Vi glömmer en sak.
We're forgetting something.

172 fara — **danger; go**
nn; vb
Vi är inte i fara nu.
We're in no danger now.

173 borta — **away|gone; away**
adj; adv
Sven hittade pengarna som var borta.
Sven found the missing money.

174 hallå — **hey**
int
Hallå, här är jag, Mays Gilliam, kommunalrådet från Washington, DC.
Hi, that's me, Mays Gilliam, alderman of the 9th Ward of Washington, D. C.

175 hålla — **keep|hold**
vb
Jag trodde aldrig att Sven skulle hålla käften.
I thought Sven would never keep his mouth shut.

176 fortfarande — **still**
adv
Jag tycker fortfarande om Sven.
I still like Sven.

177 köra — **drive|wheel**
vb
Jag kan köra Sven.
I can drive Sven.

178 ur — **from; watch**
prp; nn
Jag tog ut kakan ur ugnen.
I took the cake out of the oven.

179 hand — **hand**
nn
Låt mig ta hand om Tom, okej?
Let me handle Tom, OK?

180 problem — **problem**
nn
Sven håller på att bli ett problem.
Sven is becoming a problem.

181 morgon — **dawn**
nn
En morgon såg han en söt flicka.
One morning he saw a pretty girl.

182 ens — **your; in line with each other**
prn; adj
Fungerar det ens?
Does that even work?

183 väg — **way|road**
nn
Det är denna väg vi måste gå – den väg som innebär strid och inte den som innebär undfallenhet.
This is the path that we must follow – the path of combat, not the path of slackness.

184 vän — **friend**

	nn; adj	Jag har en vän vars namn är Sven.	
		I have a friend whose name is Sven.	
185	**må**	**feel**	
	vb	Jag må vara galen, men jag är inte dum.	
		I may be crazy, but I'm not stupid.	
186	**enda**	**only|one**	
	adj	Människan är det enda djuret som kan använda elden.	
		Humans are the only animals that can use fire.	
187	**hitta**	**find|fall on**	
	vb	Hitta någonstans att sitta.	
		Find yourself a seat.	
188	**kvar**	**left; over**	
	adj; adv	Sitt kvar.	
		Stay put.	
189	**samma**	**same; same; the same**	
	adv; prn; adj	Filmen inspirerades av boken med samma titel.	
		The film was inspired by the novel of the same title.	
190	**kväll**	**night**	
	nn	Varför kom du inte hem igår kväll?	
		Why didn't you come home last night?	
191	**försöka**	**try|endeavour**	
	vb	Jag ska försöka att hitta Sven.	
		I'll try to find Sven.	
192	**ute**	**out|outside**	
	adv	Han gick vilse när han var ute och gick i skogen.	
		He got lost while walking in the woods.	
193	**namn**	**name**	
	nn	Säg aldrig hennes namn.	
		Don't ever say her name.	
194	**dit**	**there|where**	
	adv	Någon satte dit honom.	
		Somebody set him up.	
195	**ingenting**	**nothing**	
	prn	Sven hade ingenting.	
		Sven had nothing.	
196	**snart**	**soon**	
	adv	Jag har sett en artikel på Googlebloggen om en ny version som ska komma ut snart. Har du läst den?	
		I've seen an article on the Google blog about a new version coming soon. Have you read it?	
197	**väldig**	**vast|mighty**	
	adj	32 Den som är sen till vrede är bättre än en väldig man, och den som behärskar sin ande är bättre än den som intar en stad.	
		32 He that is slow to anger is better than a mighty man, and he that is controlling his spirit than the one capturing a city.	
198	**fru**	**wife**	

	nn	Jag saknar min fru.
		I miss my wife.
199	**sitta**	**sit	be seated**
	vb	Vill ingen sitta med mig?
		Won't anyone sit with me?
200	**herregud**	**Oh my God!**
	int	Herregud, jag kommer komma för sent till lektionen.
		Oh my gosh. I will be late for lessons.
201	**redan**	**already**
	adv	Jag ångrar det redan.
		I already regret it.
202	**visa**	**show	display; ballad**
	vb; nn	Visa mig var Puerto Rico är på kartan.
		Show me where Puerto Rico is on the map.
203	**kolla**	**check**
	vb	Jag ska kolla.
		I'll check.
204	**slut**	**out; over; ending**
	adv; nn; adj	Andra världskriget tog slut 1945.
		World War II ended in 1945.
205	**sedan**	**then; since; since; sedan**
	adv; con; prp; nn	Sökanden anförde till stöd för sin ansökan uttryckligen att Basel/Nyborg–avtalet hade ingåtts för länge sedan och att EMS numera endast hade historisk betydelse.
		In support of his request, the applicant argued expressly that the Basle/Nyborg Agreement took place long ago and that the EMS is of purely historical interest.
206	**te sig**	**look**
	vb	"Detta är vad härarnas Jehova har sagt: 'Även om det i de dagarna skulle te sig alltför svårt* för dem som är kvar av detta folk, skulle det då te sig alltför svårt också för mig?'
		"This is what Jehovah of armies has said, 'Although it should seem too difficult* in the eyes of the remaining ones of this people in those days, should it seem too difficult also in my eyes?'
207	**skit**	**shit; crap**
	nn; adj	Låt skiten hända, mannen.
		Let that shit ride, man.
208	**härifrån**	**of this place**
	adv	Är det långt till hotellet härifrån?
		Is the hotel far from here?
209	**fram**	**forward; up; up**
	adv; adj; prp	Sven kom fram bakom draperiet.
		Sven came out from behind the curtain.
210	**fråga**	**question; question**
	nn; vb	Det är oartigt att fråga hur mycket någon tjänar.
		It's rude to ask someone how much they earn.
211	**er**	**you**

	prn	Glöm inte vad jag sa till er nyss.
		Don't forget what I just told you.
212	**jo**	**yes**
	adv	Jo, jo, man har sagt att vi har tagit dem som gisslan i vårt privata krig med kommissionen.
		Yes, yes, it has been said that we are holding them hostage in our private war with the Commission.
213	**stor**	**great|high**
	adj	Sven hyste stor kärlek för sitt land.
		Sven had a great love for his country.
214	**träffa**	**meet|hit**
	vb	När kan jag träffa Sven igen?
		When can I see Sven again?
215	**varje**	**each**
	prn	Varje del av ön har utforskats.
		Every part of the island has been explored.
216	**först**	**first|only; primary**
	adv; adj	Varför gick ni inte först?
		Why didn't you go first?
217	**säkert**	**safely|sure**
	adv	Du är säkert upptagen.
		I bet you're busy.
218	**deras**	**their**
	prn	Hämta deras vapen.
		Get their weapons.
219	**börja**	**start|begin**
	vb	Jag kommer börja gråta!
		I am about to cry!
220	**åka**	**go|ride**
	vb	Ska vi åka långt?
		Are we going far?
221	**rädd**	**afraid|scared**
	adj	Jag var inte det minsta rädd.
		I wasn't scared at all.
222	**därför**	**therefore|so; why**
	con; adv	Det var därför vi skilde oss.
		That's why we got divorced.
223	**jobb**	**work**
	nn	Vi har ett jobb att göra.
		We have a job to do.
224	**lämna**	**leave|give**
	vb	Lämna min familj ifred.
		Leave my family alone.
225	**hos**	**in**
	prp	Mary sov över hos en kompis.

Mary spent the night at a friend's house.

226	**fem**	**five**
	num	Var snäll och vänta i fem minuter.
		Please wait five minutes.
227	**säker**	**sure|safe**
	adj	Jag är säker på att jag kommer vinna tennismatchen.
		I'm confident that I'll win the tennis match.
228	**hoppas**	**hope**
	vb	Jag hoppas på ett bra resultat i Mellanöstern.
		I am hoping to see some positive developments in the Middle East.
229	**liten**	**small|little**
	adj	Min bror bor i en liten by.
		My brother lives in a small village.
230	**genom**	**through**
	prp	Kön till provhytterna ringlade sig genom butiken.
		The queue to the fitting rooms was winding through the store.
231	**nästa**	**neighbor; next**
	nn; adj	Det går inte att förutsäga vad som kommer hända nästa år.
		There is no telling what may happen next year.
232	**sex**	**six; sex**
	num; nn	Ön är sex gånger Manhattans storlek.
		The island is six times the size of Manhattan.
233	**lyssna**	**listen|hark**
	vb	Om du skulle prata mindre och lyssna mer, skulle du kanske lära dig någonting.
		If you would talk less and listen more, you might learn something.
234	**son**	**son**
	nn	Har du sett min son?
		Have you seen my son?
235	**verka**	**act|seem**
	vb	Sven vill inte verka svag.
		Sven doesn't want to appear weak.
236	**dollar**	**dollar**
	nn	Ge Sven en dollar.
		Give Sven a dollar.
237	**bil**	**car|taxicab**
	nn	Ni äger en bil, inte sant?
		You own a car, don't you?
238	**sist**	**last; last**
	adj; adv	Sven kom sist.
		Sven came last.
239	**tag**	**hold|purchase**
	nn	Var får jag tag på böcker?
		Where would I find books?
240	**annat**	**otherwise**
	adv	I annat fall blir följderna av dagens omröstning inget annat än känslomässiga.

Otherwise, the effect of today's voting will be no more than emotional.

241	**riktigt**	**really|properly**
	adv	Såg du det på riktigt?
		Did you actually see it?

242	**tala**	**speak|say**
	vb	Det är inte meningen att jag ska tala med dig.
		I'm not supposed to talk to you.

243	**dö**	**die**
	vb	Köp eller dö!
		Buy or die!

244	**sant**	**truly**
	adv	Jag insåg att det jag lärde mig var sant.
		I was convinced that what I was learning was the truth.

245	**klara**	**clear**
	vb	Jag kommer att klara det. Sanna mina ord.
		I will manage. Mark my words.

246	**ihop**	**Together**
	adv	Nu börjar det dra ihop sig till något.
		Now it's starting to retract into something.

247	**dra**	**drag|draw**
	vb	Vilka slutsatser kan vi dra?
		What conclusions can we draw?

248	**tidigare**	**earlier; previously**
	adj; adv	Jag kom tidigare än vanligt.
		I came earlier than usual.

249	**ny**	**new**
	adj	Köpte du en ny bil?
		Did you buy a new car?

250	**vilket**	**which**
	prn	I dessa fall beräknas uppskjutna skatteskulder och uppskjutna skattefordringar med tillämpning av de skattesatser och skattemässiga värden som gäller för det sätt på vilket tillgången förväntas bli återvunnen eller skulden reglerad.
		In such cases, an enterprise measures deferred tax liabilities and deferred tax assets using the tax rate and the tax base that are consistent with the expected manner of recovery or settlement.

251	**minut**	**minute**
	nn	Kan du vara snäll och vänta en minut?
		Would you please wait for a minute?

252	**väldigt**	**very|ever so**
	adv	Den är väldigt stor.
		It's very big.

253	**hela**	**whole; all; heal**
	adj; prn; vb	Den här gamla bilen går sönder hela tiden.
		This old car breaks down all the time.

| 254 | **ligga** | **lie** |
| | *vb* | Jag behöver bara ligga ner en minut. |

I just need to lie down for a minute.

255	**värld**	**world**
	nn	I min värld är alla en ponny, som äter regnbågar och bajsar fjärilar.
		In my world everyone's a pony and they all eat rainbows and poop butterflies.
256	**tills**	**until**
	prp	Vänta tills sex.
		Wait till six.
257	**lägg**	**leg**
	nn	Vi måste åter lyssna till Guds röst som sade: "Lägg inte hand på barnet", i annat fall kommer det snart inte att finnas mer att säga, inget mer att höra, förutom ett oupphörligt skrik av sorg.
		We must once again listen to the voice of God who said 'Do not harm children'. Otherwise, there will soon be nothing left to say, nothing left to hear, other than this incessant cry of mourning.
258	**älskling**	**sweetheart**
	nn	Älskling, det är för tre dagar!
		Honey, it's three days!
259	**denna**	**that**
	prn	Jag älskar denna del.
		I love this part.
260	**fyra**	**four**
	num	Jag skulle vilja tala en stund med Sven mellan fyra ögon.
		I'd like to speak with Sven in private for a moment.
261	**åker**	**field**
	nn	En grafisk framställning av fåror i en plöjd åker har lagts till som syftar på ursprunget för produkter med denna logotyp.
		A graphical representation of furrows in a ploughed field has been incorporated as a reference to the origin and geographical provenance of the products identified by these logos.
262	**fast**	**fixed; firm; though; stuck**
	adj; adv; con; nn	Fast att vi väntade till tio dök Bill aldrig upp.
		Although we waited until ten o'clock, Bill never showed up.
263	**människa**	**person|creature**
	nn	Det beror på, förstår du, att jag har vetat sen länge att han inte är den sortens människa.
		That's because, you see, I've known he isn't that sort of person from a long time back.
264	**hemma**	**home**
	adv	Jag är hemma.
		I am at home.
265	**klart**	**clear|plain**
	adv	Har du packat klart än?
		Have you finished packing yet?
266	**faktiskt**	**actually|in fact**
	adv	Det är faktiskt en bra poäng.
		That's actually a good point.
267	**bliva**	**become|come out**

	vb	Konventionen skall bliva tillämplig på det eller de områden, som angivits i notifikationen från nittionde dagen efter det att generalsekreteraren mottagit notifikationen eller, om konventionen då ännu ej trätt i kraft, från dagen för dess ikraftträdande.2.

The Convention shall extend to the territory or territories named in the notification as from the ninetieth day after its receipt by the Secretary–General or if on that day the Convention has not yet entered into force, at the time of its entry into force.

268 idag   **today**

adv   Ach sen är det USA idag, här uppe.

And then it's United States today, up here.

269 minnas   **recollect**

vb   Jag kan inte riktigt minnas.

I can't really remember.

270 betyda   **mean|imply**

vb   Det kom att betyda mycket för byn.

It will mean a lot for the village.

271 hämta   **fetch**

vb   Jag ska hämta en pistol åt dig.

I'll get you a gun.

272 lugnt   **quietly**

adv   Stabiliteten har upprätthållits i regionen och läget förblev över lag lugnt efter Kosovos självständighetsförklaring och ikraftträdandet av Kosovos författning.

Stability has been maintained in the region and the situation remained generally calm after the declaration of independence and the entry into force of the constitution in Kosovo.

273 runt   **round; around**

adv; prp   Han reser runt.

He travels around.

274 gärna   **gladly**

adv   Stanna gärna kvar efter konserten. Vi kommer att skriva autografer.

Please stick around after the concert. We'll be signing autographs.

275 del   **part|piece**

nn   En del fabriker förorenar miljön.

Some factories pollute the environment.

276 rör   **pipe|tube**

nn   De lägger folk i en datortomograf, och medan de ligger där får de, genom ett rör, smutta på vin.

They get people into a fMRI scanner, and while they're lying there, through a tube, they get to sip wine.

277 annars   **otherwise; if not**

adv; con   Snabba er, ungar, annars missar ni skolbussen.

Get a move on kids or you'll miss the school bus.

278 inne   **inside; within; in**

adv; prp; adj Tiden är inne.

It's time.

279 öppen   **open**

	adj	Dörren är öppen nu.
		The door is open now.
280	**polis**	**police (officer)**
	nn	Är du polis?
		Are you a policeman?
281	**tur**	**tour|turn**
	nn	Jag väntar på min tur.
		I am waiting my turn.
282	**även**	**also|even**
	adv	Även om kommunikation och exkommunikation låter lika har de ingenting med varandra att göra.
		Although communication and excommunication sound similar, they have absolutely nothing to do with one other.
283	**spela**	**play**
	vb	Jag brukade spela tennis.
		I used to play tennis.
284	**även om**	**although**
	con	Jag tror inte att situationen har förändrats särskilt mycket sedan dess, även om jag har sett iranier komma via Shatt al–Arab till Basra; även om jag har sett brittiska soldater dö i södra Irak; även om vi känner till Irans stöd till Hizbollah; även om vi känner till kränkningarna av de mänskliga rättigheterna.
		I do not think that the situation has changed a lot since then, even though I have seen Iranians coming through Shaff al–Arab to Basra; even though we have seen British soldiers dying in southern Iraq; even though we know about Iranian support to Hizbollah; even though we know about human rights violations.
285	**lika**	**equal; as; same**
	adj; adv; prn	Är du lika uttråkad som jag?
		Are you as bored as I am?
286	**illa**	**badly|wrong**
	adv	Jag gjorde mig illa idag.
		I hurt myself today.
287	**kvinna**	**woman**
	nn	Boken handlar om en kvinna som går i kloster.
		The book is about a woman who enters a convent.
288	**ensam**	**alone|sole; singly**
	adj; adv	Jag är van vid att äta ensam.
		I'm used to eating alone.
289	**släppa**	**drop|release**
	vb	Det behandlade träet får inte släppas ut på marknaden innan fixeringen av träskyddsmedlet är avslutad.
		Wood so treated may not be placed on the market before fixation of the preservative is completed.
290	**ihåg**	**to (one's) mind**
	adv	Jag kommer ihåg den kvällen.
		I remember that night.
291	**ok**	**done; yoke**

adv; nn Det är ok killar.
it's okay, fellas.

292 kl. **o'clock**

abr Licensansökningar, uppdelade efter produkt (med total mängd uttryckt i slaktkroppsekvivalent) och ursprungsland, skall vidarebefordras av medlemsstaterna till kommissionen senast kl. 17.00 den 16:e dagen i vart och ett av de tre första kvartalen och den 16 september.
Applications for licences, broken down by product (referring to total quantities expressed in carcasse equivalent) and by country of origin, shall be forwarded by the Member States to the Commission No later than the sixteenth day of each of the first three quarters and by 16 September, at 5 pm.

293 ändå **still; still**

adv; con Bussen är tom, och ändå sätter han sig bredvid mig.
The bus is empty and he sits beside me anyways.

294 faktisk **actual|factual**

adj Det är därför lämpligt att avlägsna de rättsakter som inte längre har faktisk verkan från den gällande lagstiftningen.
In that context it is appropriate to remove from active legislation those acts which no longer have real effect.

295 fall **event|fall**

nn I de flesta fall likställs modernisering med västernisering.
In most cases, modernization is identified with Westernization.

296 nästan **almost**

adv Jag var i London i nästan hela sommaren.
I was in London for almost the entire summer.

297 slå **beat; crossbar**

vb; nn Vi spelade schack inte så mycket för att vi gillade att spela som för att bara slå ihjäl tiden.
We played chess not so much to enjoy the game as just to kill time.

298 vidare **more; further**

adj; adv Inatt var det väldigt varmt och kvavt och jag sov inget vidare.
Last night was very hot and muggy and I didn't sleep very well.

299 kul **funny**

adj Det är kul att titta på tv.
It's fun to watch TV.

300 natt **night**

nn Hon dog i går natt.
She died last night.

301 ifrån **from**

adv Var är den här ifrån?
Where's this from?

302 långt **far**

adv Det kan även vara så, och det är förmodligen den mest plausibla förklaringen, att den lagringsmöjlighet som då fanns för många framstod som för kostsam, eftersom år 2000 tycktes relativt långt bort.
It may also be, and I presume that this is the more likely explanation, that with the available memory which existed then it seemed too costly to many people, because the year 2000 was still relatively far away.

303 kille
nn

guy

Sven är inte en sympatisk kille.

Sven isn't a nice guy.

304 fort
adv; nn

fast|speedily; fort

Inte så fort!

Don't go so fast!

305 emot
adv; prp

against; against

Hon såg fram emot att gå på bio med honom.

She was looking forward to going to a movie with him.

306 be
vb

ask|pray

I Gịbeon visade sig Jehova för Salomo i en dröm om natten, och Gud* sade: "Be om det du vill att jag skall ge dig."

In Gib'e·on Jehovah appeared to Sol'o·mon in a dream by night; and God proceeded to say: "Request what I should give you."*

307 heller
adv

either

Jag har inte läst boken och inte vill jag göra det heller.

I have not read the book nor do I want to.

308 hus
nn

housing|family

Hon tittade på alla hus som gled förbi.

He looked all the houses unfolding.

309 tillsammans
adv

together

Är du här tillsammans med någon?

Are you here with anyone?

310 trevlig
adj

nice

Hade ni en trevlig kväll?

Did you have a nice evening?

311 plats
nn

place|location

Vi flyttade våra väskor för att ge plats för den gamla damen att sitta ner.

We moved our bags to make room for the elderly lady to sit down.

312 ringa
vb; adj

call|dial; small

Jag önskar att du skulle ringa Sven.

I wish you'd call Sven.

313 familj
nn

family

Jag kommer inte från en rik familj.

I'm not from a rich family.

314 bo
vb; nn

stay|live; den

Jag vill bo i Brasilien.

I want to live in Brazil.

315 till exempel
adv

for example

Härtill hör förlusten av deltaganderättigheter av ekonomisk natur (till exempel minskning av rätten till aktieutdelning) och av politisk natur bland annat i form av medbestämmanderättigheter (till exempel begränsning av rösträttigheter) samt övriga rättigheter av icke–ekonomisk natur (till exempel informationsrättigheter, rätten att inkalla bolagsstämma).

These include the loss of member rights of a financial nature (e.g. reduction in dividend entitlement) and policy nature, perhaps in the form of co-

determination rights (e.g. restriction of voting rights) and other non–financial rights (e.g. information rights, right to call a general meeting).

316	**tio**	**ten**
	num	Jag kommer tillbaka om tio minuter.
		I'll be back in ten minutes.

317	**vilka**	**which**
	prn	Vilka garantier kan de ge för att det inte kommer att hända?
		What guarantees can they give that this will not happen?

318	**åta sig**	**undertake**
	vb	De medlemsstater – som genom direktivet kommer att åta sig att förstärka kontrollerna i hamnarna – måste också åta sig att förstärka sina anordningar för kontroll till havs.-Furthermore, the Member States, who, under the directive, are to make the commitment to step up in–port inspections, must also undertake to intensify their systems for inspections at sea.

319	**bland annat**	**amongst others**
	adv	Bland annat ville Stanley ha ett förtydligande av artikel 23 i förslaget till avtal mellan AAMS och de blivande koncessionshavarna, i vilken det bland annat föreskrevs att koncessionen skulle upphöra att gälla i vissa föreskrivna fall, bland annat följande:
		In particular, Stanley requested clarification of Article 23 of the model contract between the AAMS and successful tenderers, under which licences were to be withdrawn on the following grounds, among others:

320	**redo**	**ready**
	adj	Är ni redo att beställa nu?
		Are you ready to order now?

321	**jobba**	**work|job**
	vb	Jag är van vid att jobba hårt.
		I am accustomed to working hard.

322	**stad**	**town**
	nn	Vladivostok är en stad i Ryssland.
		Vladivostok is a city in Russia.

323	**fatta**	**take|grasp**
	vb	Jag var tvungen att fatta ett beslut.
		I had to make a decision.

324	**gammal**	**old**
	adj	Sven är en gammal vän.
		Sven is an old friend.

325	**äta**	**eat**
	vb	Får jag äta den här kakan?
		Can I eat this cake?

326	**dörr**	**door**
	nn	Ledaren för den italienska oppositionen borde städa utanför sin egen dörr först.
		He, then, the leader of the Italian opposition, should clean his own side of the street first.

327	**glad**	**pleased**
	adj	Jag är glad att vi pratades vid.
		I'm glad we talked.

328 döda
vb
kill
Vem skulle vilja döda mig?
Who'd want to kill me?

329 flest
adj
most
Flest upptäckter under 2008 har gjorts med hjälp av metoderna "nationell administrativ eller ekonomisk kontroll", "kontroll av framsteg på plats", "uppgiftslämnare (whistleblower)" samt "dokumentkontroll".
Most frequent methods of detection in 2008 are 'national administrative or financial control', 'on–the–spot control of achievements', 'whistleblower' and 'control of documents'.

330 tyst
adj; adv
silent; quietly
Sven är tyst.
Sven's silent.

331 chans
nn
chance
Det finns ingen chans att han kommer att återhämta sig.
There's no chance that he'll recover.

332 rum
nn
room
Jag önskar att jag hade ett eget rum.
I wish I had a room of my own.

333 båda
prn; vb
both|either; bode
Kontaktperson för dessa båda är John.
The contactperson for both of these is John.

334 nära
adv; prp; adj; vb
near; near; close; cherish
Vi bor nära stationen.
We live close to the station.

335 klocka
nn; vb
clock; clock
Sven tittade på sin klocka.
Sven looked at his watch.

336 svårt
adv
badly|sorely
Det är svårt för en nybörjare att uppskatta vindsurfing.
It is difficult for beginners to enjoy windsurfing.

337 par
nn
couple|team
På golvet stod två par skor.
On the floor were two pairs of shoes.

338 leva
vb
live
Man kan inte leva för evigt.
You can't live forever.

339 genom att
prp
by
Han tog sitt liv genom att hoppa ner från en bro.
He ended his life by jumping off a bridge.

340 sista
nn; adj
last; final
Detta är det sista tåget.
This is the last train.

341 ätt
nn
family
Det är den ståndpunkt jag har intagit och som jag framöver kommer att försvara.

That is the line that I have taken and, in the future, that is the line that I will defend.

342 **all**
adj; prn
all; all
Mary har all anledning att vara nöjd.
Mary had every reason to be satisfied.

343 **ord**
nn
words
Jag skulle vilja prata några ord med dem.
I want to have a word with them.

344 **ibland**
adv
sometimes
Jag ska vara helt ärlig och säga er att jag inte förstår människor som å ena sidan kritiserar "Bryssel" – och ibland är detta lika rättfärdigat som att kritisera nationell politik – men samtidigt förkastar konstitutionsfördraget, som är just det instrument som vi behöver för att bidra till att få bukt med och rätta till de uppfattade bristerna.
I will be quite frank in saying that I say to you quite openly that I do not understand people who on the one hand criticise 'Brussels' – and sometimes that is just as justified as it is to criticise national politics – but at the same time reject the Constitutional Treaty, which is the very instrument we need to help eradicate and rectify the perceived deficiencies.

345 **klar**
adj
clear|ready
Att bli klar med detta jobb innan tisdag kommer att bli enkelt.
Finishing this job by Tuesday will be easy.

346 **fint**
adv; nn
fine; feint
Följaktligen är Kina också landets största konkurrent inom handeln.
Consequently, China is also the country's main trade competitor.

347 **iväg**
adv
along
Sven satte sig i förarsätet och körde iväg.
Sven got into the driver's seat and drove off.

348 **bror**
nn
brother
Men när vi kom fram till Vancouver i British Columbia fick inte min bror och jag komma till samma ställe, utan jag hamnade 10 mil längre bort!
However, when we arrived in Vancouver, British Columbia, my brother and I were separated, and I was taken some 60 miles [100 km] away!

349 **ännu**
adv
yet|more
Slutresultatet kommer att bli ännu ett bakslag för godstransporter på vägarna, som i dagsläget är det enda sättet att se till att den inre marknaden fungerar.
The ultimate result will be yet another setback for road freight transport, which, the way things stand today, is the only means enabling the operation of the Internal Market.

350 **galen**
adj; adv
crazy; amiss
De flesta tycker att jag är galen.
Most people think I'm crazy.

351 **rädda**
vb
save|rescue
Det är inte tillräckligt att rädda världen: vi måste också rädda de människor som lever i den.
It is not enough to save the world: we also have to save the people in it.

352 **mor**
nn
mother
Mor till den judeiske kungen Ussia (Asarja), som hon födde omkring 845 f.v.t.

Mother of Judah's King Uzziah (Azariah), whom she bore in about 845 B.C.E.

353	**bakom**	**behind; in the back of**
	prp; adv	Extrasätet får vara av samma typ som det säte som ska provas och ska placeras parallellt med och direkt bakom detta säte.
		The auxiliary seat may be of the same type as the seat being tested and shall be located parallel to and directly behind the seat being tested.
354	**mellan**	**between**
	prp	Samarbetet mellan Sven och Mary är inte särskilt smidigt.
		The collaboration between Sven and Mary is not going very smoothly.
355	**oroa**	**worry**
	vb	Oroa dig inte. Han kan inte tyska.
		Don't worry. He doesn't understand German.
356	**sådan**	**such**
	adj	Det är dumt att läsa en sådan tidskrift.
		It is foolish to read such a magazine.
357	**timme**	**hour**
	nn	Låt kolven vara kvar i vattenbadet i ytterligare en timme vid 65 °C och skaka var tionde minut.
		Allow the flask to remain in the water bath a further hour at 65 °C and shake every 10 minutes.
358	**fler**	**more**
	prn	Vill du ha fler kakor?
		Would you care for more cookies?
359	**skynda**	**hurry**
	vb	Vi måste skynda oss.
		We need to hurry.
360	**kapten**	**captain**
	nn	Jag har en vän vars far är kapten på ett stort skepp.
		I have a friend whose father is the captain of a big ship.
361	**mat**	**food|meal**
	nn	Jag tycker om koreansk mat.
		I like Korean food.
362	**alls**	**at all**
	adv	Det här kommer inte att göra ont alls.
		This won't hurt a bit.
363	**försök**	**attempt|trial**
	nn	Gör ett försök bara.
		Just give it a try.
364	**vapen**	**arms|weapon**
	nn	Ge mig ditt vapen.
		Give me your weapon.
365	**dotter**	**daughter**
	nn	Fadil och Layla fick en dotter tillsammans år 2004.
		Fadil and Layla had a daughter together in 2004.
366	**på grund av**	**because of**

	prp	Skatteplikten bortfaller inte på grund av att transaktionen utförs på grund av lag eller myndighetsbeslut eller på grund av att det skall anses ha utförts på grund av en bestämmelse i lag.

Transactions are not excluded from taxation where they are carried out pursuant to statute or an order of an authority or are deemed to be carried out under statutory provisions.

367 ben — **bone|leg**

nn

En katt har en svans och fyra ben.

A cat has a tail and four legs.

368 varandra — **each other**

prn

De avtalsslutande parterna skall omedelbart informera varandra om en försöksenhet som omfattas av punkt 1 och som uppger att den tillämpar principerna om god laboratoriesed underlåter att följa dessa principer i en sådan utsträckning att integriteten och tillförlitligheten hos de undersökningar som den utför kan äventyras.

The Contracting Parties shall inform each other promptly when a test facility coming under the terms of paragraph 1, which states that it applies good laboratory practice, fails to conform to such practice to an extent which may jeopardise the integrity or authenticity of any studies it conducts.

369 glömma — **forget**

vb

Vi ska inte glömma.

We shall not forget.

370 igenom — **through; through**

adv; prp

Ubåten var tvungen att bryta igenom ett tunt istäcke för att kunna gå upp till ytan.

The submarine had to break through a thin sheet of ice to surface.

371 egen — **own; one's own**

adj; prn

Han komponerade en begravningsmarsch till sin egen begravning.

He composed a funeral march for his own funeral.

372 uppe — **up; up**

adv; prp

Vi har varit uppe hela natten.

We have been up all night.

373 flicka — **girl; patch**

nn; vb

En vacker flicka med svart hår var i parken.

A pretty girl with black hair was in the park.

374 miss — **miss**

nn

Jag hade inget sexuellt förhållande med den kvinnan, Miss Lewinsky.

I did not have sexual relations with that woman, Miss Lewinsky.

375 räcka — **cover|pass; course**

vb; nn

Man behöver inte en universitetsexamen för att bli servitör – ibland kan till och med en kort kurs räcka.

One does not need a degree to be a waiter; sometimes even a short course will suffice.

376 skull — **sake**

nn

Jag gör det här för hennes skull.

I'm doing this for her.

377 ställe — **place|stead**

nn

Sven tog Marys ställe.

Sven took Mary's place.

378 **idiot** — **moron**
nn
Du måste vara en idiot!
You must be an idiot!

379 **herr** — **Mr.**
nn
Doktorn sa till herr Smith att sluta röka.
The doctor told Mr. Smith to give up smoking.

380 **när det gäller** — **with**
prp
När det gäller tennis är hon överlägsen.
When it comes to tennis, she is second to none.

381 **syster** — **nurse**
nn
Det är till min syster!
it's my sister's place!

382 **skola** — **school|college; school**
nn; vb
Varför är fru Yamada populär i din skola?
Why is Mrs. Yamada popular in your school?

383 **lätt** — **easy|light; easy**
adj; adv
Det är lätt att finna vänner; det är svårare att behålla dem.
It's easy to find friends; it's harder to keep them.

384 **fin** — **nice|fine**
adj
Hon har en fin docka.
She has a pretty doll.

385 **nere** — **down; down**
adj; adv
Håll dig nere.
Keep down.

386 **ikväll** — **tonight**
adv
Och så här ser det ut i kriget ikväll..
And this is the state of the war tonight..

387 **sätta** — **put|seat**
vb
Kom in. Vi skulle precis sätta igång.
Come on in. We're just about to get started.

388 **idé** — **proposal; idea**
nn; nn
Jag har en jättebra idé.
I have a great idea.

389 **vatten** — **water**
nn
Koka lite vatten.
Warm up some water.

390 **handla** — **act|shop**
vb
Vi måste handla.
We have to do the shopping.

391 **följa** — **follow**
vb
Han gick sakta så att barnet kunde följa med.
He walked slowly so the child could follow.

392 **rolig** — **funny**
adj
Han skrattar eftersom filmen är rolig.

He laughs because the film is funny.

393	**reda**	**make|clear up; order**
	vb; nn	Jag tar reda på det själv.
		I'll find out myself.

394	**ganska**	**quite|pretty**
	adv	Maria är ganska söt.
		Maria is rather sweet.

395	**vacker**	**beautiful|lovely**
	adj	Vilken vacker fågel det är!
		What a beautiful bird it is!

396	**lov**	**holiday**
	nn	Ibland kan jag inte riktigt koppla av om det inte är lov, som när jag är ledig på måndag och alla dagar.
		And sometimes I feel like I can't really enjoy myself unless it's like a vacation, like when I get Mondays and all those days off.

397	**flytta**	**move|transfer**
	vb	Flytta på dig.
		Move over.

398	**kalla**	**call|name**
	vb	Sluta kalla mig för Sven.
		Stop calling me Sven.

399	**någonting**	**anything**
	prn	Måste jag göra någonting?
		Do I have to do anything?

400	**eftersom**	**since**
	con	Toms bil är lätt igenkännbar eftersom det är en stor buckla i den främre stötfångaren.
		Tom's car is easily recognizable since there is a big dent in the front bumper.

401	**hata**	**hate**
	vb	Ni verkar hata Sven.
		You seem to hate Sven.

402	**lång**	**long**
	adj	Vi hade en lång period av fint väder.
		We had a long period of good weather.

403	**stort**	**largely**
	adv	Vilket stort hus ni har!
		What a big house you have!

404	**lära**	**teach; teaching**
	vb; nn	Google kan hjälpa människor att lära sig minoritetsspråk.
		Google can help people to learn minority languages.

405	**grabb**	**chap**
	nn	Sven är en smart grabb.
		Sven is a smart kid.

406	**förut**	**before; before**
	adv; con	Eftersom jag hade träffat honom en gång förut, kände jag igen honom direkt.
		Since I had met him once before, I recognized him right away.

407 anta
vb

adopt | suppose
Vi kan inte anta att dessa pengar är Toms.
We can't assume this money is Tom's.

408 lugn
adj; nn

quiet; calm
Jag måste vara lugn.
I must be calm.

409 jaså
con

indeed
Jaså, du är hemma!
Oh, you are there!

410 perfekt
adj; nn; adv

perfect; perfect; perfectly
Hatten passar henne perfekt.
The hat fits her perfectly.

411 undan
adv; prp

away; from
Liksom de intervenerande parterna anser jag att principen om avtalsfrihet och den därav följande valfriheten för parterna att dra sig undan det tillämpliga rättssystemet måste beaktas.
Like all those who have submitted observations, I believe that account must be taken of the principle of freedom of contract and of the resulting right for the parties to avoid the legal rules applicable.

412 skicka
vb

send
Var god fyll i enkäten och skicka in den till oss.
Please fill out this questionnaire and send it to us.

413 utanför
adv; prp

outside; outside
Håll Sven utanför detta.
Leave Sven out of this.

414 leta
vb

search
Vi fortsätter leta.
Let's keep looking.

415 ond
adj

evil | bad
Artikel 214 i fördraget har direkt effekt som är obegränsad i tiden och huruvida sökanden i god eller ond tro har erhållit protokollen saknar relevans.
Article 214 of the Treaty has direct effect, unlimited in time, and the applicant's possession of the minutes, whether obtained in good or bad faith, is irrelevant.

416 kompis
nn

buddy | mate
Bob är min kompis.
Bob is my friend.

417 stoppa
vb

stop
Hur kan jag stoppa Sven?
How can I stop Sven?

418 plan
nn; adj

plan | plane; plane
Jag hoppas att du kommer fram med en bättre plan.
I hope you will come up with a better plan.

419 betala
vb

pay
Hon kommer att betala för allting.
She will pay for everything.

420 imorgon

tomorrow

	adv	Imorgon går jag till valurnan—och lägger min röst på president. *Tomorrow morning I'm going to the polls, and I'm casting my vote for the president.*
421	**önska** *vb*	**wish|want** Önska dig nånting först. *Make a wish first.*
422	**stämma** *nn; vb*	**meeting; agree with|tune** Och sedan hörde jag att de äter blåmögelost på pepparkakor i Sverige. Kan det stämma? *And then I heard that they eat blue cheese on thin ginger cookies in Sweden. Can that be right?*
423	**nummer** *nn*	**number|size** Vi råkade ha nummer tre och nummer fyra," berättar vi för försökspersonen. *We happen to have number three and number four," we tell the subject.*
424	**huvud** *nn; adj*	**head; home** Du känner inte mig över huvud taget. *You don't know me at all.*
425	**sticka** *vb; nn*	**run|stick; tingling** Dags att sticka. *Time to go.*
426	**gifta** *vb*	**marry** Varför skulle du gifta dig med en kvinna om du tycker om män? *Why would you marry a woman if you like men?*
427	**tom** *adj*	**blank|clear** Placera cellmarkören i en tom cell, t.ex. J14, och starta funktionsautopiloten. *Set the cursor in a blank cell, e.g., J14, and activate the Function Autopilot.*
428	**självklart** *adv*	**naturally** Självklart. *Of course.*
429	**full** *adj*	**full|complete** Lådan var full av böcker. *The box was full of books.*
430	**sida** *nn*	**page|side** Vill du inte höra min sida av saken? *Don't you want to hear my side of the story?*
431	**herre** *nn; prn*	**gentleman; you** Han var lika full som en herre. *He was as drunk as a lord.*
432	**kärlek** *nn*	**pash** Fadil var Danias enda kärlek. *Fadil was the only love Dania had.*
433	**sent** *adv*	**late** Ni får inte komma för sent den här gången. *You can't be late this time.*
434	**månad** *nn*	**month** Min födelsedag är först om en månad.

My birthday's not for another month.

435	**käft**	**jaw**
	nn	Jag har bara två saker större än min käft.
		I only got two things bigger than my mouth.
436	**hoppa**	**jump|skip**
	vb	Hoppa inte!
		Don't jump!
437	**snabbt**	**fast|rapidly**
	adv	Dan närmade sig landningsbanan för snabbt.
		Dan approached the runway too fast.
438	**vadå**	**what**
	adv	Vadå, ville du bjuda den förre kabelkillen på middag?
		What, you asked your last cable repair guy out for a date?
439	**pojke**	**lad|boy**
	nn	Har du varit en stygg pojke?
		Have you been a bad boy?
440	**lugna**	**calm|soothe**
	vb	Samtliga höll sig lugna.
		Everyone stayed calm.
441	**i alla fall**	**anyway|at least**
	adv	Om vi inte kan vara överens om någonting annat borde vi i alla fall i denna församling kunna enas om att alla barn kräver ett extra skydd.
		If we cannot agree on anything else, we ought in any case in this Assembly to be able to agree that all children require additional protection.
442	**skriva**	**write|score**
	vb	Jag ska precis till att skriva en mening på tyska.
		I am about to write a sentence in German.
443	**direkt**	**immediately; direct**
	adv; adj	Vi måste börja nu direkt.
		We have to start right now.
444	**köpa**	**buy**
	vb	Jag ska köpa en öl till Sven.
		I'll buy Sven a beer.
445	**före**	**before; before; before; surface**
	adv; con; prp; nn	Marie tror på ett liv före döden.
		Marie believes in life before death.
446	**sova**	**sleep**
	vb	Jag trodde att Sven skulle sova över i Boston.
		I thought Sven would stay overnight in Boston.
447	**någonsin**	**ever**
	adv	I dessa kristider är det viktigare än någonsin med europeiska åtgärder för att se till att små och medelstora företag har tillgång till finansiering till rimliga priser.
		At this time of crisis, European action to safeguard access by SMEs to finance at a reasonable price is key.
448	**kort**	**short; card; shortly**

	adj; nn; adv	16 kilometer är inte en kort sträcka.
		Ten miles is not a short distance.
449	**tjej**	**girl**
	nn	Hur vet jag om en tjej är intresserad av mig?
		How do I know if a girl is interested in me?
450	**skjuta**	**shoot**
	vb	I många delar av världen är det olagligt att skjuta vilt såsom hjort, älg eller fasan.
		In many parts of the world it is illegal to shoot wild game such as deer, moose or pheasant.
451	**vecka**	**week; fold**
	nn; vb	Matchen kan ha skjutits upp till nästa vecka.
		The game may have been put off till next week.
452	**gälla**	**be valid|be available**
	vb	Denna bestämmelse skall inte gälla för ämnen som används i enlighet med artikel 3.
		This shall not apply to substances for use pursuant to Article 3.
453	**sanning**	**truth**
	nn	Det är svårt att skilja sanning från lögn.
		It is hard to distinguish truth from a lie.
454	**nå**	**reach|come to**
	vb	Han hoppas att nå en alltid större kunskap av hela världen under detta liv.
		He hopes to gain an always greater knowledge of the whole world during this life.
455	**roll**	**role|personage**
	nn	Det kanske inte kommer att spela någon roll.
		Maybe it won't make any difference.
456	**viktig**	**important**
	adj	Den är viktig.
		It's important.
457	**tänkt**	**thought|imagined**
	adj	Jag tänkte du kunde hjälpa mig kolla upp det.
		I just thought maybe you could help me get that checked out while I'm home.
458	**öga**	**eye**
	nn	Håll ett öga på dem.
		Keep an eye on them.
459	**förälder**	**parent**
	nn	Det var en förälder som besökte oss den dagen, som satt längst bak i rummet.
		There was a parent visiting that day, just sitting in the back of the room.
460	**välkommen**	**welcome**
	adj	Välkommen tillbaka!
		Welcome back!
461	**lita**	**rely**
	vb	Kan man lita på Sven?
		Can Sven be trusted?
462	**rest**	**residual**

	nn	Att sköljningen varit effektiv kontrolleras för att garantera att inga rester finns kvar.
		No residue is left on the final product after the use of the substance.
463	**hjärta**	**heart**
	nn	Bara kärlek kan krossa ens hjärta.
		Only love can break your heart.
464	**lycka**	**happiness|luck**
	nn	Vi önskar er lycka till.
		We wish you luck.
465	**vitt**	**wide**
	adv	Huset är målat i vitt.
		The house is painted white.
466	**dum**	**stupid|silly**
	adj	Hon är långt ifrån dum.
		She is far from a fool.
467	**sju**	**seven**
	num	Hon är sju i London nu.
		It is seven in London now.
468	**hårt**	**hard|harshly**
	adv	Sparka så hårt som du kan.
		Kick as hard as you can.
469	**använd**	**used**
	adj	Använd ej till ögonfransar och ögonbryn.
		Do not use to dye eyelashes or eyebrows
470	**undra**	**wonder**
	vb	Det demokratiska underskottet får oss således också att undra och därför beslutade vi nyss i kommissionen att redan dagen efter öppnandet av regeringskonferensen, under vilken jag har fått äran att företräda kommissionen vid Prodis sida, och i nära samarbete med era båda företrädare, Brok och Tsatsos, lägga fram "En dialog för Europa och om Europa" och att för vår del delta i direktkontakten med medborgarna.
		We too are concerned about this lack of democracy, and the Commission has therefore decided to launch the 'Dialogue on Europe' in order to play its part in this direct contact with the people. This initiative will be launched on the day after the opening of the Intergovernmental Conference.
471	**flera**	**several|many; more**
	adj; adv	Jag har flera kepsar.
		I have several caps.
472	**svara**	**respond|rejoin**
	vb	Är det någon som kan svara?
		Is there anyone who can answer?
473	**fixa**	**fix**
	vb	Fixa det här.
		Fix this.
474	**egentligen**	**really|in fact**
	adv	Jag vet egentligen inte.
		I don't really know.

475 trött   **tired**

adj   Jag är inte så trött.

I'm not so tired.

476 medan   **while**

con   Summan av de räntor som låntagare betalar till finansförmedlare skall reduceras med det skattade värdet av avgifterna medan summan av de räntor som insättare erhåller måste ökas med samma belopp.

The estimated value of these costs should be subtracted from the interest paid by borrowers to financial intermediaries and added to the interest received by depositors.

477 träffas   **meet**

vb   Det är ett stort framsteg att arbetsmarknadsministrarna träffas i G20-sammanhang.

It is a major step forward that labour ministers are meeting in the G20 context.

478 allihop   **all**

nn   Jag gjorde ett avtal för oss allihop.

I made a deal for all of us, Chief.

479 så att   **so that**

con   Jag säger detta så att det tas till protokollet, så att det står fullständigt klart.

I say this so that it may appear in the Minutes, so that it may be made perfectly clear.

480 blod   **blood**

nn   Jag klarar inte av att se blod.

I can't stand the sight of blood.

481 alltså   **then; that is; so; that's**

adv; phr; con; abr   "Tammi" med två m. Alltså T–A–M–M–I.

Tammi' with two m's. So that's T–A–M–M–I.

482 lägga   **lay|settle**

vb   Jag behöver lägga mej ner en stund.

I just need to lie down for a minute.

483 ursäkt   **excuse**

nn   Jag vill be om ursäkt.

I want to apologize.

484 älskad   **beloved; beloved**

adj; nn   Samhället kanske dömer mig och klassar mig efter hur jag ser ut, men jag vet att jag i Guds ögon är älskad.

Society may judge me and classify me by my looks, but I know that in God's eyes I am loved.

485 val   **choice|election**

nn   Det påstås att det snart kommer ett val.

It is suggested that there will soon be an election.

486 kär   **in love|dear**

adj   Jag kan aldrig bli kär igen.

I'll never be able to love you again.

487 inom   **within**

prp   Var det inte Kafka som skrev att en bok måste bli yxan för det frusna havet inom oss?

Wasn't it Kafka who wrote that a book must be the axe for the frozen sea within us?

488	**miljon**	**million**
	num	Kärnenergi har kostat Förenta staterna en trillion, en miljon miljon USD.
		Nuclear energy in the United States has cost US$ 1 trillion, one million million dollars.
489	**tv**	**TV; television**
	abr; nn	Det bör dock påpekas att Bertelsmann har ett antal innehållsföretag, bland annat film– och TV–programsproducenten CLT– UFA, Financial Times TV–programsproducent och utgivare Pearson, samt BMG, dess musikgren.
		However, it should be noted that Bertelsmann has a number of content businesses including CLT–UFA, the film and television programme producer, Pearson, the television programme producer and publisher of the Financial Times, and BMG, its music arm.
490	**tyvärr**	**unfortunately**
	adv	Tyvärr, jag har ingen aning.
		I'm sorry, I have no idea.
491	**land**	**country**
	nn	Schweiz är ett väldigt vackert land och är mycket värt att besöka.
		Switzerland is a very beautiful country and well worth visiting.
492	**igår**	**yesterday**
	adv	De lättade ankare igår kväll utan att betala ett öre för allt arbete vi utfört åt dem.
		They pulled anchor last night without paying a penny for all the work we did for them.
493	**tidigt**	**early|soon**
	adv	Jag steg upp tidigt idag.
		I got up early today.
494	**skyldig**	**obliged**
	adj	Vad är du skyldig Sven?
		What do you owe Sven?
495	**typ**	**type|model**
	nn	De började sälja en ny typ av bil i Tokyo.
		They started to sell a new type of car in Tokyo.
496	**jävel**	**son of a bitch; bugger**
	phr; nn	Kom igen din blinda jävel!
		Come on, you blind son of a bitch!
497	**arg**	**angry**
	adj	Du har inget att vara arg över.
		There is nothing for you to be angry about.
498	**massa**	**pulp|amount**
	nn	Ordprocessorn kommer att spara dig en massa trubbel.
		The word processor will save you a lot of trouble.
499	**order**	**order|orders**
	nn	Jag hade mina order.
		I had my orders.
500	**gift**	**married; poison**

	adj; nn	Sven var gift på den tiden.
		Sven was married back then.
501	**konstigt**	**strange**
	adv	Det är konstigt.
		It's strange.
502	**kaffe**	**coffee**
	nn	Kan jag få mer kaffe?
		More coffee, please.
503	**simma**	**swim**
	vb	Vi njöt av att simma i sjön.
		We enjoyed swimming in the lake.
504	**springa**	**run; slit**
	vb; nn	Han gillar att springa.
		He likes to run.
505	**läge**	**location|position**
	nn	Det bästa uttrycket för ett verkligt värde erhålls från aktuella priser på en aktiv marknad för likartade fastigheter, med samma läge och i samma skick, och som är föremål för likartade hyresavtal och andra avtal.
		The best evidence of fair value is given by current prices in an active market for similar property in the same location and condition and subject to similar lease and other contracts.
506	**jaha**	**well**
	adv	Jaha, jag visste det: Jag har redan läst allt detta förut!
		Aha, I knew it: I really had read all this before!
507	**förklara**	**explain|declare**
	vb	Skulle ni kunna förklara vägen till Madame Tussaud?
		Could you tell me the way to Madame Tussaud's?
508	**otroligt**	**incredibly**
	adv	Det är otroligt.
		It's unbelievable.
509	**tillräckligt**	**enough**
	adv	Har jag inte lidit tillräckligt?
		Haven't I suffered enough?
510	**synd**	**sin; trespass; wrongdoing**
	nn; vb; adj	Jag tyckte synd om pojken.
		I felt pity for the boy.
511	**åtta**	**eight**
	num	En, två, tre, fyra, fem, sex, sju, åtta, nio, tio.
		One, two, three, four, five, six, seven, eight, nine, ten.
512	**topp**	**top|crest**
	nn	Vilken topp kommer vi att kunna nå i ett osannolikt förlikningsförfarande?
		Which peak will we be able to reach in an unlikely conciliation procedure?
513	**hälsa**	**health; greet**
	nn; vb	Kan du hälsa Sven att Marie ringde?
		Could you tell Sven that Marie called him?
514	**riktig**	**proper|correct**

	adj	Mary är en riktig komiker och hon verkar ha ett outsinligt förråd av vitsar i bakfickan.
		Mary is a real comedian and she seems to have an overwhelming supply of jokes up her sleeve.
515	**misstag**	**mistake**
	nn	Jag begick ett allvarligt misstag på provet.
		I made a serious mistake on the test.
516	**ögonblick**	**moment**
	nn	Ge oss ett ögonblick.
		Give us a moment.
517	**läsa**	**read**
	vb	Jag älskade att läsa då jag var liten.
		I loved to read when I was little.
518	**slåss**	**fight|battle**
	vb	När de blir angripna gnäggar de som en häst, och när de slåss ryter eller råmar de.
		Under attack, they neigh like a horse, and they bellow or roar when fighting.
519	**sjuk**	**sick**
	adj	Ingen blev sjuk.
		No one got sick.
520	**igång**	**going**
	adj	Vi borde komma igång.
		We should get going.
521	**tjänst**	**service|favor**
	nn	Sven behöver en tjänst.
		Sven needs a favor.
522	**strax**	**just**
	adv	Ett godståg har spårat ur strax söder om Stockholm.
		A freight train has derailed just south of Stockholm.
523	**dricka**	**drink; soft drink**
	vb; nn	Ge mig någonting att dricka.
		Give me a drink.
524	**historia**	**history|story**
	nn	Det är en oklar historia.
		It's a vague story.
525	**middag**	**dinner|midday**
	nn	Jag fick en inbjudan till middag med honom och hans familj.
		I've received an invitation to have dinner with him and his family.
526	**fart**	**speed|pace**
	nn	Kursen kommer att hållas i reducerad fart för att underlätta din medverkan.
		The course will be held at reduced pace to facilitate your attendance.
527	**absolut**	**absolutely; absolute**
	adv; adj	Jag vet absolut ingenting.
		I know absolutely nothing.
528	**stund**	**while**
	nn	Ni kan gå in en liten stund

You can go in for a few moments, Mrs. Powers

529 förbi   **past; past; go by; gone**

adv; prp; vb; adj   Genom att anta lydelsen "närliggande regioner" kunde vi komma förbi de inledande reservationer som Ryssland uttryckte i frågan, och jag tror att både Europeiska unionen och Ryssland har mycket att vinna på vårt samarbete i denna del av världen där all utveckling får direkta återverkningar för Ryssland och EU.

Adoption of the wording 'adjacent regions' enabled us to overcome the initial reservations that Russia expressed on this subject and I think that both the European Union and Russia have much to gain from our cooperation in this region of the world where any developments have direct repercussions for Russia and the EU.

530 krig   **war**

nn   Landet förklarade krig mot sitt grannland.

The country declared war against its neighbor.

531 möjlig   **potential**

adj   Är förändring möjlig i våra känslor, i våra karaktärsdrag, i våra känslor?

Is change possible in our emotions, in our traits, in our moods?

532 framför   **preferably; in front of; before**

adv; prp; con   För egen del föredrar jag kaffe framför te.

Me, I prefer coffee to tea.

533 fortsätta   **continue|proceed**

vb   Hur länge kommer det här kalla vädret att fortsätta?

How long will this cold weather continue?

534 jord   **soil|world**

nn   Detta innefattar andra andevarelser, universum, den fruktbara jorden och alla former av fysiskt liv på vår jord.

These include other spirit creatures, the universe, the productive earth, and all forms of physical life on our globe.

535 resa   **travel; travel**

nn; vb   Det skulle vara trevligt om jag kunde resa till Japan.

It would be nice if I could travel to Japan.

536 omkring   **about|round; about**

adv; prp   Sven såg sig omkring.

Sven looked around.

537 ung   **young**

adj   Man bör läsa många böcker när man är ung.

You should read many books when you are young.

538 hemskt   **ever so|awfully**

adv   Jag är hemskt trött.

I'm awfully tired.

539 fungera   **work|function**

vb   Virtualiseringen gör det redan möjligt att på ett mer heltäckande sätt använda sig av datorernas kapacitet genom att virtuellt låta flera maskiner fungera via en enda, även med olika operativsystem, och det är en teknik som utvecklas snabbt.

In fact, virtualisation allows for much fuller use of the power of computers by enabling several machines to operate virtually from one single machine, even if they have different operating systems, and this technique is being introduced rapidly.

540	**enkelt**	**easy**
	adv	Tyska är inte ett enkelt språk.
		German is not an easy language.
541	**förra**	**last|former**
	adj	Hur många julkort skrev du förra året?
		How many Christmas cards did you write last year?
542	**exakt**	**exactly|flat; exact**
	adv; adj	Jag vill veta exakt vad det är som händer.
		I want to know exactly what is going on.
543	**dåligt**	**badly**
	adv	Är det bra eller dåligt?
		Is that a good or a bad thing?
544	**snacka**	**chat; chew the fat**
	vb; phr	Du kan väl hitta Gabriel, så snackar jag med Sheriffen.
		Why don't you find gabriel? I'll speak to the sheriff myself.
545	**hund**	**dog**
	nn	Hans stackars hund lever fortfarande.
		His poor dog is still alive.
546	**doktor**	**doctor**
	nn	Så att han kan ringa en doktor?
		Why, so he could ask someone to call a doctor?
547	**ansikte**	**face|countenance**
	nn	Tvätta ditt ansikte.
		Wash your face.
548	**arbete**	**work|working**
	nn	Jag står inte ut att bli störd i mitt arbete.
		I can't stand being disturbed in my work.
549	**förrän**	**before; before**
	adv; con	Jag kan inte gå förrän han kommer.
		I can't go until he comes.
550	**allting**	**everything**
	nn	Sven höll med om allting Mary sa.
		Sven agreed with everything Mary said.
551	**använda**	**use|devote**
	vb	Vi kan använda den.
		We can use it.
552	**överallt**	**everywhere**
	adv	Han bajsade överallt.
		He pooped everywhere.
553	**förr**	**sooner; before**
	adv; con	Förr eller senare kommer jag att slå dig.
		Sooner or later comes a day I'll beat you.
554	**sakna**	**miss**

	vb	Jag kommer att sakna er alla. *I'll miss you guys.*
555	**trots att** *con*	**while** De överlevde trots att byggnaden förstördes. *They survived, even though the building was destroyed.*
556	**inför** *prp*	**before** Sven står inför finansiella problem. *Sven is facing financial problems.*
557	**vänster** *adj; nn*	**left; left** Sväng vänster. *Turn left.*
558	**rakt** *adv*	**straight|due** Sitt rakt. *Sit up straight.*
559	**dess** *prn*	**its** En av stålets viktiga egenskaper är dess hållfasthet. *An important quality of steel is its strength.*
560	**vinna** *vb*	**win|overcome** Jag visste att vi skulle vinna. *I knew we were going to win.*
561	**eget** *adj*	**own** Han kan inte ens skriva sitt eget namn. *He cannot so much as write his own name.*
562	**skaffa** *vb*	**get|acquire** Skaffa ett liv, Sven. *Get a life, Sven.*
563	**bruka** *vb; av*	**farm|till; would** De kan för övrigt välja att helt avstå från att bruka sina åkrar. *They could also choose not to cultivate their fields at all.*
564	**person** *nn*	**person** Yttranden av de personer som hörs skall protokollföras. *The statements made by each person heard shall be recorded.*
565	**annorlunda** *adv*	**differently** Du är annorlunda. *You're different.*
566	**dam** *nn*	**woman** Herr ordförande, herr kommissionär, mina damer och herrar! Betänkandet handlar som vi vet om elektroniska pengar. *Mr President, Commissioner, ladies and gentlemen, this report deals as you know with electronic money.*
567	**javisst** *int*	**very good** Roth-Behrendt sade att vi behöver fler och bättre kontroller - javisst, det behöver vi! *Mrs Roth-Behrendt said we need more and better controls and indeed we do.*
568	**tvungen**	**forced|enforced**

	adj	Herr talman! Jag blir tvungen att säga till min gode vän och tidigare kollega Dupuis att det tyvärr är orealistiskt att föra upp Georgien på listan över möjliga kandidatländer.
		Mr President, I have to say to my good friend and former colleague, Mr Dupuis, that it is, unfortunately, unrealistic to put Georgia on the list of possible candidate countries.
569	**grund**	**basis; shallow**
	nn; adj	Jag kan inte använda vänster hand på grund av gipset.
		I can't use my left hand because of the plaster cast.
570	**söka**	**search**
	vb	Fortsätt söka.
		Keep searching.
571	**aning**	**idea**
	nn	Jag hade ingen aning om vad jag skulle göra.
		I had no idea what to do.
572	**smart**	**smart|shrewd**
	adj	Sven är en smart kille.
		Sven is a bright guy.
573	**enligt**	**according to**
	prp	Enligt fördraget är Europeiska unionen en sammanslutning av oberoende stater.
		According to the Treaty, the European Union is a union of independent states.
574	**eld**	**flame|enthusiasm**
	nn	Mannen satte eld på sig själv.
		The man set himself on fire.
575	**internet**	**internet**
	nn	Internet förändrade allt.
		The Internet changed everything.
576	**underbart**	**wonderfully**
	adv	Också djuren är underbart danade, och somliga har vissa sinnesfunktioner och förmågor som är överlägsna människans.
		Animals too are wonderfully made, and some possess certain senses and abilities that exceed those of humans.
577	**början**	**beginning|first**
	nn	Det är en början.
		That's a start.
578	**chef**	**manager|head**
	nn	Som pensionär är jag nu min egen chef – äntligen.
		As a pensioner, I'm my own boss now, finally.
579	**fred**	**peace**
	nn	Vi hoppas på fred.
		We hope for peace.
580	**råd**	**advice**
	nn	Låt mig ge dig ett råd.
		Let me give you a word of advice.
581	**general**	**general**
	nn	General O' Neill har beordrat obligatorisk läkarundersökning för hela SGC's personal.

General O' Neill has ordered compulsory physicals for all the SGC personnel.

582	**sekund**	**second**
	nn	Ge Sven en sekund.
		Give Sven a second.
583	**fantastiskt**	**incredibly**
	adv	Det var fantastiskt att jobba med Sven.
		It was great working with Sven.
584	**ofta**	**frequently**
	adv	Sven pratar ofta med sig själv.
		Sven often talks to himself.
585	**vakna**	**wake|be awake**
	vb	Gomorron. Dags att vakna.
		Good morning. It's time to wake up.

586 **uppfatta**   **perceive\|apprehend**

vb   Du har säkert märkt att det alltid leder till bra resultat när du försöker uppfatta vad Jehovas vilja är i en viss fråga och sedan anstränger dig för att leva efter det.

Doubtless you have seen that when you seek Jehovah's will in a matter and strive to work in harmony with it, the results are excellent.

587	**dålig**	**bad|ill**
	adj	Hur dålig kan den vara?
		How bad can it be?
588	**kläder**	**clothes|clothing**
	nn	Han gav oss kläder, och pengar också.
		He gave us clothes, and money as well.

589 **framför allt**   **above all**

adv   Jag syftar framför allt på resandet av muren, rivningen av palestinska hus och framför allt skapandet av bosättningar på Västbanken i sin helhet, framför allt runt östra Jerusalem.

I refer specifically to the erection of the wall, to the demolition of Palestinian houses and, most importantly, to the creation of settlements in the area of the West Bank as a whole, especially around East Jerusalem.

590	**höger**	**right-hand**
	adj	Sväng höger, sa jag.
		I said turn right.
591	**kropp**	**body|corpus**
	nn	Det värkte i hans kropp.
		His body ached.
592	**andas**	**breathe; breathing**
	vb; nn	Andas han?
		Is he breathing?
593	**öl**	**beer**
	nn	Sven dricker inte öl hemma.
		Sven doesn't drink beer at home.
594	**skada**	**damage; hurt**
	nn; vb	Ni får inte skada Sven.
		You can't hurt Sven.

595 ned
adv
down
En förbipasserande bil körde i en vattenpöl och stänkte ned hela mig.
A passing car hit a puddle and splashed water all over me.

596 vit
adj; nn
Caucasian; Caucasian
Jag har en vit häst.
I've got a white horse.

597 telefon
nn
phone
Har du en telefon?
Do you have a phone?

598 snygg
adj
nice|neat
Just en snygg förebild för Paula!
that's a fine example you're setting for Paula!

599 kung
nn
king
Englands drottning är släkt med Sveriges kung.
The Queen of England is related to the King of Sweden.

600 passa
vb
fit|suit|watch
Kan du passa barnen?
Can you watch the kids?

601 farbror
nn
uncle
Hotellet drivs av hans farbror.
The hotel is run by his uncle.

602 svart
adj
black
Sven har på sig en svart hatt.
Sven is wearing a black hat.

603 hår
nn
hair
Det var en vacker flicka med svart hår i parken.
There was a pretty girl with black hair in the park.

604 som att
phr
as to
Jag misstänkte att han ljög, men det kom inte som en överraskning.
I suspected that he was telling a lie, but that didn't surprise me.

605 orolig
adj
worried|concerned
Är ni inte litet orolig över att det inte finns någon ordförande för tillfället?
Are you not a little concerned that there is no chairman at the moment

606 röra
vb; nn
move|touch; mess
Kan du inte röra dig fortare?
Can't you move faster?

607 arbeta
vb
work|labour
Hon vill arbeta på ett sjukhus.
She wants to work in a hospital.

608 lycklig
adj
lucky
Du verkar lycklig.
You seem happy.

609 bär
nn
berry
När det gäller bär, surkörsbär och svamp, behövs kraftigare krishanteringsåtgärder.

In the case of berries, sour cherry and mushrooms, stronger crisis management measures are warranted.

610	**oj**	**gee**
	int	Jag ska ge er ett sista exempel på föränderlighet, och det är — oj, ursäkta.
		I'll give you one last illustration of variability, and that is — oh, I'm sorry.

611 **ställa** **set | stall**
vb
Kan jag ställa ner den här?
May I put it down here?

612 **inte ens** **not even**
adv
Vi visste inte ens vad de hette.
We didn't even know their names.

613 **dansa** **dance**
vb
Fortsätt dansa.
Keep dancing.

614 **försiktig** **careful | cautious**
adj
Hon var försiktig med att inte slå sönder glasen.
She was careful not to break the glasses.

615 **allvar** **gravity | seriousness**
nn
Sven tar yoga på stort allvar.
Sven takes yoga very seriously.

616 **adjö** **goodbye**
nn
Jag är inte alls beredd att säga adjö.
I am not at all ready to say adieu.

617 **helt enkelt** **simply; nothing less than**
adv; phr
Sven är helt enkelt inte särskilt bra på att dansa.
Sven is just not very good at dancing.

618 **levande** **live | living**
adj
Produktion av liveunderhållningsevenemang, Nämligen, Konserter, levande musikuppträdanden.
Production of live entertainment events, namely, live music concerts and performances.

619 **naturligtvis** **of course**
adv
Under tiden är naturligtvis anslutningen till Schengens informationssystem ett mycket viktigt första steg.
In the meantime, access to the Schengen Information System is, of course, a very important first step.

620 **alldeles** **just | quite**
adv
För det andra är det alldeles nödvändigt att Europas befolkning lär sig språk.
Secondly, learning languages is absolutely crucial to the peoples of Europe.

621 **beklaga** **regret**
vb
Till sist kan vi bara beklaga den katastrofala budgetplanen för detta område.
Finally, we can only deplore the disastrous financial perspective for this area.

622 **till och med** **even; inclusive**
adv; adj
Aspartam var patentskyddat i Tyskland till och med år 1986, i Förenade kungariket till och med år 1987, i övriga länder i gemenskapen till och med år 1988 och i USA till och med år 1991.

Its patent was protected in Germany until 1986, in the United Kingdom until 1987, in other countries of the Community until 1988 and in the United States until 1991.

623	**akta**	**guard	be careful of**
	vb	Akta dig!
		Look out!

624	**svar**	**response	rejoinder**
	nn	Dessa argument motsägs dock av uppgifter som de indiska exporterande tillverkarna och PET–filmsimportörerna själva har lämnat i sina svar på kommissionens frågeformulär.

These arguments are contradicted by the information the Indian exporting producers and the importers of Indian PET film themselves have provided to the Commission in their questionnaire replies.

625	**fri**	**free	clear; at large**
	adj; adv	Om du vill vara fri, förstör din tv.

If you want to be free, destroy your television set.

626	**djur**	**animal	cattle**
	nn	Vilda djur bor i regnskogen.

Wild animals live in the jungle.

627	**det vill säga**	**that is; i.e.**
	adv; phr	Detta säger jag också i dag. Det vill säga, jag säger att vårt främsta mål alltid måste vara en hållbar utveckling, det vill säga en utveckling som respekterar och främjar miljön.

I still believe this today; our main objective must always be sustainable development, i.e. development which respects and promotes the environment.

628	**vackert**	**beautifully**
	adv	Livet är vackert.

Life is beautiful.

629	**särskilt**	**particularly**
	adv	Sven är väl inte särskilt upptagen?

Sven isn't particulary busy, is he?

630	**förlora**	**lose**
	vb	Att förlora min dotter har berövat mig livsglädjen.

Losing my daughter has taken away my will to live.

631	**läkare**	**physician	medic**
	nn	Sven vill inte bli läkare, trots att han är väldigt på naturvetenskap.

Sven doesn't want to be a doctor, although he's very good in science.

632	**ljuga**	**lie**
	vb	Jag kunde inte fortsätta ljuga för Sven.

I couldn't keep lying to Sven.

633	**medlemsstat**	**member state**
	nn	Men hur de ska tillämpas är i första hand en sak för varje enskild medlemsstat.

How they will be applied is primarily a matter for each individual Member State.

634	**nio**	**nine**
	num	Sven arbetar från nio till fem.

Sven works from nine to five.

635 **skoja** **joke**
 vb Jag skojar ju bara din lilla knäppskalle.
 I'm just kidding, you little knucklehead.

636 **fängelse** **prison|imprisonment**
 nn Sven sitter inte i fängelse.
 Sven isn't in jail.

637 **ända** **end; termination**
 vb; nn Han gör ingenting annat än klagar dagarna i ända.
 He does nothing but complain all day long.

638 **stark** **strong|powerful**
 adj Hon är stark.
 She is strong.

639 **raring** **dear|sweetie**
 nn God natt, raring.
 Good night, sweetheart.

640 **affär** **business|affair**
 nn Jag gjorde upp en affär.
 I made a deal.

641 **stopp** **stop|jam**
 nn Europeiska unionen har vid många tillfällen och i många sammanhang, från de regelbundna samråden om de mänskliga rättigheterna till olika högnivåmöten, uppmanat de ryska myndigheterna att genomföra grundliga oberoende utredningar i detta speciella, väldokumenterade fall och att sätta stopp för det rådande straffrihetsklimatet.
 Whereas the European Union has urged the Russian authorities on many occasions and formats, from regular human rights consultations to summit–level meetings, to conduct thorough independent investigations in this special, well documented case, and to put an end to the current climate of impunity.

642 **skydda** **protect|safeguard**
 vb Vi är här för att skydda dig.
 We're here to protect you.

643 **bok** **book**
 nn Det ligger en bok om dans på skrivbordet.
 There's a book about dancing on the desk.

644 **advokat** **attorney**
 nn Jag behöver en advokat.
 I need a lawyer.

645 **meter** **meter**
 nn Tornet är trehundratjugoen meter högt.
 The tower is three hundred and twenty–one meters high.

646 **duktig** **good|clever**
 adj Hon är väldigt duktig på att imitera sin lärare.
 She is very good at imitating her teacher.

647 **olik** **different**
 adj Olik alla andra, en kanal genom vilken hela kraften av universum flödar.
 Unlike any other, a conduit through which the entire force of the universe flows.

648 sälja
vb

sell

Det här är ett familjerederi och vi kommer aldrig att sälja det!

This is a family shipping company, and we will never sell it!

649 mark
nn

ground|counter

Mark tog sina saker och gick.

Mark took his things and left.

650 fader
nn

father

Glöm aldrig att Jesus sade: "Er himmelske Fader vet ju att ni behöver allt detta."

Focus on Jesus' words: "Your heavenly Father knows you need all these things."

651 bevis
nn

evidence|proof

De ville ha bevis.

They wanted proof.

652 rätta
vb

correct|straight

Du måste alltid göra det rätta.

You must always do what is right.

653 kasta
vb

throw|cast

Kasta inte stenar i älven.

Don't throw rocks into the river.

654 tredje
adj

third

Om en förening anställer spelare från andra medlemsstater eller tredje land, strömmar de pengar som behövs för detta ut till utlandet utan att andra föreningar som spelar mot den berörda föreningen i samma serie drar nytta av dessa pengar.

If a club engages players from clubs in other Member States or non–member countries, the funds required for the purchases flow abroad without the other clubs in the same league as the club in question benefiting therefrom.

655 stolt
adj; adv

proud; proudly

Jag är riktigt stolt över dig.

I'm really proud of you.

656 ytterligare
adj; adv

further; further

Ytterligare skuldlättnader kan leda till ytterligare snedvridningar i biståndsfördelningen.

Further debt relief could lead to further distortions in aid allocation.

657 meddelande
nn

message

Jag fick ditt meddelande.

I got your message.

658 söt
adj

sweet

Hon är ganska söt.

She's kind of pretty.

659 mord
nn

murder

Jag utreder ett mord.

I'm investigating a murder.

660 film
nn

movie

Det här är en snuskig film.

This is a dirty movie.

661	**spel**	**game**
	nn	Jag tycker om tv–spel.
		I like video games.

662	**gata**	**street**
	nn	Denna gata är rak.
		This street is straight.

663	**underbar**	**great|lovely**
	adj	Den är alldeles underbar.
		It's absolutely beautiful.

664	**sjukhus**	**hospital**
	nn	Jag låg på sjukhus några dagar.
		I was in the hospital for a few days.

665	**tacka**	**thank; billet**
	vb; nn	Jag kan inte tacka dig nog för det du gjorde för mig.
		I can't thank you enough for what you did for me.

666	**dröm**	**dream**
	nn	I Gibeon visade sig Jehova för Salomo i en dröm om natten, och Gud sade: "Be om det du vill att jag skall ge dig."
		In Gibeon Jehovah appeared to Solomon in a dream by night; and God proceeded to say: "Request what I should give you.

667	**hungrig**	**hungry**
	adj	Jag är lite hungrig.
		I'm slightly hungry.

668	**ordna**	**arrange**
	vb	Det kommer att ordna sig.
		It's going to be OK.

669	**äntligen**	**finally**
	adv	Jag kan inte fatta att vi äntligen klarade det.
		I can't believe we finally made it.

670	**baby**	**baby**
	nn	Frun, herrn, baby, barn, vad du än är, får jag betala?
		Madam, sir, baby, child, whatever, can I pay?

671	**intressant**	**interesting; interestingly**
	adj; adv	Steglitsen är en mycket intressant fågel.
		The goldfinch is a very interesting bird.

672	**musik**	**music**
	nn	Jag njuter av klassisk musik.
		I enjoy classical music.

673	**hög**	**high|tall; heap**
	adj; nn	Den här ölen har hög alkoholhalt.
		This beer contains a high proportion of alcohol.

674	**samtal**	**conversation|talk**
	nn	Jag skulle vilja ringa ett samtal.
		I would like to make a phone call.

| 675 | **försiktigt** | **carefully** |

adv   Kör försiktigt.
Drive carefully.

676 istället   **instead**

adv   Istället för att försöka radera de här kommentarerna tog de och nådde ut till bloggarna.
Instead of trying to purge these comments, they instead went and reached out to the bloggers.

677 speciell   **special**

adj   Den hundrasen har en väldigt speciell teckning.
This dog breed has very special markings.

678 nyhet   **novelty|innovation**

nn   c) huruvida de medlemsstater som inte granskar nyhet och uppfinningshöjd innan patent utfärdas har haft svårigheter och, om så är fallet, huruvida det krävs åtgärder för att angripa dessa svårigheter.
(c) whether difficulties have been experienced in respect of Member States where the requirements of novelty and inventive step are not examined prior to issuance of a patent, and if so, whether any steps are desirable to address such difficulties.

679 förutom   **in addition to; outside of**

prp; adv   Det är ingen på det här skeppet förutom oss.
There's nobody on this ship except us.

680 skitsnack   **bullshit**

nn   Inget mer skitsnack!
No more bullshit!

681 ungefär   **approximately**

adv   Toms hus ligger ungefär tre kilometer härifrån.
Tom's house is just about three kilometers from here.

682 åtminstone   **at least**

adv   Jag hoppas att Sven stannar i Boston åtminstone tre dagar till.
I hope Sven stays in Boston for at least another three days.

683 fröken   **teacher**

nn   Fröken Sato är presidentens nya sekreterare.
Miss Sato is the president's new secretary.

684 trots   **despite; defiance**

prp; nn   Han gick ut trots ösregnet.
He went out in spite of the heavy rain.

685 fest   **party|celebration**

nn   Vem mer var på Toms fest?
Who else was at Tom's party?

686 sönder   **broken; asunder**

adj; adv   Den verkar vara sönder.
It appears to be broken.

687 grattis   **congratulations**

int   Grattis på födelsedagen.
I wish you a happy birthday.

688 agent   **agent**

nn   Detta är agent Morgan från FBI.

This is agent Morgan from the FBI.

689	**omöjlig**	**impossible**

adj

Mobbning är så klart ett allvarligt problem, men samtidigt måste vi inse att en nollvision här är omöjlig.

Bullying is a serious problem, but we have to understand that setting out to eliminate it entirely isn't a realistic proposition.

690	**drink**	**drink**

nn

Ta en drink med mig.

Have a drink with me.

691	**farligt**	**hazardly**

adv

Detta är uppenbarligen en kraftfull, en del skulle säga farligt kraftfull, insikt.

Now this is obviously a powerful, some might say dangerously powerful, insight.

692	**ombord**	**on board; onboard; aboard; aboard**

adv; nn; adj; prp

Varför är du inte redan ombord på skeppet?

Why aren't you already on board the ship?

693	**skämma**	**shame|spoil**

vb

Annars får vi skämmas inför nästa generation.

Otherwise, we will be forced to feel ashamed when we face the next generation.

694	**bland**	**among; mid**

prp; adj

Tennis är väldigt populärt bland studerande.

Tennis is very popular among students.

695	**plötsligt**	**suddenly; out of the blue**

adv; phr

Han stannade till plötsligt.

He suddenly stopped.

696	**brev**	**letter**

nn

Det här är ett mycket märkligt brev.

This is a very strange letter.

697	**lag**	**law|team**

nn

Vårt lag besegrade motståndaren med 5–4.

Our team defeated our opponent 5–4.

698	**slag**	**kind|type**

nn

Låt honom vänta ett slag.

Have him wait a moment.

699	**å**	**oh; on; stream**

int; prp; nn

Å, det är en världslig sak!

Oh, but that is a mundane matter!

700	**kallad**	**called**

adj

I enlighet med artikel 9.3 i den förordningen meddelade den rapporterande medlemsstaten Frankrike sökanden, övriga medlemsstater, kommissionen och Europeiska myndigheten för livsmedelssäkerhet (nedan kallad myndigheten) den 4 september 2013 att ansökan kan prövas.

In accordance with Article 9(3) of that Regulation, France, as rapporteur Member State, notified the applicant, the other Member States, the Commission and the European Food Safety Authority (hereinafter 'the Authority') on 4 September 2013 of the admissibility of the application.

701	**kontor**	**office**

	nn	Jag kommer att vara på mitt kontor.
		I'll be in my office.
702	**skönt**	**beautifully**
	adv	Det ska bli skönt att komma hem.
		It'll be good to get home.
703	**knappt**	**hardly**
	adv	Vi kände knappt dig på den tiden.
		We hardly knew you back then.
704	**varenda**	**every**
	prn	Sven blev trött på att alltid behöva betala notan varenda gång han gick ut med Mary.
		Sven became tired of always having to pay the bill every time he went out with Mary.
705	**utmärkt**	**excellent; grand**
	adv; adj	Din franska är utmärkt.
		Your French is excellent.
706	**stackars**	**poor**
	adj	Stackars dig!
		You poor thing.
707	**ändra**	**change**
	vb	Varför ändra på det?
		Why change it?
708	**mördare**	**killer**
	nn	Vi jagar förhärdade mördare!
		We are pursuing hardened killers!
709	**jättebra**	**super|cool**
	adj	Du har ett jättebra jobb.
		You have a great job.
710	**pistol**	**gun**
	nn	Vi ska försöka överleva, men snuten fick en pistol!
		All of us are supposed to try and survive, but the copper's left with a gun!
711	**flickvän**	**girlfriend**
	nn	Varför rör du min flickvän?
		Why are you touching my girlfriend?
712	**åk**	**car**
	nn	Lämna den jävla tredje makten till Joe— glöm York Harding, och åk hem med Phuong.
		Leave the bloody third force to Joe, forget York Harding, and go home with Phuong.
713	**någonstans**	**somewhere|anywhere**
	adv	Det står inte någonstans i Powells meddelande att de vill ha straffrihet.
		Nowhere in Mr Powell's communication does it state that it wants to see exemption from prosecution.
714	**äkta**	**real; marry**
	adj; vb	Det är äkta.
		It's real.

715 fantastisk
adj
fantastic
Vilken fantastisk utsikt!
What a great view!

716 pågå
vb
run
Projekten får pågå i högst 12 månader.
Projects shall last for a maximum period of 12 months.

717 överste
nn
colonel
Överste Khadaffi måste få se att han inte kommer att tillåtas bomba libyska städer.
Colonel Gaddafi has to be shown that he will not be allowed to bomb Libyan towns.

718 lova
vb
promise
Lova mig att du inte gör det.
Give me your word that you won't do that.

719 skål
int; nn
cheers; bowl|dish
Skål!
Cheers!

720 svära
vb
swear|vow
Jag kunde svära på att någonting rörde sig.
I could have sworn something moved.

721 flyga
vb
fly
Det är inte alla fåglar som kan flyga.
Not all birds can fly.

722 tillhöra
vb
belong
Därav följer att fordonstyper kan anses tillhöra samma familj av fordon i drift om de inte skiljer sig åt, eller ligger inom angivna toleranser, med avseende på följande parametrar:
Accordingly, vehicle types may be considered as belonging to the same in-service family if they have in common, or within the stated tolerances, the following parameters:

723 fullt
adv
fully|completely
Japan är fullt av vackra landskap.
Japan is rich in beautiful scenery.

724 text
nn
text
Om du vill skriva text klickar du på ikonen Text på utrullningslisten Text från verktygslisten.
To enter text, use the Text icon from the Text floating toolbar on the main toolbar.

725 allvarligt
adv
seriously
Är det här allvarligt?
Is this serious?

726 upptagen
adj
busy|occupied
Om en post i kapitalbasen inte finns upptagen i denna förteckning ska försäkrings– och återförsäkringsföretagen bedöma och klassificera den i enlighet med första stycket.
Where an own–fund item is not covered by that list, it shall be assessed and classified by insurance and reinsurance undertakings, in accordance with the first paragraph.

727 jul
nn
Christmas
Hur firade ni jul?
How did you spend Christmas?

728 glas
nn
glass|glassware
Skulle jag kunna få ett glas mjölk, tack?
May I have a glass of milk, please?

729 leda
vb; nn
lead; disgust
Det kan leda till lägre priser för konsumenterna.
It can lead to lower prices for them.

730 lunch
nn
lunch
Jag kan inte bestämma var vi ska äta lunch,
I can't decide where to eat lunch.

731 möte
nn
meeting|appointment
Enligt slutsatserna från Europeiska rådets möte i Nice, där det sägs att "Denna förklaring får kompletteras med särskilda bedömningar av varje större område i gemenskapens verksamhet", kan revisionsförklaringen i framtiden bli sektorsindelad.
In addition, according to the conclusions of the European Council of Nice envisaging that "This statement may be supplemented by a specific assessment for each major area of Community activity", the DAS could effectively in future be sectoral.

732 tusen
num
thousand
En bild säger mer än tusen ord.
A picture is worth a thousand words.

733 anledning
nn
reason|occasion
Av den anledningen är det tämligen konstgjort att på ett forcerat sätt skapa partier uppifrån när det inte finns någon allmän europeisk opinion.
That is the reason why it is rather artificial, at a moment when there is no European public opinion, to create parties from above in a forced way.

734 president
nn
President
President Truman var tvungen att fatta ett svårt beslut.
President Truman had to make a difficult decision.

735 därifrån
adv
from there
Kom ut därifrån.
Come out of there.

736 äga
vb
own
En dag skulle jag vilja äga en segelbåt.
Someday, I would like to own a sailboat.

737 vila
nn; vb
rest; rest
Vila dig lite nu.
Get some rest now.

738 lukta
vb
smell|sniff
Lukta på den här!
Hey, Chief, get a good whiff

739 uppdrag
nn
mission|assignment
Koncentrera dig på vårt uppdrag!
Concentrate on the mission!

740 **välja** **choose|opt**
vb De lät mig välja en present.
They let me pick a present.

741 **nyss** **just**
adv Jag har alldeles nyss gett Sven sparken.
I just fired Sven.

742 **fly** **escape|flee; noctuid moth**
vb; nn Hur lyckades du fly?
How did you escape?

743 **halv** **half**
adj Skolan ligger en halv mils promenad från mitt hus.
The school is a half–mile walk from my house.

744 **leka** **play|paddle**
vb Sven har inga vänner att leka med.
Sven has no friends to play with.

745 **förstöra** **spoil|devastate**
vb Jag vill inte förstöra överraskningen.
I don't want to spoil the surprise.

746 **äldre** **older|elderly; senior**
adj; nn Sven har en äldre syster, Mary, och två yngre systrar, men jag kommer inte
ihåg deras namn.
*Sven has an older sister, Mary, and two younger sisters, but I don't remember
their names.*

747 **framåt** **forward; along; go-ahead**
adv; prp; adj Sven tittade framåt.
Sven looked ahead.

748 **information** **information**
nn Slutligen anser jag att det är viktigt att konsumenterna tar ansvar för sina egna
beslut, men detta är bara möjligt med utgångspunkt från öppen information.
*Finally, I believe it is important for consumers to be able to take responsibility
for their own decisions, but this is only possible on the basis of transparent
information.*

749 **intresserad** **interested**
adj Jag har aldrig varit intresserad av män
I find that attractive in a male.Alas

750 **bestämma** **determine|settle**
vb Sven kan inte bestämma sig för vilken kamera han ska köpa.
Sven can't decide which camera to buy.

751 **låtsas** **pretend**
vb Min hund låtsas ofta sova.
My dog often pretends to be asleep.

752 **hänga** **hang**
vb Han gick sakta så att barnet kunde hänga med.
He walked slowly so the child could follow.

753 **stilla** **still|quiet; still; still**
adj; adv; vb Ligg nu bara stilla.

Now just lie still.

754	**säng**	**bedstead**
	nn	Vilken säng som helst är bättre än ingen säng alls.
		Any bed is better than no bed.
755	**själ**	**mind**
	nn	Ursprungligen betydde ordet "löyly" själ.
		Originally, the word "löyly" meant soul.
756	**värd**	**host; worth**
	nn; adj	Denna punkt är värd att betona.
		This point deserves special emphasis.
757	**mål**	**goal|objective**
	nn	Sven gjorde mål.
		Sven scored a goal.
758	**vända**	**turn; turn**
	nn; vb	Blanda mjölkpulvret väl genom att upprepade gånger vända behållaren.
		Mix the milk powder well by means of repeated inversion of the container.
759	**bära**	**wear|bear**
	vb	Vi kommer att bära gasmasker.
		We'll be wearing gas masks.
760	**ren**	**clean|pure; reindeer**
	adj; nn	Och vi kan garantera att himlen är ren och blå eller en osäker framtid med kärnkraft.
		And we can guarantee a clean, blue sky or an uncertain future with nuclear power.
761	**utom**	**except; save; outside of**
	prp; con; adv	Är du utom fara?
		Are you safe?
762	**steg**	**step**
	nn	Det är ett steg i rätt riktning - inte ett stort steg - men likväl ett steg.
		It is a step in the right direction - not a big step, but a step nonetheless.
763	**gissa**	**guess**
	vb	Gissa vad jag hittade.
		Guess what I found.
764	**kontakt**	**contact|plug**
	nn	Japan behövde kontakt med västerlandet.
		Japan needed contact with the Western countries.
765	**både**	**both**
	prn	Huset städades både utan och innan.
		The house was cleaned inside and out.
766	**hinna**	**membrane|coat; have time**
	nn; vb	Vi kommer inte att hinna, eller hur?
		We're not going to make it in time, are we?
767	**stjäla**	**steal**
	vb	Det var snudd på otänkbart att pojken skulle stjäla.
		It was next to unthinkable that the boy would steal.

768	**försvinna**	**disappear**
	vb	En stat kan bara höja sina skatter upp till en viss nivå innan pengarna börjar försvinna utomlands och intäkterna sinar.
		A state can raise its taxes only up to a certain level before the money begins to go abroad and the revenues dwindle.
769	**genast**	**immediately**
	adv	Genast lämnade fåglarna sina bon.
		At once the birds left their nests.
770	**istället för**	**instead of; rather than**
	adv; con	Om du bara ser tre hörn istället för fyra, klickade du antagligen istället för att dra från början. I detta fall kan du ändå klicka på greppet för de två första kombinerade hörnen och dra det för att få fyra separata hörn.
		If you only see three corners instead of four, you probably clicked instead of dragging initially. In this case you can still click the handle of your now combined first and second corners and drag it to get four separate corners.
771	**byta**	**change|swap**
	vb	Vissa fiskar kan byta kön.
		Some fish are able to change their gender.
772	**dela**	**share|divide**
	vb	Jag är villig att dela.
		I'm willing to share.
773	**låna**	**borrow**
	vb	Får jag låna din bil?
		Can I borrow your car?
774	**bit**	**bit|piece**
	nn	Hon åt en bit av tårtan.
		He ate a piece of the pie.
775	**ljus**	**light; candles; light**
	nn; nnpl; adj	Vi behöver lite ljus härinne.
		We need some light in here.
776	**bättre**	**better; better**
	adj; adv	Om soppan får dra en stund så smakar den bättre.
		If the soup can sit for a while, it'll taste better.
777	**nick**	**nod**
	nn	Jag ser till min glädje att kommissionsledamoten nickar, och likaså rådsordföranden.
		I am pleased to see the Commissioner nod, and the Chairman of the Council as well.
778	**visst**	**by all means**
	adv	Visst, min mamma är prostituerad, men på den ljusa sidan så har vi åtminstone någonstans att bo.
		Sure, my mum is a prostitute, but at least we have a place to stay.
779	**förtjäna**	**earn|deserve**
	vb	Vad fan har jag gjort för att förtjäna det här?
		What have I done to deserve this damn mess?
780	**imorse**	**this morning**
	adv	Ekofin antog sin synpunkt på de här rapporterna i morse.

The Ecofin adopted its opinion on these reports this morning.

781	**engelska**	**Englishwoman|English**
	nn	Jag pratar japanska, engelska och franska.
		I speak Japanese, English, and French.
782	**kosta**	**cost**
	vb	Det kommer att kosta minst fem dollar.
		It'll cost at least five dollars.
783	**detsamma**	**the same**
	prn	Detsamma gäller Japan.
		The same is true of Japan.
784	**liksom**	**as well as; like; like**
	con; adv; prp	Jag är liksom upptagen.
		I'm sort of busy.
785	**ö**	**island**
	nn	Vi vill inte längre vara en ö bakom en ö, dominerad av brittiska intressen.
		We no longer want to be an island behind an island, dominated by British interests.
786	**prova**	**try|test**
	vb	Prova den där skjortan.
		Try on that shirt.
787	**närhet**	**vicinity|closeness**
	nn	Jag vet hur alla kolleger i min närhet har röstat.
		I know how all of my neighbouring colleagues have voted.
788	**respekt**	**respect|awe**
	nn	Detta är att visa bristande respekt mot oss alla och mot EU:s befolkning.
		This is an act of disrespect towards all of us and towards the people of Europe.
789	**van**	**practised**
	adj	Slutligen vill jag ställa en fråga som berörts av bland andra Nicholas Clegg och Margrietus J. van den Berg.
		Finally, I should like to raise an issue touched upon by Mr Clegg and Mr van den Berg amongst others.
790	**område**	**area|field**
	nn	Område som anges i punkt
		Areas as defined in point:
791	**båt**	**boat**
	nn	I krönikorna om översvämningen år 1342 står det att vattnet i katedralen i Mainz nådde upp till bröstnivå, och att man i Köln kunde åka båt över stadsmurarna.
		The chronicles of the flood of 1342 say that the water in the Mainz Cathedral came up to a man's chest, while in Cologne, one could ride in a boat over the city walls.
792	**så kallad**	**so-called**
	adj	Före detta så kallad "utrikesminister" och så kallad "förste vice talman" i "parlamentet" i den så kallade "Folkrepubliken Donetsk".
		Former so–called 'Foreign Minister' and so–called 'First deputy speaker' of the 'Parliament' of the 'Donetsk People's Republic'.
793	**sällskap**	**company|partner**

	nn	Vill du göra mig sällskap?
		Would you care to join me?
794	**extra**	**extra; extra**
	adj; adv	Jag ska betala extra.
		I'll pay extra.
795	**förresten**	**incidentally**
	adv	Förresten, hur gammal är du?
		By the way, how old are you?
796	**ingenstans**	**nowhere**
	adv	Det pågår många debatter om sjukvård i EU och runt om i världen, och ingenstans är tillvägagångssättet detsamma.
		There are many debates on health care in Europe and around the world, and there is no uniform approach anywhere.
797	**känsla**	**feeling|sense**
	nn	Jag har en känsla av att hon kommer att komma idag.
		I have a feeling that she'll come today.
798	**räkna**	**count|score**
	vb	Jag har slutat räkna.
		I've stopped counting.
799	**beslut**	**decision|order**
	nn	Det var hans beslut.
		It was his decision.
800	**vanligt**	**usually|generally**
	adv	(a) Mjöl av vanligt vete med en askhalt på högst 0,60 viktprocent beräknat på torrsubstansen.
		(a) Common wheat flour having by weight on the dry product an ash content not exceeding 0,60 %.
801	**störa**	**interfere with|disrupt**
	vb	Jag spelar Sudoku då istället för att fortsätta störa dig.
		I will play Sudoku then instead of continuing to bother you.
802	**för att**	**to**
	con	Han blåste på sina fingrar för att värma dem.
		He blew on his fingers to make them warm.
803	**nervös**	**nervous|highly-strung**
	adj	Jag var så nervös.
		I was so nervous.
804	**översätta**	**translate**
	vb	Det tog mig mer än två timmar att översätta några sidor engelska.
		It took me more than two hours to translate a few pages of English.
805	**dessutom**	**further|additionally**
	adv	Det var varmt och dessutom fuktigt.
		It was hot, and in addition, it was humid.
806	**himmel**	**sky**
	nn	I begynnelsen skapade Gud himmel och jord.
		In the beginning God created the heavens and the earth.
807	**samtidigt som**	**while**

	con	Samtidigt som vi kom fram började det regna.
		At the same time as we arrived it started to rain.
808	**hav**	**sea**
	nn	Fiske efter alaskapollack (Theragra chalcogramma) i den del av Berings hav som är fritt hav ska vara förbjudet.
		Fishing for pollock (Theragra chalcogramma) in the high seas of the Bering Sea shall be prohibited.
809	**knulla**	**fuck|frig**
	vb	Alla gillar att knulla.
		Everyone loves to screw.
810	**varm**	**warm**
	adj	Tom gillar den varm.
		Tom likes it hot.
811	**säkerhet**	**security|safety**
	nn	Vet vi med säkerhet att det är Sven?
		Do we know for sure it's Sven?
812	**välkomna**	**welcome**
	vb	Damer och herrar, välkomna ombord.
		Ladies and gentlemen, welcome aboard.
813	**i samband med**	**in connection with**
	adv	Vad vi inte kan ställa oss bakom är, att Europaparlamentet i samband med ikraftträdandet, i samband med framtagningen av själva informationssystemet och i samband med den lagstiftningsprocedur, som erfordras för att överenskommelsen ska träda i kraft, som vanligt lämnats utanför.
		What we cannot support, however, is that in the process of establishing this information system and putting it into operation, in the legislative process that is necessary to bring the Convention into force, Parliament should as usual be sidelined.
814	**häst**	**horse**
	nn	Detta är min häst.
		This is my horse.
815	**röst**	**voice**
	nn	Hennes röst upprepades genom det tysta huset.
		Her voice echoed through the silent house.
816	**skog**	**forest**
	nn	Stöd från Europeiska unionen till Spaniens bästa skog.
		EU support for Spain's finest woodlands.
817	**rygg**	**back**
	nn	Sven ligger på rygg.
		Sven is lying on his back.
818	**bild**	**photo|image**
	nn	Får jag ta en bild?
		Can I get a picture?
819	**ära**	**honor; honor**
	nn; vb	Ej större ära kan ges mig, Gud.
		No greater honor could there be, Lord.
820	**öppna**	**unclose**

	vb	Öppna fönstret!

Open the window!

821 partner

nn

partner

Duvor har samma partner hela livet ut.

Pigeons stay with the same partner for life.

822 flod

nn

river|flood

Runt staden flyter en flod.

Around the city ran a river.

823 kyrka

nn

church

Det som hände i en kyrka i Bagdad är endast toppen av ett isberg av händelser som vi nu alldeles för länge bara passivt stått bredvid och observerat.

The events in the Baghdad cathedral are merely the culmination of a situation that we have been observing passively for far too long.

824 överens

adv

agree

Sven kan bara inte komma överens med Mary.

Sven just can't get along with Mary.

825 bevisa

vb

prove

Hur kan vi bevisa det?

How can we prove it?

826 lösa

vb

solve|resolve

Det är ingen mening med att försöka lösa det här problemet.

It is no use trying to solve this problem.

827 endast

adv

only|just

Skriv endast ut jämna sidor, tack.

Please print even pages only.

828 lägenhet

nn

apartment

När jag besökte deras lägenhet, var paret mitt i ett gräl.

When I visited their apartment, the couple was right in the middle of an argument.

829 ej

part

not

Väggbeklädnader (ej av textil).

Wall coverings (not of textile).

830 slappna

vb

relax

Slappna alltså av nu. Jag inbjuder er till omröstningen om Bennasar Tous betänkande.

So let us all relax as we move on to the vote on the Bennasar Tous report.

831 speciellt

adv

especially

Vi gillade maten, speciellt fisken.

We liked the food, especially the fish.

832 mening

nn

sense|opinion

Det gjorde ingen mening för mig.

It didn't make sense to me.

833 sol

nn

sun

Kostnaderna för förnybar energi bestäms inte enbart av tillgången på vind, sol, vatten eller biomassa; projektkostnaderna påverkas också av administrativa kostnader[9] och kapitalkostnader.

The cost of renewable energy is not determined solely by wind, solar, biomass or water resources; project costs are also driven by administrative costs[9] and capital costs.

834 **sort**
nn
variety|kind
Dessa sorter har inte varit föremål för en fullständig teknisk undersökning med avseende på särskiljbarhet, enhetlighet och stabilitet.
Those varieties have not been subject to complete technical examination concerning their distinctiveness, uniformity or stability.

835 **skadad**
adj
harmed
Blev Sven skadad?
Did Sven get hurt?

836 **säkra**
vb
secure
Vi måste vara säkra.
We need to be sure.

837 **våga**
vb
dare|venture
Du är den ende mannen i världen som skulle våga göra en sådan sak.
You are the only man in the world who would dare do such a thing.

838 **ihjäl**
adv
to death
Det finns folk som läser böcker för att slå ihjäl tid.
There are people who read books to kill time.

839 **unge**
nn
young|kid
Kom hit, unge man.
Come here, young man.

840 **framtid**
nn
future
Jag är riktigt oroad över din framtid.
I'm really concerned about your future.

841 **hopp**
nn
hope|jump
Du är vårt enda hopp.
You're our only hope.

842 **blå**
adj
blue
Mina ögon är blå.
My eyes are blue.

843 **knappast**
adv
hardly|ill
Hon pratar knappast med mig längre.
She barely speaks to me anymore.

844 **tåg**
nn
train
Han älskar tåg.
He loves trains.

845 **fönster**
nn
window
Rummet har två fönster.
The room has two windows.

846 **kontroll**
nn
control|check
Kung George tog kontroll över kolonin 1752.
King George took control of the colony in 1752.

847 **olycka**
nn
accident
Jag har blivit ombedd att informera dig om att din far har dött i en olycka.

I was told to inform you that your father was killed in an accident.

848 djupt
adv
deep|profoundly
Han såg henne djupt i ögonen.
He looked deeply into her eyes.

849 grej
nn
gadget|article
Hon kör ju samma grej varje år.
Every year we have open house, and she pulls the same shit.

850 karl
nn
fellow|guy
När det visade sig att hon var en karl, kvittade det för han älskade henne redan.
And then when he found out it was a guy, it didn't matter, cos he already loved her.

851 starta
vb
start|launch
Därför är den bra att använda för att starta studier direkt vid dörren.
This lends itself to using the brochure for doorstep Bible studies.

852 guld
nn
gold
Guld är tyngre än silver.
Gold is heavier than silver.

853 luft
nn
air
Jag behöver frisk luft.
I need fresh air.

854 tydligen
adv
apparently|clearly
Tydligen inte.
Evidently not.

855 behålla
vb
retain
Sven försökte behålla lugnet.
Sven tried to stay calm.

856 tolv
num
twelve
Jag blev kidnappad när jag var tolv år gammal.
I was kidnapped when I was twelve years old.

857 bjuda
vb
invite|offer
Hjälp mig bygga färdigt den här sorkstegen så ska jag bjuda dig på middag.
Help me finish building this vole ladder and I'll treat you to dinner.

858 varken
con
neither
Trots att Hazel fick den ena omgången dysenteri efter den andra, blev varken hon eller Russell missmodiga.
Though Hazel had one spell of dysentery after another, neither she nor Russell did not become discouraged.

859 beredd
adj
prepared
Detta framgår ännu tydligare om man beaktar att den pakistanska regeringen i samband med sina synpunkter på förordningen om provisorisk tull sade sig vara beredd att i den mån det var möjligt ändra ett antal stödsystem.
This is even more obvious since the GOP expressed with its submission to provisional Regulation its willingness to amend to the extent possible a number of schemes.

860 amerikansk
adj
American
Edward Sapir var en amerikansk lingvist.
Edward Sapir was an American linguist.

861 bredvid
prp; adv

next; close by

Titta på pojken bredvid bilen.

Look at the boy beside the car.

862 överraskning
nn

surprise

Jag har en överraskning

Well surprise.Surprise!

863 armé
nn; nnpl

army; military

Så har det för övrigt alltid varit, inte bara i Europaparlamentet utan i många nationella parlament, när det handlar om frågor som på något sätt kommer in på militära aspekter, om man kan tala om en europeisk armé eller inte.

It has always been the tradition to disagree, not only in the European Parliament but also in many national parliaments, when it comes to issues relating in some way to military matters, and the possibility of having a European army.

864 binda
vb

bind|tie down

Jag brukar inte skymma solen med händerna eller binda för ögonen.

The international community is discerning and is watching us attentively.

865 tjäna
vb

serve|earn

Vi vill att regeringen ska tjäna hela nationen.

We want the government to serve the whole nation.

866 förstås
vb

comprehend|catch

Som ni kan se är detta helt klart ett österrikiskt problem och vi är oroade för Steiermark som är en av våra hårt drabbade delstater. Å ena sidan har huvuddelen av invånarna arbetat med bilindustrin och å andra sidan har förstås en oproportionerligt stor del av dessa produkter exporterats.

Madam President, as you can see, this is clearly an Austrian issue, and Steiermark, one of our provinces that has been hard hit, is of great concern to us, with its above–average proportion of the population involved in the automotive industry on the one hand and, of course, a disproportionately high percentage of these products being exported on the other.

867 fånga
vb

catch|fetch

Han togs till fånga, slogs i kedjor och fördes till sultan Saladin, som var född i Tikrit.

He was captured, chained up and taken to Sultan Saladin, who was born in Tikrit.

868 sergeant
nn

sergeant

Och hans sergeant har en mamma.

And his sergeant has a mother with heart trouble.

869 nåd
nn

ladyship|lord

Ers nåd, jag tycker nog..

My Lord, I still think,

870 hälft
nn

half

Alex medger: ”När man förlorar sin äkta hälft fylls sinnet av negativa tankar.”

Alex admitted: "When you lose your mate, your mind is flooded with negative thoughts."

871 broder
nn

brother

Vad ska man göra om en broder syndar allvarligt?

What guidance does Jesus provide about the course to follow if a brother commits a sin?

872	sjunga *vb*	**sing** Till min förvåning var han bra på att sjunga. *To my surprise, he was good at singing.*

872 **sjunga**
vb

sing
Till min förvåning var han bra på att sjunga.
To my surprise, he was good at singing.

873 **tal**
nn

speech | number
Toms tal var ganska underhållande.
Tom's speech was quite entertaining.

874 **kall**
adj; nn

cold | cool; calling
Den här ölen är inte kall nog.
This beer is not cold enough.

875 **papper**
nn

paper | papers
Rita ett streck på ditt papper.
Draw a line on your paper.

876 **bord**
nn

table | desk
Det står på ditt bord.
It's on your desk.

877 **besök**
nn

visit
Indiens regering bör uppmanas att besöka EU:s institutioner så ofta som möjligt, och Indien förväntas planera en egen kommunikationsstrategi.
The Government of India should be encouraged to visit EU Institutions as often as possible, and India would be expected to devise its own communications strategy.

878 **röd**
adj

red
Jag behöver en röd penna.
I need a red pen.

879 **bero**
vb

depend
Vad kan det bero på?
Why might this be so?

880 **falla**
vb

fall | drop
Han kommer att falla för frestelsen.
He's going to give in to temptation.

881 **kräva**
vb; nn

demand | claim; crop
I det här ärendet anser kommissionen att regeringens beslut att begära att Riksgäldskontoret skall ställa en kreditgaranti var ett villkorligt beslut och inte gav Teracom någon absolut rätt att kräva att få en kreditgaranti.
In the present case, the Commission takes the view that the Government's decision to request the National Debt Office to issue a credit guarantee was a conditional decision and did not confer on Teracom an unconditional right to request that a credit guarantee be issued to it.

882 **brott**
nn

crime | breach
Vad var Toms brott?
What was Tom's crime?

883 **hjälte**
nn

goody
Sven är min hjälte.
Sven is my hero.

884 **golv**
nn

floor
Avbryt en gång till så får du skrubba golv i Aktertian!
Interrupt me again, and I'll have you scrubbing the floors again!

885 **skepp**
nn
sail
Vilket skepp kom Sven med?
What ship did Sven arrive on?

886 **make**
nn
husband|spouse
Sven är min make.
Sven is my husband.

887 **häftigt**
adv
heavily
Under ett häftigt regnoväder hann Maxwell och Emmy Lewis precis ta sig ur sin husvagn innan ett träd föll ner och klöv den på mitten.
During one rainstorm Maxwell and Emmy Lewis escaped from their trailer just in time to see it cut in half by a falling tree.

888 **vin**
nn
wine
Han fyllde glaset med vin.
He filled the glass with wine.

889 **ordning**
nn
order
Hans rum är alltid i ordning.
His room is always in good order.

890 **skita**
vb
crap
King Kong ska inte skita på mig!
IKing IKong ain't got shit on me!

891 **rik**
adj
wealthy
Min far är rik.
My father is rich.

892 **svin**
nn
swine|pig
Speciellt problematiska inom EU: s område är svin– och hönsskötseln i Holland.
Especially problematic in the EU is Holland's pig and chicken economy.

893 **löjtnant**
nn
lieutenant
Löjtnant Keffo tog en tur med en Stjärnflurry på fyllan i natt.
Lt Kefir took a Star Flurry for a drunken joyride last night.

894 **frukost**
nn
breakfast
Håller inte Sven på att äta frukost?
Isn't Sven having breakfast?

895 **bak**
nn; adv; prp
back; behind; behind
Hon gömde sig där bak och jag la låtsasblod där fram!
She hid in the back, I put the fake blood in the front!

896 **bygga**
vb
build|erect
Det har tagit fyrtiosex år att bygga det här templet.
It has taken forty–six years to build this temple.

897 **tillstånd**
nn
condition
Rummet är i oklanderligt tillstånd.
The room is in immaculate order.

898 **per**
prp
per
Barn dricker mer vatten, äter mer mat och andas mer luft per kilogram kroppsvikt än vuxna.

Children drink more water, eat more food and breathe more air per kilogram of body weight than adults.

899	**nyckel**	**key**
	nn	Jag har din nyckel.
		I have your key.

900	**vanlig**	**common│ordinary**
	adj	Mjölk är en vanlig dryck.
		Milk is a common beverage.

901	**skämta**	**make jokes│jest**
	vb	Du måste skämta!
		You must be joking!

902 **tanke** **thought│mind**

nn Med tanke på de skyddsåtgärder som föreskrivs i detta direktiv till stöd för denna målsättning, behöver medlemsstaterna inte längre införa eller vidmakthålla några särskilda restriktioner för att uppnå målsättningen, om inte annat följer av artiklarna 30 och 296 i fördraget.

In view of the safeguards provided by this Directive for the protection of those objectives, Member States would no longer need to introduce or maintain other restrictions for their achievement, subject to Articles 30 and 296 of the Treaty.

903 **grupp** **group│section**

nn Tillfällig trafik får bedrivas av en grupp av transportföretag för en och samma arrangörs räkning.

Occasional services may be provided by a group of carriers acting on behalf of the same contractor.

904	**tråkigt**	**boring**
	adj	Det var i alla fall inte tråkigt.
		At least it wasn't boring.

905	**gratis**	**free; free; costlessly**
	adj; nn; adv	Vi får den gratis.
		We get it for free.

906	**boll**	**ball**
	nn	Jag vet att jag inte är så duktig på att kasta boll.
		I know I can't throw a ball very well.

907	**jämt**	**always**
	adv	Han dagdrömmer jämt.
		He is always day–dreaming.

908	**match**	**match**
	nn	Vilken spännande match!
		What an exciting game!

909	**soldat**	**soldier**
	nn	Du är en soldat nu.
		You're a soldier now.

910	**inse**	**realize│see**
	vb	Jag började inse, att jag hade missförstått honom.
		I began to realize that I had misunderstood him.

911	**lik**	**like; corpse; after the fashion of**
	adj; nn; adv	Peter är inte alls lik hans pappa.

Peter isn't anything like his father.

912 **makt**
     nn

authority|force

För att i klartext säga vad som krävs – vi förväntar oss att de internationella finanskapitalisterna ska övervakas, att deras transaktioner ska medge insyn och, naturligtvis, att deras makt ska inskränkas. Vi kommer att stödja er strävan mot dessa mål.

To spell out what is needed, let me say that we expect the international financial capitalists to be subject to supervision, their operations to be transparent and, of course, their power to be curtailed, and your pursuit of these aims will have our support.

913 **styrka**
     nn; vb

strength; prove

Hon blev tvungen att förlita sig på sin inre styrka.

She had to rely upon her inner strength.

914 **an**
     adv

to

Jag hade here dött an gatt pa societetsba...

Myself, I'd sooner be hung than attend to a fancy ball..

915 **presentera**
     vb

present|feature

Vi ska presentera idén för kommittén.

We will present our idea to the committee.

916 **sköta**
     vb

operate|conduct

Låt oss sköta vårt jobb.

Allow us to do our job.

917 **därför att**
     con

because

Din säd skall intaga sina fienders portar, och i din säd skola alla folk på jorden välsigna sig, därför att du lyssnade till mina ord.

Your offspring shall possess their enemies' gates, and in your seed shall be all nations blessed because you obeyed my command thus.'

918 **uppskatta**
     vb

estimate|assess

Om granskningens omfattning har varit begränsad eller om det konstaterats så många oegentligheter i utgifterna att ett yttrande utan reservation inte kan tillhandahållas för det årliga yttrande som avses i artikel 61.1 e i grundförordningen eller i den slutdeklaration som avses i artikel 61.1 f i samma förordning, skall revisionsmyndigheten ange orsakerna till detta och uppskatta hur stort problemet är och vilka ekonomiska konsekvenser det får.

If there is limitation in the scope of examination or if the level of irregular expenditure detected does not allow the provision of a unqualified opinion for the annual opinion referred to in Article 61(1)(e) of the basic Regulation or in the closure declaration referred to in Article 61(1)(f) of that Regulation, the audit authority shall give the reasons and estimate the scale of the problem and its financial impact.

919 **missa**
     vb

miss

Hur kunde jag missa det där?

How did I miss that?

920 **framme**
     adv

in front

Ingången till huvuddatorn borde vara här framme.

The entrance to the computer core should be up ahead.

921 **ordentlig**

proper|good

adj	När jag ser hur debatterna är – ingen dialog, ingen polemik, inga konflikter – tycker jag inte att detta är någon ordentlig parlamentsdebatt. Jag hoppas att det här kommer att rättas till snabbt efter valet till Europaparlamentet.

When I see how the debates proceed – without dialogue, without controversy, without conflicts – I do not feel this to be a proper parliamentary debate and I hope we will put that right quickly after the European elections.

922 förmodligen
adv

presumably

Det är förmodligen hemsökt.

It's probably haunted.

923 sko
nn; vb

shoe; shoe

Toms vänstra sko är borta.

Tom's left shoe is missing.

924 möta
vb

meet|counter

Tanken på att hon skulle möta den berömda sångaren fick henne att rysa av spänning.

She thrilled at the thought that she would meet the famous singer.

925 syssla
nn; vb

occupation; busy

Ja, somliga som har fått sitt intresse för ockultism väckt genom underhållning som främst kretsat kring det ockulta har till slut själva börjat syssla med ockultism. (Galaterna 6:7)

In fact, some whose interest in spiritism was first piqued by entertainment that prominently featured the occult have eventually become involved in actually practicing spiritism.–Read Galatians 6:7.

926 översättning
nn

translation

Översättning är som en kvinna. Om den är vacker, är den inte trogen. Är den trogen, är den säkerligen inte vacker.

Translation is like a woman. If it is beautiful, it is not faithful. If it is faithful, it is most certainly not beautiful.

927 härlig
adj

lovely

Jane är fet, ohövlig och röker för mycket. Men Ken tycker att hon är förtjusande och härlig. Det är därför de säger att kärleken är blind.

Jane is fat and rude, and smokes too much. However, Ken thinks she's lovely and charming. That's why they say love is blind.

928 mästare
nn

champion

Jag förvånar mig alltid över att vårt parlament, som vill vara mästare när det gäller andras respekt för minoriteternas rättigheter, föraktar detta synsätt när det skall beslutas om den institutionella utformningen av vårt eget hus.

I am always surprised to see our Parliament, which sets itself up as the committed champion of respect for minority rights when it comes to others, go against this approach when it comes to deciding on the institutional architecture of our own House.

929 major
nn

major

Dotter till vice förste general Maung Aye, maka till major Pye Aung.

Daughter of Vice–Senior General Maung Aye, wife of Major Pye Aung.

930 farfar
nn

grandfather

Jag tar hand om min farfar.

I take care of my grandfather.

931 kyss
nn

kiss

En tjej i min kyrka berättade för alla att jag försökte kyssa henne!

It's a gal in my church, she told everyone that I tried to kiss her!

932 rida

vb

Om EU visar att det är villigt att förbättra dessa saker kan vi rida ut den rådande krisen.

If the EU shows itself to be amenable here, we can ride out the current crisis.

ride

933 spår

nn

Om du tror att det var mitt fel är du inne på fel spår.

If you think it was my fault, you're barking up the wrong tree.

track|trace

934 gäng

nn

Det är ett litet och utvalt gäng av oss som är involverade i detta mycket specialiserade område.

It is a small and select band of us who are involved in this very specialized area.

gang|lot

935 tand

nn

Dödsstraffet följer en förlegad princip: öga för öga, tand för tand.

The death penalty follows an old fashioned principle: an eye for an eye, a tooth for a tooth.

tooth

936 tagen

adj

Medlemsstaterna skall för varje hamn fastställa de gränser inom vilka detta direktiv skall vara tillämpligt, med vederbörlig hänsyn tagen till hamnskyddsutredningens resultat.

Member States shall define for each port the boundaries of the port for the purposes of this Directive, appropriately taking into account information resulting from the port security assessment.

taken

937 lärare

nn

En bra lärare måste vara tålmodig med sina elever.

A good teacher must be patient with his pupils.

teacher

938 kusin

nn

En annan teori går ut på att bröderna i själva verket var kusiner till Jesus, trots att de grekiska skrifterna använder olika ord för "bror", "kusin" och "släkting".

Another theory is that these brothers were actually cousins of Jesus, although the Greek Scriptures use distinct words for "brother," "cousin," and "relative."

cousin

939 farväl

nn

Jag säger farväl.

I bid you farewell.

farewell

940 jäkla

adj

Jag har hört att han försöker sälja hela jäkla företaget.

I hear he's trying to sell the whole damn company.

damn

941 varken...eller

con

Min far varken röker eller dricker.

My father neither smokes nor drinks.

neither nor

942 tecken

nn

Ge mig ett tecken.

Give me a sign.

sign

943 taxi

nn

En taxi står och väntar.

A cab is waiting.

taxi

944 **hemlighet**
nn

secret

Det är ingen hemlighet.

It's not a secret.

945 **rent**
adv

purely

Vattnet är rent.

The water is clean.

946 **sakta**
adv; adj; vb

slowly; low; slow

Med tanke på att ugnar är i drift dygnet runt och att det är mycket kostsamt att sakta ned produktionen har unionsindustrin dessutom försökt behålla sin marknadsandel genom att sälja till lägre priser och därmed kunna täcka en del av sina fasta kostnader.

Moreover, given that furnaces operate 24 hours a day and that it is very costly to slow down production, the Union industry has been trying to keep market share by selling at lower prices and therefore still covering part of its fixed costs.

947 **stycken**
nn

paragraph

Om de villkor som anges i föregående stycken är uppfyllda får beslut fattas om hel eller delvis befrielse från importtullarna och/eller uttag av exportavgifter i enlighet med det förfarande som föreskrivs i artikel 30.

Where the conditions listed in the previous paragraphs are met, total or partial suspension of the levies and/or collection of export charges may be decided on in accordance with the procedure laid down in Article 30.

948 **hamna**
vb

land

Vad gäller utvecklingen av den särskilda rabatt som W5 beviljades framgår det av de handlingar som nämnts i skälen 93–125 i det angripna beslutet att rabatten generellt följde höjningarna av bruttopriset och sålunda ökade kontinuerligt under perioden 1998–2000, för att år 2002 hamna nära 1994 års nivå.

As regards the trend of the specific rebate granted to the W5, it is apparent from the documents mentioned in recitals 93 to 125 of the contested decision that it generally followed the increases in the gross price and thus continually increased during the period from 1998 to 2000, returning in 2002 to a level close to that of 1994.

949 **orsak**
nn

cause | occasion

Det finns ingen orsak att vara dogmatisk, men Paulus avsåg förmodligen handpåläggning för att förmedla andens gåvor.

There is no reason to be dogmatic, but Paul was likely referring to the laying on of hands to transmit gifts of the spirit.

950 **skalle**
nn

skull

Man behandlar även frakturer i skalle och halsrygg.

Fractures in the skull and the cervical spine are also treated.

951 **titt**
nn

look

Ta en titt på de här.

Take a look at these.

952 **lyckas**
vb

succeed

EU lyckas inte alltid omedelbart, men om vi har tålamod så kommer EU att lyckas.

Europe does not always succeed immediately. If we are patient, however, it will succeed.

953 **England**

England

	nn	England och Skottland är grannar.
		England and Scotland are neighbours.

954 **skäl**
nn

reason|ground

Jag har mina skäl.

I have my reasons.

955 **tokig**
adj

crazy

Han är antingen full eller tokig.

He is either drunk or mad.

956 **tappa**
vb

lose|drop

Jag börjar tappa tålamodet.

I'm beginning to lose my patience.

957 **pris**
nn

price|prize

Får jag ett pris?

Do I get a prize?

958 **nöjd**
adj

satisfied

Han var nöjd med resultatet.

He was satisfied with the result.

959 **överleva**
vb

survive

Vi gjorde vad vi måste för att överleva.

We did what we had to to survive.

960 **tak**
nn

ceiling|top

Vi har åtminstone tak över huvudet.

At least we have a roof over our heads.

961 **gömma**
vb; nn

hide; hiding place

Du behöver inte gömma någonting för mej.

You don't have to hide anything from me.

962 **spännande**
adj

exciting

Det är ganska spännande.

It's pretty exciting.

963 **noga**
adv; adj

exactly; exact

Vi är noga.

We're careful.

964 **öde**
nn; adj

fortune; desert

Staden var öde.

The town was deserted.

965 **mormor**
nn

grandmother

Det sa redan min mormor: en fågel i handen är bättre än tio i skogen.

As my grandmother used to say, a bird in the hand is worth two in the bush.

966 **hundra**
num

hundred

Halvstyv snö som delvis bär, skrovlig och hård skare, lätt och luftig liggande snö. För alla dessa och ytterligare några hundra snöförhållanden, finns ord på samiska.

Semisolid snow that will barely hold a person, coarse snow with a hard, rugged crust and light, fluffy lying snow. There are Sami words for these and hundreds more types of snow.

967 **bank**

bank

	nn	Finns det någon bank nära stationen?
		Is there a bank near the station?

968 band
nn; adj
band|tape; tied
Jag kunde inte lägga band på mig.
I couldn't restrain myself.

969 inte minst
phr
not least
Sven var inte det minsta intresserad.
Sven wasn't a bit interested.

970 ansvar
nn
responsibility
Slutligen anser jag att det är viktigt att konsumenterna tar ansvar för sina egna beslut, men detta är bara möjligt med utgångspunkt från öppen information.
Finally, I believe it is important for consumers to be able to take responsibility for their own decisions, but this is only possible on the basis of transparent information.

971 regel
nn
rule
Herr Smith har gjort det till en regel att ta en promenad varje morgon.
Mr Smith made it a rule to take a walk every morning.

972 avsluta
vb
end|close
Påbörja inte något du inte kan avsluta.
Don't start anything you can't finish.

973 tryck
nn
pressure
Ställ markören i början av ett numrerat stycke och tryck på backstegstangenten.
Place the cursor at the beginning of a numbered paragraph and press the Backspace key.

974 kraft
nn
force
Denna förordning träder i kraft från och med nästa år.
This regulation will come in force from next year.

975 skott
nn
shot
Medan han pratade hördes ett skott avlossas.
While he was talking, there was the sound of a shot being fired.

976 hotell
nn
hotel
Var ligger närmaste hotell?
Where's the nearest hotel?

977 gravid
adj
pregnant
Nej, tack. Jag är gravid.
No thank you, I'm pregnant.

978 backa
vb
back
Du får inte backa ur.
You can't back out.

979 föda
nn; vb
food; feed
Men vår föda innehåller ofta en blandning av olika ämnen vars effekter man inte alltid känner till!
Our diet, however, often contains a cocktail of different substances whose combined effect is rarely identified!

980 träd
nn
tree
Jag klättrade upp i ett träd.
I climbed a tree.

981 fot   **leg**

nn

En känslig tryckhöjdmätare, graderad i fot och med hPa/mb–skala, inställbar för de barometertryck som kan behöva ställas in under flygning.

a sensitive pressure altimeter calibrated in ft with a sub–scale setting calibrated in hectopascals/millibars, adjustable for any barometric pressure likely to be set during flight;

982 bryta   **break|diverge**

vb

Att avskaffa fossila bränslen innebär att bryta med vårt transportsystem.

Abolishing fossil fuels means disrupting our transportation system.

983 antingen   **either**

con

Med faktiska kostnader som noterats avses de faktiska kostnaderna för materiella transaktioner enligt bilaga V som har ägt rum under referensperioden, antingen på grundval av enskilda fakturor för dessa transaktioner eller på grundval av ett kontrakt som undertecknats för dem.

Real costs recorded means the real costs for the physical operations referred to in Annex V which took place during the reference period, on the basis of either individual invoices for these operations or a contract signed to cover them.

984 skratta   **laugh**

vb

Skratta inte!

Don't laugh!

985 poäng   **point**

nn

Och slutligen, tolv poäng till Estland!

And finally, twelve points to Estonia!

986 kött   **meat**

nn

Rödvin passar bra till kött.

Red wine goes well with meat.

987 hjärna   **brain**

nn

Sven blev brutalt nedslagen och läkarna var tvungna att försätta honom i konstgjord koma för att lindra svullnaden på hans hjärna.

Sven was viciously bashed and doctors had to put him into an induced coma to relieve the swelling on his brain.

988 mun   **mouth**

nn

Syrgasmask: Om extra syre behövs kommer maskerna fram automatiskt. Dra ner masken och placera den över mun och näsa. Spänn fast remmen runt huvudet och andas normalt. Sätt på din egen mask innan du assisterar andra.

Oxygen Mask: If extra oxygen masks are needed, the masks will arrive automatically. Pull down the mask and put it over your mouth and nose. Fasten the strap around your head and breathe normally. Put on your own mask before assisting others.

989 fisk   **fish**

nn

Greker äter också mycket fisk.

Greeks also eat a lot of fish.

990 ske   **be done|occur**

vb

Ske din vilja, såsom i himmelen så ock på jorden.

Your will be done on Earth as in Heaven.

991 ålder   **age**

nn

Vår lärare ser ung ut för sin ålder.

Our teacher looks young for her age.

992	**upprörd**	**upset**
	adj	Ser Sven upprörd ut?
		Does Sven look upset?

993	**ärlig**	**honest|sincere**
	adj	Jag tror hon är ärlig.
		I believe she is honest.

994	**hål**	**mouth|gap**
	nn	Du har ett stort hål i strumpan.
		There is a big hole in your stocking.

995	**kök**	**kitchen**
	nn	Han stänger den under fem månader för att experimentera med ett fullt bemannat kök.
		He closes it down for five months to experiment with a full kitchen staff.

996	**vägg**	**wall**
	nn	Vägg–, golv– och luftvärmesystem för försörjningsteknik.
		Wall, floor and air heating systems for supply technology.

997	**stänga**	**close|shut**
	vb	Ska jag stänga dörren?
		Shall I close the door?

998	**normalt**	**normally**
	adv	Det är normalt.
		It's normal.

999	**laga**	**prepare|repair; legal**
	vb; adj	Mary hjälpte sin mamma att laga mat.
		Mary helped her mother cook.

1000	**college**	**college**
	nn	Jag är bara en college flicka.
		Seriously, I'm just a college girl.

1001	**evig**	**eternal|undying**
	adj	Leder till evig tillintetgörelse.
		Will bring its practicers eternal destruction.

1002	**bestämd**	**determined; assuredly**
	adj; adv	Europeiska unionen bör inta en lugn men bestämd hållning till situationen i Ukraina.
		The EU should adopt a calm but determined stance on the situation in Ukraine.

1003	**gräns**	**limit**
	nn	Om treprocentsgränsen får överskridas, betyder det att en ny gräns kommer att införas?
		If the 3% limit can be exceeded, does that mean that a new limit will be introduced?

1004	**buss**	**bus**
	nn	Sven brukade köra buss.
		Sven used to drive a bus.

1005	**kämpa**	**fight**
	vb	Soldater, kämpa inte för slaveri, kämpa för frihet!
		Soldiers, don't fight for slavery, fight for liberty!

1006	**exempel**	**example**
	nn	Varför följer ni inte Toms exempel?
		Why don't you follow Tom's example?

1007	**färdig**	**finished|ready**
	adj	Sven blev färdig.
		Sven finished.

1008	**förbannad**	**cursed**
	adj	Hon är förbannad för något.
		She's pissed off about something.

1009	**loss**	**loose|loss**
	adj	Ibland kan dessa nät även bryta sig loss och fortsätta ett spökfiske?
		Sometimes, these nets can also break loose and continue ghost-fishing for decades.

1010	**vägra**	**refuse|balk**
	vb	Den anmodade parten får inte vägra att överlämna penningmedel av det enda skälet att de utgör en skatte– eller tullskuld.
		The requested Party may not refuse to hand funds over on the sole ground that they correspond to a tax or customs debt.

1011	**mil**	**ten kilometres**
	nn	1,6 mil är inte en kort sträcka.
		Ten miles is not a short distance.

1012	**klass**	**class|rating**
	nn	Min klass består av fyrtio studenter.
		My class is made up of forty students.

1013	**skydd**	**protection**
	nn	Jag uppmanar Thailand att inte utlämna de som söker skydd på landets territorium.
		I call on Thailand not to extradite those who are seeking refuge on its territory.

1014	**skapa**	**create|establish**
	vb	Jag trodde aldrig att det skulle vara såhär svårt att skapa en iPad–app.
		I never thought it'd be this hard to create an iPad app.

1015	**diskutera**	**discuss; reason**
	vb; nn	Jag vill inte diskutera det med Sven.
		I don't want to discuss that with Sven.

1016	**ed**	**oath**
	nn	Meriter ska bedömas efter vetenskaplig kvalitet och vetenskaplig produktion (publikationer).
		Merit should be measured in terms of scientific excellence and scientific production (publications).

1017	**smärta**	**pain; pain**
	nn; vb	Jag känner en smärta här.
		I feel a pain here.

1018	**driva**	**drive|power; drift**
	vb; nn	Denna ökning av skuldkvoten drivs främst på av högre räntebetalningar och i mindre omfattning av dynamiken i det primära underskottet.
		This increase in the debt ratio is mainly driven by higher interest payments and to a lesser extent by the dynamics of the primary deficit.

1019 i form av　　　　**in form of**
prp　　　　Verksamheten bedrivs i form av forskning, undervisning och uppdragsforskning.
Activities are carried on in the form of research, teaching, and commissioned research.

1020 Europa　　　　**Europe**
nn　　　　I Europa och Amerika ser de hunden som en familjemedlem.
In Europe and America they regard the dog as a member of the family.

1021 frisk　　　　**fresh|healthy**
adj　　　　Jag ville få lite frisk luft.
I wanted to get some air.

1022 monster　　　　**monster**
nn　　　　Enhörningen är ett fantastisk monster.
The unicorn is a fabulous monster.

1023 suga　　　　**suck**
vb　　　　Jag kommer inte suga av dig.
I won't suck you.

1024 väska　　　　**bag**
nn　　　　Jag glömde min väska.
I forgot my bag.

1025 synas　　　　**appear**
vb　　　　Min son har varit fängslad sedan 1977. Jag är 78 år och lider av högt blodtryck och diabetes, jag håller på att förlora synen och kan knappt ta mig runt i hemmet längre.
My son has been in jail since 1977, and I am 78 and suffer from high blood pressure and diabetes; I am losing my sight and cannot really get around my own home any more.

1026 omedelbart　　　　**immediately**
adv　　　　Sluta upp med det omedelbart.
Stop it this minute!

1027 mycken　　　　**much**
adj　　　　Jag förmodar att så är fallet, bland så mycken sakkunskap.
I will gladly bow to superior wisdom.

1028 ledare　　　　**leader**
nn　　　　Sven är deras ledare.
Sven is their leader.

1029 i år　　　　**this year**
phr　　　　Vem är allsångsledare i år?
Who's the lead singer of the group this year?

1030 lista　　　　**list; list**
nn; vb　　　　Jag har en lista här.
I have a list here.

1031 jaga　　　　**hunt|chase**
vb　　　　Männen gick för att jaga lejon.
The men went hunting for lions.

1032 antingen...eller　　　　**either or**

	phr	Antingen talar vi kinesiska, eller så talar vi inte alls.
		Let's either speak Chinese, or not speak at all.
1033	**matt**	**mat|dull; faintly**
	adj; adv	Som väntat har Afrikanska unionens svar på kuppen varit beklagligt matt.
		Predictably, the African Union's response to the coup has been lamentably lacklustre.
1034	**koppla**	**connect**
	vb	Dessa kostnader är emellertid kopplade till ett företags inledande fas och inte till omstruktureringen av det.
		These costs are, however, associated with the start of a business activity and not with its restructuring.
1035	**hustru**	**wife**
	nn	Pilatus hustru var tillsammans med honom i Judeen (Mt 27:19), vilket var möjligt på grund av en tidigare ändring i de romerska myndigheternas politik när det gällde ståthållare som innehade ämbetet i farliga områden.
		Pilate's wife was with him in Judea (Mt 27:19), this being possible because of an earlier change in Roman governmental policy concerning governors in dangerous assignments.
1036	**ena**	**one; conciliate**
	num; vb	Ena sidan av ett mynt kallas för 'krona' och den andra kallas för 'klave'.
		One side of a coin is called 'heads' and the other side is called 'tails'.
1037	**semester**	**holiday**
	nn	Vi tillbringade en utmärkt semester i Sverige.
		We had a splendid holiday in Sweden.
1038	**strunta**	**ignore|skip**
	vb	Strunta i dem.
		Ignore them.
1039	**skrämma**	**scare|frighten**
	vb	Tidningsredaktioner utsätts för räder för att skrämma kritiska röster inom pressen.
		Newspaper offices are raided to intimidate critical voices in the press.
1040	**strid**	**battle; rapid**
	nn; adj	Skeppet var inte redo för strid.
		The ship wasn't ready for battle.
1041	**strand**	**beach**
	nn	Markera den här rutan om du vill logga in på FTP–adressen som anonym användare.
		Select this field if you wish to log in to the FTP address as an anonymous user.
1042	**anse**	**consider|deem**
	vb	Tullmyndigheterna skall anse att en tullskuld har uppstått enligt artikel 204.1 i kodexen, såvida inte den person som skulle vara gäldenären visar, att de villkor som anges i artikel 859 är uppfyllda.
		The customs authorities shall consider a customs debt to have been incurred under Article 204 (1) of the Code unless the person who would be the debtor establishes that the conditions set out in Article 859 are fulfilled.
1043	**vad gäller**	**at; as to**
	prp; phr	Alternativ måste finnas, vad gäller arbete, vad gäller uppfostran, vad gäller inkomster, vad gäller undervisning.

After all, we need to look for alternatives where labour, education, income and education are concerned.

1044	**samtidigt**	**at the same time**
	adv	Jag läste en bok på iPaden samtidigt som jag åt lunch.
		I read a book on my iPad while I was eating.
1045	**självmord**	**suicide**
	nn	Varför vill du begå självmord?
		Why do you want to commit suicide?
1046	**sådär**	**so-so|like**
	adj	Vi har redan hört den låten.Många gånger, precis sådär
		We've already heard that song a hundred times, just like that, just like how you sang it
1047	**spark**	**kick**
	nn	Inte ens en liten spark?
		Not even a little kicking?
1048	**hora**	**whore; whore**
	nn; vb	Så det är här du tar emot alla hororna?
		So this is where you get to do all those hookers?
1049	**vems**	**whose**
	prn	Vems är pennan?
		Whose pen is this?
1050	**fria**	**free|propose**
	vb	Det finns ingen yttrandefrihet, och medierna, radion och televisionen är inte fria.
		There is no freedom of expression, and the media, radio and television are not free.
1051	**slippa**	**avoid; get rid of**
	vb; phr	Han gav kanske upp för att slippa gå till sängs med blåmärken
		He probably gave up so he avoided to go to his marriage bed covered with bruises.
1052	**hemsk**	**terrible**
	adj	Jag är hemsk.
		I'm horrible.
1053	**antagligen**	**probably**
	adv	Du är antagligen trött.
		You're probably tired.
1054	**nöje**	**pleasure**
	nn	Ni skulle inte finna nöje i det.
		You wouldn't enjoy it.
1055	**skillnad**	**difference**
	nn	Tror du att det kommer att göra någon skillnad?
		Do you think it'll make a difference?
1056	**tidning**	**newspaper**
	nn	Var är min tidning?
		Where is my newspaper?
1057	**offer**	**victims**

nn

Medlemsstaterna ska främja regelbunden utbildning för tjänstemän som sannolikt kan komma i kontakt med offer och potentiella offer för människohandel, däribland poliser ute på fältet, så att de kan identifiera och hantera offer och potentiella offer för människohandel.

Member States shall promote regular training for officials likely to come into contact with victims or potential victims of trafficking in human beings, including front–line police officers, aimed at enabling them to identify and deal with victims and potential victims of trafficking in human beings.

1058	**klä**	**dress|clothe**

vb

Klä dig i dina sköna kläder, Jerusalem, du heliga stad!

Put on your beautiful garments, O Jerusalem, the holy city!

1059	**dyka**	**dive**

vb

Den har inte så mycket olja att smörja in fjädrarna med, så den kan inte dyka efter fisk utan att bli genomblöt.

It has little preening oil for its feathers, so it cannot dive for fish without getting waterlogged.

1060	**kamera**	**camera**

nn

Kan du visa mig en billigare kamera än denna?

Would you show me a less expensive camera than this one?

1061	**bröllop**	**wedding**

nn

Jag är på väg till min systers bröllop.

I'm headed for my sister's wedding.

1062	**is**	**ice**

nn

Jag hämtar lite is.

I'll get some ice.

1063	**le**	**smile**

vb

Fortsätt le.

Keep smiling.

1064	**företag**	**business|company**

nn

Vilket företag arbetar du åt?

What company do you work for?

1065	**innebära**	**imply|infer**

vb

Att upprepa kravet på efterlevnad av ursprungsmedlemsstatens lagstiftning i samband med förfaranden om intyg skulle innebära dubbelt arbete för domstolarna i ursprungsmedlemsstaten.

Repeating the requirement of compliance with the law of the Member State of origin in the context of the certification would entail a duplication of work for the courts of the Member State of origin.

1066	**föredra**	**prefer|deliver**

vb

Jag skulle föredra att vi gynnade grönsaker och frukt.

I would prefer us to opt in favour of vegetables and fruit.

1067	**duga**	**get by**

vb

Det får duga.

That'll have to do.

1068	**alltihop**	**the lot**

nn

Så fort vi kommer till Florida bränner vi alltihop.

In Florida we'll blow this whole setup.

1069	**begära**	**ask**

vb

I det här ärendet anser kommissionen att regeringens beslut att begära att Riksgäldskontoret skall ställa en kreditgaranti var ett villkorligt beslut och inte gav Teracom någon absolut rätt att kräva att få en kreditgaranti.

In the present case, the Commission takes the view that the Government's decision to request the National Debt Office to issue a credit guarantee was a conditional decision and did not confer on Teracom an unconditional right to request that a credit guarantee be issued to it.

| 1070 | **definitivt** | **definitely** |

adv

Jag klandrar dig definitivt inte.

I certainly don't blame you.

| 1071 | **mörda** | **murder\|kill** |

vb

Den enda skillnaden är att IS–medlemmar själva ger sig ut för att mörda, medan palestinierna skickar sina unga.

The only difference is that the members of ISIS go out themselves to kill; the Palestinians send their young.

| 1072 | **ägg** | **egg** |

nn

Jag gillar verkligen hårdkokta ägg.

I really like hard boiled eggs.

| 1073 | **professor** | **professor** |

nn

Jag vill tacka föredraganden, professor MacCormick, för hans arbete i samband med dessa två mycket komplicerade och omtvistade betänkanden.

I would like to thank the rapporteur, Professor MacCormick, for his work on these two very difficult and contentious reports.

| 1074 | **återvända** | **return\|go back** |

vb

Du måste återvända.

You need to go back.

| 1075 | **regering** | **government\|rule** |

nn

Har kommissionen tagit några beslut, på samma sätt som den spanska statens regering, om tillämpningen av investeringar som kommer från Sammanhållningsfonden i denna järnvägsförbindelse från Galicien till unionens centrala delar?

Has it taken any decision, with the agreement of the Spanish central government, on the application of investment from the Cohesion Fund to this rail link between Galicia and the Union heartland?

| 1076 | **uppför** | **up; uphill** |

prp; adv

De gick uppför trappan.

They went up the stairs.

| 1077 | **helig** | **holy\|sacred** |

adj

Och medan han var tillsammans med dem, gav han dem denna befallning: "Lämna inte Jerusalem, utan vänta på det som Fadern har utlovat, det som ni har hört mig tala om, för Johannes döpte ju med vatten, men ni skall bli döpta i helig ande."

And while he was meeting with them he gave them the orders: "Do not withdraw from Jerusalem, but keep waiting for what the Father has promised, about which YOU heard from me; because John, indeed, baptized with water, but YOU will be baptized in holy spirit."

| 1078 | **bråttom** | **in a hurry** |

adv

Jag hade inte bråttom.

I wasn't in any hurry.

| 1079 | **present** | **present; present** |

	nn; adj	Jag köpte en chokladask på arbetsresan som present åt mina kollegor.
		I bought a box of chocolates on the way to work as a gift for my colleagues.
1080	**frihet**	**freedom**
	nn	Folket i Österrike visste vad det innebar att leva i ett land utan frihet.
		People in Austria knew what it meant to live in a country without freedom.
1081	**stiga**	**rise|increase**
	vb	Vi såg barnet stiga på bussen.
		We saw the child get on the bus.
1082	**lura**	**fool|trick**
	vb	I den tyska fackpressen kan man läsa om en behandlingsmetod för fisk och fiskprodukter som syftar till att lura konsumenterna.
		There have been reports in the German specialist press about a method of processing fish and fish products which misleads consumers.
1083	**skär**	**notch; pure**
	nn; adj	En av dem gäller statusen för de grå zonerna eller för skären och småöarna i Egeiska havet.
		And one of these issues is the status of the grey zones or island rocks in the Aegean.
1084	**toalett**	**toilet|bathroom**
	nn	Kan du laga en toalett?
		Can you fix a toilet?
1085	**lek**	**play|game**
	nn	Lek där ute i stället för att titta på tv.
		Play outside instead of watching TV.
1086	**bud**	**bid|offer**
	nn	Den ursprungliga tanken var att de båda företagen skulle lägga ett gemensamt bud.
		The initial idea was that both companies submitted a joint bid.
1087	**likna**	**resemble|look like**
	vb	Strategin för exportkontroller enligt den modell som beskrivs ovan skulle i grunden likna EU:s nuvarande system för exportkontroll i och med att en rad nationella myndigheter för exportkontroll skulle ansvara för de beslut om licenser som fattas inom deras respektive medlemsstater.
		The organisational approach to export controls under the model described above would be fundamentally similar to the current EU export control system in that a series of national export control authorities would be responsible for licensing decisions taken within their respective Member States.
1088	**finna**	**find**
	vb	Det var omöjligt att finna ett svar.
		It was impossible to find an answer.
1089	**tvinga**	**force**
	vb	Tvinga mig inte att göra detta.
		Don't make me do this.
1090	**helg**	**holiday**
	nn	Mina damer och herrar, jag önskar er en trevlig helg och förklarar Europaparlamentets session avbruten.
		Ladies and gentlemen, I wish you a good weekend and I declare the session of the European Parliament adjourned.

1091	**oskyldig**	**innocent**

oskyldig
adj
Frågeställaren bör vara medveten om att Europaparlamentet vid upprepade tillfällen har klargjort att det inser betydelsen av att respektera principen om att en person skall antas vara oskyldig tills motsaten är bevisad och att det inser att ett förhastat offentliggörande av anklagelser kan vara till förfång för denna princip.
The Honourable Member will be aware that Parliament has repeatedly made clear that it recognises the importance of respecting the principle of the right of presumption of innocence and understands that precipitate public disclosure of allegations could be prejudicial to this principle.

1092 minne — **memory|mind**
nn
Du har inget bra minne.
You do not have a good memory.

1093 by — **village**
nn
De bor i en liten by i England.
They live in a little village in England.

1094 drog — **drug; pulled**
nn; adj
Vi i Europa har lärt oss hur vi ska hantera den drog som alkohol faktiskt är.
We in the various European countries have learned how to handle the drug that is alcohol.

1095 plocka — **pick|pluck**
vb
Flickan gick till skogen för att plocka svamp.
The girl went into the forest to look for mushrooms.

1096 förslag — **proposal|draft**
nn
Jag kan inte komma på något annat sätt att få honom att acceptera vårt förslag.
I can't think of any other way of getting him to accept our proposal.

1097 snabb — **fast|rapid**
adj
Sven är snabb.
Sven's fast.

1098 tyckas — **seem**
vb
Även om det kan tyckas som om antagandet av förslaget till rådets beslut om ingående av avtalet (om förlängning av avtalet om vetenskapligt och tekniskt samarbete mellan Europeiska gemenskapen och Ryssland) egentligen är en formalitet av underordnad betydelse, anser jag inte att så är fallet.
Although it may seem that the adoption of the draft Council Decision on the conclusion of the agreement (renewing the Agreement on scientific and technical cooperation between the European Community and Russia) is really a formality of only secondary importance, I do not think this is so.

1099 medicin — **medicine**
nn
Jag mår inte bra. Snälla ge mig lite medicin.
I don't feel well. Please give me some medicine.

1100 procent — **percent**
nn
Hur många procent av finländarna är finlandssvenskar?
What percentage of Finns are Finno–Swedes?

1101 gumma — **old woman**
nn
Min lilla gumma är en anka.
My pumpkin's a duck.

1102 röka — **smoke**

| | vb | Min far har slutat röka för sin hälsas skull. |
| | | *My father has quit smoking for the sake of his health.* |

1103 kopp — **cup**

nn — Vad sägs om att sätta på en kopp te?
How about making me a cup of tea?

1104 kuk — **cock**

nn — Jag saknar verkligen din kuk, Aldous.
I really miss your cock, Aldous.

1105 form — **form|shape**

nn — Du måste hålla dig i form.
You have to stay in shape.

1106 farlig — **dangerous**

adj — Den här vägen är farlig.
This path is dangerous.

1107 stil — **style|genre**

nn — Jag skulle, om jag fick, vilja göra en inledande kommentar, eftersom vi i dag inviger en rad debatter i ny stil.
Mr President, I should like, if I may, to make a preliminary remark, since we are inaugurating a series of new–style debates today.

1108 hals — **neck**

nn — Kragen sitter åt för hårt runt min hals.
The collar is too tight round my throat.

1109 frankrike — **France**

nn — I enlighet med artikel 9.3 i den förordningen meddelade den rapporterande medlemsstaten Frankrike sökanden, övriga medlemsstater, kommissionen och Europeiska myndigheten för livsmedelssäkerhet (nedan kallad myndigheten) den 4 september 2013 att ansökan kan prövas.
In accordance with Article 9(3) of that Regulation, France, as rapporteur Member State, notified the applicant, the other Member States, the Commission and the European Food Safety Authority (hereinafter 'the Authority') on 4 September 2013 of the admissibility of the application.

1110 knäpp — **wacky; flick**

adj; nn — Är du knäpp nog att leva med mig?
Are you wacky enough to take on me?

1111 still — **still**

adv — Håll still.
Keep still.

1112 nytta — **use|utility**

nn — Framstående affärsman som drar nytta av och stöder regimen.
Prominent businessman benefiting from and supporting the regime.

1113 gåva — **present**

nn — Det är min gåva till dig.
It's my gift to you.

1114 närma — **approach**

vb — Det är ett sätt att närma sig små och medelstora företag som inte ger rättvisa till kärnvärdet och kärnproblemen i denna del av näringslivet.

It is a way of looking at small businesses which does not do justice to the essential value and essential problems of this sector of the economy.

1115	**konstig**	**weird|odd**
	adj	Mary är konstig.
		Mary is weird.

1116	**franska**	**French**
	nn	För de franska kärnkraftsanläggningarna utgörs drifts– och underhållskostnaderna precis som för den stora merparten av alla andra länder av fasta kostnader.
		For French nuclear power stations, as in almost all other countries, operating and maintenance costs are fixed costs.

1117	**tuff**	**tough; tuff**
	adj; nn	Vi har haft en tuff dag.
		We had a rough day.

1118	**gråta**	**cry**
	vb	Jag såg honom gråta.
		I saw him cry.

1119	**fiende**	**foe**
	nn	Sven är inte min fiende.
		Sven isn't my enemy.

1120	**smaka**	**taste**
	vb	Skulle det smaka med lite te?
		How about some tea?

1121	**föra**	**conduct|lead**
	vb	Kan du föra ett flygplan?
		Can you fly an airplane?

1122	**liknande**	**similar; similarly**
	adj; adv	Den är liknande.
		It is similar.

1123	**ligg**	**fuck**
	nn	Till slut högg hon tag i honom och sa: "Ligg med mig!"
		Eventually, "she grabbed hold of him by his garment and said: 'Lie down with me!'"

1124	**desto**	**nevertheless**
	adv	Dessa stöd är förvisso av allmänt intresse, men är kanske inte desto mindre oförenliga i enlighet med artikel c.
		Certainly, this aid serves a common interest, but it may nevertheless not be compatible under Article c.

1125	**arm**	**arm; wretched**
	nn; adj	Det gör jätteont i min arm.
		My arm is killing me.

1126	**snut**	**cop**
	nn	Av Jimmy och en snut som heter Albie Carter.
		Of Jimmy and a copper called Albie Carter.

1127	**angående**	**concerning**
	prp	Angående: Stabilitets– och tillväxtpakten.
		Subject: Stability and Growth Programme.

1128	**tvätta**	**wash**
	vb	Tvätta dig.
		Wash yourself.
1129	**karriär**	**career**
	nn	Den australiska sopranen Joan Sutherland blev kallad "La Stupenda" efter ett uppträdande i Venedig år 1960, och det namnet fick hon behålla för resten av sin karriär.
		Australian soprano Joan Sutherland was dubbed "La Stupenda" after a performance in Venice in 1960 and the label stuck for the rest of her career.
1130	**förhållande**	**ratio|relationship**
	nn	Om det i proven ingår bromsning till stillastående under våta förhållanden, skall framkanten på belägget/blocket köras in i rotationsriktningen.
		If the tests include braking to a standstill in wet conditions, the leading edge of the pad/shoe shall be run–in in the direction of rotation.
1131	**oavsett**	**regardless; apart from**
	adj; prp	Jag kommer att åka oavsett väder.
		I will go regardless of the weather.
1132	**blomma**	**flower; flower**
	nn; vb	Varför köpte du en blomma?
		Why did you buy a flower?
1133	**ljud**	**sound**
	nn	Svenskans sj–ljud kan uttalas på flera olika sätt.
		The Swedish "sj" sound can be pronounced several different ways.
1134	**samman**	**together**
	adv	Huset föll samman i en jordbävning.
		The house fell down in an earthquake.
1135	**äktenskap**	**marriage**
	nn	Äktenskap och föräldraskap i denna ändens tid.
		Marriage and Parenthood in This Time of the End.
1136	**löjligt**	**ridiculously**
	adv	Det minimistöd som aviserats är inte bara löjligt i jämförelse med det som erbjuds andra produktionssektorer, utan kommissionen misslyckas fortfarande med att uppfylla sitt löfte att offentliggöra den förordning som tillåter det och som vi har väntat på i över två år.
		Not only is the minimal aid announced ridiculous compared to that offered to other production sectors, but also the Commission is still failing to fulfil its promise to publish the regulation authorising it and which we have been waiting for for more than two years.
1137	**show**	**show**
	nn	Äta och titta på en show där riktiga kvinnor är riktiga kvinnor.
		To eat and watch a show where real women are <i>real</i> women.
1138	**kontrollera**	**verify|check**
	vb	Du kan inte kontrollera mig.
		You can't control me.
1139	**födelsedag**	**birthday**
	nn	Min födelsedag är inte på en månad.
		My birthday's not for another month.

1140	**spara**	**save**
	vb	Jag har skaffat mig en hårtrimmer för att spara in på frisörutgifter.
		I got a hair–clipper to save myself from spending money on a hairdresser.

1141	**lås**	**lock|clasp**
	nn	Info, flytta in flottan närmare och lås vapnen på den.
		Tell the fleet to move to point blank range and lock on.

1142	**samla**	**collect|gather**
	vb	Hans hobby är att samla på gamla frimärken.
		His hobby is collecting old stamps.

1143	**berg**	**mountain**
	nn	Kilimanjaro, Afrikas högsta berg.
		Kilimanjaro, the highest mountain in Africa.

1144	**fredag**	**Friday**
	nn	Vad ska du göra på fredag?
		What're you going to do on Friday?

1145	**sten**	**pebble|stone**
	nn	Han satt på en liten sten och såg ut över havet.
		He sat on a small rock and looked out to sea.

1146	**position**	**position**
	nn	Bästa passagerare, vi ber er nu att placera ert handbagage under sätet framför er, lyfta bordet och ryggstödet i upprätt position, sänka ner armstöden, spänna fast säkerhetsbältet och öppna fönsterluckorna.
		Dear passengers, we now ask you to place your luggage under the seat in front of you, lift the table and backrest upright, lower the armrest, fasten your safety belt and open the window shutters.

1147	**stryk**	**beating**
	nn	Ingen ger mej stryk!
		I won't let nobody wallop me!

1148	**språk**	**language**
	nn	Pedro, hur många språk kan du?
		Pedro, how many languages do you know?

1149	**kyssa**	**kiss**
	vb	Så till den grad att jag aldrig får kyssa en tjej?
		So to the extent that I can never kiss a girl?

1150	**satan**	**satan**
	nn	Jesus riktade sig ju inte till Petrus på samma sätt som han hade gjort till Satan.
		After all, Jesus did not speak to Peter as he had to Satan.

1151	**vind**	**wind; warped**
	nn; adj	Det blåste en kall vind.
		A cold wind was blowing.

1152	**radio**	**radio**
	nn	Han hade en radio.
		He had a radio.

1153	**vaken**	**awake**
	adj	Sven är vaken.
		Sven's awake.

1154 **bro**   **bridge**
nn   De byggde en bro.
                                    They constructed a bridge.

1155 **eftermiddag**   **afternoon**
nn   God eftermiddag.
                                    Good afternoon, sir.

1156 **bröst**   **breast|tits**
nn   Hon har stora bröst.
                                    She has large breasts.

1157 **mod**   **bravery**
nn   Jag beundrar honom för hans mod.
                                    I admire him for his courage.

1158 **far**   **father**
nn   Vad var det som motiverade Josef att visa omsorg om sin far?
                                    What motivated Joseph to care for his father?

1159 **fira**   **celebrate**
vb   Därför finns det överhuvudtaget ingen anledning att fira utfallet i Cancún.
                                    So there is no reason whatsoever to celebrate the outcome of Cancún.

1160 **lördag**   **Saturday**
nn   Jag går till skolan på lördag.
                                    I go to school on Saturday.

1161 **och så vidare**   **and so on; etc.**
adv; abr   Vi behöver biologisk mångfald för att få mat, husrum, läkemedel, ren luft, vatten och så vidare och så vidare.
                                    We need biodiversity for food, shelter, medicines, clean air, water, and so on and so forth.

1162 **plus**   **plus**
nn   Detta skulle åtminstone vara fallet om värdet av de förväntade förluster som var förenade med garantin på 2,75 miljarder överstiger det erhållna beloppet på [,] miljoner euro (plus provisioner för tillhandahållandet, som kan uppgå till ett bokfört värde av [,] miljoner euro).
                                    This would at least be the case if the value of expected losses under the EUR 2,75 billion guarantee were to be above the amount received of EUR [,] million (plus any potential nominal provisions of up to EUR [,] million).

1163 **station**   **station**
nn   Vilken är den bekvämaste vägen till Tokyo station?
                                    What's the most convenient way to get to Tokyo Station?

1164 **mörker**   **darkness**
nn   För kontroll av den vertikala förändringen för "ljus/mörker–gränsen" under påverkan av värme, skall följande metod tillämpas:
                                    With respect to the verification of the change in vertical position of the cut–off line under the influence of heat, the following procedure shall be applied:

1165 **nät**   **web**
nn   Telekommunikationstjänster, nämligen distribution av text, ljud, grafik och video för användning på datornät, trådlösa nät och globala kommunikationsnät.
                                    Telecommunication services, namely distributing text, sound, graphics and video for use on computer networks, wireless networks and global communications networks.

1166	**situation**	**situation**
	nn	Han förklarade sin situation för mig.
		He explained his situation to me.

1167	**pass**	**passport|pass**
	nn	Du får inte komma in här om du inte har ett pass.
		You can't enter here unless you have a pass.

1168	**byggnad**	**building**
	nn	Denna byggnad håller på att rasa samman.
		This building is about to collapse.

1169	**bry sig**	**care**
	vb	Vem skulle bry sig?
		Who would care?

1170	**gratulera**	**congratulate**
	vb	Först vill jag gratulera herr Valdivielso till det mycket bra och politiskt balanserade betänkandet om den nya Tacis–förordningen.
		First I should like to start by congratulating Mr Valdivielso de Cué on his excellent and politically balanced report on the new TACIS regulation.

1171	**föreslå**	**propose|suggest**
	vb	För dessa bestånd kommer kommissionen att föreslå en TAC som leder till en betydande ökning av beståndets storlek, som lämpar sig för det bestånd som avses samt som utgör en ökning med inte mindre än 20 % av lekbeståndets biomassa under 2003.
		For these stocks the Commission will propose a TAC corresponding to a significant increase in stock size, appropriate to the stock in question, and constituting an increase of no less than 20% in spawning biomass during 2003.

1172	**brinna**	**burn**
	vb	Om min grannes hus skulle brinna ned får jag försäkringspengarna.
		Should my neighbour's house burn down, I get the insurance money.

1173	**med hjälp av**	**with**
	prp	Det var snällt av dig att hjälpa mig med läxan.
		It was very nice of you to help me with my homework.

1174	**rapport**	**report**
	nn	Jag vill tacka Förenade kungarikets MS–förening.
		I would like to thank the Multiple Sclerosis Society of the United Kingdom.

1175	**majestät**	**Majesty**
	nn	Hans Majestät var nära döden, men Zhao Gao tvivlade på pillrets verkan.
		His Majesty was barely alive, but Zhao Gao doubted the Pill's veracity.

1176	**född**	**born**
	adj	I sin bok De principiis (Om grunderna) beskrev Origenes Jesus som Guds "enfödde Son, som är född, , men utan någon början".
		For example, in his book entitled On First Principles, Origen described Jesus as 'the only–begotten Son, who was born, but without any beginning.'

1177	**lögn**	**lie|falsehood**
	nn	Det är en lögn!
		That's a lie!

1178	**ifall**	**in case**

	con	I enlighet med artikel 21 i grundförordningen undersöktes det om det skulle strida mot unionens intresse som helhet ifall de gällande antidumpningsåtgärderna bibehålls.

In accordance with Article 21 of the basic Regulation, it was examined whether the maintenance of the existing anti–dumping measures would be against the interest of the Union as a whole.

1179 känd   **known**

adj

Jag har en vän vars far är en känd pianist.

I have a friend whose father is a famous pianist.

1180 inblandad   **interested | mixed-up**

adj

Enligt uppgift är det två lokala grupper, Ijaw– och Itsekirigrupperna, som är inblandade i stridigheterna, och tusentals soldater har redan förflyttats till området.

Apparently, the clashes involved two local communities, Ijaw and Itsekiri, and have already brought thousands of soldiers into the region.

1181 team   **team**

nn

Team Relocations har heller inte deltagit i möten av konkurrensbegränsande karaktär under vilka en övergripande konkurrensbegränsande plan fastställts.

Furthermore, it did not participate in any anti–competitive meeting at which such an overall anti–competitive plan was agreed.

1182 totalt   **totally**

adv

Det var ett totalt misslyckande.

It was a complete disaster.

1183 besviken   **disappointed**

adj

Du gör mig besviken.

You disappoint me.

1184 elva   **eleven**

num

Bidraget uppgår till 1 000 euro per person och månad och har budgeterats för elva månader (genomsnittliga siffror, eftersom det faktiska beloppet beror på arbetstagarens lön före uppsägning och på hur länge han eller hon deltar i den aktiva åtgärden).

The rate is EUR 1 000 per person / month and was budgeted for 11 months (average figures, as the actual amounts depend on each worker's salary prior to the dismissal and the period during which each worker remains in the active measures).

1185 hård   **hard | tough**

adj

Var inte så hård mot honom.

You should not be so hard on your father.

1186 för övrigt   **otherwise; besides**

adv; prp

Det förefaller för övrigt viktigt att mer strikta regler antas för att främja läkemedel avsedda för yrkesverksamma, vilket för övrigt existerar i mitt hemland.

Furthermore, it seems important that stricter rules be adopted when promoting medicinal products for use by professionals, which is what, in fact, happens in my own country.

1187 kilo   **kilo**

nn

I det avseendet är varje kilo extra som kan avsättas i den kemiska industrin bra. Särskilt när man kan bevisa att man ändå måste producera under högre kostnader.

In that sense, every kilogram of extra sale to the chemical industry is a welcome bonus, especially when producers can prove that they are having to produce against a higher cost price after all.

1188	**svärd**	**sword**
	nn	Du blir den förste som får smaka på mitt svärd!
		You'll be the first to taste my sword today!

1189	**privat**	**private; privately**
	adj; adv	Detsamma gäller den påstådda kränkningen av sökandens privat– och familjeliv, då det framgår av det ovan anförda att de angripna rättsakterna inte innebär att han inte har någon möjlighet att besöka sin familj i Frankrike.
		The same applies to the alleged interference with the applicant's private and family life, since it follows from the foregoing that the contested acts do not affect the possibility which the applicant has to visit his family in France.

1190	**blind**	**blind**
	adj	Han blev blind.
		He went blind.

1191	**växa**	**grow|wax**
	vb	De kommer att växa.
		They'll grow.

1192	**köp**	**buy|purchase**
	nn	Köp lågt, sälj högt.
		Buy low, sell high.

1193	**orka**	**be able to**
	vb	Jag kommer aldrig att orka upp i morgon.
		I'll never be able to get up in the morning.

1194	**rosa**	**pink; pink; praise**
	adj; nn; vb	Hon valde ut en rosa skjorta för mig att prova.
		She picked out a pink shirt for me to try on.

1195	**sparka**	**kick**
	vb	Förlåt, det var inte min mening att sparka dig.
		I'm so sorry. I didn't mean to kick you.

1196	**mage**	**stomach|belly**
	nn	Hans mage skriker.
		His stomach growls.

1197	**uppmärksamhet**	**attention**
	nn	Sven kräver uppmärksamhet.
		Sven craves attention.

1198	**avsky**	**disgust; detest**
	nn; vb	Den framhäver också hans avsky för falsk tillbedjan. (2 Moseboken 34:26; 5 Moseboken 14:21)
		It also highlights his abhorrence of false worship.—Exodus 34:26; Deuteronomy 14:21.

1199	**kniv**	**knife**
	nn	Jag fick veta att du kunde lära mig hur man slipar en kniv.
		I was told that you could teach me how to sharpen a knife.

1200	**katt**	**cat**
	nn	Jag har en vit katt.

I have a white cat.

| 1201 | **vilse** | **lost; astray** |

1201 **vilse**
adj; adv
lost; astray
Gick du vilse?
Did you get lost?

1202 **domare**
nn
justice
I Europeiska unionens domstols avgörande av den 6 november 2012 vidhölls kommissionens bedömning att sänkningen av den obligatoriska pensionsåldern för domare, åklagare och notarier med en mycket kort övergångsperiod är oförenlig med EU–lagstiftningen om likabehandling.
The Court's ruling of 6 November 2012 upheld the Commission's assessment according to which the mandatory retirement age for judges, prosecutors and notaries within a very short transitional period is incompatible with EU equal treatment law.

1203 **förändras**
vb
change
För det andra saknas det i praktiken en politisk dialog, och det behövs kommunikation, men uppläggningen av denna kommunikation måste förändras om den skall lyckas.
Second, there is effectively a lack of political discourse and thus a need for communication, but the design for this communication needs to be changed to be successful.

1204 **ring**
nn
ring|circle
Ring honom i kväll.
Call him tonight.

1205 **packa**
vb
pack
Jag är inte säker på att jag är redo att packa och flytta någonstans, för att leva ett helt nytt liv, när jag precis börjar bli bekväm i det liv jag lever nu
I'm just not sure that I am really ready to pack up and move somewhere to live this whole new life when I'm just starting to become comfortable with the life I'm living, right now, you know?

1206 **lurad**
adj
done
Och jag vill inte bli lurad.
And I don't like to be cheated.

1207 **tusentals**
nn
thousands of
Jag vill inte gå för långt tillbaka i tiden, men jag skulle vilja att någon ställde sig upp och talade om för mig om Förenta staterna tidigare trampade på de europeiska medlemsstaternas suveränitet när man offrade tusentals män för att rädda Europa.
I do not want to go too far back in time, but I should like somebody to stand up and tell me whether in those days the United States trampled on the sovereignty of European Member States when it sacrificed thousands and thousands of its men to save Europe.

1208 **vis**
nn; adj
way; sage
Hon är på intet vis självisk.
She is by no means selfish.

1209 **tillfälle**
nn
opportunity
Sven såg festen som ett bra tillfälle att skapa nya kontakter.
Sven saw the party as a good networking opportunity.

1210 **lord**
Lord

	nn	Lord Bethell är och förblir en fast medlem av den brittiska konservativa gruppen.
		Lord Bethell is, and remains, firmly a member of the British Conservative Group.

1211 bar
nn; adj

bar; bare

Bar båda hjälmar?

Were both of them wearing helmets?

1212 råka
vb; nn

happen; rook

Det är naturligtvis inte bara unga som kan råka ut för det här.

Of course, this kind of problem is not unique to young people.

1213 påminna
vb

remind

Jag är tvungen att påminna parlamentet om detta.

I am bound to remind the House of this.

1214 lust
nn

desire

Jag har också lust att spela.

I feel like playing, too.

1215 el
nn; adj

electricity; electric

Denna ökning beror till stor del på utsläpp från vägtransporter, el– och värmeproduktion och tillverkningsindustri.

This was largely due to emission increases from road transport, electricity and heat production, and manufacturing industries.

1216 givetvis
adv

of course

Givetvis kommer det slutliga resultatet främst att bero på valresultatet.

Of course, the ultimate outcome will depend primarily on the election results.

1217 klänning
nn

dress

Hon valde en hatt som matchade hennes klänning.

She selected a hat to match her new dress.

1218 färg
nn

color

Vet du vad hon tycker om för färg?

Do you know what color she likes?

1219 skrika
vb; nn

scream; jay

Jag hörde någon skrika nyss.

I just heard someone scream.

1220 rädsla
nn

fear

Rädsla är vad som håller dig från att försöka.

Fear is what's keeping you from trying.

1221 hindra
vb

hinder

Sven är omöjlig att hindra.

Sven is unstoppable.

1222 brud
nn

bride|chick

Sedan hörde Johannes proklamationen: "Och anden och bruden säger ständigt: 'Kom!'

Then John heard the proclamation: "And the spirit and the bride keep on saying: 'Come!'

1223 prinsessa
nn

princess

En kungs dotter är en prinsessa.

A king's daughter is a princess.

1224 **ting** **thing**
nn
Saker och ting började ordna sig för Sven.
Things began to work out for Sven.

1225 **rock** **coat**
nn
Hämta din rock, Sven.
Get your coat, Sven.

1226 **polare** **cock|buddy**
nn
Polaren, han kallade mig polare
He called me " buddy. "

1227 **erkänna** **admit|recognize**
vb
Han kommer aldrig att erkänna sin skuld.
He will never admit his fault.

1228 **annanstans** **elsewhere**
nn
Jag kan inte gå någon annanstans.
I can't go anywhere else.

1229 **drottning** **Queen**
nn
Ska vi förbjuda drottningen av England, som tidigare nämnts, att vara överhuvud för anglikanska kyrkan?
Will it be prohibited for the Queen of England, as has already been mentioned, to be the head of the Anglican Church?

1230 **lyfta** **lift|take off**
vb
Det är lättare att lyfta än att landa.
Taking off is easier than landing.

1231 **flygplats** **airport**
nn
Därefter kunde man genom förekomsten av separata konton isolera driften av Angoulêmes flygplats ur räkenskapssynpunkt.
Furthermore, the existence of separate accounts meant that the activity of managing Angoulême airport could be

1232 **tysk** **German; German**
nn; adj
Berlin är en tysk stad.
Berlin is a German city.

1233 **näsa** **nose**
nn
Toms näsa var röd.
Tom's nose was red.

1234 **adress** **address**
nn
Förresten, vad är din adress?
By the way, what is your address?

1235 **bråka** **fight**
vb
Ingen mening att bråka med dem.
There's no fighting them.

1236 **syn** **view|sight**
nn
Aldrig hade jag sett en sådan fridfull syn.
Never have I seen such a peaceful sight.

1237 **faktum** **fact**
nn
För att dölja det faktum att hon var en princessa förklädde hon sig till en pojke och flydde från slottet.

To hide the fact that she's a princess, she disguised herself as a boy and escaped the palace.

1238	**botten**	**bottom; lousy**
	nn; adj	Innanför pappersskikten skall det finnas en säck av polyetylen, minst 0,08 mm tjock och sammansvetsad i botten.
		Inside the paper layers, a polyethylene bag at least 0,08 mm thick shall be fused to the bottom.
1239	**sväng**	**turn**
	nn	Sväng höger.
		Turn right.
1240	**testa**	**test**
	vb	Vi måste testa den.
		We need to test it.
1241	**fjärde**	**fourth**
	num	Hon vill ha en fjärde generationens iPad.
		She wants a fourth generation iPad.
1242	**farmor**	**grandmother**
	nn	Som 90–åring lever Toms farmor fortfarande ett mycket aktivt liv.
		At 90, Tom's grandmother still leads a very active life.
1243	**påstå**	**argue|suggest**
	vb	Jag skulle vilja påstå att det i själva verket bara handlar om stagnation.
		In real terms I would argue that it is nothing more than a stagnation.
1244	**med tanke på**	**towards**
	prp	Jag står inte ut med tanken på att förlora dig för evigt.
		I can't stand the thought of losing you forever.
1245	**fundera**	**think**
	vb	Fundera på det.
		Think about it.
1246	**styra**	**control|guide**
	vb	Valutaswappar används för finjusterande ändamål, i regel för att hantera likviditeten på marknaden och styra räntorna.
		They are used for fine–tuning purposes, mainly with the aim of managing the liquidity situation in the market and steering interest rates.
1247	**knä**	**knee**
	nn	När Jesus åt middag hos en farisé, kom en kvinna som var känd för att vara synderska och föll på knä vid Jesu fötter.
		While Jesus was dining at the house of a Pharisee, a woman known as a sinner came and knelt at Jesus' feet.
1248	**system**	**system**
	nn	Revideringen av den nuvarande förordningen bör sikta till att skapa ett effektivare och mer praktiskt system för att godkänna nya livsmedel.
		The revision of the current regulation should aim to set up a more efficient and practicable system for the authorisation of novel foods.
1249	**kontakta**	**contact**
	vb	Vi försökte att kontakta det andra skeppet.
		We tried to contact the other ship.
1250	**stjärna**	**star**
	nn	En stjärna anger att åtgärden har genomförts framgångsrikt.

The star indicates an action which has been successfully completed.

1251 försvara — **defend | justify**
vb
Di Pietro och hans kolleger har gjort betydande insatser för att försvara både ländernas och de anklagades och medborgarnas rättigheter, men jag anser att man måste fortsätta mycket djärvare på den inslagna vägen.
Nevertheless, it is a move towards protecting the rights of countries, defendants and citizens, a path which I think must be pursued much more completely and much more boldly.

1252 gevär — **rifle**
nn
Reproduktioner av musköter, gevär och karbiner där originalen tillverkades före 1890.
Reproductions of muskets, rifles and carbines the originals of which were manufactured earlier than 1890.

1253 hörn — **corner**
nn
Europeiska produktions– och distributionskedjor har inrättats i alla världens hörn och finns nu inte bara i medlemsstaterna.
European production and distribution chains have now been established in every corner of the planet and are not merely restricted to the Member States.

1254 i början — **at first**
adv
Galileo Galilei var en italiensk astronom och en viktig person i början av de moderna vetenskapernas utveckling. Hans upptäckter stod i strid med den katolska kyrkans läror, och Galileo ställdes inför rätta för kätteri av inkvisitionen.
Galileo Galilei was an Italian astronomer and an important figure in the initial development of the modern sciences. His discoveries contradicted the teachings of the Catholic Church, and Galileo was put on trial for heresy by the Inquisition.

1255 flaska — **bottle**
nn
Jag skulle vilja ha en flaska hostmedicin.
I would like a bottle of cough mixture.

1256 måndag — **Monday**
nn
Fungerar måndag?
Is Monday OK?

1257 föreställa — **represent | introduce | imagine**
vb
Jag kan föreställa mig det.
I can imagine that.

1258 program — **program**
nn
I det här fältet kan Du växla program, om DDE–länken hänför sig till ett annat program.
In this field you can change the application if the DDE link refers to another application.

1259 våld — **violence | grasp**
nn
Detta förutsätter en mycket bredare säkerhets– och försvarspolitisk strategi som omfattar mer än användning av våld.
All this assumes a far broader understanding of security and defence than the use of force.

1260 städa — **clean | tidy**
vb
Städa upp litet.
Clean up a little.

1261 våning — **floor | apartment**

nn	Vilken våning är jag på?
	What floor am I on?

1262 prins — **prince**

nn — Sannolikt blir det ett toppmöte mellan Hun Sen och prins Ranariddh och Sam Rainsy.

There is a likelihood of a summit between Mr Hun Sen and Prince Ranariddh and Sam Rainsy.

1263 otrolig — **incredible**

adj — Och den har en otrolig dragkraft i Tyskland just nu.

And it's getting unbelievable traction right now in Germany.

1264 sång — **singing**

nn — Det förvånar mig att Sven inte ens kan sjunga en enda sång på Franska.

I'm surprised Sven doesn't know how to sing at least one song in French.

1265 i enlighet med — **in accordance with**

phr — Dessa måste bedömas individuellt i enlighet med vår lagstiftning.

These have to be assessed on an individual basis according to our legislation.

1266 mitt — **my; middle**

prn; nn — Alltid när jag ser dig, säger mitt hjärta att jag är förälskad.

Whenever I see you, my heart tells me that I'm in love.

1267 rykte — **reputation|rumor**

nn — Hon har dåligt rykte.

She has a bad reputation.

1268 låsa — **lock**

vb — Borde vi inte låsa?

Shouldn't we lock the door?

1269 flyg — **flight**

nn — Europeiska unionens rykte på området för flyg– och rymdindustrin är redan säkrat.

The European Union has forged a reputation for itself in the aeronautical and space industry.

1270 vakt — **guard|watch**

nn — Vem går på vakt?

Who's on watch?

1271 grad — **degree; straight**

nn; adj — Engelska är, som ni vet, i högsta grad ett levande språk.

English, as you know, is to a high degree a living language.

1272 gisslan — **hostage**

nn — Dessutom tycks tagandet av gisslan styra vissa politiska ställningstaganden.

What is more, some political positions appear to be held hostage by hostage taking.

1273 acceptera — **accept**

vb — Ingen har bett dig att hålla med, men du kan väl åtminstone acceptera att det finns personer som har andra åsikter än dig?

Nobody has asked you to agree, but can't you at least accept that there are people who hold different views from you?

1274 vuxen — **adult; adult**

adj; nn — Den där pojken talar som en vuxen.

That boy speaks like an adult.

1275	**fylla**	**fill	stuff; booze**
	vb; nn	För det andra har Schultz helt rätt i att vi måste fylla ut tiden.
		Secondly, Mr Schulz is quite right that we need to fill up the time.

1276	**förvirrad**	**confused	perplexed**
	adj	Jag är alldeles förvirrad.
		I am all mixed up.

1277	**förvänta**	**expect**
	vb	Jag har ingen aning om vad jag ska förvänta mig.
		I have no idea what to expect.

1278	**gäst**	**guest**
	nn	Libyen deltog i ministerkonferensen i Valencia som ordförandeskapets gäst.
		Libya participated in the ministerial conference in Valencia as the Presidency's guest.

1279	**söndag**	**Sunday**
	nn	Söndag kommer efter lördag.
		Sunday comes after Saturday.

1280	**ansvarig**	**responsible**
	adj	Jag var ansvarig.
		I was in charge.

1281	**ende**	**sole**
	nn	Sven var den ende som inte kunde franska.
		Sven was the only one who didn't know how to speak French.

1282	**märke**	**notice	label**
	nn	Det är ingen mening med att utveckla ett sådant märke och jag ser inget som tyder på att de europeiska konsumenterna vill ha ett EU–märke.
		It is not worth pursuing it and I see no evidence to suggest that European consumers are looking for an EU logo.

1283	**kilometer**	**kilometer**
	nn	En hjälte flyger norrut i 60 kilometer i timmen i 60 minuter.
		Your hero flies north at 60 kilometers per hour for 60 minutes.

1284	**förfluten**	**past**
	adj	Med avseende på rätten att få tillgång till information om mottagare eller mottagarkategorier av grunduppgifter, och om innehållet i de uppgifter som har lämnats ut, preciseras det i direktivet inte huruvida denna rätt avser förfluten tid eller, i förekommande fall, en viss period i det förflutna.
		With regard to the right to access to information on the recipients or categories of recipient of personal data and on the content of the data disclosed, the Directive does not make it clear whether that right concerns the past and, if so, what period in the past.

1285	**skära**	**cut; sickle**
	vb; nn	Företaget jag arbetade för höll på att skära ner. Olyckligtvis förlorade jag jobbet.
		The company I worked for was downsizing. Unfortunately, I lost my job.

| 1286 | **avtal** | **agreement | contract** |
| | *nn* | Det är dessutom omtvistat om de avtal som ingåtts mellan kommunerna och leverantörer av pensionstjänster kan anses som kontrakt med ekonomiska |

villkor som avser tillhandahållande av tjänster och överskrider tillämpliga tröskelvärden.

In addition, there is disagreement on whether the agreements concluded between local authorities and pension scheme providers may be classified as contracts for pecuniary interest which have as their object the provision of services and which exceed the relevant thresholds.

1287	**whisky**	**whiskey**
	nn	

För perioden 1 oktober 2004–30 september 2005 skall de koefficienter som föreskrivs i artikel 4 i förordning (EEG) nr 2825/93, och som tillämpas på spannmål som används i Förenade kungariket för att framställa Scotch whisky, vara de som anges i bilagan till den här förordningen.

For the period 1 October 2004 to 30 September 2005, the coefficients referred to in Article 4 of Regulation (EEC) No 2825/93 applicable to cereals used in the United Kingdom in the production of Scotch whisky shall be as set out in the Annex hereto.

1288	**scen**	**scene**
	nn	

Den brittiska regeringens inställning till denna fråga har framförts av ingen mindre än vår premiärminister, men det är rätt av honom att bekräfta att Förenade kungariket, trots att det innehar ordförandeskapet, inte är den enda aktören på denna scen.

The position of the British Government on this matter has been stated by none other than our Prime Minister, but he is right in recognising that the United Kingdom, although acting as Presidency, is not the sole actor on this stage.

1289	**träff**	**hit**
	nn	

Förmedling av ytterligare information vid träff.

Communicating further information following a hit.

1290	**präst**	**priest**
	nn	

Är du präst?

Are you a priest?

1291	**sjö**	**lake**
	nn	

Finlands största sjö är Saimen och den näststörsta är Päijänne.

Finlands largest lake is Saimen, followed in second place by Päijänne.

1292	**kurs**	**course|rate**
	nn	

Finansieringsplaner inom ramen för gemenskapsstöd och beloppen för gemenskapens intervention skall uttryckas i ecu till den kurs som fastställs genom detta beslut.

Financial schedules for Community support frameworks and amounts of Community aid shall be expressed in ecus at the rate fixed by this Decision.

1293	**svag**	**weak|low**
	adj	

Sven är inte svag.

Sven isn't weak.

1294	**efteråt**	**afterwards**
	adv	

Man försöker komma fram till en överenskommelse, och det måste ju ske, men efteråt blir det inte mycket av det, eftersom ingen följer den och därigenom är det ingen som längre tror på nästa överenskommelse.

These summits try to build a momentum – and it is important that they do so – but this momentum caves in because so little action is taken subsequently, as a result of which people no longer believe in the next momentum.

1295	**höghet**	**highness**
	nn	

Får jag börja nu, Ers höghet?

Can I start now, your highness?

1296 enkel
adj; nn

simple; single

När allt kommer omkring nämns enkel majoritet så gott som aldrig i fördraget.

After all, a single majority vote is almost never mentioned in the Treaty.

1297 hemlig
adj; adv

secret; secretly

En hemlig operation.

A covert action.

1298 personligt
adv

individually

Jag vill rikta ett personligt tack till er och till hela den svenska regeringen.

I wish to thank you personally and, indeed, the entire Swedish Government.

1299 ful
adj

ugly

Vilken ful klänning!

What an ugly dress!

1300 öppet
adj; adv

open; openly

Jag har ett öppet sinne.

I have an open mind.

1301 klok
adj

sensible|clever

Är du inte riktigt klok?

Are you crazy?

1302 planera
vb

plan

Indiens regering bör uppmanas att besöka EU:s institutioner så ofta som möjligt, och Indien förväntas planera en egen kommunikationsstrategi.

The Government of India should be encouraged to visit EU Institutions as often as possible, and India would be expected to plan its own communications strategy.

1303 karta
nn

map

Sven bär alltid en karta och kompass i sin väska.

Sven always carries a map and compass in his bag.

1304 kyckling
nn

chicken

Det här smakar typ som kyckling.

This kind of tastes like chicken.

1305 likadant
adv

same

Jag skulle göra likadant.

I'd do the same thing.

1306 halvtimme
nn

half

Det tog mig en halvtimme att lösa det här problemet.

It took me half an hour to work out this problem.

1307 elak
adj

mean|bad

Sven är elak.

Sven's mean.

1308 troligen
adv

probably

Vi kommer troligen inte att göra det igen på ett tag.

We probably don't want to do that again any time soon.

1309 bomb
nn

bomb

Om vi lämnar tillbaka den, så skaffar nåt annat land en Q– bomb.

Even if we give it back, some other country will invent its own Q– bomb.

1310 skuld **debt**

nn En medlem som har en resterande skuld i 60 dagar eller mer skall inte räknas som en medlem vid omröstningar i sådana frågor som avses i punkt 2 i denna artikel.

A member in arrears for 60 days or more shall not count as a member for the purpose of voting on matters covered in paragraph 2 of this Article.

1311 panik **panic**

nn Jag trodde att Sven skulle få panik.

I thought Sven would panic.

1312 måne **moon**

nn En människogjord måne som var synlig för vanliga medborgare.

A man–made moon visible by ordinary citizens.

1313 fruktansvärd **terrible|horrible**

adj Vi pratar om en fruktansvärd beväpning.

We are talking about devastating weaponry.

1314 gubbe **old man**

nn Det bodde en gammal gubbe i det gamla huset.

There lived an old man in the old house.

1315 förlåta **forgive|pardon**

vb Kan du förlåta oss?

Can you forgive us?

1316 park **park**

nn l var vard pa Lincoln Park Zoo har Sydney aterfatt sin styrka och är nu vid utmärkt hälsa.

Under our care at Lincoln Park ZooSydney has regained his strength and maintained excellent health.

1317 kula **ball|bulb**

nn Det är bara genom att göra rent hus och börja om på ny kula med respekt för rättsstaten som kan vi övertyga våra medborgare om att vi inte offrar våra principer.

Only by cleaning house and starting afresh on the basis of real respect for the rule of law can we convince our citizens that we are not sacrificing our principles.

1318 vänlig **friendly|kind**

adj Den vackra kvinna är vänlig.

The beautiful woman is kind.

1319 sur **acid|sour**

adj Sökanden skall antingen intyga att inget av dessa färgämnen använts eller tillhandahålla en testrapport som visar förekomsten mätt med följande analysmetod för färgbeständighet: ISO 105–E04 (sur och alkalisk, jämförelse med tyger tillverkade av flera fibrer).

The applicant shall either provide a declaration of non–use of these dyes or a test report using the following test method for colour fastness: ISO 105–E04 (acid and alkaline, comparison with multi–fibre fabric).

1320 hot **threat**

nn Vi trodde att hans hot bara var ett skämt.

We thought his threat was only a joke.

1321 naken **naked; starkers; in the nude**

adj; nn; adv Jag vill inte se henne naken.
I don't want to see her naked.

1322 mardröm **nightmare**

nn Väck mig från denna mardröm!
Wake me from this nightmare!

1323 geni **genius**

nn Det läskigaste är att hans IQ är 160: Han är ett geni per definition.
The scariest thing is that his IQ is 160: a certified genius.

1324 mjölk **milk**

nn Sven hällde upp lite mjölk i en skål till sina katter.
Sven poured some milk in a bowl for his cats.

1325 pund **pound**

nn Bör kommissionen behandla fotbollen annorlunda än andra affärsverksamheter som omsätter miljontals pund?
Should the Commission be treating football differently from any other multi–billion pound industrial operation?

1326 assistent **assistant**

nn Denna slutsats motsägs varken av de bestämmelser enligt vilka parlamentsledamoten och dennes assistent måste ingå ett civilrättsligt avtal där det uttryckligen anges att parlamentet inte kan anses som assistentens arbetsgivare eller avtalspart och institutionen friskrivs från ansvar för klagomål från denne, eller av de avtalsklausuler genom vilka dessa bestämmelser genomförs.
That conclusion cannot be invalidated either by the rules requiring Members and assistants to conclude a private contract expressly stipulating that Parliament cannot be regarded as the assistant's employer or co–contractor and that the institution is not liable in the event of complaints by the assistant, or by the clauses of the contract putting those rules into practice.

1327 källare **cellar**

nn De har källare och valv som är fulla av målningar vilka inte ryms i visningsrummen.
They have cellars and vaults full of pictures for which no display space is available.

1328 koll **check**

nn Håll noggrann koll på våra små när de leker på kullarna.
Keep careful watch over our little ones as they play on the hills.

1329 fälla **trap; precipitate**

nn; vb Vi borde sätta upp en fälla.
We should set a trap.

1330 bekant **known**

adj Jag har varit bekant med henne i över 20 år.
I have been acquainted with her for more than 20 years.

1331 champagne **champagne**

nn Smekmånader ska handla om, champagne, och room service, och älskande...
Honeymoons are supposed to be, all champagne, and room service, and lovemaking...

1332 märka **notice**

vb Men du kommer märka något annat, och det är att Solens ansikte har fräknar.

But you'll notice something else, and that's that the face of the Sun has freckles.

1333	**tung**	**heavy**
	adj	Den här stenen är dubbelt så tung som den där.
		This stone is twice as heavy as that one.

1334	**het**	**hot**
	adj	Du är så het.
		You're so hot.

1335	**ytterlig**	**utter**
	adj	Jag hoppas att det i er kommentar fanns ett uns av beklagande, snarare än en ytterlig åsikt om harmoniseringen av arbetsmarknaden.
		I hope that in your remark there was an element of regret, rather than an excessive view of the harmonisation of the employment market.

1336	**hatt**	**hat|cap**
	nn	Sven bär alltid hatt.
		Sven always wears a hat.

1337	**umgås**	**associate**
	vb	Men vi kan välja vår underhållning och vilka vi umgås med.
		But we can choose our entertainment and the people with whom we socialize.

1338	**linda**	**wind; bandage**
	vb; nn	Maskiner för trådlindning vilka är utformade för att tillverka kompositstrukturer eller laminat från fibrer eller fiberliknande material där rörelserna för att placera, vira och linda fibrer samordnas och programmeras i tre eller flera axlar, samt samordnings– och programstyrning härför.
		Filament winding machines of which the motions for positioning, wrapping and winding fibres can be coordinated and programmed in three or more axes, designed to fabricate composite structures or laminates from fibrous or filamentary materials, and coordinating and programming controls;

1339	**svår**	**difficult|severe**
	adj	Han lider av en svår sjukdom.
		He is suffering from a serious illness.

1340	**mirakel**	**miracle**
	nn	Ett mirakel som sker!
		Some kind of miracle!

1341	**ängel**	**angel**
	nn	Har du blivit en ängel?
		Have you become an angel?

1342	**tjugo**	**twenty**
	num	Han fångade tjugo fjärilar.
		He caught twenty butterflies.

1343	**rad**	**row**
	nn	De stod på rad.
		They were standing in a row.

1344	**träna**	**train|exercise**
	vb	Är det någon som kan träna ett barns minne så att barnet kan rabbla upp fakta och klara prov?
		Is it a person who can develop a child's memory so that he can repeat facts and pass tests?

1345 dans — **dance**
nn
Det blir musik, dans och förstås de största Hollywoodstjärnorna!
There will be music, dancing, and of course, the biggest stars in Hollywood!

1346 hall — **hall**
nn
Varför står vi här i hallen?
Ray, why are we standing in the hallway?

1347 i slutet — **at the end**
adv
Jag planerar att ge min son en dator i slutet av månaden.
I plan to give my son a computer at the end of the month.

1348 lön — **salary|wages**
nn
Han krävde att hans lön skulle höjas.
He demanded that his salary be increased.

1349 operation — **surgery**
nn
Därför betraktar man från indiskt håll det av EU medfinansierade projektet för samarbete mellan EU och Indien inom civil luftfart ("EU–India Civil Aviation Co–operation Project") som mycket värdefullt.
In this context, the EU co–financed "EU–India Civil Aviation Co–operation Project" is being seen by the Indian government as a very valuable project.

1350 rättvist — **fair|justly**
adv
Han skrev fullständigt tydligt, men också rättvist, att man ibland till viss mån kan skylla på parlamentet och inte bara på de andra parterna i konflikten.
He spelled out quite clearly, but also fairly, that at times Parliament, and not just the other parties in the conflict, is also to blame to some extent.

1351 skämmas — **embarrass|be ashamed**
vb
Kommissionärskollegiet borde skämmas över att lägga fram det här ändringsförslaget.
In proposing this amendment, the College of Commissioners should be ashamed of itself.

1352 inuti — **within; inside**
prp; adv
Vad fanns inuti?
What was inside?

1353 skjuts — **conveyance**
nn
Kan du ge mig skjuts in till stan?
Could you give me a lift into town?

1354 bråk — **fight**
nn
Vi hamnade i bråk.
We got into a fight.

1355 fet — **fat|oily**
adj
Sven är fet.
Sven's fat.

1356 varifrån — **from where**
adv
Varifrån är det här?
Where's this from?

1357 anfall — **attack**
nn
Kina genomför ofta militära manövrer som simulerar anfall mot Taiwan.
China regularly stages military manoeuvres that simulate an attack on Taiwan.

1358 lögnare — **liar**

	nn	Du är en stor lögnare!
		You're just a big fat liar!

1359 nödvändigt — **perforce**

adv

Kommittén skall sammanträda närhelst detta är nödvändigt, på begäran av en av parterna, dock minst en gång om året.

The Committee shall meet whenever necessary at the request of one of the Parties and at least once a year.

1360 normal — **normal; standard**

adj; nn

Kalvar bör, både då de hålls i grupp eller i enskilda boxar, ha tillräckligt med utrymme för motion, kontakt med andra nötkreatur och normal rörelsefrihet när de står upp eller ligger ned.

Calves, both group–housed and individually penned, should have sufficient space for exercise, for contact with other cattle and for normal movements when standing up or lying down.

1361 roligt — **amusingly**

adv

Hade du roligt i helgen?

Did you have fun over the weekend?

1362 linje — **line**

nn

Rita en linje här.

Draw a line here.

1363 varning — **warning|caution**

nn

EESK framhåller att energipolitiska åtgärder som vidtas inom EU kraftigt kan minska beroendet av energi utifrån och förbättra energiförsörjningstryggheten, särskilt vad gäller energieffektivitet, en diversifierad energimix, tillräckliga investeringar i infrastruktur samt krismotverkande åtgärder som t.ex. tidig varning, informationsutbyte och lagerhållning/energibyte.

The EESC underlines that internal energy policy measures can decisively decrease external energy dependence and increase security of supply, in particular energy efficiency, a diversified energy mix, sufficient investments in infrastructure as well as crisis averting measures like early warning, information sharing and stockpiling/substitution.

1364 tystnad — **silence**

nn

Det var hans tystnad som gjorde henne arg.

It was his silence that made her angry.

1365 drömma — **dream**

vb

Jag kommer att drömma om dig.

I'll dream about you.

1366 möjlighet — **opportunity**

nn

Det finns en annan möjlighet också.

There's also another possibility.

1367 skrik — **cry|scream**

nn

Sitt inte och skrik Beatrice hela tiden som en jävla papegoja!

don't sit and scream Beatrice the whole time like some bloody parrot!

1368 tacksam — **grateful**

adj

Jag är tacksam för din hjälp.

I am grateful to you for your help.

1369 långsamt — **slowly**

adv

Gå långsamt.

Walk slowly.

1370 press

nn

press | oppression

I det aktuella fallet konstaterar personaldomstolen att sökanden hade begärt hjälp av ordföranden för den rådgivande kommittén om mobbning med motiveringen att hon "sedan den 1 februari 2012 ha[de] varit föremål för en enorm press från [s]ina båda överordnade".

In the present case, the Tribunal notes that the applicant had sought the assistance of the Chairman of the Advisory Committee on Harassment on the ground that, '[s]ince February 1, 2012, [she had] been exposed to an enormous pressure exerted by [her] two superiors'.

1371 dåre

nn

fool | lunatic

Vilken dåre.

What a fool.

1372 undvika

vb

avoid

Det hör till ett grundläggande sunt förnuft, att man inom ramen för samarbetet med de här länderna skall ge dem medel för att kunna starta om utifrån goda grunder, och för att undvika att alla de ansträngningar de har gjort – åtminstone gäller det för vissa av dem – inte reduceras till noll på grund av att de tyngs av en kraftig skuld.

It is the most basic common sense, within the framework of cooperation with these countries, to give them the means to start off on the right foot so that all the work they have done – at least as far as some are concerned – is not cancelled out by excessive debts.

1373 vars

prn

whose

Det vin och/eller den färska druvmust, vars jäsning har avbrutits genom tillsats av alkohol och som används vid framställningen av aromatiserat vin skall utgöra minst 75 % av den slutliga produkten.

The wine and/or fresh grape musts with fermentation arrested by the addition of alcohol, used in the preparation of an aromatized wine must be present in the finished product in a proportion of not less than 75 %.

1374 jobbigt

adj

annoying

Ja, det är jobbigt att se ut som du!

Yeah, it's tough looking like you!

1375 förvånad

adj; vb

astonished; taken aback

Sven var inte förvånad.

Sven wasn't surprised.

1376 plikt

nn

duty

Jag gör bara min plikt.

I'm only doing my duty.

1377 via

prp

via

Jag åkte till Europa via USA.

I went to Europe by way of the United States.

1378 lukt

nn

smell | fume

Dålig lukt skall inte täckas med annan lukt.

A bad smell must not be covered by another smell.

1379 längs

prp

along

Segla längs kusten.

Sail along the coast.

1380	**ledig** *adj; adv*	**free|vacant; out** Jag är ledig från arbetet i morgon. *I'm off work tomorrow.*

1380 ledig — **free\|vacant; out**
adj; adv
Jag är ledig från arbetet i morgon.
I'm off work tomorrow.

1381 svensk — **Swedish**
adj
Då han var i Sverige hade han en svensk flickvän som lärde honom svenska, sedan gifte han sig med henne.
While in Sweden, he had a Swedish girlfriend who taught him Swedish, then he married her.

1382 lågt — **low**
adv
Vidta särskilda åtgärder för att stärka deltagandet i yrkesinriktad fortbildning för människor som står inför omställningar på arbetsmarknaden och grupper med lågt deltagande i yrkesutbildning, t.ex. kvinnor, lågutbildade och äldre arbetstagare
take specific measures to enhance the participation rate in C–VET of people facing transitions within the labour market and of groups with low participation in training, such as women, the low–skilled and older workers

1383 energi — **energy**
nn
Han är alltid full av energi.
He is always full of vigor.

1384 ro — **peace; row**
nn; vb
Detta hade givit oss tid att ännu en gång tänka över andra frågor i lugn och ro.
That would have left us time to consider other questions in peace.

1385 smak — **taste\|flavor**
nn
Insalata di Lusia uppskattas av konsumenterna på grund av sallatshuvudenas luftighet, de goda konserveringsegenskaperna och avsaknaden av trådighet (växten består till stor del av vatten), de unga, färska och saftspända bladens sprödhet och dess naturliga smak).
Insalata di Lusia is appreciated by consumers for the lightness of its head, how well it keeps, the lack of fibrousness (the plant is largely composed of water), the crispness of its young, fresh and turgid leaves and its taste, resulting from its natural flavour).

1386 frysa — **freeze\|be cold**
vb
Åtgärd 6: Skapa ett instrument om erkännande av beslut om att frysa bevismaterial för att hindra att bevismaterial som befinner sig på en annan medlemsstats territorium förstörs."
Measure 6: Drawing up of an instrument concerning the recognition of decisions on the freezing of evidence, in order to prevent the loss of evidence located in the territory of another Member State."

1387 besöka — **visit\|call at**
vb
Detsamma gäller den påstådda kränkningen av sökandens privat– och familjeliv, då det framgår av det ovan anförda att de angripna rättsakterna inte innebär att han inte har någon möjlighet att besöka sin familj i Frankrike.
The same applies to the alleged interference with the applicant's private and family life, since it follows from the foregoing that the contested acts do not affect the possibility which the applicant has to visit his family in France.

1388 signal — **signal**
nn
Det är din signal, Sharkbait.
That's your cue, Sharkbait.

1389 favorit — **favorite**
nn
Vilken Harry Potter–bok är din favorit?

What's your favorite Harry Potter book?

1390	**åsikt**	**opinion|idea**
	nn	Min åsikt skiljer sig från din.
		My opinion is different from yours.

1391	**grön**	**green**
	adj	Jag köpte en grön soffa igår, men den gick inte in genom dörren, så jag fick lämna tillbaka den.
		I bought a green couch yesterday, but I couldn't fit it through the door, so I had to return it.

1392	**äcklig**	**disgusting**
	adj	En äcklig, engelsk, tuttig vampyr!
		A gross english– titty vampire!

1393	**humör**	**humor**
	nn	Jag var på dåligt humör.
		I was in a bad mood.

1394	**nämna**	**mention**
	vb	Jag vill förutom artikel 215 FEUF – vilken enligt min uppfattning bekräftar den roll som Gusp har att spela i kampen mot den internationella terrorismen – också nämna artikel 43.1 FEU.
		In addition to Article 215 TFEU, which, in my view, demonstrates that the CFSP has an affirmed role in the fight against international terrorism, I would cite Article 43(1) TEU, which makes it clear that all the tasks falling within the common security and defence policy (21) 'may contribute to the fight against terrorism, including by supporting third countries in combating terrorism in their territories'.

1395	**rapportera**	**report**
	vb	Medlemsstaterna ska i enlighet med nationell lagstiftning rapportera om tillgångar och skulder, utbetalda fordringar och återkrav, nya åtaganden, exponeringar och premier.
		Member States shall report, in accordance with their national legislative framework, on assets and liabilities, claims paid and recoveries, new commitments, exposures and premium charges.

1396	**tjuv**	**thief**
	nn	Jag vet inget om honom, förutom att han en feg tjuv!
		I know nothing about the man, except that he's a coward and a thief!

1397	**dator**	**computer**
	nn	Min dator har hängt sig.
		My computer is hung up.

1398	**tomt**	**lot|plot**
	nn	Direktivet om arbetstagares exponering för risker som har samband med optisk strålning har gett upphov till mycket tomt prat.
		A lot of hot air has been generated over this directive on the exposure of workers to the risks arising from physical agents.

1399	**hantera**	**manage**
	vb	Sven kan inte hantera det här.
		Sven can't handle this.

1400	**klubb**	**club**

nn — Som huvudregel skall denna lediga plats tilldelas den klubb som i det nationella mästerskapet kom alldeles efter den klubb som inte gavs tillträde (detta gäller för UEFA:s Champions league och UEFA–cupen).

As a rule, this vacant place should go to the club which finished the domestic league championship immediately below the club that is not admitted (for the UEFA Champions league and UEFA Cup).

1401 krossa — **crush|smash**

vb — För att krossa oliverna använder man lätta mekaniska pressar som inte förstör fruktköttet eller krossar kärnan.

For crushing the olives, light mechanical presses are used that do not damage the flesh or break the stone.

1402 begravning — **funeral**

nn — Herr talman! Förra veckan miste fyra människor livet och ytterligare ungefär 500 människor skadades i Diyarbakir i Turkiet när bråk utbröt efter en begravning.

Mr President, last week, in Diyarbakir in Turkey, four people lost their lives and approximately 500 more were injured when incidents broke out at the end of a funeral.

1403 stöd — **support**

nn — Det första är ett tydligt och otvetydigt stöd för stabilitets– och tillväxtpakten.

The first is a clear and unequivocal endorsement of the Stability and Growth Pact.

1404 webbplats — **web site**

nn — Direktansluten reklam på ett datornät och webbplats.

Online advertising on a computer network and website.

1405 glass — **ice cream**

nn — När jag var liten trodde jag att glassförsäljare får äta hur mycket glass de vill gratis.

When I was younger I thought that ice cream vendors could eat as much ice cream as they wanted for free.

1406 andra — **second**

adj — Jag har många blommor. Några är röda och andra är gula.

I have a lot of flowers. Some are red and others are yellow.

1407 låda — **box**

nn — Han gav henne en låda.

He gave her a box.

1408 nyligen — **recently**

adv — Har du kollat oljenivån nyligen?

Have you checked the oil level recently?

1409 personligen — **personally**

adv — Herr talman! Brevet var adresserat till dig personligen och inte till kammaren.

Mr President, it is a letter addressed to you personally, not to the Chamber.

1410 hämnd — **revenge**

nn — Jag ska utkräva hämnd.

I will be avenged.

1411 stinka — **stink**

vb — Det kommer då att stinka och vara ruttet och vid översynen påminna dig om att göra upp med en annan majoritet.

Keep it for a few years until the overhaul of REACH, when it will smell putrid and remind you to come to an agreement with another majority.

1412 skönhet **beauty**

nn

Skönhet är inte lika med godhet, och definitivt inte lika med tillfredsställelse.

And beauty doesn't equate to goodness, and certainly doesn't equate to contentment.

1413 kontrakt **contract|agreement**

nn

Det är dessutom omtvistat om de avtal som ingåtts mellan kommunerna och leverantörer av pensionstjänster kan anses som kontrakt med ekonomiska villkor som avser tillhandahållande av tjänster och överskrider tillämpliga tröskelvärden.

In addition, there is disagreement on whether the agreements concluded between local authorities and pension scheme providers may be classified as contracts for pecuniary interest which have as their object the provision of services and which exceed the relevant thresholds.

1414 bröd **bread**

nn

Sven glömde köpa bröd.

Sven forgot to buy bread.

1415 post **mail; postal**

nn; adj

Jag får inte så mycket post.

I don't get much mail.

1416 planet **planet**

nn

Planet flög över Fuji.

The plane flew over Mt. Fuji.

1417 mörk **dark**

adj

Källaren är ful, mörk och illaluktande.

The basement is ugly, dark, and smelly.

1418 rättvisa **justice|fairness**

nn

Om detta inte är fallet, vad tänker kommissionen göra för att avskaffa denna typ av icke–tariffära hinder och garantera ett tillträde till den kinesiska marknaden på rättvisa villkor?

If not, what does the Commission intend to do to remove this type of non–tariff barrier and guarantee access to the Chinese market under fair conditions?

1419 straff **penalty**

nn

De krävde stränga straff för de södra rebellerna.

They demanded severe punishment for the southern rebels.

1420 ryka **smoke|reek**

vb

Men när någon hör orden i denna ed och han välsignar sig i sitt hjärta och säger: 'Jag kommer att ha frid, även om jag vandrar i mitt hjärtas trots' – så att det välbevattnade rycks bort tillsammans med det törstiga – då skall Jehova inte vara villig att förlåta honom, utan då skall Jehovas vrede och hans nitälskan ryka mot den mannen, och hela den förbannelse som är skriven i denna bok skall vila på honom, och Jehova skall utplåna hans namn under himlen.

"And it must occur that when someone has heard the words of this oath, and he has blessed himself in his heart, saying, 'I shall come to have peace, although I shall walk in the stubbornness of my heart,' with the intention of sweeping away the well–watered one along with the thirsty ones, Jehovah will not want to forgive him, but then Jehovah's anger and his ardor will smoke against that man, and all the oath written in this book will certainly settle down on him, and Jehovah will indeed wipe out his name from under the heavens.

1421	**paus**	**rest|stop**
	nn	Kan jag ta en paus?
		Can I take a break?

1422	**röv**	**ass**
	nn	Han är för upptagen kyssa Dukes röv.
		He's too busy kissing Duke's arse.

1423	**stat**	**state**
	nn	Detta är inte en sönderfallande stat, det är en stat med brister som vi måste stödja.
		This is not a failed state; it is a state with failings that we must support.

1424	**öken**	**desert**
	nn	Resten av dem [deras krigare] lät jag törsten förtära i Eufrats öken." (Ancient Records of Assyria and Babylonia, D.
		The rest of them [their warriors] I consumed with thirst in the desert of the Euphrates."–Ancient Records of Assyria and Babylonia, by D.

1425	**kostym**	**suit**
	nn	Jag har ingen kostym.
		I don't have a suit.

1426	**skaka**	**shake|wobble**
	vb	Tillsätt 25 ml dietyleter (4.4), förslut röret med en kork genomfuktad med vatten eller med en vattenfuktad propp (5.6). Skaka röret kraftigt under en minut, men inte för mycket (det kan då bildas beständiga emulsioner) samt vänd det upp och ned flera gånger.
		Add 25 ml of diethyl ether (4.4.), close the tube with a cork saturated with water or with a stopper wetted with water (5.6.), and shake the tube vigorously, but not excessively (in order to avoid the formation of persistent emulsions), with repeated inversions for one minute.

1427	**madame**	**madame**
	nn	Madame kommer snart ner.
		Madame will be right down.

1428	**ovanlig**	**unusual**
	adj	På vilket sätt hade Samuel en ovanlig barndom, och varför visste hans föräldrar att han skulle få det bra?
		How was Samuel's childhood unusual, but why were his parents sure that he was cared for?

1429	**choklad**	**chocolate**
	nn	Femtiotvå procent av brittiska kvinnor föredrar choklad framför sex.
		Fifty–two per cent of British women prefer chocolate to sex.

1430	**rysk**	**Russian**
	adj	Ryssland skall till Europeiska gemenskapernas kommission sända namn och adress på de behöriga ryska myndigheter som har bemyndigats utfärda och kontrollera exportlicenser och de behöriga ryska organisationer som, i enlighet med rysk lagstiftning, har bemyndigats att utfärda ursprungsintyg, jämte prov på de stämplar och namnteckningar som de använder.
		Russia shall send the Commission of the European Communities the names and addresses of the appropriate Russian governmental authorities which are authorized to issue and to verify export licences and the competent Russian organizations authorized under Russian legislation to issue certificates of origin together with specimens of the stamps and signatures they use.

1431 glädje
nn
Du är min enda glädje.
You're my only joy.

1432 avstånd
nn
Ön ligger på ungefär två mils avstånd från kusten.
The island is about two miles off the coast.

distance

1433 spelare
nn
Om en förening anställer spelare från andra medlemsstater eller tredje land, strömmar de pengar som behövs för detta ut till utlandet utan att andra föreningar som spelar mot den berörda föreningen i samma serie drar nytta av dessa pengar.
If a club engages players from clubs in other Member States or non-member countries, the funds required for the purchases flow abroad without the other clubs in the same league as the club in question benefiting therefrom.

player

1434 erfarenhet
nn
e) Anordna verksamhet som stimulerar och förbättrar utbytet av erfarenhet och bästa rutiner.
(e) organise activities that stimulate and improve the exchange of experiences and best practices;

experience

1435 galning
nn
John Lennons liv togs av en galning med en pistol..
John Lennon's life was taken by a maniac with a gun..

manicac

1436 oskadd
adj
Det handlar inte heller om huruvida vi kan överleva konkurrensen oskadda.
Nor is it a question of whether we can survive competition intact.

unharmed

1437 publik
nn; adj
Utbildnings– och underhållningstjänster, nämligen produktion och presentation av tv–shower, musikshower, prisutdelningar och komedishower inför levande publik som alla sänds live eller bandade för senare sändning.
Educational and entertainment services, namely production and presentation of television shows, music shows, award shows and comedy shows before live audiences which are all broadcast live or recorded for later broadcast.

audience; public

1438 imponerande
adj
Under de senaste åren har världsekonomin uppvisat en imponerande tillväxt i vissa utvecklingsländer, särskilt i Asien.
In recent years the world economy has seen impressive growth in some developing countries, notably in Asia.

impressive

1439 byxa
nn
För min del skulle jag nog råda honom att behålla byxorna på då.
I'd tell your son to keep his pants on during that party.

trousers|pants

1440 djävul
nn
Detta kan påminna oss om "den store draken , den ursprunglige ormen, han som kallas Djävul och Satan".
This may well remind us of "the great dragon . . . , the original serpent, the one called Devil and Satan."

devil

1441 klient
nn
Det är bättre att tvinga fienden till att bli kund och klient och beroende av segraren.

client

It is better to degrade the enemy to a customer and make him dependent on the victor.

1442 fotboll **football**
nn
Fotboll är populärare än tennis.
Soccer is more popular than tennis.

1443 oskuld **innocence**
nn
Han sade till och med: "Ja, förgäves renade jag mitt hjärta och tvättade i oskuld mina händer." (Psalm 73:3, 13)
He even said: "Surely it is in vain that I have cleansed my heart and that I wash my hands in innocence itself."–Psalm 73:3, 13.

1444 lyda **obey**
vb
Vi kommer alldeles som Jesu Kristi apostlar, som blev förföljda, att säga: "Vi måste lyda Gud som vår härskare mer än människor." (Apostlagärningarna 5:29)
Like Jesus Christ's persecuted apostles, we will say: "We must obey God as ruler rather than men."–Acts 5:29.

1445 tillåta **allow|let**
vb
Bilaga II till beslut 2006/766/EG bör således ändras för att tillåta import från Serbien av fiskeriprodukter för användning som livsmedel, utan den gällande begränsningen.
Accordingly, Annex II to Decision 2006/766/EC should be amended in order to permit imports from Serbia of fishery products for human consumption, but not subject to the current restriction.

1446 högt **high|loud**
adv
Hon svor högt.
She cursed loudly.

1447 döende **dying; dying**
adj; nn
Ja, Abram kunde, med den lilla information han hade fått, börja se konturerna av Guds uppsåt att återlösa den döende mänskligheten.
Yes, with but scant information, Abram had begun to perceive the outline of God's purpose to redeem dying humankind.

1448 som vanligt **as usual**
adv
Han gick och lade sig klockan tio som vanligt.
He went to bed at ten as usual.

1449 konst **art**
nn
Jag förstår mig inte på konst.
I don't understand art.

1450 fullständigt **completely**
adv
Du litar fullständigt på honom.
You trust him completely.

1451 meddela **inform**
vb
Jag måste meddela er, fru kommissionär, att man är mycket besviken i Frankrike.
I have to tell you, Commissioner, that there is great disillusionment in France.

1452 behov **need**
nn
Sven har behov av uppmärksamhet.
Sven craves attention.

1453 i övrigt **otherwise**

	adv	Betänkandet innehåller i övrigt både positiva och negativa skrivningar.
		Otherwise, the report contains both helpful and unhelpful wordings.
1454	**Kina**	**China**
	nn	Jag kom från Kina.
		I came from China.
1455	**as**	**as**
	nn	Nästa fråga är om de ursprungliga kostnaderna för de 29 byggnaderna i fråga kan fastställas genom att från kasernområdets värde göra ett avdrag för värdet på de byggnader som inte såldes till Haslemoen AS.
		The next question is whether the primary cost of the 29 buildings in question can be determined by deducting from the Inner Camp the value of the buildings that were not sold to Haslemoen AS.
1456	**kund**	**customer**
	nn	Sven spenderade hela dagen med att designa en hemsida åt en ny kund.
		Sven spent all day designing a website for a new client.
1457	**strunt**	**rubbish|garbage**
	nn	Att prata strunt, Ferber, är också en mänsklig rättighet. Därför kan vi uthärda ert inpass!
		Mr Ferber, talking rubbish is a human right too, so we can forgive your heckling!
1458	**författare**	**writer**
	nn	Han är författare.
		He is a writer.
1459	**norrut**	**northwardly**
	adj	En hjälte flyger norrut i 16 kilometer i timmen i 5 minuter.
		Your hero flies north at 10 miles per hour for 5 minutes.
1460	**misstänkt**	**suspected; suspect**
	adj; nn	Du är inte misstänkt.
		You're not a suspect.
1461	**erbjuda**	**offer**
	vb	Vad hade de att erbjuda?
		What did they offer?
1462	**talang**	**talent**
	nn	Du har verkligen talang.
		You're really gifted.
1463	**fritt**	**free; swing**
	adv; nn	Det är fritt för fantasin.
		I'll leave it up to your imagination.
1464	**tålamod**	**patience**
	nn	Vi måste, som förre presidenten Carter sade, ha tålamod, tålamod, tålamod!
		We must, as former President Carter said, have patience, patience, patience.
1465	**midnatt**	**midnight**
	nn;	Sven kom inte hem förrän vid midnatt.
		Sven didn't get home till midnight.
1466	**i fråga om**	**regarding**
	prp	Angående: Europeiska kommissionens åtgärder i fråga om terroristgrupper i Pakistan.

Subject: European Commission action concerning terrorist groups in Pakistan.

1467 **förlorare**   **loser**

nn

Den obekväma sanningen är att den internationella handeln har förlorare lika väl som vinnare.
The uncomfortable truth is that there are losers as well as winners from international trade.

1468 **sommar**   **summer**

nn

Det är långt ifrån sommar än.
Summer is still a long way away.

1469 **väder**   **weather**

nn

Det var ett förskräckligt väder.
It was dreadful weather.

1470 **starkt**   **strong**

adv

Jag tvivlar starkt på det.
I seriously doubt it.

1471 **märklig**   **notable**

adj

De gjorde en märklig upptäckt.
They made a strange discovery.

1472 **japan**   **Japanese**

nn

Japan och Sydkorea är grannländer
Japan and South Korea are neighbors.

1473 **mars**   **march**

nn

Välkommen till Mars!
Welcome to Mars!

1474 **fågel**   **bird**

nn

Medan jag förberedde mig inför en resa till Bermuda råkade jag läsa om en sällsynt fågel som kallas Bermudapetrell.
While preparing for a visit to Bermuda, I came across a reference to a rare bird called the cahow.

1475 **lysande**   **brilliant; pageant**

adj; nn

Den punkt på den lysande ytan som ligger längst från fordonets symmetrilängdplan får inte ligga mer än 400 mm från fordonets yttersta kant.
the point on the illuminating surface which is farthest from the vehicle's median longitudinal plane must be not more than 400 mm from the extreme outer edge of the vehicle.

1476 **universum**   **universe**

nn

Det finns ett parallellt universum i Bermudatriangeln.
In the Bermuda Triangle there is a parallel universe.

1477 **gräva**   **dig**

vb

Hunden var upptagen med att gräva ner sitt ben i trädgården.
The dog was busy burying his bone in the garden.

1478 **seger**   **victory**

nn

Jag gratulerar föredraganden till betänkandet, tackar för uppmärksamheten och vill också gratulera talmannen till Barcelonas seger!
I congratulate the draftsman of the report, I would like to thank you for your attention, and congratulations on the Barcelona victory, Mr President!

1479 **kommissarie**   **commissioner**

	nn	Var ni än är, det här är kommissarie Clouseau.
		Wherever you are, this is Chief Inspector Clouseau.
1480	**åratal**	**years**
	nn	Det här kommer att ta åratal.
		This is going to take years.
1481	**risk**	**risk**
	nn	Det finns en risk för regn i morgon.
		There is a risk for rain tomorrow.
1482	**verklighet**	**reality**
	nn	Verklighet och fantasi är svåra att skilja på.
		Reality and fantasy are hard to distinguish.
1483	**vart**	**where**
	adv	Vart är smöret?
		Where's the butter?
1484	**sann**	**real|truthful**
	adj	Den delen är i alla fall sann.
		At least that part's true.
1485	**foto**	**photo**
	nn	Hon bifogade ett foto.
		She enclosed a photo.
1486	**blöda**	**bleed**
	vb	Du fattade aldrig att du kanske tvingades blöda för att lyckas med kuppen?
		I guess it didn't occur to you that you'll have to bleed to pull off this coup.
1487	**punkt**	**point|dot**
	nn	Med den här ikonen blir en hörnpunkt eller jämn punkt till en symmetrisk punkt.
		This icon converts a corner point or a smooth point into a symmetrical point.
1488	**koncentrera**	**concentrate**
	vb	Du borde koncentrera dig på vägen när du kör.
		You should concentrate on the road when you're driving.
1489	**alltför**	**too**
	adv	Bli inte alltför bekväm.
		Don't get too comfortable.
1490	**spränga**	**blast|blow up**
	vb	Vill du spränga dem?
		You want to blow them all up?
1491	**okay**	**okay**
	adv	Kom förbi någon gång, okay?
		Stop by sometime, okay?
1492	**gräs**	**grass**
	nn	Kor äter gräs.
		Cows eat grass.
1493	**kraftigt**	**heavily**
	adv	Det regnade kraftigt hela dagen.
		It rained heavily all day.

1494	**utrustning**	**equipment**
	nn	Du behöver en bra utrustning för att klättra upp för det där berget.
		You need good equipment to climb that mountain.

1495	**avslöja**	**reveal|uncover**
	vb	Du kommer att avslöja mig.
		You'll give me away.

1496	**examen**	**degree|exam**
	nn	Jag har en akademisk examen.
		I have a diploma.

1497	**öra**	**ear**
	nn	Förlorade hörseln på höger öra.
		Lost the hearing in his right ear.

1498	**trivas**	**thrive**
	vb	Han verkade trivas med sitt liv och sitt arbete.
		He seemed to enjoy his life and his work.

1499	**tiga**	**silent; subside**
	adj; vb	Du förmår tiga nästan lika bra som jag lyckas behålla mitt lugn.
		You hold your tongue almost as well as I hold my temper.

1500	**nyfiken**	**curious**
	adj	Sluta vara så nyfiken.
		Stop being so curious.

1501	**existera**	**exist|be**
	vb	I det nya beslutet beviljade Efsa sökandena tillgång till alla de handlingar som hade begärts i den ursprungliga ansökan, med undantag av några som myndigheten inte hade kunnat finna existera.
		In the new decision, EFSA granted access to all the documents requested in the initial application, except for some whose existence it had been unable to establish.

1502	**sprit**	**spirits**
	nn	Utom: fruktsprit, sprit (föregånget av namnet på frukten eller bäret) som erhållits genom maceration och destillering samt geist (med namnet på frukten eller bäret eller råvaran som använts), London gin, sambuca, maraschino, marrasquino eller maraskino och mistrà.
		except: fruit spirits, spirits (preceded by the name of the fruit) obtained by maceration and distillation Geist (with the name of the fruit or the raw material used), London Gin, Sambuca, Maraschino, Marrasquino or Maraskino and Mistrà.

1503	**förändra**	**change|transform**
	vb	År av krig och fångenskap kan förändra en man.
		Please allow that years of war and prison may change a man.

1504	**promenad**	**walk**
	nn	Han tog en promenad.
		He went for a walk.

1505	**väcka**	**awaken**
	vb	Då medlemsstaterna och gemenskapsinstitutionerna har en nästintill obegränsad talerätt avseende talan om ogiltigförklaring skulle ett resonemang som innebär att upptagande till sakprövning av en invändning om rättsstridighet är beroende av att det inte skall vara möjligt att väcka direkt

talan vid gemenskapsdomstolen nämligen oundvikligen leda till att privilegierade sökande helt nekades rätten att indirekt ifrågasätta en rättsakt.(

Indeed, since the Member States and the Community institutions have almost unlimited access to the action for annulment, such a line of reasoning – which makes the admissibility of a plea of illegality conditional upon it being impossible to bring an action directly before the Community Courts – would inevitably have the effect of denying privileged applicants any right to challenge a measure incidentally.

1506	**spänn**	**uptight**
	adj	Spänn fast dig.
		Strap in thight, bud.
1507	**verklig**	**real|factual**
	adj	Att tala om verklig demokrati är meningslöst om det inte samtidigt förekommer verklig jämställdhet.
		Talk of genuine democracy is meaningless unless there is also genuine equality.
1508	**frid**	**peace**
	nn	"Mötena ger mig frid i sinnet", skrev en syster i katastrofområdet.
		"I gain peace of mind from the meetings," wrote a sister in the disaster–stricken area.
1509	**paket**	**package|pack**
	nn	Sven brukade röka två paket cigaretter varje dag.
		Sven used to smoke two packs of cigarettes a day.
1510	**pizza**	**pizza**
	nn	Hennes favoritmat som barn var pizza.
		Her favourite food as a child was pizza.
1511	**delta**	**participate; delta**
	vb; nn	Jag ska delta i en demonstration.
		I'm going to join a demonstration.
1512	**rita**	**draw**
	vb	Jag kan inte rita en fågel.
		I can't draw a bird.
1513	**norra**	**northern**
	adj	Jag är vid den norra utgången.
		I'm at the north gate.
1514	**flotta**	**fleet; float**
	nn; vb	Vi har för närvarande en betydande flotta som är verksam i Sydvästatlanten, som är ett sådant område.
		We currently have a sizeable fleet operating in the South West Atlantic, which is one such area.
1515	**rymd**	**space**
	nn	Så lång tid i yttre rymden är i sig farligt.
		That much time in deep space is inherently dangerous.
1516	**biljett**	**ticket**
	nn	Jag vet inte hur man köper en biljett.
		I don't know how to buy a ticket.
1517	**verkligt**	**real**
	adv	Inget av detta är verkligt.

None of this is real.

1518	**hittills**	**to date**
	adv	Vi värdesätter det stora bidrag som EU hittills har gjort i kampen mot klimatförändringen och som flera ledamöter redan har talat om.
		We recognise the EU's major contribution so far to the fight against climate change, about which several Members have already spoken.
1519	**hyra**	**rent|rental; rent**
	nn; vb	Jag skulle vilja hyra en bil.
		I'd like to rent a car.
1520	**behandla**	**treat|process**
	vb	Samarbetskommittén ska behandla de frågor som samarbetsrådet hänskjuter till den och övriga frågor som kan uppkomma i samband med det löpande genomförandet av avtalet.
		It shall consider any matter referred to it by the Cooperation Council as well as any other matter which may arise in the course of the day–to–day implementation of the Agreement.
1521	**ambulans**	**ambulance**
	nn	I utbildningen ingår fältstudier inom anestesi, ambulans, operation och intensivvård.
		The program includes field studies in anesthesia, ambulance, surgery and intensive care.
1522	**strålande**	**beaming|brilliant**
	adj	"Akustiska effekttätheten" erhålls om man dividerar utgångseffekten med produkten av den strålande ytan och arbetsfrekvensen.
		Acoustic power density is obtained by dividing the output acoustic power by the product of the area of the radiating surface and the frequency of operation.
1523	**amerikan**	**American**
	nn	Han är amerikan ut i fingerspetsarna.
		He is American to the soles of his feet.
1524	**leende**	**smiling; smile; smilingly**
	adj; nn; adv	Han hade ett fånigt leende på läpparna under hela kvällen.
		He had a silly smile on his face the whole evening.
1525	**spåra**	**track|trace**
	vb	Sådana tester kan faktiskt endast spåra förändrade prioner ovan ett visst gränsvärde.
		These tests can only detect the affected prion protein above a certain level.
1526	**sjukdom**	**disease|illness**
	nn	Jag gick inte på grund av sjukdom.
		I didn't go on account of illness.
1527	**mänsklig**	**human**
	adj	Kineserna vet inte att jag inte är mänsklig.
		The Chinese don't know that I'm not human.
1528	**gård**	**courtyard**
	nn	Samtidigt ökade gårdarnas storlek med 65 procent och antalet kor per gård med 30 procent.
		At the same time, farm areas increased 65 % and the number of cows per farm 30 %.
1529	**vare sig**	**whether**
	con	Ingen vet vare sig han älskar henne eller inte.

No one knows whether he loves her or not.

1530 medborgare

nn

citizens

Garantera kulturell mångfald och kulturella rättigheter för alla medborgare oavsett deras ursprung.

Ensure cultural diversity and guarantee cultural rights for all citizens irrespective of their origin.

1531 rak

adj

straight|erect

Kan du sitta rak?

Can you sit up?

1532 sinne

nn

mind

är ett sinne för hur vi ska använda tekniken på bästa sätt.

is a sense of how to make the wisest use of technology.

1533 förklaring

nn

explanation

En hypotetisk förklaring kunde vara att de bara glömde det.

A hypothetical explanation could be that they just forgot it.

1534 sött

adv

sweetly

Du kommer aldrig känna till den utsökta smärtan, hos killen som går hem ensam, för, utan det sura, baby, är det söta inte lika sött.

You will never know the exquisite pain, of the guy who goes home alone, because without the bitter, baby, the sweet ain't as sweet.

1535 uppgift

nn

task|information

Risken att åka fast på grund av falska uppgifter är alltför liten.

The risk of being convicted for a false declaration is too slight.

1536 likt

prp

like

Det var just likt honom att komma för sent.

It was typical of him to arrive late.

1537 önskan

nn

desire|wish

Din önskan har gått i uppfyllelse.

Your wish has come true.

1538 samvete

nn

conscience

Jag har dåligt samvete.

I have a guilty conscience.

1539 släkt

nn; adj

family; related

Vi är alla släkt.

We're all related.

1540 skrämmande

adj

scary|appalling

Sven är skrämmande. Då barn ser honom springer de alla iväg.

Sven is intimidating. When children see him, they all run away.

1541 politiskt

adv

politically

Det krävs därför ett samarbete mellan arbetsmarknadens parter, stöd från politiskt håll och incitament inom de berörda programmen på företagsnivå.

This requires cooperation among the social partners and support from political authorities, as well as incentives in the relevant programmes of enterprises.

1542 trick

nn

trick

Särskiljandet mellan terapeutisk och reproduktiv kloning är ett semantiskt trick.

The distinction between therapeutic and reproductive cloning is a semantic ploy.

1543 mer eller mindre   **more or less**

adv

Låt oss inte göra detta till en skönhetstävling om vem som är mer eller mindre ambitiös, mer eller mindre realistisk eller mer eller mindre betalningsvillig.

Let us not make this a beauty contest about who is more or less ambitious, more realistic or less realistic or more or less willing to pay.

1544 främsta   **top**

adj

Protokollet om bedömning av överensstämmelse och godtagande av industriprodukter har som främsta syfte att underlätta handeln genom undanröjande av tekniska hinder avseende industriprodukter inom vissa sektorer inom vilka kandidatlandet har anpassat sin lagstiftning till gemenskapens regelverk.

The main objective of the PECA is to facilitate trade by means of the elimination of technical barriers in respect of industrial products in certain sectors in which the candidate country has aligned its legislation on the acquis communautaire.

1545 allvarlig   **serious**

adj

Jag var med om en allvarlig olycka.

I had a serious accident.

1546 morfar   **grandfather**

nn

Min mors far är min morfar.

My mother's father is my maternal grandfather.

1547 otur   **bad luck**

nn

Jag hade verkligen otur.

I was really unlucky.

1548 vittne   **witness; deponent**

nn; adj

En tjänsteman vid en anmodad myndighet får bemyndigas att, inom ramen för detta bemyndigande, inställa sig som sakkunnig eller vittne vid ett rättsligt eller administrativt förfarande rörande ärenden som omfattas av detta protokoll inom en annan avtalsslutande parts jurisdiktion, och förete sådana föremål eller handlingar, eller bestyrkta kopior därav, som kan behövas vid dessa förfaranden.

An official of a requested authority may be authorized to appear, within the limitations of the authorization granted, as expert or witness in judicial or administrative proceedings regarding the matters covered by this Protocol in the jurisdiction of another Contracting Party, and produce such objects, documents or authenticated copies thereof, as may be needed for the proceedings.

1549 lida   **suffer|receive**

vb

Om åtgärderna inte bibehålls, är det troligt att gemenskapsindustrin åter kommer att börja lida skada av ökad import till subventionerade priser från det berörda landet, och att dess nuvarande bräckliga ekonomiska situation kommer att försämras.

Should the measures not be maintained, it is likely that the Community industry will start again to suffer injury from increased imports at subsidised prices from the country concerned and that its currently fragile financial situation will deteriorate.

1550 täcka   **cover**

vb

Detta anslag är avsett att täcka kostnaderna för bland annat

This appropriation is intended to cover the following in particular:

1551 bäst   **best; best**

	adj; adv	Då är det bäst att vi skyndar oss.
		We'd best hurry then.

1552 tack vare — **thanks to**

prp

Tack för att du tröstade mig när jag var ledsen.

Thank you for consoling me when I was sad.

1553 rättighet — **privilege**

nn

Inom den tid som avses i punkt 1 skall den invändande parten också lämna bevis för förekomst, giltighet och omfattning av skyddet av hans äldre märke eller äldre rättighet och dessutom påvisa sin rätt att framställa invändningen.

Within the period referred to in paragraph 1, the opposing party shall also file proof of the existence, validity and scope of protection of his earlier mark or earlier right, as well as evidence proving his entitlement to file the opposition.

1554 fånge — **captive**

nn

En fånge rymde från fängelset.

A prisoner escaped from the prison.

1555 uppenbarligen — **obviously**

adv

Detta bör följaktligen tolkas i enlighet med den rättspraxis som avser de direktiven, förutom när det uppenbarligen föreligger en väsentligt annorlunda lösning i detta direktiv.

Consequently, it should be interpreted in accordance with the case–law relating to those Directives, except where there is a clearly materially different solution in this Directive.

1556 bakåt — **backwards**

adv

Jag citerar Platon: "Vi måste följa vägen framåt och undvika att gå vägen bakåt".

To quote Plato: 'It is for us to follow the upward path and avoid the downward path'.

1557 ana — **sense|imagine**

vb

I tunnelns slutända kanske man vågar ana solljuset, men resan dit går inte på räls!

One may perhaps dare to imagine a light at the end of the tunnel, but the journey there will not be smooth.

1558 kar — **vat**

nn

Cisterner, tankar, kar och liknande behållare med en rymd av > 300 l, av plast.

Plastic reservoirs, tanks, vats, intermediate bulk and similar containers, of a capacity > 300 litres.

1559 patient — **patient**

nn

Den psykiskt sjuka patienten är inte annorlunda än en hjärtpatient eller vilken annan patient som helst.

The mentally–ill patient is no different to a cardiac patient or any other patient.

1560 godis — **candy**

nn

Min syster tycker om godis.

My sister likes sweets.

1561 nivå — **level**

nn

Därför anser jag också att vi, det vill säga Europeiska unionen, så fort som möjligt – till exempel vid nästa session i FN:s generalförsamling – borde anstränga oss ordentligt för att fastställa en definition av terrorism som är väsentlig och som också kommer att underlätta ett riktigt samarbete mellan stater, på såväl EU–nivå som global nivå.

I accordingly believe that we, that is to say the European Union, should make a significant effort, as quickly as possible – at the next UN General Assembly, for example – to secure a definition of terrorism, which is vital and which will also facilitate genuine cooperation between states, at European level and also at world level.

1562 angå concern|respect

vb

Till följd av att man förhåller sig på ett helt annat sätt till utvecklingsfrågor än tidigare anses sysselsättningspolitiken inte längre angå endast politiska beslutsfattare och ekonomiska aktörer, utan hela samhället.

Following a significant cultural change in the approach to development issues, employment policy is no longer seen as the exclusive concern of political decision–makers and economic operators, but as a concern of society as a whole.

1563 löfte promise

nn

Mitt löfte att komma nästa måndag håller fortfarande.

My promise to come next Monday still holds.

1564 dölja hide; veils

vb; nn

Omlokaliseringen kan alltså inte dölja det faktum att efterfrågan på 14–tums färgtelevisionsapparater fortsatte att öka i gemenskapen, vilket tyder på att den berörda produkten inte är obsolet.

Therefore, the relocation cannot hide the fact that the demand for CTVs continued to grow in the Community indicating that the product concerned is not obsolete.

1565 nacke neck

nn

Problem med rygg eller nacke (inkl. artrit eller reumatism)

Problems with back or neck (which includes arthritis or rheumatism)

1566 intresse interest

nn

Innan jag kom till Berlin hade jag ett mycket litet intresse för tysk historia.

Before coming to Berlin, I had very little interest in German history.

1567 upptäcka discover|find

vb

Därför bör effektiva mekanismer införas för att förhindra, upptäcka och avhjälpa intressekonflikter.

Effective mechanisms should therefore be set up to prevent, identify and remedy conflicts of interest.

1568 tvivla doubt

vb

Om det finns vägande skäl att tvivla på det berättigade i förfrågan, får organisationen kräva ytterligare dokumentation innan den rättar, ändrar eller utplånar information.

If there are compelling grounds to doubt the legitimacy of the request, the organisation may require further justifications before proceeding to rectification, amendment or deletion.

1569 ryss Russian

nn

Den sålde vi åt en ryss till rätt bra pris.

We sold it to some Russian scientist type for top dollar.

1570 trubbel trouble

nn

Är jag i trubbel?

Am I in trouble?

1571 kod code

nn

Jag har förlorat min PIN–kod!

I've lost my pin number!

1572	**check**	**check**
	nn	Betalning med check.
		Payment by cheque.

1573	**typiskt**	**typically; like**
	adv; prp	Det är så typiskt dig.
		That's so you.

1574	**i första hand**	**firsthand; firsthand**
	adv; adj	I första hand handlar det om människan, i första hand handlar det om kulturen, och den kulturen kan avgöra den ekonomiska utvecklingen.
		Man and culture are priorities, and culture can result in economic growth.

1575	**baksida**	**back|rear**
	nn	Han får det bättre på " Månens baksida ".
		It would be much better for him to go to Backside of the Moon.

1576	**befinna**	**be**
	vb	Det finns en avsevärd potential i rationellt användande av energi. Om forskning om förnybara energikällor hade understötts i samma utsträckning som kärnenergin under de senaste 40 åren, skulle vi i dag befinna oss i ett helt annat läge.
		There is considerable potential in rational use of energy; if research into renewable energy had been funded at the same rate as nuclear energy has been over the last 40 years, we would be in a very different position.

1577	**lös**	**loose; loose**
	adj; adv	Inkomster från försäljning av lös egendom – Inkomster avsatta för särskilda ändamål.
		Proceeds from the sale of movable property – Assigned revenue.

1578	**ty**	**for**
	con	Ty mörkret har passerat, och legenden gror ännu.
		For the darkness has passed, and the legend yet grows.

1579	**torsdag**	**Thursday**
	nn	I Sverige ska tågen i Skåne stå stilla från och med torsdag förmiddag.
		In Skåne, Sweden the trains will be out of service from Thursday noon.

1580	**läger**	**camp**
	nn	Det enda livskraftig lägret för Libanon är Libanons eget läger.
		The only viable camp for Lebanon is the camp of Lebanon itself.

1581	**magi**	**magic**
	nn	De som stannade lärde att konstiga saker kan hända— omen och rastlösa andar, magi.
		Those that stayed learned strange things can happen— omens and restless spirits, magic.

1582	**tydligt**	**clearly**
	adv	Säg det tydligt.
		Say it clearly.

1583	**lat**	**lazy**
	adj	Sven är inte en lat pojke. I själva verket arbetar han hårt.
		Sven is not a lazy boy. As a matter of fact, he works hard.

1584	**ångra**	**regret**

	vb	En dag kommer ni att ångra det här.
		Someday you'll regret this.
1585	**knark**	**dope|drugs**
	nn	Denna legalisering av knark kan innebära problem för övriga EU–länder vid ett Schengenavtal med Schweiz.
		This legalization of drugs could present problems to EC countries if Switzerland acceded to the Schengen Agreement.
1586	**pröva**	**try|examine**
	vb	Jag skulle vilja pröva det här.
		I'd like to try this.
1587	**vagn**	**carriage|wagon**
	nn	Ingen av oss skulle vilja färdas med häst och vagn i dagens läge.
		None of us would want, in this day and age, to still be travelling around by horse and cart.
1588	**klättra**	**climb**
	vb	I stället för att få behandlingar på hälsocenter "borde barnen vara ute och leka, klättra i träd och springa omkring", sägs det vidare.
		Rather than getting spa treatment for common childhood discomforts, "children should be out climbing trees and romping around," says the report.
1589	**läcka**	**leak; seep**
	nn; vb	Under cyklingen får behållarna läcka men inte brista.
		The cylinders may leak but not rupture, during the cycling.
1590	**olaglig**	**illegal**
	adj	I andra sammanhang kan däremot Internet vara det ideala mediet för spridning av information som kan vara skadlig eller olaglig, vilket är fallet vid spridning av material eller information av rasistisk karaktär.
		However, in other cases, the Internet may also become the ideal vehicle for conveying potentially harmful or illegal material, as is already the case as regards its role in distributing racist material and information.
1591	**torka**	**dry; drought**
	vb; nn	Låt det torka.
		Let it dry.
1592	**drag**	**features|move**
	nn	På två drag kommer Kasparov att ställa motståndaren i schack.
		In two moves, Kasparov will check the challenger.
1593	**socker**	**sugar**
	nn	Vi har inget socker.
		We have no sugar.
1594	**flygplan**	**aircraft|plane**
	nn	Flygplan landar på flygplatser.
		Airplanes land at airports.
1595	**kollega**	**colleague**
	nn	Herr talman! Jag blir tvungen att säga till min gode vän och tidigare kollega Dupuis att det tyvärr är orealistiskt att föra upp Georgien på listan över möjliga kandidatländer.
		Mr President, I have to say to my good friend and former colleague, Mr Dupuis, that it is, unfortunately, unrealistic to put Georgia on the list of possible candidate countries.

1596 **jude**
nn

Jew

Sven är också jude.

Sven is also a Jew.

1597 **vinnare**
nn

winner

Vid bedömningen av den indirekta betydelsen måste man även ta hänsyn till hur lång tid som används för att presentera tävlingen och locka tittarna att delta genom att ringa till det nummer som visas i bild, och för att välja ut den vinnare som skall få vara med och svara på frågor i programmet; det vill säga den möda som läggs ner på att "sälja produkten".

Similarly, however, in the case of indirect evidence, account must be taken not only of the time devoted to the presentation of the game and to beguiling viewers into participating by dialling the number which appears on the screen but also of the time dedicated to the drawing of the lots to find the happy person who will answer questions live, in other words, to the effort invested in selling the product.

1598 **restaurang**
nn

restaurant

Här är en restaurang som jag ofta äter på.

Here's a restaurant I often eat at.

1599 **ost**
nn

cheese

Gillar du ost?

Do you like cheese?

1600 **trappa**
nn

staircase|stairs

Det kan dock vara motiverat att trappa upp dialogen med våra amerikanska vänner och kolleger och kräva stöd för den palestinska enhetsregeringen.

However, it would be worthwhile to step up our dialogue with our American friends and colleagues and to insist on backing the Palestinian unity government.

1601 **i synnerhet**
adv

in particular

Politik, och i synnerhet EU–politik, är emellertid kompromissernas konst.

However, politics, and especially European politics, is the art of compromise.

1602 **kanon**
nn

cannon

Han är kanon!

He's awesome

1603 **storlek**
nn

size

Har ni de här skorna i min storlek?

Do you have these shoes in my size?

1604 **dock**
adv

however

Interventionsorganet får dock, med anbudsgivarens samtycke, ange andra lager för att nå upp till den kvantitet som anbudet gäller.

However, the intervention agency may designate other warehouses to make up the quantity set out in the tender, provided the tenderer agrees.

1605 **bränna**
vb

burn

Bränna cd och dvd.

Burning CDs and DVDs.

1606 **slänga**
vb

throw|toss

Därför bestämde vi oss att inte slänga ut denna man och att köra om experiment.

So we decided not to throw the guy out and to rerun the experiment.

1607	**alternativ**	**alternative; alternative**
	adj; nn	Vad har du för alternativ?
		What are our alternatives?
1608	**förälskad**	**in love; inamorata**
	adj; nn	Jag är hopplöst förälskad i sidney Prescott!
		No, I'm not.Please, this is me talking
1609	**apa**	**monkey**
	nn	Du ser ut som en apa.
		You look like a monkey.
1610	**varna**	**warn|alert**
	vb	Varna Sven.
		Warn Sven.
1611	**led**	**joint|way; evil**
	nn; adj	Sanningen att säga, led änkan av magcancer.
		To tell the truth, the widow suffered from stomach cancer.
1612	**njuta**	**enjoy**
	vb	Ni skulle inte njuta av det.
		You wouldn't enjoy it.
1613	**gris**	**pig**
	nn	Sven äter som en gris.
		Sven eats like a pig.
1614	**personlig**	**personal**
	adj	Personlig fallskyddsutrustning – Ordlista.
		Personal protective equipment against falls from a height – List of equivalent terms.
1615	**fingra**	**paw**
	vb	Fingra inte på vapnet annars får ni en kula i skallen
		Keep your hands off your guns or You'll bite the bullet!
1616	**tok**	**fool|silly**
	nn	Ett sista ord till Finland: Att det är så förvirrat där beklagar jag för finländarnas skull, men det är ju mycket som är på tok i Finland.
		One final word about Finland. I am sorry for the Finns that things are in such a mess there, but it not the only thing to go wrong in Finland.
1617	**mobil**	**mobile**
	adj	Hans mobil har blivit stulen.
		His mobile phone has been stolen.
1618	**tjänare**	**servant**
	nn	De välbärgade och inflytelserika bodde i regel i praktfulla villor uppe på kullarna, och hushållet sköttes av en stor tjänarstab som kunde bestå av hundratals tjänare och slavar.
		The wealthy and influential often lived in palatial homes on the hills; their homes were maintained by large households of servants and slaves, sometimes numbering into the hundreds.
1619	**hundratal**	**hundred**
	num	För nationella valutor där enheten har ett lågt relativt värde jämfört med euron kan den berörda medlemsstatens samordningsorgan och den personal inom kommissionen som sköter informationssystemet för jordbruksföretagens

redovisningsuppgifter komma överens om att värdena ska anges i hundratal eller tusental av den nationella valutaenheten.

However, for national currencies where the unit represents a low relative value compared to the euro, it may be agreed between the liaison agency of the Member State in question and the staff of the Commission which manages the Farm Accountancy Data Network, to express the values in hundreds or thousands of national currency units,

1620	**bada**	**bathe**

vb

Efter ett tag kom faraos dotter ner för att bada i Nilen, och hennes följeslagerskor promenerade utmed Nilen.

After a while Phar'aoh's daughter came down to bathe in the Nile River, and her female attendants were walking by the side of the Nile River.

1621	**morbror**	**uncle**

nn

Min morbror bor i New York City.

My uncle lives in New York City.

1622	**hämnas**	**revenge**

vb

Jag riskerar inte livet för att hämnas honom!

I ain't risking my life to avenge him!

1623	**utbildning**	**training**

nn

Utbildning, utbildning och åter utbildning är det verkliga svaret på fattigdomen.

I believe that 'education, education, education ' is the real answer to poverty.

1624	**allra**	**very**

adv

Platon anses vara en av de tänkare som påverkat den västerländska kulturen allra mest.

Plato is considered one of the most influential thinkers in the history of Western culture.

1625	**senator**	**senator**

nn

I december 1999 utnämndes senator Rino Serri, Italiens biträdande utrikesminister, till EU:s ordförandeskaps särskilda representant för konflikten mellan Etiopien och Eritrea.

Last December, Italy's State Secretary for Foreign Affairs, Senator Rino Serri, was appointed as the EU Presidency Special Representative for the Ethiopia–Eritrea conflict.

1626	**icke**	**not**

prn

Samarbete med icke–statliga organisationer.

Cooperation with non–governmental organisations.

1627	**undersöka**	**examine|investigate**

vb

Jag undersöka det.

I'll look into it.

1628	**sällan**	**rarely**

adv

Han blir sällan arg.

It is rare for him to get angry.

1629	**faster**	**aunt**

nn

Din faster får absolut inte veta vem jag är.

Your aunt must never find out who I am.

1630	**blåsa**	**blow; bladder**

vb; nn

Jag har en blåsa av stål.

I have a steel bladder.

1631 tisdag **Tuesday**
nn Att bli klar med det här jobbet innan tisdag kommer att vara enkelt.
Finishing this job by Tuesday will be easy.

1632 skräp **debris|rubbish**
nn Sedan 2001 har EU:s yrkesfiskare tagit bort hundratals ton skräp från våra hav och fört in det till land, där det samlas in och bortskaffas ansvarsfullt.
Since 2001, EU fishermen have removed hundreds of tonnes of rubbish from our seas and returned it to land where it is collected and disposed of responsibly.

1633 hiss **elevator**
nn Finns det hiss?
Is there an elevator?

1634 maskin **machine**
nn Hjärnan är bara en komplex maskin.
The brain is just a complicated machine.

1635 bas **base; top dog**
nn; phr Ett sådant solitt koncept är visserligen en bas för en trovärdig utrikespolitik.
Such a sound concept is of course the basis for a credible foreign policy.

1636 klippa **cut|clip; cliff**
vb; nn Borde jag klippa håret?
Should I cut my hair?

1637 kliv **stride**
nn Kliv in i bilen, sir.
Please get in the car, sir.

1638 april **april**
nn Körsbären blomstrar i april.
The cherry blossom is in April.

1639 misslyckas **fail; fall flat**
vb; phr Han studerade hårt så han inte skulle misslyckas.
He studied hard so he wouldn't fail.

1640 trycka **press|print**
vb Förlåt, jag råkade trycka på skicka–knappen.
Sorry, I hit the send button by accident.

1641 rån **robbery**
nn I enlighet med konferenserna om styrkebidrag och bemanning och på EU:s operationschefs och Europeiska unionens militära kommittés rekommendation ska bidragen från Norge, Kroatien, Montenegro, Ukraina och Serbien godtas för EU:s militära insats, i syfte att bidra till avvärjande, förebyggande och bekämpande av piratdåd och väpnade rån utanför Somalias kust (Atalanta)."
Following the Force Generation and Manning Conferences and the recommendations by the EU Operation Commander and the European Union Military Committee, the contributions from Norway, Croatia, Montenegro, Ukraine and Serbia shall be accepted for the EU military operation to contribute to the deterrence, prevention and repression of acts of piracy and armed robbery off the Somali coast (Atalanta).'.

1642 jacka **jacket**
nn Jag ska ta min jacka.

I'll get my coat.

1643	**kopia**	**copy**
	nn	När en kopia av en inlaga eller ett utdrag ur akten eller dagboken tillhandahålls en part i pappersform, på dennes begäran, ska justitiesekreteraren ta ut en avgift på 3,50 euro per sida för bestyrkta och 2,50 euro per sida för obestyrkta kopior.

Where a copy of a procedural document or an extract from the case–file or from the register is supplied to a party on paper at its request, the Registrar shall impose a Registry charge of EUR 3,50 per page for a certified copy and EUR 2,50 per page for an uncertified copy.

1644	**enbart**	**solely|merely**
	adv	Kan jag köpa enbart linserna?

Can I buy only the lenses?

1645	**satsa**	**invest|stake**
	vb	Därför är det nödvändigt att satsa helhjärtat på relationen.

A new impetus to our relationship is therefore essential.

1646	**port**	**door|gate**
	nn	ge kommissionen det tekniska stöd den behöver för att delta i arbetet i de tekniska arbetsgrupper som inrättats inom ramen för det i Paris ingångna samförståndsavtalet om hamnstatskontroll (the Paris Memorandum of Understanding on Port State Control.

provide the Commission with the technical assistance necessary to take part in the work of the technical bodies of the Paris Memorandum of Understanding on port State control.

1647	**besvär**	**trouble**
	nn	Gör dig inget besvär!

Don't inconvenience yourself!

1648	**test**	**test**
	nn	Ett DNA–test visade att han var oskyldig.

A DNA test showed he was innocent.

1649	**respektera**	**respect**
	vb	Alla medborgare borde respektera lagen.

All citizens should respect the law.

1650	**kvart**	**quarter**
	nn	Hon är kvart över nio.

It's a quarter after nine in the morning.

1651	**vakta**	**guard**
	vb	Vad parlamentet oroar sig över är att vargarna ska vakta fåren, så att säga.

This Parliament's concern is that wolves should be put in charge of the sheep, so to speak.

1652	**ordförande**	**chairman**
	nn	Jag föreslår honom till ordförande oavsett om du är för det eller inte.

I'll recommend him as chairman, whether you are in favor of it or not.

1653	**fingeravtryck**	**fingerprint**
	nn	Vi ser det aktuella förslaget som en möjlighet att fastställa gränser för ta fingeravtryck på personer för en resehandling.

We see the current proposal as a possible way of establishing limits for fingerprinting people for a travel document.

1654	**Tomte**	**Santa**

nn	Jag menar, eftersom du är Tomte.
	I just mean because you're Santa Claus.

1655 snack — **chatter**

nn — Mycket snack och lite verkstad.

A lot of talk, no action.

1656 stolthet — **pride**

nn — Det är en stolthet för oss alla och vi, Portugals kristdemokrater, är mycket glada.

This is a source of pride for all of us and we Portuguese Christian Democrats are extremely happy.

1657 i allmänhet — **generally**

adv — Kläder i allmänhet, Skor i allmänhet, Fotbeklädnader, huvudbonader, Stövletter och Träningskläder och Idrott i allmänhet.

Clothing in general, Shoes in general, Footwear, headgear, Half–boots and Exercise–wear and Sport in general.

1658 farsa — **dad**

nn — Neville är stadsgrabb, men hans farsa är stamäldste.

Nev's a real city boy, but his dad's a tribal elder.

1659 förste — **earliest**

adj — Camilio Girigoria var den förste av de infödda öborna som blev döpt – år 1950.

Camilio Girigoria was the first of the local people to be baptized, in 1950.

1660 motor — **engine**

nn — Denna fond kommer att fungera som en stötdämpare för globaliseringens kraftfulla motor.

That fund will act as a shock absorber to the powerful engine of globalisation.

1661 badrum — **bathroom**

nn — Utformning av badrum och Badrumsmöbler.

Design of bathrooms and bathroom furniture.

1662 sårad — **wounded**

adj — Jag blev så besviken och sårad när den som jag var intresserad av sade nej.

I was disappointed and hurt when the person I was interested in said no.

1663 gjord — **made; girth**

adj; nn — Man utgår ifrån att någon annan står för kostnaderna för grundforskningen och när den väl är gjord är den tillgänglig för oss alla.

It is assumed that someone else will pay the costs of basic research and when it is all completed, it is available to us all.

1664 prov — **sample**

nn — I dag står även vi inför en prövning, nämligen ett prov på vår solidaritet.

Yet today we too are faced with a test, namely a test of our solidarity.

1665 evighet — **eternity**

nn — Det verkar ta en evighet och tre dagar.

It seems like it'll take forever and three days.

1666 gosse — **lad**

nn — Gosse, jag har mycket att lära mig!

Brother, have I got a lot to learn!

1667 penna — **pencil**

nn — Jag har tappat bort min penna.

I've lost my pen.

1668	**bortom**	**beyond**
	prp	De är en sorts ingenmansland, bortom lagen och bortom –akten.
		They are a sort of no–man' s land, beyond the law and beyond the right of habeas corpus.
1669	**tåla**	**tolerate│bear**
	vb	Glöm inte att Jehova beskyddar sina tjänare och inte tillåter att de blir "frestade utöver vad [de] kan tåla".
		Do not forget, Jehovah protects his servants by 'not letting them be tempted beyond what they can bear.'
1670	**emellan**	**between; between**
	adv; prp	Under det förberedande arbetet med dessa politiska program på områdena miljö och folkhälsa är båda enheterna särskilt angelägna om att säkra kopplingen mellan miljö och hälsa genom diskussioner och samordning enheterna emellan.
		In the preparatory work of these environmental and public health policy programmes, both services are particularly concerned that inter–service discussion and co–ordination safeguards the link between environment and health.
1671	**vansinne**	**madness│insanity**
	nn	Det där var vansinne, Tara!
		My shit was crazy, Tara!
1672	**grav**	**grave; grave**
	adj; nn	Toppmötet var ett misslyckande och ert förestående ordförandeskap står inför ett avgörande val. Antingen kommer EU att bli en enorm ekonomisk, förvirrande gruppbildning, där häxor dansar runt konstitutionsutkastets grav, en form av "Blair witch project", eller också släpper ni handbromsen för att hjälpa oss att komma runt det historiska hörn som tillkomsten av ett verkligt politiskt EU utgör.
		Yes, Europe is in crisis, the Summit was a failure and your coming Presidency is faced with a crucial choice: either Europe will be a huge economic grouping with neither head nor tail in which witches dance around the grave of the draft Constitution, a sort of 'Blair witch project'; or you release the handbrake to help us turn this historic corner that is the advent of a truly political Europe.
1673	**träning**	**training**
	nn	Simning är en form av träning.
		Swimming is a form of exercise.
1674	**åter**	**re; again**
	prp; adv	Beroende på båtkategori skall varje båt vara utformad för att minimera riskerna för att falla överbord och för att underlätta att åter ta sig ombord.
		Depending on the design category, craft shall be designed to minimize the risks of falling overboard and to facilitate reboarding.
1675	**inspektör**	**inspector**
	nn	Om man räknar ut det ser man att varje inspektör fick 5 000 pund per dag.
		If you work it out you find that each inspector was getting £5 000 a day.
1676	**däck**	**deck**
	nn	Apparater för montering och demontering av däck.
		Apparatus for installing and removing tyres.
1677	**värdelös**	**worthless**
	adj	Min franska är värdelös.

My French is crappy.

1678 **gråt** **crying**
nn
Tyst, lilla raring.. Gråt inte nu!
Hush, little baby... Don't you cry!

1679 **skatt** **tax**
nn
Vi letar efter en nedgrävd skatt.
We were looking for buried treasure.

1680 **skam** **shame**
nn
Demonen är min herres skam.
The demon is my husband's shame.

1681 **nolla** **zero; zero**
nn; num
Etta, nia, nolla, och sen är det en stor fyra efter det.
Seven, zero, and then it's a big four after that.

1682 **grym** **cruel**
adj
Det var en gång en grym konung.
Once upon a time, there lived a cruel king.

1683 **gott** **good | well**
adv
Det är gott.
It's good.

1684 **björn** **bear**
nn
Den björn som tidigare fanns i Palestina är brunbjörnen (Ursus arctos syriacus),
och den finns fortfarande i norra Syrien, nordvästra Iran och södra Turkiet.
*The Syrian brown bear (Ursus arctos syriacus) is the animal formerly
encountered in Palestine, and is still found in N Syria, NW Iran, and S Turkey.*

1685 **äventyr** **adventure**
nn
Det finns mycket av myt i det här äventyret och det är faktiskt vårt äventyr.
There is much myth in this adventure and in fact it is our adventure.

1686 **lösning** **solution**
nn
Finns det ingen lösning, finns det inget problem.
If there's no solution, then there's no problem.

1687 **cigarett** **cigarette**
nn
Jag längtade efter en cigarett.
I was aching for a cigarette.

1688 **beroende på** **due to**
prp
Beroende på ett ekonomiskt intresse kan jag inte delta i nästa omröstning.
Mr President, due to a financial interest I cannot participate in the next vote.

1689 **bensin** **petrol | fuel**
nn
Vi har slut på bensin.
We've run out of gasoline.

1690 **oliv** **olive**
nn
Oliv– och olivoljesektorn.
Olives and olive oil.

1691 **glo** **stare**
vb
Stå inte där och glo!
don't stand there gaping, ugly!

1692	**vikt**	**weight**
	nn	Har du inte gått ner i vikt? Äter du ordentligt?
		Haven't you lost some weight? Are you eating properly?

1693	**tillgång**	**access	asset**
	nn	Eleverna har tillgång till dessa datorer.
		Students have access to these computers.

1694	**var och en**	**each**
	prn	Det var en gång en fattig man och en rik kvinna.
		Once upon a time, there lived a poor man and a rich woman.

1695	**skoj**	**fun**
	nn	De har börjat skjuta slumpmässigt in i lägret på skoj.
		They've taken to just firing into the prison camp at random for fun.

1696	**gripa**	**seize	catch**
	vb	Manöverorganet för styrning skall vara så utformat, konstruerat och monterat att det inte har delar eller tillbehör, däribland signalhornets manöverorgan och monteringsdelar, som kan gripa tag i förarens kläder eller smycken under normala rörelser vid körning,
		The steering control shall be designed, constructed and fitted so as not to embody components or accessories, including the horn control and assembly accessories, capable of catching in the driver.

1697	**besatt**	**obsessed	possessed**
	adj	Han gjorde sig själv till Djävulen när han blev besatt av den själviska tanken att bli tillbedd av människor.
		He made himself the Devil when he became obsessed with a selfish ambition to be worshipped by humans.

1698	**dyrt**	**dearly**
	adv	Biociddirektivet kritiseras delvis av industrin på grund av att det är för dyrt.
		The biocides directive has been criticized in some parts of industry for being too expensive.

1699	**supa**	**guzzle	drink**
	vb	Sen kan du och din pappa supa och jaga horor tillsammans!
		Then you and your daddy can get drunk and go whore– chasing together!

1700	**kvarter**	**block**
	nn	I dag paraderar de genom offentliga kvarter och talar öppet med medierna.
		Today they parade through public squares and speak openly to the media.

1701	**itu**	**apart**
	adv	Det drar mycket starkare på ena sidan än den andra och molnet slits itu.
		It pulls much stronger on one side than the other and the cloud is stripped apart.

1702	**med andra ord**	**in other words**
	phr	Med andra ord tog majoriteten hänsyn till minoritetens önskningar.
		In other words, the majority took into consideration the wishes of the minority.

| 1703 | **snarare** | **rather** |
| | *adv* | Övervakningskommittén är rädd att detta inte berodde på att Olafs rekommendationer tillämpats fullt ut, utan snarare på att det saknas ett rapporteringssystem mellan Olaf och mottagarna av rekommendationerna. |

The SC is concerned that this situation was not due to complete implementation of OLAF's recommendations, but rather to the lack of a necessary reporting system between OLAF and recipients of recommendations.

1704 **vild** — **wild**
adj
Vilda bär och vild frukt.
Wild berries and wild fruit.

1705 **granne** — **neighbor**
nn
Vi har en ny granne.
We have a new neighbour.

1706 **riskera** — **risk|hazard**
vb
Den uppdelning av rättigheter som kommissionen eftersträvar riskerar att minska värdet på evenemanget och kan leda till mer (för mycket) fotboll på TV och riskera att tittarna skulle behöva köpa flera abonnemang.
The segmentation of rights, which the Commission strives for, risks reducing the value of the event and could lead to more (too much) football on TV and viewers having to buy several subscriptions.

1707 **ovanför** — **above; above**
adv; prp
Det flyger en reklamballong ovanför köpcentret.
There is an advertising balloon flying above the department store.

1708 **förbannat** — **cursedly; damn**
adv: adj
Du skriver förbannat bra.
Your writing is damn good.

1709 **femte** — **fifth**
num
Behandlingen och tolkningen av uppgifterna om djurs användning för toxicitetstest uppdelat på produkttyper genomfördes för första gången i den femte statistiska rapporten.
The treatment and interpretation of the data on animals used for toxicity tests with regard to the type of products was done for the first time in the Fifth Statistical Report.

1710 **filma** — **film**
vb
Att hindra TV–bolagen från att filma protestdemonstrationerna och jaga bort fotograferna från händelsernas centrum, visar att man inte drar sig för censur och att man egentligen inte har för avsikt att informera medborgarna utan snarare vill indoktrinera dem.
To withhold pictures of these demonstrations from the television companies, to expel photographers from the gallery, shows an attitude of mind which does not shrink from censorship and which, instead of informing the people, only seeks to indoctrinate them.

1711 **främling** — **stranger|foreigner**
nn
Sven är en främling i den här staden.
Sven is a stranger in this town.

1712 **falsk** — **fake|wrong**
adj
Man kan gott fråga sig om en användning av medel till en falsk invigning var motiverad.
We should ask ourselves to what extent this spending of funds was justified.

1713 **fantasi** — **fantasy|imagination**
nn
Må bäste fantasi vinna!
May the best imagination win!

1714 **norr** — **north**

adv	Det andra geografiska området gränsar till kustslätterna och omfattar de viktigaste bergmassiven, som löper som en ryggrad genom landet från norr till söder.
	The second geographic region, next to the maritime plains, contained the principal mountain ranges, which ran N and S like a backbone of the country.

1715 sjutton — **seventeen**

num

SOM KONSTATERAR att bilaterala luftfartsavtal har ingåtts mellan sjutton medlemsstater i Europeiska unionen och Socialistiska republiken Vietnams regering med bestämmelser som strider mot Europeiska unionens lagstiftning.

NOTING that bilateral air service agreements have been concluded between seventeen Member States of the European Union and the Government of the Socialist Republic of Vietnam containing provisions contrary to the law of the European Union.

1716 beroende — **dependent; dependence; reliably**

adj; nn; adv

Öns ekonomi är beroende av fiskeindustrin.

The economy of the island is dependent on the fishing industry.

1717 upprepa — **repeat**

vb

Skulle du kunna upprepa frågan?

Could you please repeat the question?

1718 lyckligt — **happily**

adv

Om dock EU och Förenta staterna till slut är oense och helt enkelt inte kan komma överens om en gemensam grund för att se till att överläggningarna oss emellan avslutas på ett framgångsrikt sätt, kommer det inte att bli något lyckligt slut på dessa förhandlingar.

However, if at the end of the day the EU and the US are at loggerheads and simply cannot agree the ground on which they will stand together to bring these talks to a successful conclusion, then there will be no successful conclusion to these talks.

1719 kejsare — **emperor**

nn

Under kejsare Pirks befäl sveptes reaktionärerna undan mänsklighetens väg.

Reactionaries were swept away before the cunning of Emperor Pirk.

1720 spansk — **Spanish**

adj

Självklart känner jag mig spansk eftersom jag är europé och som europé eftersom jag är spansk.

Of course, I feel Spanish because I am European and European because I am Spanish.

1721 medlem — **member**

nn

Ryssland är medlem i Europarådet, OECD, G8 och kan bli medlem av WTO.

Russia is a member of the Council of Europe, the OECD, the G8 and potentially a member of the WTO.

1722 landa — **land**

vb

Fiskare gillar inte att bli tillsagda att man bara kan landa i vissa hamnar.

Fishermen do not like being told you can only land in certain ports.

1723 uppenbart — **clear**

adv

Det är uppenbart att Sven ljög.

It's obvious that Sven lied.

1724 bio — **cinema**

nn

Skulle du kunna kolla vad som går på bio nästa lördag?

Could you check what movies are playing next Saturday?

1725	**söderut**	**southward**
	adv	En linje som utgår från Afrikas östkust mellan Ras Mwambo (mot norr) och Mwambo Village (mot söder) på 10o28' sydlig latitud och går rakt österut till meridianen 45o00'Ö; därifrån rakt norrut till breddgraden 10o00'S; därifrån rakt österut till meridianen 55o00'Ö; därifrån rakt söderut till breddgraden 30o00'S; därifrån rakt västerut till meridianen 40o00'Ö; därifrån rakt norrut till Moçambiques kust.
		A line commencing on the east coast of Africa between Ras Mwambo (to the north) and Mwambo Village (to the south) at 10o28'S latitude, running due east to the meridian 45o00'E; thence due north to the parallel 10o00'S; thence due east to the meridian 55o00'E; thence due south to the parallel 30o00'S; thence due west to the meridian 40o00'E; thence due north to the coast of Mozambique.
1726	**bete**	**bait|pasture; behave**
	nn; vb	Med undantag av bin skall djuren alltid ha tillgång till bete eller grovfoder.
		With the exception of bees, livestock shall have permanent access to pasture or roughage.
1727	**sorg**	**sorrow|grief**
	nn	Låt inte Athenas hat träffa min försvarslösa son, utan vår sorg här nere.
		Let not Athena's hatred feed on my defenseless son, but on our sorrow here.
1728	**detalj**	**detail**
	nn	Han beskrev flygresan i detalj.
		He described the flight in detail.
1729	**förrädare**	**betrayer**
	nn	Det djupaste i helvetet är bevarat åt förrädare och mördare.
		The deepest circle of Hell is reserved for betrayers and mutineers.
1730	**försvunnen**	**missing**
	adj	Hon har varit försvunnen sedan dess.
		She's been missing ever since.
1731	**moster**	**aunt**
	nn	Det är som om jag pratar med moster Sylvia.
		It's like I'm talking to my aunt Sylvia here.
1732	**djup**	**depth; deep**
	nn; adj	Konfliktens komplicerade bakgrund visar hur djup splittringen är.
		The complicated background to the conflict shows the depth of the divisions involved.
1733	**kontanter**	**cash|readies**
	nn	Att köpa ett konkursbo kräver snabba beslut och tillgång till kontanter.
		Acquiring a bankrupt estate demands quick decisions and access to ready cash.
1734	**soffa**	**sofa**
	nn	Walter, astronaut–killen förstör pappas soffa.
		Walter, the astronaut guy is wrecking Dad's couch.
1735	**cancer**	**cancer**
	nn	Sven hade cancer.
		Sven had cancer.
1736	**seriös**	**serious**
	adj	Jag är faktiskt ganska seriös.

I'm actually being quite serious.

1737	**gryning**	**dawn**
	nn	Amsterdam förkunnar en ny gryning för europeiska medborgares rättigheter.
		Amsterdam heralds a new dawn in the rights of European citizens.
1738	**erbjudande**	**offer; offering**
	nn; adj	Den dominerande leverantören kan bygga på den befintliga relationen till kunden när han utformar och förhandlar sitt erbjudande.
		In making and negotiating its offer, it will be able to build on the established relationship with the customer.
1739	**tant**	**aunt**
	nn	Tant Cao, det var någon som sa att jag inte kunde få er att ge mig fotbehandling.
		Aunt Cao, someone said I couldn't get you to serve me.
1740	**närma sig**	**approach**
	vb	Jag uppmanar alla ledamöter att närma sig dessa betänkanden på ett sakligt vis.
		I urge Members to approach these reports pragmatically.
1741	**älskare**	**lover**
	nn	Den där lilla damen är din älskare.
		That little lady is your lover.
1742	**september**	**September**
	nn	Transaktionen anmäldes till kommissionen den 3 september 2013.
		The transaction was notified to the Commission on 3 September 2013.
1743	**inre**	**internal; interior**
	adj; nn	Den medlemsstat som planerar att förlänga gränskontrollen skall förse övriga medlemsstater och kommissionen med all relevant information om skälen för förlängningen av gränskontroll vid de inre gränserna.
		The Member State planning to prolong border control shall supply the other Member States and the Commission with all relevant information on the reasons for prolonging the border control at internal borders.
1744	**svartsjuk**	**jealous**
	adj	För vi går bara tillsammans för att göra dig svartsjuk.
		Because we're only going together to make you jealous.
1745	**slav**	**slave**
	nn	Jag är inte din slav.
		I'm not your slave!
1746	**öka**	**increase**
	vb	Det här företaget använder billig arbetskraft för att öka sina vinstmarginaler.
		This company uses cheap labor to increase its profit margins.
1747	**expert**	**expert**
	nn	Jag är inte någon expert.
		I'm no expert.
1748	**stilig**	**stylish**
	adj	Du är stilig som en Kennedy och smart som en Einstein.
		You got the looks of a Kennedy and the brains of an Einstein.
1749	**humor**	**humor**
	nn	Han har en bisarr humor.
		He's got this bizarre sense of humor

1750	**klädd**	**dressed**
	adj	Sven var klädd helt i svart.
		Sven was dressed all in black.

1751	**försvar**	**defense**
	nn	Europas sista chans är faktiskt att skapa ett försvar, ett europeiskt försvar.
		Europe's last chance could indeed be to create a genuinely European defence system.

1752	**söder**	**south; south**
	adv; nn	Området i Erbusco söder om motorväg A4.
		Erbusco area to the south of the A4 motorway.

1753	**fegis**	**funk**
	nn	Du är en liten jävla fegis!
		You're a little chickenshit!

1754	**förtjusande**	**adorable**
	adj	Det är en förtjusande måltid!
		-That's a really lovely spread!

1755	**natur**	**nature**
	nn	Och jag tänkte, eller jag försöker tänka natur, natur, natur.
		And I was thinking, well I'm trying to think nature, nature, nature.

1756	**cirka**	**about|circa**
	adv	Investeringsvolymen för denna första tunnel uppgår till cirka 450 miljoner euro.
		The investment volume for this pilot tunnel amounts to approximately EUR 450 million.

1757	**hat**	**hatred**
	nn	Med tanke på det bittra hat som Satan, Djävulen, hyser mot Jehova och hans tjänare kan vi vara övertygade om att Satan gärna såg att ett törne fortsatte att ge Paulus slag på slag.
		In view of Satan's bitter hatred of Jehovah and His servants, we can be sure that the Devil was pleased that a thorn kept on slapping Paul.

1758	**glasögon**	**glasses**
	nn	Är det där mina glasögon?
		Are those my glasses?

1759	**underlig**	**curious|weird**
	adj	Det är en underlig tid.
		What a strange time this is.

1760	**tävling**	**contest|race**
	nn	Det här är ingen tävling.
		This isn't a competition.

1761	**sömn**	**sleep**
	nn	Ljudet väckte mig från min sömn.
		The noise awoke me from my sleep.

1762	**förstärkning**	**strengthening**
	nn	Vi kommer också att få se en förstärkning av de nationella tillsynsmyndigheterna.
		We are also going to see a strengthening of national regulatory authorities.

| 1763 | **resultat** | **results** |

	nn	Det är ett otroligt resultat.
		This is an incredible result.
1764	**blunda**	**shut one's eyes**
	vb	Blunda, Sven.
		Close your eyes, Sven.
1765	**hota**	**menace**
	vb	Interimsavtalet omfattar ursprungsregler som hänför sig till fiskeri–, textil– och jordbrukssektorn. Samtidigt fastställs undantag som kan hota vissa EU– industriers konkurrenskraft.
		The interim agreement covers rules of origin in relation to fisheries, textiles and agriculture whilst, however, establishing derogations that could threaten the competitiveness of some EU industries.
1766	**noll**	**zero**
	nn	Om särskilda omständigheter rörande förvaltningen ändå har uppstått för vissa åtgärder eller om Slovakien kan påvisa goda skäl, kan kommissionen tillämpa avvikande stegring eller mindre procentsatser eller procentsatsen noll.
		However, the Commission will apply a different time–scale and/or lower reductions or none at all, if exceptional management conditions are encountered for certain measures, or if other well–founded justifications are introduced by the Slovak Republic.
1767	**spöke**	**ghost**
	nn	Herr ordförande, tillåt mig att använda ett historiskt uttryck: "Det går ett spöke genom Europa ", den ekonomiska politikens förändrande spöke.
		Madam President, allow me to use an expression from history: ' a spectre is rising over Europe' – the spectre of changing economic policy.
1768	**gemensam**	**common**
	adj	EU bör inrätta ett gemensamt asylsystem med en harmoniserad lagstiftning, på grundval av de bestämmelser som fördraget fastställer för en gemensam politik på detta område.
		The EU must set up a common asylum system with harmonised legislation, based on the Treaty's provisions for a common policy in this area.
1769	**samhälle**	**community**
	nn	I dagens moderna samhälle finns det kemikalier överallt.
		In our modern–day society, chemicals are all around us.
1770	**i stort sett**	**generally speaking**
	phr	I stort sett håller jag med dig.
		On the whole I agree with you.
1771	**afton**	**evening**
	nn	Vid nästa dags afton återvänder jag med 5000 man.
		By nightfall of the second day, I shall return at the head of 5, 000 men.
1772	**desperat**	**desperate**
	adj	Han är söker desperat efter fler bevis.
		He is in desperate search of further evidence.
1773	**kaos**	**turmoil**
	nn	Information är bara kunskapens råvara, information är kaos medan kunskap är ordning, ordning på kaoset.
		Information is only a raw material of knowledge. Information is chaos, while knowledge is order: order out of chaos.
1774	**mötas**	**meet**

vb

Kommittén anser att tillit är grundläggande i samband med en plats kvalitet, eftersom det är grunden för den personliga säkerheten och gör det möjligt för människor att mötas och utbyta idéer som genererar kreativt tänkande och innovation.

believes that trust is basic to the quality of place, because it provides the basis for personal safety, allowing people to come together and share ideas, generating creative thought and innovation.

1775 läxa

lesson

nn

Jag glömde att ta med mig min läxa till skolan.

I forgot to bring my homework to school.

1776 läpp

lip

nn

Han förlorade underkäken, läpparna, hakan, överkäken och tänderna.

And he lost his lower jaw, his lip, his chin and his upper jaw and teeth.

1777 i förhållande till

relative to; vis-a-vis

adv; prp

Försiktighetsprincipen tillämpas inte i förhållande till hormoner.

The precautionary principle is not being applied in relation to hormones.

1778 jakt

hunting

nn

Han tycker bara att det är mycket egendomligt att någon får en inbjudan att tillbringa några dagar ombord på en jakt.

He merely finds it very strange that someone should receive an invitation to spend some days on a yacht.

1779 sikta

take aim|point

vb

Revideringen av den nuvarande förordningen bör sikta till att skapa ett effektivare och mer praktiskt system för att godkänna nya livsmedel.

The revision of the current regulation should aim to set up a more efficient and practicable system for the authorisation of novel foods.

1780 proffs

pro

nn

I golftävlingar där både proffs och amatörer deltar löser man detta problem genom att ge proffsen ett handikapp.

In pro–am golf, this problem is resolved by giving the professional a handicap.

1781 enorm

huge|enormous

adj

Den är enorm.

It's huge.

1782 juni

june

nn

Eftersom de nämnda åtgärderna är åtgärder med allmän räckvidd enligt artikel 2 om de förfaranden som skall tillämpas vid utövandet av kommissionens genomförandebefogenheter [19], bör de antas genom det föreskrivande förfarande som anges i artikel 5 i det beslutet.

Since the said measures are measures of general scope within the meaning of Article 2 laying down the procedures for the exercise of implementing powers conferred on the Commission [19], they should be adopted by use of the regulatory procedure provided for in Article 5 of that Decision.

1783 finger

finger

nn

Om du tar med ett barn ut och pekar på månen, så tittar barnet på månen. Gör du samma sak med en hund så tittar den på ditt finger.

If you take a child outside and point at the moon, they will look at the moon. If you do the same thing with a dog, it will look at your finger.

1784 väst

vest

nn

Jag vill för min del veta vad de demokratiska länderna i väst vill uppnå i Algeriet.

I would like to know what Western and democratic countries want in Algeria.

1785	**stol**	**chair**
	nn	Han slog sig ner på en stol.
		He settled himself in a chair.
1786	**olja**	**oil; oil**
	nn; vb	Man har funnit olja under Nordsjön.
		Oil has been discovered under the North Sea.
1787	**utföra**	**perform|execute**
	vb	Sven tvivlar inte på Marys förmåga att utföra jobbet.
		Sven doesn't doubt Mary's ability to do the job.
1788	**pilot**	**pilot**
	nn	Och du ser inte ut som någon galning; du är pilot för ett schweiziskt flygbolag, så du är ju en kille som är van att gå efter en checklista.
		And you don't look like a crazy guy; you're a Swiss airline pilot, so you're rather a checklist kind of guy.
1789	**attack**	**attack**
	nn	Såvida vi inte gör en precis attack, riskerar vi att skicka iväg enorma moln med radioaktivt damm över intilliggande stad.
		Unless we do a precise air strike, we risk sending huge clouds, of radioactive dust into the nearby town.
1790	**verk**	**work**
	nn	Kan vi godta lobbyisternas verk som en realitet, som endast tjänar deras behov?
		Can we accept the lobbyists' work as a reality, which only serves their needs?
1791	**berättelse**	**story**
	nn	Jag tror på hennes berättelse.
		I believe her story.
1792	**komplicerad**	**complicated**
	adj	Enligt tillverkarens val, ett av de förfaranden som avses i artikel 11 när det gäller komplicerad personlig skyddsutrustning avsedd att skydda mot livsfara eller mot allvarlig permanent skada och där konstruktören utgår från att användaren inte själv kan upptäcka risken i tid.
		According to the manufacturer's choice, to one of the two procedures referred to in Article 11 in the case of PPE of complex design intended to protect against mortal danger or against dangers that may seriously and irreversibly harm the health, the immediate effects of which the designer assumes the user cannot identify in sufficient time.
1793	**officer**	**officer**
	nn	Jag är en officer.
		I'm an officer.
1794	**vänskap**	**amity**
	nn	Jag värdesätter vår vänskap.
		I value our friendship.
1795	**dubbelt**	**twice**
	adv	Texas är nästan dubbelt så stort som Japan.
		Texas is nearly twice as large as Japan.
1796	**döma**	**judge|sentence**
	vb	Du borde inte döma folk efter utseendet.

You shouldn't judge others on how they look.

1797	**studera**	**study|read**
	vb	Min dröm är att studera utomlands.
		My dream is to study abroad.

1798	**ton**	**ton**
	nn	En tullkvot på import av kalkonkött som har sitt ursprung i och kommer från Israel öppnas inom en årlig volym om högst 1 400 ton.
		A tariff quota for the import of turkey meat originating in Israel shall be opened within the limits of an annual volume of 1 400 tonnes.

1799	**ström**	**stream|river**
	nn	Att belöna flyktingar med flyktingstatus i EU, med fördelar och utbildningsprogram, kommer att belasta oss med en ännu större ström av asylsökande, där många drunknar i sina försök att få fotfäste på det europeiska fastlandet.
		Rewarding refugees with European refugee status, benefits and training programmes will lumber us with an even bigger stream of asylum seekers, with many drowning in the attempt to get a foothold on the European mainland.

1800	**välsigna**	**bless**
	vb	Vad med " Gud välsigna Haiti " eller" Gud välsigna Afrika "?
		How about " God bless Haiti " or " God bless Africa "?

1801	**befria**	**free|liberate**
	vb	Privata utbildningsinitiativ behövs för att befria landet från sin stelbenthet.
		Private education initiatives are needed to release the country from its rigidity.

1802	**piller**	**pill**
	nn	Även om resultaten av en single–dos interaktionsstudie med ett p–piller inte visar på någon farmakokinetisk interaktion kan resultaten inte utesluta möjligheten av förändringar i farmakokinetiken som kan påverka effekten av p–piller under långtidsbehandling med Rapamune.
		Although the results of a single dose drug interaction study with an oral contraceptive suggest the lack of a pharmacokinetic interaction, the results cannot exclude the possibility of changes in the pharmacokinetics that might affect the efficacy of the oral contraceptive during long term treatment with Rapamune.

1803	**ladda**	**charge**
	vb	Köer av folk började rada upp sig utanför mitt hus (Skratt) för att ladda sin mobiltelefon.
		Queues of people start lining up at my house (Laughter) to charge their mobile phone.

1804	**korrekt**	**correctly; correct**
	adv; adj	Det var korrekt.
		It was correct.

1805	**skådespelare**	**actor**
	nn	Harry är en amerikansk skådespelare.
		Harry is an American actor.

1806	**projekt**	**project**
	nn	Man bör inte tillämpa samma kriterier för innovativa projekt som för andra projekt.
		The same criteria should not be applied to innovative projects as to other projects.

1807 så småningom **eventually**

adv

Det är detta slags övergripande angreppssätt som så småningom kommer att utgöra svaret.

It is this sort of horizontal approach that will eventually provide the answer.

1808 storm **storm**

nn

Det här är en tropisk storm. Den är snart över.

This is a tropical storm. It'll be over soon.

1809 inom ramen för **within the framework of**

phr

Omkring 1 500 högre irakiska tjänstemän har utbildats inom ramen för detta uppdrag.

Approximately 1 500 Iraqi high officials have been trained within this mission.

1810 start **launch**

nn

Vid tillämpning av artikel 3.27 i direktiv 2010/75/EU ska start– och stopperioder för förbränningsanläggningar bestående av två eller flera enheter endast utgöras av startperioden för den första förbränningsenhet som startas respektive stopperioden för den sista förbränningsenhet som stoppas.

For the purpose of point (27) of Article 3 of Directive 2010/75/EU, the start–up and shut–down periods of combustion plants consisting of two or more units shall only consist of the start–up period of the first combustion unit starting up and the shut–down period of the last combustion unit shutting down.

1811 drake **dragon**

nn

EU påminner vagt om en fyrhövdad drake.

It distantly reminds me of a four–headed dragon.

1812 borgmästare **mayor**

nn

Jag har själv varit borgmästare och därför vill jag gärna veta följande: var detta ett enstaka fall, eller befann sig samtliga borgmästare i denna situation?

I too have been a mayor and I am therefore curious to know whether this was a specific case or whether all the mayors were in this situation.

1813 party **rave|bash**

nn

Det är därför sådana som Nigel Farage och UK Independence Party hela tiden har varit emot plan D, grundandet av den och att den stimulerar debatten om EU.

That is why people like Nigel Farage and UKIP have consistently opposed Plan D, the funding of it and its stimulation of debates about Europe.

1814 kvitt **quits**

adj

Men vi kommer för den skull inte att vara kvitt.

But even then, we shall not have heard the last of this.

1815 media **media**

nn

Europaparlamentet uppmanar medlemsstaterna att främja ökad användning av media och de mest lämpliga distributionskanalerna för att ge mer information till befolkningen och i synnerhet ungdomar om hivsmitta, hur hiv överförs, hivtestning och förebyggande beteenden.

Calls on the Member States to promote greater use of the media and the most appropriate distribution channels to step up information for the population, especially adolescents and young people, on HIV infection, the ways it is transmitted, HIV testing and the kind of behaviour that fosters prevention.

1816 trupp **troops|squad**

nn

Gå tillbaka och samla en större trupp.

Fall back to the coast, raise a larger force.

1817	**snubbe**	**fella**
	nn	Du djävlas med fel snubbe.
		You're barking at the wrong fella, jethro.

1818	**otrogen**	**unfaithful; infidel**
	adj; nn	Den enda viktiga information du behöver nu är, var han otrogen?
		The only salient information you need to know is, did he cheat?

1819	**katastrof**	**disaster|crash**
	nn	Det går i riktning mot en katastrof.
		It goes in the direction of a disaster.

1820	**förbjuden**	**prohibited|banned**
	adj	EU misslyckas dock med att förbjuda hatbrott mot människor som människor.
		However, the EU is failing to outlaw hate crimes against people as people.

1821	**egendom**	**property**
	nn	”Begäran om förhandsavgörande – Direktiv 93/13/EEG – Trettonde skälet – Artikel 1.2 – Konsumentavtal – Avtal om hypotekslån – Förfarande för utmätning av intecknad egendom – Nationella bestämmelser i lagar och andra författningar – Balans i avtalsförhållanden”
		(Request for a preliminary ruling – Directive 93/13/EEC – Thirteenth recital in the preamble – Article 1(2) – Consumer contracts – Mortgage loan agreement – Mortgage enforcement proceedings – National statutory and regulatory provisions – Contractual balance)

1822	**marknad**	**market**
	nn	Begreppet "reglerad marknad" har klargjorts genom en hänvisning till direktiv 93/22/EEG i slutet av stycket.
		The "concept of regulated market" has been clarified through a reference to Directive 93/22/EEC at the end of the paragraph.

1823	**i själva verket**	**in fact|actually**
	adv	Alla blev mycket förvånade över avslöjandet att slavflickan i själva verket var en prinsessa.
		Everyone was very surprised to discover that the slave girl was in reality a princess.

1824	**korkad**	**brainless**
	adj	För att vara ett geni, så kan du vara fantastiskt korkad ibland.
		As someone really smart, you can be amazingly thick sometimes.

1825	**i fråga**	**in question**
	adv	Det är därför vi undertecknar stabiliserings– och associeringsavtalet i fråga.
		That is why we are signing the Stabilisation and Association Agreement in question.

1826	**rymma**	**accommodate|escape**
	vb	Jones... du tror väl inte att du kan rymma från den här ön.
		Jones... surely you don't think you can escape from this island.

1827	**vietnam**	**Vietnam**
	nn	Därför drogs slutsatsen att dumpningen av den berörda produkten med ursprung i Kina och Vietnam hade fortsatt.
		It was therefore concluded that a continuation of dumping has taken place in respect of the product concerned originating in the PRC and Vietnam.

1828	**bana**	**path|course**
	nn	Detta skulle vara ekonomiskt riktigt och kan bana väg för andra att gå med senare.

This would be economically sound and can pave the way for others to join later.

1829	**svika**	**disappoint|fail**
	vb	Han skall inte svika dig eller överge dig."
		He will neither desert you nor leave you entirely."

1830	**silver**	**silver**
	nn	Är detta äkta silver?
		Is this real silver?

1831	**grand**	**shred**
	nn	Jag har för min del intrycket att ni lurar opinionen lite grand med era förslag.
		For my part, I feel that your proposals are – to an extent – misleading the public.

1832	**bluff**	**bluff|sham**
	nn	Acceptera eller avslöjas som bluff.
		Either accept my challenge or reveal yourself as a sham.

1833	**teori**	**theory**
	nn	Jag reviderade min teori.
		I revised my theory.

1834	**låt**	**song|track**
	nn	Han såg på mig som om jag just citerat en Whitney Houston-låt.
		He looked at me like I had just quoted a Whitney Houston song.

1835	**spöa**	**whip**
	vb	Med tanke på ditt bräckliga tillstånd tror jag nog att jag kan spöa dig.
		Considering your fragile condition, I think I can kick your ass.

1836	**mänsklighet**	**mankind**
	nn	I dag är det dags för anständighet och mänsklighet.
		Today is for decency and humanity.

1837	**fokusera**	**focus**
	vb	Fokusera på nuläget.
		Focus on the present.

1838	**insida**	**inside**
	nn	De väldefinierade temperaturskillnaderna mellan natt och dag ger mandarinerna en intensivare färg, både på insida och på utsida.
		The well–defined temperature difference between night and day gives the mandarins a more intense colour, both inside and outside.

1839	**salt**	**salt; salty**
	nn; adj	Salt, för att man behöver salt, annars funkar inte vår elektriska kropp.
		Salty, because you need salt, otherwise your electric body will not work.

1840	**slott**	**castle**
	nn	De flesta slott omges av en vallgrav.
		Most castles have a moat surrounding them.

| 1841 | **överlevande** | **survival** |
| | *nn* | I vissa medlemsstater används för musikverk med text en gemensam skyddstid, som beräknas från dödsdagen för den sist överlevande upphovsmannen, medan separata skyddstider gäller för musik och text i andra medlemsstater. |

In certain Member States, musical compositions with words are given a single term of protection, calculated from the death of the last surviving author, while in other Member States separate terms of protection apply for music and lyrics.

1842	**längta**	**long**
	vb	Njut av din förkunnartjänst i stället för att längta efter en ställning i församlingen!
		Instead of longing for a position in the congregation, enjoy your work in the ministry!

1843	**naturligt**	**naturally**
	adv	Vatten, inbegripet naturligt eller konstgjort mineralvatten samt kolsyrat vatten, utan tillsats av socker eller annat sötningsmedel eller av aromämne; is och snö.
		Waters, including natural or artificial mineral waters and aerated waters, not containing added sugar or other sweetening matter nor flavoured; ice and snow.

1844	**slita**	**tear**
	vb	Eftersom "hela världen ligger i den ondes våld", är vi omgivna av nedbrytande krafter som kan slita ut oss och rubba vår kristna balans.
		Because "the whole world is lying in the power of the wicked one," we are surrounded by negative forces that can wear us down and erode our Christian balance.

1845	**avdelning**	**section**
	nn	Sådana subventioner ska vara föremål för bestämmelserna i denna avdelning, förutom
		Such rebates and subsidies shall be subject to the provisions of this Title, with the exception of the following:

1846	**på så sätt**	**thereby**
	adv	På så sätt kommer kvicksilvret in i livsmedelskedjan, först i fisk och sedan i människor.
		Mercury thereby enters the food chain, mainly into fish, and then us human beings.

1847	**service**	**service**
	nn	Reparation och service av jordbruksmaskiner, jordbruksredskap och tillsatser till jordbruksmaskiner.
		Repair and servicing of agricultural machinery, agricultural implements and attachments for agricultural machinery.

1848	**känslig**	**sensitive**
	adj	Jag är väldigt känslig emot kyla. Skulle jag kunna få ett till täcke?
		I'm really sensitive towards the cold. Could I get another quilt?

1849	**rulla**	**roll|list; roll**
	nn; vb	Artikelfönstret visar artikeln som för närvarande är markerad. Du kan rulla i det som ett normalt texteditorfönster. Skillnaden är att du inte kan ändra artikeln: den är bara för läsning
		The article window shows the currently–selected article. You can scroll in it like in a normal text editor window; the difference is that you cannot change the article & mdash; it is for reading only

1850	**medveten**	**aware**
	adj	Jag var inte medveten om att Sven hade gjort det.
		I wasn't aware Sven had done that.

1851	**data**	**data**
	nn	Sven verkar inte komma åt sina data.

Sven can't seem to access his data.

1852	**halvt**	**half**
	adv	Taoufik Chaïeb, som är 36 år och tillhör den islamistiska rörelsen Ennadha, var dömd till två fängelsestraff på två och ett halvt år och tillbringade sammanlagt sex månader i fängelse.
		Mr Chaïeb (36), member of the Islamic En Nahdha movement, had received two sentences of 21/2 years and had been in prison for six months.

1853	**tröja**	**sweater**
	nn	Jag vill köpa en tjeckisk tröja.
		I want to buy a Czech sweater.

1854	**personal**	**staff**
	nn	Personal: För enskilda personer på institutet, se Personal.
		Staff: For individual members of the IIES please see Staff.

1855	**kaka**	**cake|cookie**
	nn	Mamma! Sven åt min kaka!
		Mum! Sven ate my cookie!

1856	**skugga**	**shadow; shadow**
	nn; vb	Ett högt träd kastar sin långa skugga på vattnet.
		A tall tree projects its long shadow on the water.

1857	**imponerad**	**struck**
	adj	Angående ett europeiskt nätverk är jag verkligen imponerad av Europeiska konkurrensnätverket och alla berörda parter som gör ett utomordentligt arbete.
		Regarding a European network, I am really impressed by the European competition network and those concerned are doing an extremely good job.

1858	**rösta**	**vote**
	vb	Jag vill rösta.
		I want to vote.

1859	**hud**	**skin|hide**
	nn	Medicinska krämer och lotioner för rengöring, hydratisering eller fuktning av hud, kropp, fötter eller ansikte.
		Medicated creams and lotions for cleaning, hydrating or moisturising the skin, body, feet or face.

1860	**fattig**	**impoverished**
	adj	Jag växte upp i en fattig familj.
		I grew up in a poor family.

1861	**sekreterare**	**clerk**
	nn	Anmälan skickas till forskarutbildningsnämndens sekreterare.
		The notification is sent the secretary of the Research and Postgraduate Studies Board.

1862	**pissa**	**piss**
	vb	Om du inte har vad som krävs, kan du inte pissa med de stora hundarna i buskarna.
		If you don't have enough, you can't piss in the tall weeds with the big dogs.

1863	**japansk**	**Japanese**
	adj	Det här är en japansk docka.
		This is a Japanese doll.

1864	**hal**	**slippery**

	adj	Vi är ute på hal is här. Vår kollega Nigel Farage skulle bli överförtjust!
		We are on a slippery slope here; our fellow Member Mr Farage would be delighted!

1865 knapp — **button; scanty**

nn; adj

Det faktum att det är en knapp offentlig resurs och att det har en gränsöverskridande karaktär gör vårt ingripande som EU–lagstiftare värdefullt, men vi borde inte innefatta den här processen som en konfrontation mellan de olika användningsområdena för frekvensband.

The fact that it is a scarce public resource and its cross–border scale make our intervention as EU legislators worthwhile, but we should not couch this process as a confrontation between the various uses that we could assign frequency bands.

1866 stängd — **closed**

adj

Posten är stängd.

The post office is closed.

1867 lillebror — **kid brother**

nn

Den nya EU 2020–strategin är i själva verket Lissabonstrategins lillebror.

The new EU strategy is, in fact, the younger brother of the Lisbon Strategy.

1868 förlåtelse — **forgiveness**

nn

Om vi är uppriktiga, kommer vår ursäkt att innebära att vi erkänner felet, söker få förlåtelse och försöker gottgöra skadan så långt det är möjligt.

If we are sincere, our apology will include an admission of any wrong, a seeking of forgiveness, and an effort to undo damage to the extent possible.

1869 kring — **round**

adv

Världen kretsar inte kring er.

The world doesn't revolve around you.

1870 enhet — **unit | entity**

nn

Vid positivt fynd av LPAI skall följande prover tas för laboratorietestning i stället för de standardprover som avses i diagnostikhandboken 21 dagar efter det senaste positiva fyndet av LPAI i den godkända enskilda karantänen eller i varje enhet i den godkända karantänstationen och därefter med 21 dagars mellanrum:

In the case of a positive finding of LPAI, instead of the standard samples as provided for in the diagnostic manual, the following samples must be taken for laboratory testing, 21 days following the date of the last positive finding of LPAI in the approved quarantine facility or from each unit in the approved quarantine centre and at intervals of 21 days:

1871 uniform — **uniform**

nn

De har rätt att bära sin egen uniform som ska vara försedd med EU:s emblem.

They have the right to wear their own uniform, with the addition of a European badge.

1872 snygging — **hottie**

nn

Bra försök, snygging, men oss lurar du inte.

No, nice try, gorgeous, but you don't fool anyone.

1873 likadan — **similar**

adj

Glöm inte att anmäla er till vår Elvis look alike tävling och vinn en Cadillac likadan som Elvis.

And don't forget to enter our Elvis lookalike contest and win a pink Caddie just like Elvis.

1874 universitet — **university**

	nn	Hon studerar filosofi på landets förnämsta universitet.
		She studies philosophy at the country's most prestigious university.

1875 **sovrum** **bedroom**

nn Hon var tvungen att dela ett sovrum med sin syster.

She had to share a bedroom with her sister.

1876 **relation** **relationship**

nn De tillämpliga växlingskurserna bör fastställas i relation till eventuella avgörande händelser i jordbrukslagstiftningen.

The exchange rates applicable must be laid down according to whether or not an operative event has been defined in the agricultural legislation.

1877 **knipa** **fix; pinch**

nn; vb Någon enkel och lätt knipa ligger inte bakom att vi fastställde denna hållning i Lissabon, det handlar om en mer komplex och brett definierad strategi.

It is not a simple and easy fix that drew us to defining this position in Lisbon, it is a more complex and broadly defined strategy.

1878 **bekymmer** **concern|worry**

nn Det faktum att immaterialrätten inte skyddas och efterlevs i tillräcklig utsträckning och på ett effektivt sätt i länderna i Central– och Östeuropa är ett bekymmer för kommissionen.

The lack of sufficient and effective protection and enforcement of intellectual property rights in the Central and Eastern European countries (CEECs) is of concern to the Commission.

1879 **syfte** **aim|object**

nn Beträffande artikel 7, i vilken det – i samma ordalag som används i artiklarna 3 och 5 i direktivet – föreskrivs att medlemsstaterna skall vidta de åtgärder som behövs för att se till att varje arbetstagare "får" en årlig betald semester om minst fyra veckor, har domstolen även slagit fast, i punkt 44 i domen i det ovannämnda målet BECTU, att enligt denna bestämmelse skall arbetstagare få åtnjuta faktisk semester i syfte att säkerställa ett effektivt skydd av arbetstagares säkerhet och hälsa.

In respect of Article 7, which provides, in the same terms as those used in Articles 3 and 5, that Member States are to take the measures necessary to ensure that every worker 'is entitled' to paid annual leave of at least four weeks, the Court has also held, in paragraph 44 of BECTU, that under that provision the worker is entitled to actual rest, with a view to ensuring effective protection of his health and safety.

1880 **modell** **model**

nn Unionen är en social och ekonomisk modell, och även en modell för integrering.

It serves as a social model, an economic model, a political model, and also as a model of integration.

1881 **beställa** **order**

vb Vi skulle vilja beställa 18 ton olivolja.

We'd like to order 18 tonnes of olive oil.

1882 **skjorta** **shirt**

nn Lagar du min skjorta?

Are you sewing my shirt?

1883 **plånbok** **wallet**

nn Ta fram din plånbok.

Get out your wallet.

1884	**kamp**	**struggle	fight**

nn

En hård kamp ledde till en historisk seger för det svenska laget.

A fierce battle led to an historical victory for Sweden.

1885	**blogga**	**blog**

nn

Datortjänster, inklusive, skapande, upprätthållande och värdskap för en webbplats via internet som ger dataanvändare möjligheten att ladda upp, posta, visa, exponera, etikettera, blogga olika slags information av allmänt intresse för användaren.

Computer services, including, creating, maintaining and hosting a website over the internet that gives the computer user the ability to upload, post, show, display, tag, blog a variety of information of general interest to the user.

1886	**terrorism**	**terrorism**

nn

Är inte detta verklig terrorism, militär terrorism, statsterrorism?

Is that not true terrorism, military terrorism, state terrorism?

1887	**innehålla**	**contain	include**

vb

Om en uttagningskommitté består av fler än fyra ledamöter skall den innehålla minst två ledamöter av varje kön.

If a selection board consists of more than four members, it shall comprise at least two members of each gender.

1888	**ordentligt**	**properly**

adv

d) Alla utensilier som kommer i kontakt med embryona eller donatordjuret under samlingen och hanteringen skall vara av engångstyp eller ordentligt desinficerade eller steriliserade före användningen.

(d) All implements which come into contact with the embryos or the donor animal during collection and processing shall be disposable or shall be properly disinfected or sterilized prior to use.

1889	**juli**	**july**

nn

I dag, fru talman, skriver vi inte den 4 juli 2001, utan den 4 juli 2030.

Today, Madam President, is not 4 July 2001: it is 4 July 2030.

1890	**sajt**	**web site**

nn

Prägla dem för Europas medborgare!

Coin it for Europe's citizens!

1891	**befäl**	**command**

nn

b) Ett larmsystem som möjliggör för fartygets befäl att varna passagerarna.

(b) an alarm system enabling the vessel's command to alert passengers.

1892	**mask**	**mask	rainworm**

nn

Följande uppgifter ska finnas med i indatamasken (the input mask):

The input mask shall have the following data:

1893	**antal**	**number**

nn

Det bör dock påpekas att Bertelsmann har ett antal innehållsföretag, bland annat film- och TV-programsproducenten CLT- UFA, Financial Times TV-programsproducent och utgivare Pearson, samt BMG, dess musikgren.

However, it should be noted that Bertelsmann has a number of content businesses including CLT–UFA, the film and television programme producer, Pearson, the television programme producer and publisher of the Financial Times, and BMG, its music arm.

1894	**kamrat**	**companion; matey**

nn; adj

Rök, kamrat Rita

Want a cigarette, comrade Rita?

1895	**besegra**	**defeat|beat**
	vb	b) Hur har våra fiender försökt besegra oss, men vad har resultatet blivit?

(b) How have enemies tried to conquer us, and with what result?

1896	**tvärtom**	**on the contrary**
	adv	Den har tvärtom, i det angripna beslutet, hänvisat till en omständighet som motsäger påståendet. I detta hänseende underströk kommissionen nämligen att "konsumenten inte betraktar servicekostnaden som ett kriterium vid valet av klocka".

On the contrary, in the contested decision it calls its assertion into question by pointing out that 'the consumer does not consider the cost of after-sales servicing as a criterion when choosing a watch'.

1897	**blyg**	**shy**
	adj	Men hon var för blyg för att gå dit.

However, she was very timid, so she did not go.

1898	**förhör**	**hearing|interrogation**
	nn	Förhör genomförs på ett omänskligt sätt som ibland gränsar till tortyr.

The interrogation is carried out in an inhuman manner, sometimes amounting to torture.

1899	**rörelse**	**movement|business**
	nn	De säten som skall användas när fordonet är i rörelse måste vara klart identifierbara för användarna.

The seats in such vehicles which are designated for use when the vehicle is in motion must be clearly identified to users.

1900	**konstapel**	**constable**
	nn	Välkommen tillbaka, konstapel Cortez!

Welcome back to the force, officer Cortez!

1901	**förbereda**	**prepare**
	vb	Människorna samlades på Hagnäs torg på valborgsmässoafton för att lyssna på tal och förbereda sig för förstamajtåget.

People gathered at the Hakaniemi Market on Walpurgis Night to listen to speeches and prepare for the May Day train.

1902	**trist**	**sad**
	adj	Trist när din dag har kommit och ingen gör anspråk på dig utom arbetsgivaren.

Pretty sad when your time comes and no one claims you but your employer.

1903	**stirra**	**stare**
	vb	Stirra inte.

Don't stare.

1904	**öva**	**practice|train**
	vb	Du måste öva dig att skriva svenska.

You must practice writing Swedish.

1905	**bibel**	**bible**
	nn	Men i slutet av 1400-talet, under den spanska inkvisitionen, blev det förbjudet att översätta och äga en bibel på något inhemskt språk.

By the close of the 15th century, however, the Spanish Inquisition forbade the translation and possession of the Scriptures in any vernacular language.

1906	**identifiera**	**identify**
	vb	Vi behöver veta var farorna ligger och tydligt identifiera och tillkännage fördelarna.

We need to know where the dangers are and clearly identify and make known the benefits.

1907 jury — **jury**

nn

Kommissionen sammankallar en jury, som utarbetar en rapport om nomineringarna mot bakgrund av åtgärdens mål och karaktär.

The Commission forms a selection panel which issues a report on the nominations judged against the objectives and characteristics of this action.

1908 andetag — **breath**

nn

Minsta andetag bryter förtrollningen så att vakterna ser dig.

Even a tiny breath,. will break the spell and the attendants will see you.

1909 miljard — **billion**

num

Den fjärde delen på 0,2 miljard euro av det betalningsbalansstöd som beviljats Lettland utbetalades den 20 oktober 2010.

The fourth tranche of EUR 0.2 billion of the loan granted to Latvia was disbursed on 20 October 2010.

1910 denne — **this**

prn

Denne underkategori omfattar cash–in–maskiner som drivs av alla kontanthanterare.

This sub–item covers CIMs run by all cash handlers.

1911 slutligen — **finally|eventually**

adv

Från första början har den franska regeringen försäkrat att den skulle hålla FagorBrandt vid liv till varje pris och utan hänsyn till vilken summa privata pengar som slutligen skulle komma att lånas ut till FagorBrandt (20).

From the outset, the French Government gave assurances that it would support FagorBrandt whatever the cost, regardless of the amount of private funds eventually loaned to the company (20).

1912 frukta — **fear**

vb

EU bör inte frukta Ankara, och Ankara bör inte frukta Diyarbakir.

The European Union should not fear Ankara, and Ankara should not fear Diyarbakir.

1913 bita — **bite**

vb

Sluta bita på naglarna.

Stop biting your nails.

1914 regn — **rain**

nn

Jag hatar regn.

I hate the rain.

1915 ande — **mind|ghost**

nn

Intressant nog var det en av de här profetiorna som den etiopiske hovfunktionär som finns omtalad i Apostlagärningarna höll på att läsa när evangelieförkunnaren Filippus under vägledning av Guds ande gick fram till honom.

Interestingly, the Ethiopian official mentioned in the book of Acts was reading one of these prophecies when Philip the evangelizer was directed by the spirit to approach him.

1916 avgöra — **determine|judge**

vb

Det är mot den bakgrunden vi måste avgöra vilka åtgärder vi därefter ska vidta.

It is in that context that we must assess the subsequent actions that we will need to take.

1917 träffad — **hit**

	adj	Du blev träffad i benet, Sally.
		You got hit in the leg, Sally.
1918	**trasig**	**broken**
	adj	Hissen verkar vara trasig.
		The elevator seems to be out of order.
1919	**prat**	**talk|chatter**
	nn	Det är närmast tomt prat, och verkar vara en taktik för att tillfälligt lugna arbetstagarna och de många oroliga invånarna i Antwerpen, så att de tiger och är medgörliga.
		It is idle chatter, in a way, and it seems to be a tactic to appease the workers and the many others concerned in Antwerp for the time being: to keep them quiet and compliant.
1920	**måla**	**paint**
	vb	Det är roligt att måla påskägg.
		Painting Easter eggs is fun.
1921	**tvekan**	**hesitation**
	nn	Ett ögonblicks tvekan kan kosta en pilot livet.
		A moment's doubt can cost a pilot her life.
1922	**närvaro**	**presence**
	nn	Han kände sig obekväm i sin fars närvaro.
		He felt uneasy in his father's presence.
1923	**häck**	**hedge**
	nn	Anledningen till det är att vi inte vill förorsaka en meningslös kriminalisering av vanliga medborgare.
		This is because we do not want to bring about a nonsensical criminalisation of ordinary citizens.
1924	**hemifrån**	**from home**
	adv	Jag gick hemifrån vid sju.
		I left home at seven.
1925	**kust**	**coast**
	nn	Somliga kristna från Cypern reste till staden Antiokia vid Syriens kust, mitt emot Cypern, och predikade med gott resultat för dem som i likhet med dem själva var grekisktalande.
		Certain Cypriot Christians went to the city of Antioch, opposite Cyprus on the Syrian coast, and preached with much success among people who, like themselves, were Greek speaking.
1926	**skilja**	**distinguish|separate**
	vb	Ibland är det svårt att skilja rätt från fel.
		It is sometimes hard to tell right from wrong.
1927	**domstol**	**(law)court**
	nn	Den 30 april 2005 dömde en domstol i Changsha honom till 10 års fängelse för att han avslöjat statshemligheter.
		On 30 April 2005 a court in Changsha sentenced him to 10 years' imprisonment for revealing State secrets.
1928	**utredning**	**investigation**
	nn	Personen som är föremål för utredning kan biträdas av sina jurister eller andra kvalificerade personer som Esmas tillsynsstyrelse tillåter.
		The person subject to the proceedings may be assisted by their lawyers or other qualified persons admitted by ESMA's Board of Supervisors.

1929	**lastbil**	**truck**
	nn	Den österrikiska polisen stoppade en lastbil som innehöll 137 valpar.
		The Austrian police stopped a truck containing137 puppies.

1930	**kanal**	**duct|channel**
	nn	Det är en kanal som kopplar blåsan till kroppens utsida.
		This is the channel that connects the bladder to the outside of the body.

1931	**era**	**era; your**
	nn; prn	Vill ni att era barn ska få lära sig ert språk i skolan?
		Do you want your children to learn your language at school?

1932	**förmögenhet**	**fortune**
	nn	Den är värd en förmögenhet.
		It's worth a fortune.

1933	**penis**	**penis**
	nn	Penis avskuren, ligger på golvet.
		Penis cut off, lying on floor of living room.

1934	**körkort**	**driving license**
	nn	Jag visste inte att Sven inte har ett körkort.
		I didn't know Sven didn't have a driver's license.

1935	**minsann**	**indeed**
	adv	Du kan minsann få upp farten!
		You sure churn up that dust

1936	**slagsmål**	**fight**
	nn	Men jag är bra på slagsmål, för jag känner ingenting.
		But I'm good in a fight because I can't feel anything.

1937	**beväpnad**	**armed**
	adj	Vi kommer inte att acceptera att beväpnad polis kommer in på Europols befallning.
		We will not suffer armed police coming in at the behest of EUROPOL.

1938	**slösa**	**waste**
	vb	Slösa inte bort Toms tid.
		Don't waste Tom's time.

1939	**jobbig**	**tough|annoying**
	adj	Hon är ganska så jobbig.
		She's kind of a pain in the ass.

1940	**gul**	**yellow**
	adj	Det där är inte en gul krita.
		That is not a yellow piece of chalk.

1941	**samarbeta**	**cooperate**
	vb	Jag skulle vilja samarbeta.
		I'd like to cooperate.

1942	**ropa**	**call**
	vb	Sven låtsades inte höra Mary ropa hans namn.
		Sven pretended that he didn't hear Mary calling his name.

| 1943 | **blanda** | **mix\|shuffle** |
| | *vb* | Blanda salt, torrjäst och vetemjöl i en stor skål. |

Mix the salt, dry yeast and flour in a big bowl.

1944	**kunskap**	**knowledge**
	nn	All kunskap är inte till godo.
		All knowledge is not good.
1945	**barnbarn**	**grandchild**
	nn	Jag har tre barn, och dessutom har jag ett barnbarn som just nu bara dricker mjölk.
		Not only do I have three children but I also have a grandchild who at the moment drinks nothing but milk.
1946	**förtroende**	**confidence|faith**
	nn	Detta samarbete bygger på ömsesidigt förtroende och flexibilitet.
		This co–operation is based on mutual trust and flexibility.
1947	**akt**	**act**
	nn	Jag vill gärna ta tillfället i akt att önska honom all framgång i hans nya arbete.
		I would like to take this opportunity to wish him every success in his new job.
1948	**tjock**	**thick**
	adj	Er katt är tjock.
		Your cat is fat.
1949	**krav**	**claim|requirement**
	nn	Medlemsstaterna borde åtminstone ges möjlighet att ställa detta krav.
		At the very least, Member States should be given the option of stipulating this requirement.
1950	**spegel**	**mirror**
	nn	Jag gick in i en spegel.
		I walked into a mirror.
1951	**gyllene**	**golden**
	adj	Den gyllene ringen!
		The Golden Ring!
1952	**vinter**	**winter**
	nn	Jag gillar vinter.
		I like winter.
1953	**kram**	**hug**
	nn	Får jag inte en kram?
		Don't I get a hug?
1954	**politik**	**policy**
	nn	Jag är inte intresserad av politik överhuvudtaget.
		On the whole, I'm not interested in politics.
1955	**fartyg**	**craft|vessel**
	nn	Fartyg får ombord medföra nätredskap som totalt är 20 % längre än den längsta nätlänk som får sättas ut samtidigt.
		Vessels may carry on board nets with a total length that is 20 % greater than the maximum length of the fleets that may be deployed at any one time.
1956	**krona**	**krona|crown**
	nn	Och det krävs mer än en krona för att göra en man till kung.
		And it takes more than a crown to make a man be a king.
1957	**lektion**	**lesson**

nn   Och kom in till hans serietidnings lektion mitt i kursen!
And I walked into his comic book class halfway through the course!

1958 ammunition   **ammunition**

nn   Se analysen i punkterna 1–8 i Europeiska unionens strategi för kampen mot anhopningen och den olagliga handeln med handeldvapen och lätta vapen och deras ammunition, som antogs av Europeiska rådet församlat.
See the discussion at points 1 to 8 of the European Union Strategy to combat illicit accumulation and trafficking of small arms and light weapons and their ammunition, adopted by the European Council at the meeting.

1959 framgång   **success; succeeded**

nn; adj   Våra ansträngningar medförde inte någon framgång.
Our efforts did not result in success.

1960 såvida   **provided**

con   Medlemsstaterna ska ställa gränsbevakningstjänstemännen och annan relevant personal till förfogande för utplacering på byråns begäran, såvida de inte befinner sig i en exceptionell situation som i hög grad påverkar fullgörandet av nationella uppgifter.
Member States shall make the border guards and other relevant staff available for deployment at the request of the Agency unless they are faced with an exceptional situation substantially affecting the discharge of national tasks.

1961 puss   **kiss**

nn   Ge pappa en puss.
Give Daddy a kiss.

1962 skum   **foam; foamy**

nn; adj   Medel för alstring av skum för eldsläckningsändamål.
Preparations for generating foam for fire–extinguishing purposes.

1963 kokain   **cocaine**

nn   Jag missbrukade alkohol, marijuana, kokain och crack, och jag sniffade lim.
I was addicted to alcohol, marijuana, cocaine, crack cocaine, and I sniffed glue.

1964 tillbringa   **spend**

vb   Tycker du fortfarande att jag är den som du vill tillbringa resten av ditt liv med?
Do you still think I'm the one you want to spend the rest of your life with?

1965 beteende   **behavior**

nn   Tänk på sådant som tolerans, förstörelselust och asocialt beteende.
Think of things such as tolerance, destructiveness and anti–social behaviour.

1966 art   **species|nature**

nn   Arbetet med att hugga stenar kan ha skett i närliggande stenbrott, för Jerusalems berggrund är av sådan art att det är lätt att hugga ut block i önskad form och storlek. Stenblocken blir sedan hårda, hållbara och vackra byggstenar när de utsätts för väder och vind.
The hewn stones prepared may have been quarried in that area, for the bedrock of Jerusalem itself is easily cut and chiseled to size and shape, yet, upon exposure to the weather, hardens into durable and attractive building stones.

1967 källa   **source**

nn   I avsnitt 3A001.e.1.b definieras 'sekundärcell' som en 'cell' som är avsedd att laddas genom en extern elektrisk källa.

For the purpose of 3A001.e.1.b., a 'secondary cell' is a 'cell' that is designed to be charged by an external electrical source.

1968 närvarande — **present**

adj

Förutom borgmästaren var många andra förnäma gäster närvarande.

Beside the mayor, many other distinguished guests were present.

1969 utav — **out of**

prp

På en världskarta online ange överföringsdatum, olagliga överföringsrutter och personer som ägnar sig åt olaglig handel för varje enskilt handeldvapen och lätt vapen och annat konventionellt vapen eller varje enskild ammunition (utav tusentals) som varit föremål för olaglig handel.

Plot dates of transfer, illicit supply routes and traffickers involved for any one item (among thousands) of trafficked SALW and other conventional weapons and ammunition on an online world map.

1970 misstänka — **suspect**

vb

Parlamentet förväntar sig att Olaf åtminstone kartlägger uppföljningen av dessa fall. Parlamentet begär en analys av de misstänka bedrägerifall som under 2012 och 2013 avvisats och återförvisats till kommissionen.

Notes with concern the large number of suspected fraud cases which the Commission has reported to OLAF but which OLAF dismissed and referred back to the Commission; observes that no record is kept of the follow–up measures taken by the Commission; calls on OLAF at least to monitor the follow–up measures to these cases; calls for an analysis of the suspected fraud cases dismissed and referred back to the Commission in 2012 and 2013;

1971 tunnel — **tunnel|subway**

nn

Detta kan inte syfta på Hiskias tunnel, för den byggdes inte förrän efter Ahas tid.

This could not refer to what is called Hezekiah's tunnel, as that had not yet been constructed in Ahaz' day.

1972 främmande — **foreign|alien; stranger**

adj; nn

Det är ingalunda lätt att bemästra ett främmande språk.

It's by no means easy to master a foreign language.

1973 riva — **tear**

vb

I "koncentrations områdena" (dvs. områden med hög svintäthet i Nederländernas östra och södra delar) kan bidrag beviljas för att riva överflödiga jordbruksbyggnader.

In the "concentration areas" (i.e. areas in the east and the south of the Netherlands with a high pig density), an allowance can be obtained for the demolition of farm buildings which consequently become redundant.

1974 experiment — **experiment**

nn

Test, utvärdering, experiment och analytiska tjänster.

Testing, evaluation, trials and analytical services.

1975 nigger — **nigger**

nn

All right, min nigger.

All right, my nigga.

1976 elev — **student; scholastic**

nn; adj

Var elev har sin egen dator.

Each student has their own computer.

1977 dugg — **atom**

nn

John bryr sig inte ett dugg om sina kläder.

John is very careless about his clothes.

1978	**betyg**	**certificate | testimonial**
	nn	Med dessa betyg kan du inte gå vidare till universitet.
		With these grades you can continue on to college.

1979 **somna** — **fall asleep**
vb
Jag har aldrig problem med att somna.
I never have trouble falling asleep.

1980 **värde** — **value**
nn
Detta är bara ett approximativt värde.
This is only an approximate value.

1981 **villkor** — **terms \| condition**
nn
Hon tilläts att gå till discot, på villkor att hon var tillbaka vid tio.
She was allowed to go to the disco on condition that she was back by ten.

1982 **representera** — **represent**
vb
Ett referensvärde kan i en databas representera gruppelementets aktuella status.
A reference value can represent the current state of the group elements in a database.

1983 **intill** — **adjacent; near to**
adv; prp
Detta skall inte gälla om det finns två av varandra oberoende och hermetiskt åtskilda huvudmaskinrum eller om det intill huvudmaskinrummet finns ett separat maskinrum med en bogpropeller, så att fartyget kan gå för egen maskin om eld utbryter i huvudmaskinrummet.
This shall not apply where there are two mutually independent and hermetically separated main engine rooms or if next to the main engine room there is a separate engine room with a bow thruster, ensuring that the vessel is able to make way under its own power in the event of fire in the main engine room.

1984 **lampa** — **lamp**
nn
En " Siemens " kan vara en lampa, en tvättmaskin eller ett kärnkraftverk.
'A Siemens ' can be a lamp, a washing machine or a nuclear power station.

1985 **kommendör** — **commander**
nn
Kommendör Norrington kommer att bli väldigt förtjust.
Ah, now, Commodore Norrington is going to be very pleased with this.

1986 **mata** — **feed**
vb
Har du lite bröd? Jag ska mata duvorna.
Do you have some bread? I'm going to feed the pigeons.

1987 **brittisk** — **British**
adj
Det betyder att det brittisk–amerikanska världsväldet kommer att vara det dominerande väldet när Harmageddon börjar.
Thus, the Anglo–American World Power will still be the dominant world power when Armageddon strikes.

1988 **rep** — **rope**
nn
Man pratar inte om rep i hängdas hus.
Do not mention rope in the house of the hanged.

1989 **officiellt** — **officially**
adv
Officiellt plomberade förpackningar får inte omplomberas, varken en eller flera gånger, annat än genom officiell plombering.

Packages which have been officially sealed shall not be resealed, whether one or more times, except officially.

1990	**bekräfta**	**confirm**
	vb	Var god och bekräfta annulleringen via e–post.
		Please confirm the cancellation by e–mail.
1991	**övertyga**	**convince**
	vb	Jag behöver inte övertyga henne.
		I don't need to convince her.
1992	**kanin**	**rabbit**
	nn	Såg du det där, Rufus Kanin?
		See that move, Rufus Rabbit?
1993	**stålar**	**cash**
	nn	Sen går du till gruvan och viftar med det framför Wilson, och lurar honom att ställa upp med både stålar och utrustning?
		Then I suppose you're going to the colliery and flash it in front of Wilson, and bamboozle him into furnishing the cash and equipment?
1994	**soppa**	**soup**
	nn	Man kan inte göra en god soppa på billigt kött.
		You can't make good soup with cheap meat.
1995	**orm**	**snake|sneak**
	nn	Vi har Zombies, en bomb och nu en gigantisk orm!
		We have zombies, a bomb, and now a giant snake!
1996	**dygn**	**day**
	nn	Enligt gemenskapens lagstiftning (1) innebär normal hemvist den plats där en person stadigvarande vistas, dvs. minst 185 dygn per kalenderår, på grund av personlig och yrkesmässig anknytning.
		Under Community legislation (1) normal residence means the place where a person usually lives, for at least 185 days in each calendar year, because of personal and occupational ties.
1997	**kanada**	**Canada**
	nn	Kanada har naturligtvis också en stark vetenskaps– och forskningstradition.
		And Canada of course has a strong tradition in science and research.
1998	**offra**	**sacrifice**
	vb	Jesus säger att det är ännu viktigare att kasta bort, eller offra, vad som än kan leda till omoraliska tankar och handlingar, även om det vi offrar är lika värdefullt för oss som ett öga eller en hand.
		Understandably, Jesus says that it is more important to 'throw away' anything, even something as precious as an eye or a hand, to avoid immoral thinking and its resulting actions.
1999	**modern**	**modern**
	adj	Jag spisar inte modern jazz.
		I don't dig modern jazz.
2000	**följande**	**following**
	adj	Följande dag var juldagen.
		The next day was Christmas Day.
2001	**förmoda**	**assume|suppose**
	vb	De mål och riktlinjer som medlemsstaterna avtalar för framtidens pensioner utformas till att börja med av så kallade representanter på ?hög nivå?, d.v.s.

ämbetsmän som skickas av medlemsstaternas regeringar, och avtalen godkänns sedan av medlemsstaternas ministrar, vilka man får förmoda har ett folkligt mandat.

The objectives and guidelines agreed by the Member States for future pensions are initially drawn up by so–called 'high level' representatives in the shape of officials despatched by the governments of the Member States. The agreements are then confirmed by ministers of the Member States who, it must then be assumed, have popular mandates.

2002	**djungel**	**jungle**
	nn	En marknad, det är inte en djungel.
		A market is not a jungle.

2003 **magisk** **magical**

adj Många av er har talat om supernätet, vilket är ett instrument som ses som en magisk lösning.

A lot of you spoke about the supergrid. Supergrid is the tool that was seen as a magical solution.

2004 **förbannelse** **curse; maledictive**

nn; adj Men det finns ingen förbannelse i denna epizooti som drabbar det europeiska beståndet.

However, this disease affecting livestock in Europe is not the result of a curse.

2005 **för närvarande** **currently**

adv Ordförandeskapet förbereder för närvarande mandatet för det nämnda initiativet.

The Presidency is currently preparing the mandate for the aforementioned initiative.

2006 **cell** **cell**

nn Normalt är formateringar inte knutna till texten i en cell utan till själva cellen.

Usually formatting is applied to an entire cell, not the cell contents.

2007 **get** **goat**

nn Slaktbiprodukter av får eller get, saltade, i saltlake, torkade eller rökta.

Offal of sheep or goats, salted, in brine, dried or smoked.

2008 **huvudvärk** **headache**

nn Han hade huvudvärk.

His head ached.

2009 **yrke** **profession**

nn När Robert väl hade lärt sig sitt yrke, startade han ett företag.

Once he had learned his trade, Robert started a business.

2010 **snett** **askew**

adv Om man tittar snett på dem, så dödar de en!

You look sideways at them, they kill you!

2011 **vänligt** **kindly**

adv Vi bör då helt visst tilltala andra vänligt och respektfullt.

Surely, then, we should express ourselves to others in a kind and respectful way.

2012 **anmäla** **announce**

vb Kommissionen har kunnat avsluta förfarandet mot Grekland (mål C–330/96) som gått så långt att fördragsbrottstalan väckts för underlåtenhet att anmäla nationella genomförandebestämmelser för direktiv 91/244/EEG om ändring av direktiv 79/409/EEG.

The Commission has terminated proceedings against Greece (Case C–330/96)
for failing to notify it of national implementing measures for Directive
91/244/EEC amending Directive 79/409/EEC.

2013	**artikel**	**article**
	nn	13 Genom sin tolkningsfråga vill den hänskjutande domstolen få klarhet i vilka kriterier som – i samband med uppbörd av mervärdesskatt – ska användas vid bedömningen av huruvida en kopieringsverksamhet, såsom den som är aktuell i målet vid den hänskjutande domstolen, ska kvalificeras som leverans av varor, i den mening som avses i artikel 5.1 i sjätte direktivet, eller som tillhandahållande av tjänster, i den mening som avses i artikel 6.1 i direktivet.

13 By its question, the referring court wishes to know the criteria for determining, for the purposes of the collection of VAT, whether reprographics activities, such as those at issue in the main proceedings, must be classified as a supply of goods within the meaning of Article 5(1) of the Sixth Directive or as a supply of services within the meaning of Article 6(1) of that directive.

2014	**såsom**	**as; as; qua**
	con; prp; adv	De exporterar mycket frukt såsom apelsiner, grapefrukter och citroner.

They export a lot of fruit, such as oranges, grapefruits and lemons.

2015	**smutsig**	**dirty**
	adj	Ingången till toaletten är mycket smutsig.

The entrance to the toilet is very dirty.

2016	**vittna**	**testify**
	vb	(b) Personer som kan kallas att vittna i utredningar om de aktuella brotten eller i efterföljande straffrättsliga förfaranden.

(b) persons who might be called on to testify in investigations in connection with the offences under consideration or in subsequent criminal proceedings.

2017	**upphöra**	**cease|expire**
	vb	Genomförandeförordning (EU) nr 687/2011 ska upphöra att gälla.

Implementing Regulation (EU) No 687/2011 is hereby repealed.

2018	**begrava**	**bury**
	vb	Det bästa du kan göra är att begrava den en mörk natt.

The best you can do is bury it some dark night.

2019	**myndighet**	**authority**
	nn	Importörer i EU ansöker om det importtillstånd som krävs hos en behörig myndighet i EU.

EU importers apply for the necessary import authorisation to the an EU competent authority.

2020	**utnyttja**	**use|exploit**
	vb	Om det exempelvis är svårt att fastställa omfattningen av den faktiska skadan, bör skadeståndet i stället kunna fastställas på grundval av faktorer som t.ex. de royalties eller avgifter som skulle ha utgått om intrångsgöraren hade begärt tillstånd att utnyttja rättigheten.

As an alternative, for example where it would be difficult to determine the amount of the actual prejudice suffered, the amount of the damages might be derived from elements such as the royalties or fees which would have been due if the infringer had requested authorisation to use the intellectual property right in question.

2021	**ingå**	**enter**

	vb	Informationen till budgetmyndigheten skall översändas på årsbasis och vid lämplig tidpunkt, och skall sedermera ingå bland de handlingar som åtföljer det preliminära budgetförslaget.

This information shall be provided annually and at the latest in the documents accompanying the preliminary draft budget.

2022 till följd av **for**

prp

Mina föräldrar följde med till flygplatsen för att vinka av mig

My parents came to the airport to see me off.

2023 råna **rob**

vb

Så de låtsades alltså råna prinsen för att råna banken

They weren't trying to make it look like they were robbing to rip off a prince. They were making it look like they ripped off a prince to rob a bank

2024 kinesisk **Chinese**

adj

Jag älskar kinesisk mat.

I love Chinese food.

2025 flygande **flying; flit**

adj; nn

Som klagandena i målen vid den nationella domstolen med rätta har gjort gällande, var det under den relevanta perioden mellan år 1964 och år 1980 på grund av det dåvarande rättsläget i Belgien överhuvudtaget inte möjligt för dem att betala pensionsförsäkringsavgifter enligt specialbestämmelserna för flygande personal inom den civila luftfarten.

As the claimants in the main proceedings rightly submitted, in the material period of 1964 to 1980 the law then in force in Belgium did not even permit them to make pension contributions under the special scheme for civil aviation air crew.

2026 tränare **coach**

nn

Ni är tränare och kapten för det europeiska laget.

Mr President of the Commission, you are the trainer and captain of the Europe squad.

2027 passera **cross | pass through**

vb

Å andra sidan kan Internetreklam mycket enkelt passera ett lands gränser.

On the other hand, internet advertising can very easily cross a country's borders.

2028 haja **get | dig**

vb

Ni borde alltså inte haja till över att man i Belgien har en känsla av att kommissionens agerande återigen är helt annorlunda på grund av att det handlar om en stor medlemsstat.

Do not be surprised therefore that there is a feeling in Belgium that once again, the Commission's reaction is completely different because a large Member State is involved.

2029 lokal **local; room**

adj; nn

Det ska användas i mer än bara lokal omfattning.

These conditions are cumulative.

2030 överenskommelse **agreement | deal**

nn

Vi hade en överenskommelse. Du bröt den.

We had an agreement. You broke it.

2031 dussin **dozen**

nn

Mer än ett dussin konfliktsituationer förvärrar denna humanitära kris.

Over a dozen conflict situations make this humanitarian crisis even worse.

2032	**femton**	**fifteen**
	num	Vi är femton, allt som allt.
		We are fifteen in all.

2033	**orättvis**	**unfair**
	adj	Du är orättvis.
		You're unfair.

2034	**sand**	**sand**
	nn	Framtiden kan inte byggas på lögner, det vore att bygga på lösan sand.
		The future cannot be built on lies, which would be like building it on sand.

2035	**kid**	**kid**
	nn	Jag håller på dig, Kid.
		I'm betting on you, Kid.

2036	**hamn**	**port|harbor**
	nn	Fartyget skall vara utrustat med ett grimgarn med en maskstorlek på högst 110 mm och får vara ute ur hamn högst 24 timmar åt gången.
		The vessel must be equipped with a trammel net of mesh size ≤ 110 mm and must be absent from port for no more than 24 hours at a time.

2037	**motstånd**	**resistance**
	nn	Men Jesus sa också till sina apostlar att deras predikoarbete skulle möta motstånd från många.
		However, Jesus warned his apostles that many would oppose their Kingdom-preaching work.

2038	**helikopter**	**helicopter**
	nn	Från bil och helikopter fick vi en förskräckande bild av förödelsen i Bosnien.
		From car and helicopter we gained a frightening picture of the destruction in Bosnia.

2039	**torn**	**tower|thorn**
	nn	Men det finns en trollkarl som behövs tyglas här, inlåst i hans torn.
		But there is a wizard to manage here, locked in his tower.

2040	**råtta**	**rat**
	nn	Man måste vara en råtta för att få plats där.
		You'd have to be like a rat to fit in there.

2041	**berömd**	**famous|prominent**
	adj	Katedralen och andra kyrkor i Toledo ståtar med målningar av en berömd konstnär som var bosatt i staden.
		The cathedral and other churches in Toledo boast paintings by a famous artist who settled in Toledo.

2042	**fastna**	**get caught**
	vb	Det blir dessutom enkelt för yrkeskriminella att undvika att fastna i nätet.
		It is also easy for professional criminals to avoid getting caught in the net.

2043	**tunga**	**tongue**
	nn	Annars kommer vi att uträtta allt det tunga arbetet medan de inte gör någonting.
		Otherwise, we will be doing all the hard work and they will be doing nothing.

2044	**onsdag**	**Wednesday**
	nn	Omröstningen om detta resolutionsförslag kommer att äga rum på onsdag.
		The vote on this motion for a resolution will take place on Wednesday.

2045	**fabrik**	**factory**

	nn	Jag hade planerat att jobba på fabriken, men ni nämde inget om att det var stängt.
		I was planning to work at the factory, but you never mentioned it closed.
2046	**skratt**	**laugh|laughing**
	nn	Skratt smittar av sig.
		Laughter is infectious.
2047	**intervju**	**interview**
	nn	Hur gick det på din intervju?
		How did your interview go?
2048	**skrivbord**	**desk**
	nn	Det ligger på ert skrivbord.
		It's on your desk.
2049	**bibliotek**	**library**
	nn	Förslaget om att lansera ett virtuellt europeiskt bibliotek lanserades 2000.
		It was in 2000 that the idea of creating a virtual European library was launched.
2050	**agera**	**act**
	vb	Har rådet slutligen för avsikt att agera på ett enat, lyhört och enhetligt sätt?
		Does the Council finally intend to act in a unified, perceptive and uniform way?
2051	**kryp**	**insect**
	nn	Ditt kaxiga kryp!
		Arrogant insect!
2052	**forskare**	**scientist**
	nn	ERA–konceptet innefattar tre inbördes relaterade aspekter: en europeisk "inre marknad" för forskning, med fri rörlighet för forskare, teknik och kunskap; effektiv samordning på EU–nivå av forskningsverksamhet, forskningsprogram och forskningspolitik av nationell och regional omfattning; initiativ som genomförs och finansieras på EU–nivå[2].
		The ERA concept encompasses three inter–related aspects: a European 'internal market' for research, where researchers, technology and knowledge can freely circulate; effective European–level coordination of national and regional research activities, programmes and policies; and initiatives implemented and funded at European level[2].
2053	**föreställning**	**performance**
	nn	Min grupp skulle vilja varna för en föreställning att skattekonkurrensen är en särskilt positiv företeelse.
		My group would like to warn against the picture that is being painted that tax competition is a very positive thing.
2054	**väga**	**weigh**
	vb	Den frågan måste väga tungt vid omprövningen av röstningsförfarandet.
		This question must weigh heavily when the voting procedure is reviewed.
2055	**morsa**	**greet; mom**
	vb; nn	Hon är inte din morsa, Lester!
		Lester, she ain't your mama!
2056	**ondska**	**evil**
	nn	En avgörande faktor för att förstå frågan om ondska är att inse att Jehova inte skapade en ond värld.

A key point in understanding the question of evil is to recognize that Jehovah did not create a wicked world.

2057 fruktan

nn

fear|dread

Fruktan för ett litet land i Västindien som inte tror på vår livsstil.

Fear of that some little Caribbean country, that doesn't believe in our way of life poses a threat to us.

2058 saga

nn

fairy tale

Kommissionsledamoten har precis berättat en saga för oss för att rättfärdiga att han diskuterar ett internationellt avtal bakom ryggen på folket och deras företrädare.

However, Commissioner, you have just told us a fairy tale to justify the fact that you are discussing an international agreement behind the backs of the peoples and behind the backs of their representatives.

2059 samling

nn

collection|gathering

Konferensens första sammanträde den 12 mars var en historisk samling.

The first meeting of the Conference on 12 March was a historic gathering.

2060 beundra

vb

admire

Du kan tänka på det om du någon gång skulle få tillfälle att beundra den vackra moldaviten!

You might think of that should you ever have a chance to admire the beautiful moldavite!

2061 rejält

adj

proper

Jag känner en rejäl skepsis mot opinionsundersökningar.

I have a proper degree of scepticism about opinion polls.

2062 blick

nn

look|glance

Vid en flyktig blick ser den väl snygg ut men vid en närmare granskning håller den inte.

He may seem unremarkable at first glance, but fails the test upon further inspection.

2063 tvivel

nn

doubt

Om det råder tvivel om hur redovisningsreglerna enligt ENS 95 skall genomföras, skall den berörda medlemsstaten begära ett förtydligande från kommissionen (Eurostat).

In the event of a doubt regarding the correct implementation of the ESA 95 accounting rules, the Member State concerned shall request clarification from the Commission (Eurostat).

2064 inbrott

nn

burglary

Därför kan kommissionen inte anses begå inbrott när den tar fram uppgifter ur datorn eller tar sig in i kontoret."

There is therefore no reason to consider that the Commission was guilty of unlawful entry when it accessed the data in the applicant's computer or entered the space occupied by his office."

2065 till sist

adv

finally

Till sist riktas även mycket kritik mot den internationella straffrätten.

Lastly, there is a lot of criticism also of international criminal justice.

2066 anställd

nn; adj

employee; engaged

Är du anställd här?

Do you work here?

2067 halvår

six months

nn	Detta halvår har varit en verklig utmaning, inte bara för att detta var en ny uppgift för det ungerska ordförandeskapet, utan även för att uppgifterna i sig var nya.
	This half–year has been a real challenge, because it was not only a new task for the Hungarian Presidency, but the tasks themselves were new as well.

2068 yta — **surface; whine**

nn; vb

Den reflekterande ytan kan ligga inom eller på endera sidan av den spegel som provas, beroende på om det gäller en spegel med första yta, andra yta eller en prismatisk vippspegel.

The reflecting surface may lie within or at either face of the mirror sample, depending on whether it is a first–surface, second–surface, or prismatic 'flip' type mirror.

2069 robot — **robot**

nn

En robot får inte skada en människa– det är första lagen.

A robot can not harm a human being. The first law of Robotics.

2070 löjlig — **ridiculous**

adj

Domstolen gav uttryck för numera väletablerade värderingar i amerikansk rättspraxis när den bedömde sättet att använda fotografiet som "illasinnat", "falskt" och avsett att "göra käranden löjlig inför omvärlden" (32).

Articulating now–familiar themes in American privacy jurisprudence, the court found that the usage of the photograph was 'malicious', 'false', and tended to 'bring plaintiff into ridicule before the world.'

2071 sy — **sew|work**

vb

Under femtiotalet var Hong Kong en plats dit miljontals människor kunde resa från fastlandet för att ta jobb som att sy skjortor, tillverka leksaker.

In the 1950s, Hong Kong was a place where millions of people could go, from the mainland, to start in jobs like sewing shirts, making toys.

2072 video — **video**

nn

Kommunikationsprogramvara för sändning och elektroniskt utbyte av data, ljud, video, bilder via datornät, mobiltelefoner, trådlösa nät och telekommunikationsnät.

Communications software for electronically transmitting and exchanging data, audio, video and images via computer, mobile, wireless, and telecommunications networks.

2073 allt mer — **increasingly**

adv

Unionen får en allt mer politisk, en allt mer social inriktning.

The Union is necessarily becoming an increasingly political and social entity.

2074 spy — **vomit**

vb

Jag tror jag kommer spy..

I'm gonna be sick..

2075 tända — **light|ignite**

vb

Och du skall bära in bordet och ordna det som skall ligga på det, och du skall bära in lampstället och tända dess lampor.

And you must bring the table in and set its arrangement in order, and you must bring in the lampstand and light up its lamps.

2076 förmåga — **ability|capacity**

nn

Landet bör också förbättra soliditeten i det finansiella systemet samt förvaltningens förmåga att säkra en effektiv tillsyn inom den finansiella sektorn (bank–, försäkrings– och investeringstjänster).

It should also enhance the soundness of its financial system as well as its administrative capacity to ensure effective supervisory tasks in the financial sector (banking, insurance and investment services).

2077	**nuförtiden**	**these days**
	adv	

Nuförtiden tillverkar och saluför de flesta tillverkare båda standarderna och man kan spela både DVD–R och DVDR på de flesta DVD–spelare.

Nowadays, most producers are manufacturing and marketing both standards and almost all DVD–players are able to play both DVD–R and DVDR.

2078	**kilogram**	**kilogram**
	nn	

Potatoes are imported at an average price of 15 eurocents per kilogram and reach the store shelf at 80 cents per kilogram.

Potatis importeras till ett genomsnittspris av 15 cent per kilogram och kostar 80 cent per kilogram när den når affären.

2079	**olycklig**	**unhappy**
	adj	

Sven är olycklig.

Sven is miserable.

2080	**rensa**	**clear|clean**
	vb	

Du borde rensa ogräset.

You should get rid of these weeds.

2081	**vanligtvis**	**usually**
	adv	

Vanligtvis kan Sven få vad han vill.

Usually Sven can get whatever he wants.

2082	**samlas**	**gather|collect**
	vb	

Utan hinder av punkt 1 skall detta direktiv omfatta rumsliga dataset som innehas av eller förvaras för en offentlig myndighet som verkar på den lägsta förvaltningsnivån i en medlemsstat endast om medlemsstaten har lagar eller bestämmelser som innebär krav på att de skall samlas in eller spridas.

By way of derogation from paragraph 1, this Directive shall cover spatial data sets held by or on behalf of a public authority operating at the lowest level of government within a Member State only if the Member State has laws or regulations requiring their collection or dissemination.

2083	**villig**	**willing**
	adj	

Jag skulle vara villig att betala.

I'd be willing to pay.

2084	**beskriva**	**describe**
	vb	

Ord kan inte beskriva skönheten.

Words cannot describe the beauty.

2085	**skylla**	**blame**
	nn	

Ni får skylla på mig.

You can blame me.

2086	**axel**	**axis**
	nn	

Bromsarna skall ansättas på endast en axel på det fordon som provas, vid en utgångshastighet på · km/h.

The brakes shall be applied only on one axle of the vehicle under test, at an initial speed of · km/h.

2087	**billig**	**cheap**
	adj	

Hennes klänning såg billig ut.

Her dress looked cheap.

2088 döv — **deaf**
adj
Skulle en viss ultraliberal dogmatism göra den helt blind och döv?
Is there a certain kind of ultra-liberal dogmatism that makes one particularly blind and deaf?

2089 slöseri — **waste**
nn
Det var bara slöseri med tid!
It was a waste of fucking time!

2090 inklusive — **including; inclusive of**
adj; adv
Biljetter är bara giltiga för två dagar, inklusive dagen som de köptes.
Tickets are valid for just two days, including the day they are purchased on.

2091 sorgligt — **sadly**
adv
Det där är faktiskt riktigt sorgligt.
That is actually really sad.

2092 betydelse — **importance**
nn
Ja, i ordets mest inskränkta betydelse.
Yes, in the narrowest sense of the word.

2093 mista — **lose**
vb
De anbudsgivare som har lämnat ett förhöjt anbud och som har räknat med en högre nedsättningskoefficient har även kunnat undvika att mista den säkerhet som de har ställt genom att köpa den köttkvantitet som fattades på den fria marknaden.
Those tenderers who submitted an excessive bid and speculated on a higher reduction coefficient could not avoid losing the security even by purchasing the missing quantity of beef on the open market.

2094 avundsjuk — **jealous**
adj
Det är bara det attjag är lite avundsjuk, det är allt.
it's just that I'm a little envious, that's all.

2095 såra — **hurt|offend**
vb
Jag vill inte såra dig, men jag var tvungen att visa hurdan hon är.
I don't want to hurt you, but I had to show you what she's really like.

2096 pool — **pool**
nn
Och jag blev faktiskt certifierad i en pool i ett KFUM–hus mitt i vintern i Buffalo, New York.
And I actually got certified in a pool at a YMCA in the dead of winter in Buffalo, New York.

2097 garderob — **wardrobe**
nn
en stor och bekväm garderob i slutet av hallen.
like a big, fluffy linen closet at the end of the main hallway.

2098 sjunka — **sink|fall**
vb
Kommissionen medgav att priserna kunde förväntas sjunka i en sådan marknadssituation, men den ansåg att "detta inte utesluter att kartellen lyckades kontrollera eller begränsa prissänkningen".
Whilst accepting that in such a situation the prices could be expected to decrease, the Commission considers that that 'this does not exclude that the cartel managed to control or limit the price decrease'.

2099 trötta — **weary**
vb
På grund av livets påfrestningar blir vi alla trötta ibland.
Because of the pressures of life, we all grow weary at times.

2100	**dubbel**	**double; doubles**
	adj; nn	Satellitövervakningen av Europeiska unionens fartyg ska ske via en dubbel överföring enligt ett trepartssystem, i enlighet med följande:
		The satellite monitoring of European Union vessels shall be ensured by dual transmission based on a triangular system, as follows:
2101	**tips**	**tip|wrinkle**
	nn	Tips–hjälpen visar texten i användarläge när muspekaren flyttas över kontrollfältet.
		The tip shows the text in user mode when the mouse is moved over the control.
2102	**yttre**	**external; exterior**
	adj; nn	Betänkandets polerade yttre är dock en juridisk potemkinkuliss.
		The report's nicely polished exterior is, however, a legal 'Potemkin facade'.
2103	**motiv**	**motif**
	nn	Österrike och Italien har så många som åtta olika motiv.
		Austria and Italy have no fewer than eight different designs.
2104	**förhandla**	**negotiate**
	vb	Men om regeringen inte vill förhandla med rebellerna, vem skall då förhandla med rebellerna?
		But if the government refuses to negotiate with the rebels, who will negotiate with them?
2105	**riddare**	**knight**
	nn	Nej, det är en 600– år–gammal sarkofag med en fransk riddare och hans Lady.
		No, it's a 600– year–old sarcophagus with a French knight and his lady.
2106	**kön**	**sex**
	nn	De kan gifta sig med någon av det motsatta könet eller med någon av samma kön.
		They can marry someone from the opposite sex or someone of their own sex.
2107	**forskning**	**research**
	nn	För att stimulera forskning och utveckling om genetiskt modifierade organismer för användning som livsmedel och/eller foder är det lämpligt att skydda den investering som görs av innovatörer när det gäller att samla information och data som stöder en ansökan enligt denna förordning.
		In order to stimulate research and development into GMOs for food and/or feed use, it is appropriate to protect the investment made by innovators in gathering the information and data supporting an application under this Regulation.
2108	**material**	**material**
	nn	Vid vilken allt använt material enligt kapitel 3 ska vara helt framställt.
		In which all the materials of Chapter 3 used are wholly obtained.
2109	**korv**	**sausage**
	nn	Tillagat kött i form av korv eller korvar.
		Cooked meats in the form of sausages.
2110	**besättning**	**crew**
	nn	De utgör ett särskilt hot mot fartygens säkerhet, deras last, passagerare och besättning.
		In this regard, the committee' s amendments aimed to provide a minor clarification to the Commission' s proposal.
2111	**civil**	**civil**

	adj	Därför betraktar man från indiskt håll det av EU medfinansierade projektet för samarbete mellan EU och Indien inom civil luftfart ("EU–India Civil Aviation Co–operation Project") som mycket värdefullt.

In this context, the EU co–financed "EU–India Civil Aviation Co–operation Project" is being seen by the Indian government as a very valuable project.

2112 telefonnummer   **phone number**

nn   Jag fick veta att du kände till Toms telefonnummer.

I was told that you know Tom's telephone number.

2113 ägare   **owner**

nn   Det är första gången jag river min ägare, sa katten.

This is the first time I've ever clawed my owner, said the cat.

2114 påverka   **affect**

vb   Det kommer att påverka miljön, det kommer att påverka hälsan och det kommer att påverka grundvattnet.

It will affect the environment, it will affect health and it will affect groundwater.

2115 applåd   **applause**

nn   (Musik) (Applåd) Ok, nu kanske ni undrar, kanske ni undrar varför jag klappar.

(Music) (Applause) Now, you may be wondering, you may be wondering why I'm clapping.

2116 ilska   **anger**

nn   Ytterligare kritik [en] framlagd av Hamdan Malik sammanfattade litteraturfestivalens två dagar som "förvirrad, ångestfylld, till och med lite darrig" respektive "ego, ilska, medkänsla och sammanfattning".

Another set of criticism, by Hamdan Malik, labelled KLF as "confused, anxious, even shivering slightly – and – Ego, anger, compassion and conclusion".

2117 inbjudan   **invitation**

nn   Sven skickade Mary en inbjudan.

Sven sent Mary an invitation.

2118 november   **November**

nn   Beslutet (nedan kallat det ifrågasatta beslutet), som delgavs sökanden den 3 november 2000, lyder enligt följande:

The operative part of that decision, which was notified to the applicant on 3 November 2000 (the contested decision) is worded as follows:

2119 rättegång   **trial|lawsuit**

nn   Förfarandet före rättegång i samband med deportering och försvinnandet av fler än 80 bosniska civilpersoner 1992 pågår fortfarande, vilket leder till farhågor om att ärendet ska dra ut på tiden.

The pre–trial procedure concerning the deportation and disappearance of more than 80 Bosnian civilians in 1992 is still ongoing, which raises concerns about the length of the case.

2120 oerhört   **tremendously**

adv   Sven är oerhört romantisk.

Sven is extremely romantic.

2121 sänka   **lower|cut; fold**

vb; nn   Det kan emellertid hända att de behöriga myndigheterna accepterar att sänka kvoterna i syfte att undvika ofta återkommande byten av tillämpligt regelverk för företag som står på gränsen till att uteslutas från definitionen, eller att de accepterar att ersätta balansomslutningen med intäktsstruktur eller verksamhet som inte upptas i balansräkningen (artikel 3.3).

However, the competent authorities may agree to lower these ratios to avoid frequent regime shifts for firms operating close to the ratio limits or consider income structure or off–balance–sheet activities instead of the balance sheet total [Article 3 (3)].

2122	**förlust**	**loss**
	nn	

Tillverkare eller återförsäljare som ingår ett finansiellt leasingavtal med en kund skall redovisa försäljningsvinst eller –förlust i enlighet med de principer som företaget tillämpar vid försäljning.

Manufacturer or dealer lessors shall recognise selling profitor loss in the period, in accordance with the policy followed by the entityfor outright sales.

2123	**placera**	**place|position**
	vb	

Kommer vi att placera medborgarna mitt i den dynamiska utvecklingen?

Are we now going to place the people at the heart of this development dynamic?

2124	**skilsmässa**	**divorce**
	nn	

Du förstår väl varför jag inte gifte mig med honom.Jag ville inte orsaka en skilsmässa.

You must know that the reason that I didn't marry him, is because I couldn't stand to be a cause of divorce.

2125	**tår**	**tear**
	nn	

Bibeln ger följande löfte till de trogna människor som lever då: "Han [Gud] skall torka varje tår från deras ögon, och döden skall inte finnas mer; inte heller skall sorg eller skrik eller smärta finnas mer." (Uppenbarelseboken 21:4)

Regarding faithful humans living then, the Bible assures us that God "will wipe out every tear from their eyes, and death will be no more, neither will mourning nor outcry nor pain be anymore."–Revelation 21:4.

2126	**ont**	**evil|wrong; badly**
	nn; adv	

Det gör inte så ont.

It doesn't hurt so much.

2127	**ämne**	**subject**
	nn	

Har du valt ett ämne?

Have you chosen a topic?

2128	**sno**	**twist|turn**
	vb	

Sno på dig.

Get a move on.

2129	**belöning**	**reward**
	nn	

Kvinnorna måste ha samma tillgång till arbetsmarknaden, inklusive samma möjligheter att få ledande positioner, och de måste få en rättvis belöning för sitt arbete på samma nivå som män.

Women must have equal access to the labour market, including access to senior positions, and they must be adequately rewarded for their work, at a comparable level to men.

2130	**sträck**	**extension**
	nn	

Trots att denna rättsliga ställning är permanent, kan den dras in under vissa omständligheter, dvs. om personen i fråga uppehåller sig utanför medlemsstatens territorium längre än två år i sträck, om det konstateras att ställningen som varaktigt bosatt i en medlemsstat har förvärvats genom bedrägeri, eller om sådan rättslig ställning har förvärvats i en annan medlemsstat.

Although long–term resident status is permanent, it may be withdrawn on certain grounds, i.e. absence from the Member State for a period of more than two consecutive years, proof that such status was acquired by fraudulent means, and acquirement of such status in a second Member State.

| 2131 | **medel** | **means** |
| | *nn* | Det hör till ett grundläggande sunt förnuft, att man inom ramen för samarbetet med de här länderna skall ge dem medel för att kunna starta om utifrån goda grunder, och för att undvika att alla de ansträngningar de har gjort – åtminstone gäller det för vissa av dem – inte reduceras till noll på grund av att de tyngs av en kraftig skuld. |

It is the most basic common sense, within the framework of cooperation with these countries, to give them the means to start off on the right foot so that all the work they have done – at least as far as some are concerned – is not cancelled out by excessive debts.

| 2132 | **usel** | **wretched** |
| | *adj* | Är Sven så usel? |

Is Sven that bad?

| 2133 | **halt** | **halt\|content; lame** |
| | *nn; adj* | Högst 10 mg/kg beräknat på halt av SO2. |

Not more than 10 mg/kg based on the SO2 content.

| 2134 | **trädgård** | **garden** |
| | *nn* | I vår trädgård finns två körsbärsträd. |

Our garden has two cherry trees.

| 2135 | **överlämna** | **submit\|transmit** |
| | *vb* | Laurent Gbagbo måste erkänna valresultaten och överlämna makten. |

Laurent Gbagbo must recognise the results of the elections and hand over power.

| 2136 | **andel** | **share** |
| | *nn* | Vad som är viktigare är dock att Hynix mottog en oproportionerligt stor andel av programmets sammanlagda utgifter, nämligen 41 %. |

However, and more importantly, Hynix received a disproportionately large amount of the total expenditure of the programme, namely 41 %.

| 2137 | **klaga** | **complain** |
| | *vb* | Det finns inget att klaga på. |

There is nothing to complain about.

| 2138 | **törstig** | **thirsty** |
| | *adj* | Jag har aldrig varit så törstig! |

I've never been so thirsty!

| 2139 | **sport** | **sports** |
| | *nn* | Sven gillar inte att prata om sport. |

Sven doesn't like talking about sports.

| 2140 | **oktober** | **October** |
| | *nn* | Sven hoppas att se dig i oktober. |

Sven hopes to see you in October.

| 2141 | **homosexuell** | **gay; queer** |
| | *nn; adj* | Jag är homosexuell. |

I'm a homosexual.

2142	**minus**	**minus; minus**
	adv; nn	Rörelseresultaten sjönk till 29 300 euro (minus 45 procent) och till 43 000 euro (minus 18 procent).
		Operating results fell to EUR 29 300 (minus 45%) and to EUR 43 000 (minus 18%).
2143	**tillåtelse**	**permission**
	nn	Jag har tillåtelse att tala med officeren!
		I have permission to speak to the officer!
2144	**förbli**	**remain|keep**
	vb	Villkor som skall uppfyllas: Specifikationerna och de fysisk–kemiska egenskaperna, samt komponentens samtliga övriga egenskaper skall förbli desamma.
		Conditions to be fulfilled: the specifications and physicochemical properties and all characteristics of the component remain the same.
2145	**arrestera**	**arrest**
	vb	Misslyckandet att arrestera herr Karadzic är ett klart brott mot fredsavtalet i Dayton, vars genomförande är ett villkor för återuppbyggnadsbistånd.
		The failure to arrest Mr Karadzic is a clear violation of the Dayton Peace Agreement, the implementation of which is a condition for assistance for reconstruction.
2146	**övertygad**	**convinced**
	adj	Sven är övertygad.
		Sven's convinced.
2147	**kräk**	**wretch|skunk**
	nn	Smutsiga kräk, vi ska döda dem alla!
		Dirty skunks, we'll kill ' em all!
2148	**konto**	**account**
	nn	Även om överförandet av medlen till partnerlandets konto för statskassan är den slutgiltiga utbetalningen för kommissionens del kan det gå någon tid innan biståndet faktiskt utnyttjas fullt ut av de nationella myndigheterna som en del av deras budget.
		Although for the Commission its transfer of this funding to the treasury account of the partner country is the final payment, some time may elapse before it is actually fully spent by the national authorities as part of their budget.
2149	**maj**	**may**
	nn	Torsdag 9 maj Kristi Himmelfärdsdag: STÄNGT Fredag 10 maj: STÄNGT
		Thursday, May 9: CLOSED Friday, May 10: CLOSED
2150	**kapitel**	**chapter**
	nn	Ansökningar som lämnas in i enlighet med artikel 4 i förordning (EG) nr 258/97 före den dag då den här förordningen skall börja tillämpas skall omvandlas till ansökningar enligt kapitel II avsnitt 1 i den här förordningen, om den första utvärderingsrapporten som föreskrivs i artikel 6.3 i förordning (EG) nr 258/97 ännu inte har skickats till kommissionen, liksom i alla fall där en kompletterande utvärdering krävs enligt artikel 6.3 eller 6.4 i förordning (EG) nr 258/97.
		Requests submitted under Article 4 of Regulation (EC) No 258/97 before the date of application of this Regulation shall be transformed into applications under Chapter II, Section 1 of this Regulation where the initial assessment report provided for under Article 6(3) of Regulation (EC) No 258/97 has not

yet been forwarded to the Commission, as well as in all cases where an additional assessment report is required in accordance with Article 6(3) or (4) of Regulation (EC) No 258/97.

2151 **västerut**
adv

west

Bil 128 har svängt höger och färdas västerut.

Okay, guys, truck 128 has turned right heading west.

2152 **såklart**
int

of course

Däremot uppkom det ett antal störningar och övertramp vid centraliseringen av resultatsammanräkningen, det viktigaste var såklart att valkommissionen begärde avsked och att resultatsammanräkningen överlämnades till inrikesdepartementet.

In contrast, it was when the counting of results was centralised that a certain number of mistakes and problems appeared, the most important, of course, being the resignation of the electoral commission and the transfer of the counting of results to the Minister for the Interior.

2153 **fördel**
nn

advantage

Följaktligen ger bidraget Varvaressos en fördel.

Therefore, the grant gives an advantage to Varvaressos.

2154 **spanien**
nn

Spain

Domstolens dom (tredje avdelningen) av den 6 maj 2010 (begäran om förhandsavgörande från Juzgado de lo Mercantil no 4, Spanien) – Axel Walz mot Clickair S.A.

Judgment of the Court (Third Chamber) of 6 May 2010 (reference for a preliminary ruling from the Juzgado de lo Mercantil no 4 de Barcelona – Spain) – Axel Walz v Clickair S.A.

2155 **rar**
adj

nice

Domstolens dom (sjätte avdelningen) den 16 maj 2002. – Associação dos Refinadores de Açúcar Portugueses (ARAP), Alcântara Refinarias – Açúcares SA och Refinarias de Açúcar Reunidas SA (RAR) mot Europeiska kommissionen. – Överklagande – Statligt stöd – Gemensam jordbrukspolitik – Socker – Stöd som beviljas i enlighet med ett allmänt statligt stödsystem som kommissionen har godkänt – Bidrag från en medlemsstat till finansieringen av ett projekt vid utvecklingssektionen vid Europeiska utvecklings– och garantifonden för jordbruket – Stöd till yrkesutbildning. – Mål C–321/99 P.

Judgment of the Court (Sixth Chamber) of 16 May 2002. – Associação dos Refinadores de Açúcar Portugueses (ARAP), Alcântara Refinarias – Açúcares SA and Refinarias de Açúcar Reunidas SA (RAR) v Commission of the European Communities. – Appeal – State aid – Common agricultural policy – Sugar – Aid granted in implementation of a general State aid scheme approved by the Commission – Contribution by a Member State to the financing of a project eligible for theEuropean Agricultural Guidance and Guarantee Fund, Guidance Section – Aid for vocational training. – Case C–321/99 P.

2156 **snö**
nn

snow

I länder som Norge och Finland har de mycket snö på vintern.

In such countries as Norway and Finland, they have lots of snow in winter.

2157 **alkohol**
nn

alcohol

De serverade inte Sven någon alkohol eftersom han var underårig.

They wouldn't serve Sven a drink because he was underage.

2158 **intelligent**
adj

intelligent

Sven är väldigt intelligent.

Sven is very intelligent.

2159	**korridor**	**corridor|hall**
	nn	Denna väg skall tillsammans med Brenneraxeln och en del av väg E70, bilda delar av ett transportnät som skall förbättra den korridor som förbinder området vid norra Atlanten med hamnarna vid Medelhavet.
		This route is to become, together with the Brenner axis and a section of Route E70, part of a transport network system aiming to improve the corridor that links the North Atlantic area with the Mediterranean harbours.
2160	**ficka**	**pocket**
	nn	Han stoppade näsduken i sin ficka.
		He tucked the handkerchief in his pocket.
2161	**story**	**story**
	nn	Jag vill inte att min första story på nyhetsstationen - ska handla om en modeshow för katter.
		I will not have my first story at this news station be about a cat fashion show.
2162	**undantag**	**exception**
	nn	Glöm inte att det finns undantag.
		Don't forget that there are exceptions.
2163	**journalist**	**journalist**
	nn	Så sent som den här veckan censurerades även en tidningskrönika skriven av en mycket välkänd journalist, Mário Crespo, på eller till synes på premiärministerns tillskyndan.
		Just this week, a newspaper column written by a very well–known journalist, Mário Crespo, was also censured at the prompting – or apparently at the prompting – of the Prime Minister.
2164	**bägge**	**either|both**
	prn	Bägge kan öka stabiliteten och förutsägbarheten.
		For both it can increase stability and predictability.
2165	**mur**	**wall**
	nn	Byggdes denna mur för att hålla människor ute eller för att hålla dem inne?
		Was this wall built to keep people out or to keep them in?
2166	**cykel**	**bicycle**
	nn	Han använde hennes cykel utan att fråga om lov.
		He used her bike without asking permission.
2167	**handling**	**action|document**
	nn	22 Genom handling som inkom till förstainstansrättens kansli den 27 maj 2009 ansökte Konungariket Spanien om att få intervenera i detta mål till stöd för kommissionens yrkanden.
		22 By document lodged at the Registry of the Court on 27 May 2009, the Kingdom of Spain sought leave to intervene in the present case in support of the forms of order sought by the Commission.
2168	**garage**	**garage**
	nn	En utländsk makt eller någon datahacker i ett garage?
		A foreign power or some computer hacker in his garage?
2169	**bevara**	**preserve**
	vb	Det är av den anledningen som vi måste bevara äkta pluralism och sann mångfald.
		It is for this reason that we must preserve genuine plurality and true diversity.

2170	**indian**	**Indian**
	nn	Jacob, min pojke, Nathan, härdade män. män som är mera indian än vit.
		Jacob, my boy, Nathan. Seasoned men. Men more indian than white.
2171	**livstid**	**lifetime**
	nn	Växterna har under hela sin livstid odlats i en skyddad zon som anges i den högra kolumnen.
		The plants have been grown throughout their life in a protected zone listed in the right hand column.
2172	**österut**	**eastward**
	adv	Har unionen kommit över sina stora bekymmer beträffande utvidgningen österut?
		Has the Union got over its teething troubles with expansion in the east?
2173	**ramla**	**fall|tumble**
	vb	Du ska åka ända till stranden och du kommer inte att ramla.
		See, you will skate all the way to the shore, princess, and you will not fall again.
2174	**regna**	**rain**
	vb	Det har slutat regna.
		It has stopped raining.
2175	**leksak**	**toy**
	nn	Om dessa produkter inte framställs som konstruerade eller uttryckligen avsedda för att användas som leksak av barn yngre än 14 år, anses de inte vara leksaker och omfattas därför inte av rådets direktiv 88/378/EEG(3) om leksakers säkerhet(4).
		Provided that these products are not presented as items designed or clearly intended for use in play by children of less than 14 years of age, they are not deemed to be toys and are therefore not covered by Council Directive 88/378/EEC(3) on the safety of toys(4).
2176	**sända**	**send**
	vb	Medlemsstaterna bör sända informationen till kommissionen i sådan form att kommissionen direkt och på effektivast tänkbara sätt kan använda den i samband med förvaltningen av räkenskaperna för EGFJ och EJFLU samt för därmed förbundna betalningar.
		Notifications of information by the Member States to the Commission must enable it to use the information sent directly and as effectively as possible for the management of EAGF and EAFRD accounts and the relevant payments.
2177	**dusch**	**shower**
	nn	Flytande tvål, dusch– och badgelé, dusch– och badskum.
		Liquid soaps, shower and bath gel, shower and bath foam.
2178	**framsteg**	**progress**
	nn	Även om det föreligger en hög nivå av överföringar från 2012 till 2013, förväntas betydande framsteg eftersom förfallna överföringar kommer att minskas betydligt från 45 procent (2011 års överföringar) till uppskattningsvis 13 procent (2012 års överföringar).
		Although there is a high level of carry–overs from 2012 to 2013, significant progress is expected since cancellations of carry–overs will be considerably reduced from 45 % (2011 carry–overs) to estimated 13 % (2012 carry–overs).
2179	**riktning**	**direction|course**
	nn	Det ackusativa indikerar riktning, det vill säga en rörelse mot en annan plats.

The accusative indicates directionality, that is, movement towards a certain place.

2180 **vinge** **wing**

nn

b) Sådan utrustning eller sådana anordningar behöver inte finnas vid nödutgångar belägna över en vinge, om den angivna plats på flygplanet, där utrymningsvägen slutar, befinner sig mindre än 1,83 m (6 ft) över marken när flygplanet står på marken med landstället utfällt och klaffarna i läge för start eller landning, varvid det klaffläge som är högst över marken ska gälla.

(b) Such equipment or devices need not be provided at overwing exits if the designated place on the aeroplane structure at which the escape route terminates is less than 1,83 metres (6 feet) from the ground with the aeroplane on the ground, the landing gear extended, and the flaps in the take off or landing position, whichever flap position is higher from the ground.

2181 **jättefin** **awesome | gorgeous**

adj

Hon är jättefin

Oh.. she's a gorgeous one

2182 **okänd** **unknown**

adj

Orsaken till olyckan är okänd.

The cause of the accident is unknown.

2183 **trä** **wood; thread**

nn; vb

Han skar ut en buddhastaty ur trä.

He carved a Buddha statue from wood.

2184 **försäkra** **assure | ensure**

vb

Syftet med övervakningen är att försäkra sig om att tillverkaren fullgör de skyldigheter som följer av det godkända kvalitetssystemet.

The purpose of surveillance is to make sure that the manufacturer duly fulfils the obligations arising out of the approved quality system.

2185 **lur** **earphone**

nn

Bildåtergivningsprodukten kan kommunicera med en sladdlös lur.

The capability of the imaging product to communicate with a cordless handset.

2186 **borgen** **guarantee**

nn

Artikel 53 – Säkerhet, borgen eller deposition.

Article 53 – Security, bond or deposit.

2187 **extremt** **extremely**

adv

Det var extremt roligt.

It was extremely funny.

2188 **enastående** **outstanding; exceptionally**

adj; adv

Ett enastående dokument med namnet "Sustainable and Secure Energy Supplies" lades fram, som utskottet för industrifrågor, forskning och energi också kommer att diskutera i slutet av månaden.

An outstanding document, entitled 'Sustainable and Secure Energy Supplies' was presented which will also be discussed at the end of this month in the Committee on Industry, Research and Energy.

2189 **förändring** **change**

nn

Är förändring möjlig i våra känslor, i våra karaktärsdrag, i våra känslor?

Is change possible in our emotions, in our traits, in our moods?

2190 **jätte** **giant**

nn

Vi är Europaparlamentet, inte en styrelse för en ekonomisk jätte.

We are the European Parliament, not the board of directors of an economic giant.

2191	**rumpa**	**buttocks; duff**
	nn; vb	Jag har sett din rumpa och den liknar inte Georges.

I've just seen your backside and, believe me, it's not like George's.

2192	**härmed**	**hereby**
	adv	Undertecknandet av protokollet till stabiliserings– och associeringsavtalet mellan Europeiska gemenskaperna och deras medlemsstater, å ena sidan, och Republiken Albanien, å andra sidan, med anledning av Republiken Kroatiens anslutning till Europeiska unionen bemyndigas härmed på unionens och dess medlemsstaters vägnar, med förbehåll för att protokollet ingås.

The signing of the Protocol to the Stabilisation and Association Agreement between the European Communities and their Member States, of the one part, and the Republic of Albania, of the other part, to take account of the accession of the Republic of Croatia to the European Union is hereby authorised on behalf of the Union and its Member States, subject to the conclusion of the said Protocol.

2193	**ungdom**	**youth**
	nn	Han verkar ha haft ett svårt liv i sin ungdom.

He seems to have had a hard life in his youth.

2194	**lidande**	**suffering; suffering**
	adj; nn	Den nuvarande situationen i Jemen och det fruktansvärda lidande som dess folk drabbats av bör analyseras mot bakgrund av detta.

The current situation in Yemen and the terrible suffering to which its people are being subjected should be analysed in the light of this situation.

2195	**teater**	**theater**
	nn	Den traditionella boken är en integrerad del av vår kultur precis som teater och konst.

A traditional book is an integral part of our culture, just like theatre or art.

2196	**fascinerande**	**fascinating**
	adj	Lieksa var bade fascinerande och skrammande.

Lieksa was both fascinating and frightening.

2197	**häxa**	**witch**
	nn	Som om nåt hänger över dig, förföljer dig som en häxa, en demon eller bara,

Like something's hanging over you, following you like a witch or a demon that just — What is wrong with you?

2198	**förstörd**	**destroyed**
	adj	Barty blev helt förstörd.

Destroyed Barty to do it.

2199	**stöta**	**bump**
	vb	Vi tycks stöta ihop titt som tätt.

We seem to bump into one another.

2200	**indien**	**India**
	nn	Indien är ett viktigt utvecklingsland och en betydande handelspartner för EU.

India is an important developing country and a significant trade partner for the European Union.

2201	**läskig**	**creepy|scary**
	adj	Det är väldigt läskigt att vara här bland de smartaste av de smarta.

It's really scary to be here among the smartest of the smart.

2202	**sökt**	**far-fetched**
	adj	Hur långsökt får definitionen av uppmaning vara?
		How far-fetched can the definition of provocation be?

2203 **besluta**   **decide**

vb

De nationella parlamenten kommer att få besluta om subsidiaritetsprincipen.

The national parliaments get to decide about the principle of subsidiarity.

2204 **kommande**   **coming; future**

adj; nn

I augusti 2014 bestämde Svenska byggnadsarbetareförbundet att könsneutrala pronomenet "hen" ("han eller hon eller varken han eller hon") bör användas istället för "han" i kommande versioner av sina stadgar.

In August 2014 the Swedish Building Workers' Union decided that the gender–neutral pronoun "hen" ("he or she, or neither he nor she") should be used instead of "han" ("he") in forthcoming versions of its by–laws.

2205 **pension**   **pension**

nn

Han tjänstgjorde utan allvarligare anmärkningar till han uppnådde pension.

He served without any serious errors until he reached retirement age.

2206 **fett**   **fat**

nn

Kola och dylikt är produkter som liksom karameller framställs genom kokning av socker, men med tillsats av fett.

Toffees, caramels and similar sweets are products which, like boiled sweets, are obtained by boiling sugar but contain added fat.

2207 **Sverige**   **Sweden**

nn

Jag hoppas att få se renar under min resa till Sverige.

I hope to see reindeer on my trip to Sweden.

2208 **vodka**   **vodka**

nn

Traditionellt framställd vodka kan inte jämföras med andra liknande spritdrycker.

Traditionally produced vodka cannot be compared to other similar spirits.

2209 **konstnär**   **artist**

nn

Han är en mycket duktig konstnär.

He's a very talented artist.

2210 **heroin**   **heroin**

nn

Genom dom av den 20 april 1994, som har vunnit laga kraft, dömde Landgericht Hamburg Ömer Nazli för medhjälp till smuggling av 1 500 g heroin till fängelse i ett år och nio månader varvid hela straffet är villkorligt.

By judgment of 20 April 1994, which became final, the Landgericht Hamburg (Regional Court, Hamburg) sentenced Mr Nazli to a term of imprisonment of 21 months, suspended in full, for being an accomplice to the trafficking of 1 500 grams of heroin.

2211 **sprida**   **spread**

vb

Den snabba utvecklingen när det gäller kapaciteten på och tillgängligheten till Internet kommer att göra detta till det främsta instrumentet för att sprida statistiska uppgifter i framtiden.

The rapid evolution in the capacity and availability of the Internet will make it the prime tool for the dissemination of statistical data in the future.

2212 **rund**   **round; round**

adj; nn

"Raclette de Savoie" är en rund ost med en diameter på 28–34 cm och en sidhöjd på 6–7,5 cm.

The 'Raclette de Savoie' comes in the form of a wheel with a diameter of 28 cm to 34 cm and a height at the outer rim of between 6 cm and 7,5 cm.

2213	**utsida**	**outside**
	nn	Aktivera det här fältet om hjälpmarkeringen ska ligga på axelns utsida.
		Check here if you want to put the tick marks on the outer side of the axis.

2214	**pjäs**	**play**
	nn	Hans nya pjäs är en enorm succé.
		His new play is a huge success.

2215	**bebis**	**baby; babies**
	nn; nnpl	Jag förvandlades till en bebis.
		I was merely turned into a baby.

2216	**höjd**	**height|high**
	nn	Tillför och frigör växelvis en horisontell, bakåtriktad kraft, som inte får överstiga 25 N, på ryggvinkelstången vid en höjd som ungefär motsvarar centrum för bröstkorgsvikterna tills höftvinkelskvadranten visar att ett stabilt läge uppnåtts sedan kraften frigjorts.
		alternately apply and release a horizontal rearward load, not to exceed 25 N, to the back angle bar at a height approximately at the centre of the torso weights until the hip angle quadrant indicates that a stable position has been reached after load release.

2217	**byte**	**change**
	nn	Jag syftar också på återförsäljning och byte av tidsdelat boende, som för närvarande är oreglerat.
		I am also referring to the resale and exchange of timeshares which are currently unregulated.

2218	**romantisk**	**Romantic**
	adj	Jag är inte det minsta romantisk.
		I am not romantic at all.

2219	**chock**	**shock**
	nn	Mindre vanlig: chock Okänd förekomst:Omedelbar allergisk reaktion (hypotension, angioödem, bronkospasm, allmänna hudreaktioner), antikroppar mot insulin.
		Uncommon: shock Not known: immediate type allergic reactions (hypotension, angioneurotic oedema, bronchospasm, generalised skin reactions), anti–insulin antibodies.

2220	**italiensk**	**Italian**
	adj	Ämne: Krav på italiensk import av ris.
		Subject: Italy's obligation to import rice.

2221	**dömd**	**devoted**
	adj	Taoufik Chaïeb, som är 36 år och tillhör den islamistiska rörelsen Ennadha, var dömd till två fängelsestraff på två och ett halvt år och tillbringade sammanlagt sex månader i fängelse.
		Mr Chaïeb (36), member of the Islamic En Nahdha movement, had received two sentences of 21/2 years and had been in prison for six months.

2222	**total**	**total|overall**
	adj	9A107Raketmotorer för fasta bränslen som kan användas i kompletta raketsystem eller obemannade luftfarkoster med en räckvidd på 300 km, andra än de som specificeras i avsnitt 9A007 och som har en total impulskapacitet som är lika med eller större än 0,841 MNs.

9A107Solid propellant rocket engines, usable in complete rocket systems or unmanned aerial vehicles, capable of a range of 300 km, other than those specified in 9A007, having total impulse capacity equal to or greater than 0,841 MNs.

2223	**gemensamt**	**in common**
	adv	Du och jag har någonting gemensamt.
		You and I have something in common.

2224	**trettio**	**thirty**
	num	Ni är nästan trettio.
		You're almost thirty.

2225	**varelse**	**creature**
	nn	Han kringgick inte kraven på absolut rättvisa; ingen förnuftsbegåvad varelse skulle därför någonsin med fog kunna klandra honom i detta avseende.
		He did not sidestep the requirements of absolute justice; so no intelligent creature could ever legitimately find fault in this respect.

2226	**före detta**	**ex-; late**
	pfx; adj	Före detta barnsoldater kommer på nytt att få psykosocialt stöd.
		Ex–combatant children will again receive psychosocial support.

2227	**passagerare**	**passenger**
	nn	Det var femtio passagerare på planet.
		There were fifty passengers on the plane.

2228	**spänd**	**tense**
	adj	Även om alla i familjen är kristna kan situationen ibland bli spänd, och hårda ord kan fällas på grund av att vi är ofullkomliga.
		Even if everyone in your household is a Christian, there may be times when the family situation becomes tense and words even become harsh because of human imperfection.

2229	**i huvudsak**	**essentially**
	adv	Kolumnegenskaperna motsvarar i huvudsak Kontrollfältegenskaperna.
		The column properties correspond essentially to those in the Control Properties.

2230	**lämpa sig**	**lend oneself to**
	vb	I vissa fall kan vatten lämpa sig utmärkt för bad utan att ha god ekologisk status.
		In some cases, waters can be of excellent quality for bathing without having a good ecological status.

2231	**datum**	**date**
	nn	Position, datum och tidpunkt för utväxling?
		Location, date and time of interchange?

2232	**barnvakt**	**baby-sitter**
	nn	Jag är barnvakt!
		I'm baby– sittin '!

2233	**tank**	**tank**
	nn	När han hör att en droppe bensin inte kostar något ber han om full tank.
		On hearing that a drop of petrol costs nothing, he asks for a full tank.

2234	**lojalitet**	**loyalty**
	nn	Toms lojalitet är beundransvärd.
		Tom's loyalty is admirable.

2235	**militär**	**military|soldier**
	nn	Diktatorn Abacha har mycket riktigt avlidit, men diktaturen upprätthålls fortfarande; dock med en ny frontfigur i form av en annan militär: Abubakar.
		Mr President, the dictator Abacha has, in fact, died, but the dictatorship remains; it remains with a new face visible in another soldier: Abubakar.
2236	**amiral**	**admiral**
	nn	Vi vet inte det, amiral.
		We don't know, Admiral.
2237	**bingo**	**bingo**
	nn	Anordnande, Organisering, Förmedling,Ledning och administration avseende hasardspel, Genomförande av hasardspel,Underhållnings– och nöjestjänster inkluderande poker, Kasinospel, Bingo och Nummerspel.
		Arranging, organising, provision, management and administration of gambling, gaming, amusement and entertainment services including poker, casino games, bingo and number games.
2238	**föremål**	**subject**
	nn	Den bör inte vara föremål för exklusiva skydds– och exploateringsrätter.
		It should not be the subject of exclusive property and exploitation rights.
2239	**heder**	**honor|credit**
	nn	Tacconi anförde att HWS inte respekterat skyldigheten att handla korrekt och i enlighet med tro och heder genom att under förhandlingarna avvisa varje förslag och därefter plötsligt avbryta avtalsförhandlingarna.
		Tacconi submitted that during the negotiations HWS had failed to fulfil its obligations and act in good faith by rejecting each of the offers made and then, following protracted negotiations, suddenly breaking off negotiations.
2240	**hurra**	**hurray; hurray**
	nn; vb	Jag ska hurra för dig.
		I shall cheer for you.
2241	**vinst**	**profit|yield**
	nn	Vi är säkra på vår vinst.
		We're confident of our victory.
2242	**skön**	**comfortable; discretion**
	adj; nn	Detta var en skön känsla.
		This was a good feeling.
2243	**numera**	**nowadays**
	adv	Moderna brottssyndikat organiserar numera sina aktiviteter världsomspännande.
		Modern criminal organizations are now organizing their activities on a global scale.
2244	**sal**	**hall**
	nn	"Mitt självförtroende byggs upp när jag är på möten i Rikets sal", säger hon.
		"Our meetings at the Kingdom Hall build up my self–confidence," she says.
2245	**anda**	**breath**
	nn	De är på hennes hotellrum, drar efter andan.
		I bet they're in her hotel room, straining for breath.
2246	**Ryssland**	**Russia**
	nn	Vi är från Ryssland.
		We are from Russia.

2247 **sikte**   **sight**

nn

Det fanns inte en själ i sikte.

There wasn't a soul in sight.

2248 **teknik**   **technique**

nn

För att påskynda utvecklingen och rivstarta användningen av strategiskt viktig koldioxidsnål teknik håller EU på att genomföra den strategiska energiteknikplanen för Europa.

To accelerate the development and kick–start deployment of strategically important low–carbon technologies, the EU is implementing the European Strategic Energy Technology Plan (SET–Plan).

2249 **mer och mer**   **increasingly**

adv

Om du pratade mindre och lyssnade mer, skulle du kanske lära dig någonting.

If you would talk less and listen more, you might learn something.

2250 **reaktion**   **reaction**

nn

Såtillvida är det en reaktion på de uppnådda produktivitetsframstegen.

To that extent, this is a reaction to the progress sought in productivity.

2251 **uppleva**   **experience**

vb

Det är utan tvivel beklagligt att allt inte är helt avslutat, men framstegen är så stora att jag anser att parlamentet har all anledning att godkänna texten och att härigenom ge EU–medborgarna ytterligare en möjlighet att uppleva den rörlighet människorna i Europeiska unionen bör ha utan att förlora rätten till de förmåner de behöver för att klara av de risker som kan uppkomma i livet. Herr talman!

It is no doubt regrettable that it has not all been completely finalised, but the progress is such that I believe Parliament has every reason to accept it, thus giving our European fellow citizens a further opportunity to experience the mobility people in the European Union should have without losing entitlement to benefits they need in order to cope with the risks of life.

2252 **fält**   **field; plain**

nn; adj

Får endast godkännas för användning som fungicid för åkergrödor med högst 0,100 kg/ha vart tredje år på samma fält.

Only uses as fungicide in field crops with an application of max. 0,100 kg/ha every third year on the same field may be authorised.

2253 **behandling**   **treatment**

nn

Denna post skall inte tillämpas förrän lämpliga åtgarder för behandling och bortskaffande av avfall från byggmaterial som innehåller asbest har treätt i kraft, vilka åtgärder skall fastställas i enlighet med förfarandet i artikel 17 om deponering av avfall.

As far as the landfilling of waste is concerned, Member States may decide to postpone the entry into force of this entry until the establishment of appropriate measures for the treatment and disposal of waste from construction material containing asbestos. These measures are to be established according to the procedure referred to in Article 17 on the landfill of waste.

2254 **korpral**   **corporal**

nn

Nu kräver jag också att korpral Shalit omedelbart släpps fri.

I too now call for Corporal Shalit' s immediate release.

2255 **dikt**   **poem**

nn

Diktförteckningen innehåller en inledande förklaring, och för varje dikt – vars placering beror på hur ofta den nämns i olika antologier – anges författare, titel, inledningsstrof och utgivningsår.

Following an introductory section, that list of verse titles, which is arranged according to the frequency with which the poem is cited in various anthologies, sets out the author, title, opening line and year of publication for each poem.

2256	**häftig**	**acute|violent|fierce**
	adj	I den frågan utkämpades en häftig strid, särskilt mot rådet, men vi vann.
		It was a fierce battle that we won here, particularly against the Council.

2257	**dröja**	**delay|be late**
	vb	Vi får inte dröja med att göra det som vi alltid talar om.
		We must not delay in doing what we are always talking about.

2258	**anfalla**	**attack|charge**
	vb	Inget ännu, men dom ska försöka anfalla från floden.
		Nothing yet, but they are going to try a river assault.

2259	**pasta**	**pasta**
	nn	Grönsaker i form av puré, konserver, pasta eller i egen saft (även inlagda och i saltlake).
		Vegetables in the form of purée, preserves, pastes or in its own juice (including pickled and in brine).

2260	**avbryta**	**interrupt|cancel**
	vb	Jag måste avbryta.
		I have to cancel.

2261	**med hänsyn till**	**with regard to**
	prp	Med hänsyn till hälsosituationen bör det inte gå speciellt lång tid, både med hänsyn till konsumenterna och med hänsyn till jordbrukarna.
		In view of the health situation, a particularly long period ought not to be allowed to elapse, out of consideration for both consumers and farmers.

2262	**uppåt**	**up; upwards; in high spirits**
	prp; adv; adj	Ett land får avrunda, uppåt eller nedåt, det belopp som blir resultatet av omräkningen till dess nationella valuta av ett belopp uttryckt i euro.
		A country may round up or down the amount resulting from the conversion into its national currency of an amount expressed in euro.

2263	**händelse**	**event|incident**
	nn	I listrutan Händelse väljer du ut den programhändelse som ska tilldelas ett makro.
		In the Event list box, select the program event to which you want to assign a macro.

2264	**prick**	**dot; sharp**
	nn; adv	Det blir allt vanligare att dessa stänger gränserna på ett urskillningslöst och lagstridigt sätt, utvisar medborgare utan en prick i brottsregistret – nyligen råkade en svensk medborgare, medlem av en icke–statlig organisation, ut för detta och blev just i dessa dagar utvisad från Belgien utan verklig motivering – arresterar försvarslösa demonstranter och utsätter dem för oacceptabel behandling, om inte rent av tortyr och fruktansvärda övergrepp som i Genua.
		Increasingly often, these authorities close borders indiscriminately and unlawfully, expel citizens with a clean record (as recently happened to a Swedish citizen, a member of a non–governmental organisation, who was expelled a few days ago from Belgium on no real grounds), and arrest defenceless demonstrators and subject them to unacceptable procedures, if not torture and terrible violence, as happened in Genoa.

2265	**ledning**	**management**

	nn	Det noteras att företaget 2001 förklarades ha försummat att betala det utestående beloppet (37,5 miljarder won) av det konsortielån som 1996 beviljades av utländska långivare under ledning av Société Générale och att även andra krediter därmed förfallit.

It is noted that the outstanding amount of KRW 37,5 billion of the syndicated loan from foreign borrowers granted in 1996 and led by Société Générale was declared for default and cross default in 2001.

2266 tävla

vb; nn

compete; contest

Ska vi tävla?

How about a contest?

2267 augusti

nn

august

I ett e–postmeddelande av den 21 augusti 2008 delgav sökandena Bundesamt att de inte hade för avsikt att på nytt ge in ansökan med användning av de formulär hade har tagits fram av Efsa och krävde att deras ansökan skulle överlämnas till Efsa utan dröjsmål.

By letter to the Bundesamt of 21 August 2008, the applicants refused to re–submit their application using the forms published by EFSA and asked that their application be forwarded to EFSA forthwith.

2268 butik

nn

store

Sven köpte en kamera i en butik inte långt härifrån.

Sven bought a camera at a store not too far from here.

2269 bälte

nn

belt

Denna definition omfattar både direkttransfer och offsettransfer via en mellanliggande trumma eller ett mellanliggande bälte.

This definition includes both direct transfer and offset transfer via an intermediate drum or belt.

2270 därefter

adv

then|thereafter

Vad därefter beträffar den närmare angivelsen i artikel 1 i förordning nr 4006/87 att protokoll nr 4 rör bomull, varken kardad eller kammad, som omfattas av undernummer 5201 00 i Kombinerade nomenklaturen, utesluter inte denna på något sätt bomull vid den tidpunkt då kapseln spricker upp.

As regards, next, the explanation provided by Article 1 of Regulation No 4006/87 that Protocol 4 concerns cotton, not carded or combed, falling within heading No 5201 00 of the combined nomenclature, that statement in no way excludes cotton as it is at the time of boll opening.

2271 bekväm

adj

comfortable

Den här stolen är väldigt bekväm.

This chair is very comfortable.

2272 ärr

nn

scar

Förintelsen är ett tragiskt ärr på mänsklighetens ansikte, och den får aldrig upprepas, inte ens i miniatyrformat.

The Holocaust is a tragic scar on the face of mankind and it must never be repeated, not even on a miniature scale.

2273 värme

nn

warmth|warm

Med tanke på energieffektiviteten är samproduktionen av el och värme en viktig angelägenhet.

Combined heat and power production is important for energy efficiency.

2274 utkik

nn

outlook

Smörbulten är bra på att hålla utkik, men inte bra på att bygga grottor.

The goby is an excellent watchman, but not so good at cave building.

2275 **bön** **prayer**

nn

Jesus Kristus sade i en bön till Gud: "Ditt ord är sanning."

Jesus Christ said in prayer to God: "Your word is truth."

2276 **larm** **alarm | noise**

nn

Vi vet inte hur den reagerar på dessa larm.

We do not know how they respond to these alerts.

2277 **kristen** **Christian; Christian**

adj; nn

Barack Obama är kristen.

Barack Obama is a Christian.

2278 **utseende** **appearance | look**

nn

De får dock ha följande mindre fel förutsatt att dessa inte försämrar produktens allmänna utseende, kvalitet, hållbarhet och presentation i förpackningen:

The following slight defects, however, may be allowed provided these do not affect the general appearance of the produce, the quality, the keeping quality and presentation in the package:

2279 **peka** **point**

vb

Peka ut den.

Point it out.

2280 **utför** **down; down**

prp; adv

De avtalsslutande parterna skall omedelbart informera varandra om en försöksenhet som omfattas av punkt 1 och som uppger att den tillämpar principerna om god laboratoriesed underlåter att följa dessa principer i en sådan utsträckning att integriteten och tillförlitligheten hos de undersökningar som den utför kan äventyras.

The Contracting Parties shall inform each other promptly when a test facility coming under the terms of paragraph 1, which states that it applies good laboratory practice, fails to conform to such practice to an extent which may jeopardise the integrity or authenticity of any studies it conducts.

2281 **boskap** **cattle**

nn

I jordens ena ände måste man sälja boskap på grund av brist på vatten och foder.

On one side of the planet, we have to sell livestock due to a lack of water and fodder.

2282 **sjätte** **sixth**

num

Angående: Medlemsstaternas författningar och det sjätte ramprogrammet

Subject: Member State constitutions and the Sixth Framework Programme

2283 **reta** **tease | anger**

vb

Jag vet att du gör så bara för att reta mig.

I know you're just doing that to annoy me.

2284 **ko** **cow**

nn

Hur mjölkar man en ko?

How do you milk a cow?

2285 **förhindra** **prevent | avoid**

vb

Inom ramen för det samarbete som inleddes i samband med fredsavtalet uppmuntrar kommissionen dessutom de guatemalanska myndigheterna, landets polisväsende och hela rättsväsendet att förhindra alla angrepp mot rättsstatsprincipen.

In addition, in the framework of co–operation set by the Peace Accords, the Commission is encouraging the Guatemalan authorities, the National Police Force and the judiciary system to prevent any action against the rule of law.

| 2286 | julafton | **Christmas Eve** |
| | *nn* | |

Sen kommer torsdag och jag skuttar upp från britsen, förväntansfull som ett barn på julafton.
Then comes a Thursday when I bound from my cot, excited as a kid at Christmas.

| 2287 | övertala | **persuade** |
| | *vb* | |

Han ska övertala sin far att köpa en ny bil.
She's going to talk her father into buying a new car.

| 2288 | utsikt | **view|outlook** |
| | *nn* | |

På grund av sin tro blev alltså Abraham förklarad rättfärdig som en vän till Gud, inte som en son till Gud vilken "föds på nytt" med utsikt till liv i himlen.
So, because of his faith, Abraham was declared righteous as a friend of God, not as a son of God because of being "born again" with heavenly life in view.

| 2289 | begå | **commit** |
| | *vb* | |

Hon försöker begå självmord.
She's trying to commit suicide.

| 2290 | bränsle | **fuel** |
| | *nn* | |

Bilen förbrukar mycket bränsle.
The car consumes a lot of fuel.

| 2291 | försenad | **delayed|late** |
| | *adj* | |

Det lufttrafikföretag som utför flygningen skall vid incheckningen se till att ett tydligt anslag med följande text finns uppsatt väl synligt för passagerarna: "Om ni nekas att stiga ombord eller om er flygning är inställd eller försenad med minst två timmar, kan ni vid incheckningsdisken eller utgången till flygplanet begära att få ett exemplar av den text som anger era rättigheter, särskilt rätten till kompensation och assistans".
The operating air carrier shall ensure that at check–in a clearly legible notice containing the following text is displayed in a manner clearly visible to passengers: "If you are denied boarding or if your flight is cancelled or delayed for at least two hours, ask at the check–in counter or boarding gate for the text stating your rights, particularly with regard to compensation and assistance".

| 2292 | roman | **novel** |
| | *nn* | |

"Den gamle och havet" är en roman av Hemingway.
The Old Man and the Sea is a novel by Hemingway.

| 2293 | omständighet | **circumstance** |
| | *nn* | |

Vad beträffar den tredje anmärkningen gjorde Republiken Frankrike gällande att den omständighet som kommissionen hade åberopat är hänförlig till en osäkerhet i fråga om den exakta räckvidden av domen i målet Vanbraekel m.fl., vilken borde diskuteras mellan medlemsstaterna inom ramen för Europeiska unionens råd.
With regard to the third complaint, the French Republic maintains that the circumstance alleged by the Commission was ascribable to uncertainty as to the precise implications of Vanbraekel and Others, which was to be discussed by the Member States in the Council of the European Union.

| 2294 | omgång | **round** |
| | *nn* | |

Denna omgång måste bli mer demokratisk än den första.

The second round of the presidential elections is taking place this Sunday.

2295	**dumhet**	**stupidity**
	nn	

Elefantjakten fortsätter på grund av dumhet och grymhet och, olyckligtvis, på grund av nästan generell likgiltighet.

The cruel and senseless practice of elephant hunting is still going on, unfortunately against a background of widespread indifference.

2296	**skinn**	**leather|skin**
	nn	

Ormen ömsade skinn.

The snake shed its skin.

2297	**ledtråd**	**clue**
	nn	

Bardet tillägger att "Josephus användning av termen [ho] Khristos inte är någon omöjlighet" ur ett judiskt och kristet perspektiv, utan dessutom en ledtråd som "kritiker i allmänhet har gjort det stora misstaget att förbise".

Bardet added that from a Judeo–Christian perspective, "not only is the use of the term Christos by Josephus not an impossibility" but it is a clue that "critics have in general been greatly wrong to overlook."

2298	**dal**	**valley**
	nn	

Anmärkning: Om CMPA–toppen är tillräckligt separerad från de andra topparna ska en dal–till–dal–baslinje dras. I annat fall ska linjer dras vinkelrätt mot en gemensam baslinje, vars startpunkt ska ligga nära CMPA–toppen (dvs. inte vid t = 0 minuter!).

Note: If the CMPA peak is sufficiently separated from other peaks valley–to–valley baseline allocation should be used, otherwise use dropping perpendiculars to a common baseline, which should have starting point close to the CMPA peak (thus not at t = 0 min!).

2299	**teknisk**	**technical**
	adj	

Motsvarar idag inriktningen Teknisk design – produktutveckling.

Corresponds today to a specialization in Technical Design - Product Development.

2300	**böna**	**bean; beseech**
	nn; vb	

Men vi kan inte sitta med armarna i kors i Europa och böna och be och hoppas att något händer, som i Becketts roman.

If Parliament wishes to reject it, then the Commission will respect that decision.

2301	**återstå**	**remain**
	vb	

Naturligtvis skulle skattepolitiken återstå. Eller lönepolitiken eller andelen arbetslösa som justeringsvariabler.

However, fiscal policy could naturally still be used, while wage policy or the unemployment rate could always be used as adjustment variables.

2302	**utrymme**	**space|room**
	nn	

Det lämnas utrymme för diskussion.

There's room for discussion.

2303	**skicklig**	**skilled|skilful**
	adj	

Jag tycker att han är skicklig.

I think he's competent.

2304	**bege sig**	**head|repair**
	vb	

Detta kan vara antingen den hamn där sjömannen mönstrar på eller det land dit han/hon beger sig i händelse av avmönstring.

This may be either the port at which he is to sign on or the country to which he is heading if he is leaving service.

2305 **fiska** **fish**

vb

Allt jag vill är att åka och fiska.

All I want to do is go fishing.

2306 **golf** **golf**

nn

Alla verkar gilla golf.

It seems that everybody likes golf.

2307 **motorväg** **motorway|highway**

nn

Området i Erbusco söder om motorväg A4.

Erbusco area to the south of the A4 motorway.

2308 **gas** **gas**

nn

Givet ESF fortsätter till en årlig delbetalning kan det accepteras att för vissa löpande utgifter (t.ex. gas, elektricitet, telefon osv.) får motsvarande fakturor beaktas för regleringen av betalningar efter slutet av kalenderåret om de verkligen betalats av den slutlige stödmottagaren innan det följande slutliga kravet har sänts från medlemsstaten (inom sex månader).

Given the fact that the ESF proceeds to an annual closure of instalments, it can be accepted that for certain current expenses (e. g. gas, electricity, telephone, etc.) the corresponding invoices may be taken into consideration for the settlement of payments beyond the end of the calendar year if actually paid by the final beneficiary before the subsequent submission of the final claim by the Member State (within six months).

2309 **besökare** **visitors**

nn

Vi får inte många besökare här.

We don't get many visitors here.

2310 **påse** **pouch|bag**

nn

Den 4 mars 2002 införde vår miljöminister en skatt på plastpåsar i Irland, 15 cent per påse.

On 4 March 2002, our environment minister introduced a plastic bag tax in Ireland, 15% per bag.

2311 **vrede** **anger**

nn

Den som är sen till vrede är bättre än en väldig man, och den som behärskar sin ande är bättre än den som intar en stad.

He that is slow to anger is better than a mighty man, and he that is controlling his spirit than the one capturing a city.

2312 **växel** **gear|switch**

nn

Medan nu, i andra växeln — det är som om Afrika låg i ettans växel, nu växlar dom upp i tvåan.

Whereas now, second gear — it's like Africa had first gear, now they go into second gear.

2313 **kärring** **bag|bitch**

nn

Och ta av mina kläder, kärring!

And take off my clothes, bitch!

2314 **anropa** **call**

vb

När den 70–åriga fångenskapen närmar sig sitt slut, är sådana män som Haggaj, Sakarja, Serubbabel och översteprästen Josua redo att på ett föredömligt sätt ta ledningen i att anropa Jehovas namn.

As the 70–year period of captivity draws to a close, such men as Haggai, Zechariah, Zerubbabel, and High Priest Joshua stand ready to take an excellent lead in calling upon the name of Jehovah.

2315	**mus**	**mouse|pussy**
	nn	Min katt dödade denna mus.
		My cat killed this mouse.
2316	**roa**	**entertain|amuse**
	vb	Jag är i deras händer, min makt är att roa pöbeln.
		I am at their mercy, with the power only to amuse the mob.
2317	**förare**	**driver**
	nn	Förare som utför godstransporter eller persontransporter på väg, och som har genomgått fortbildning för någon av körkortskategorierna i artikel 5.2 och 5.3, skall undantas från skyldigheten att genomgå fortbildning för någon annan av de kategorier som anges i de punkterna.
		Drivers undertaking the carriage of goods or passengers by road who have completed courses of periodic training for one of the licence categories provided for in Article 5(2) and (3) shall be exempt from the obligation to undergo further periodic training for another of the categories provided for in those paragraphs.
2318	**dokument**	**document**
	nn	Slutbetalningen sker först när medlemsstaten granskat de dokument som anges i punkt 1 tredje stycket.
		The balance shall be paid only on condition that the Member State has checked the invoices and documents referred to in paragraphs 1(3).
2319	**pastor**	**pastor**
	nn	Det fanns till exempel ett fall med en svensk protestantisk pastor.
		For example, there was the case of a Swedish Protestant pastor.
2320	**tidig**	**early**
	adj	Sven åt en tidig middag.
		Sven ate an early supper.
2321	**inta**	**occupy|take in**
	vb	Vilken hållning kommer kommissionen att inta till denna gemensamma ståndpunkt?
		What line does the Commission intend to take on the common position?
2322	**damm**	**dust|pond**
	nn	Det här är ett betänkande som inte kommer att ligga på någon hylla och samla damm.
		This is a report that will not lie on some shelf collecting dust.
2323	**nonsens**	**nonsense**
	nn	Som så ofta var det nonsens; han talade om en omröstning där vänster stod mot höger, men jag röstade på samma sätt som han.
		As is so often the case, what he said is nonsense; although he spoke in terms of a Left versus Right vote, I voted the same way as he did.
2324	**med anledning av**	**on the occasion of; on**
	adv; prp	Jag stöder föredragandens förslag till förbättringar med anledning av årsrapporten.
		I support the rapporteur's proposal for improvements in connection with the annual report.
2325	**västra**	**westerly**
	adj	Den svagaste tillväxten finns i de nordvästra och västra regionerna samt i Shannon–regionen.

The north–west, the west and the Shannon regions are displaying the weakest growth.

2326	**kissa**	**pee**
	vb	Jag måste kissa.
		I have to pee.

2327	**lager**	**stock**
	nn	Problemet är att vi har stora mängder kycklingkött på lager.
		The trouble is that we have large quantities of poultry meat in storage.

2328	**politisk**	**political**
	adj	Så säger inte en politisk ledare utan en politisk gangster och terrorist.
		Those are not the words of a political leader but of a political gangster and terrorist.

2329	**instruktion**	**instruction**
	nn	Nu lägger kommissionen fram ett förslag till förordning om instruktion för genomförandekontor, vilket föredraganden, Bourlanges, förklarade alldeles nyss.
		Now the Commission is presenting a proposal for a regulation for the statute of so–called executive agencies, which the rapporteur, Mr Bourlanges, has just explained.

2330	**piano**	**piano; piano**
	adv; nn	Vi letar reda på ett piano åt dig.
		We'll find you a piano.

2331	**schack**	**chess**
	nn	Det vore enkelt att falla till föga för frestelsen att inte försöka hålla den informella ekonomin i schack.
		It would be easy to succumb to the temptation of not trying to keep the informal economy in check.

2332	**orsaka**	**cause**
	vb	Dåliga skördar kan orsaka hungersnöd.
		Poor crops may cause famine.

2333	**siffra**	**number**
	nn	Ge mig en siffra!
		Give me a number

2334	**ogilla**	**disapprove**
	vb	Man kan gilla eller ogilla det ena eller det andra.
		You can agree or disagree with one thing or another.

2335	**tillfällig**	**temporary**
	adj	Genèvekonventionen, som utarbetades 1951, utformades som en tillfällig åtgärd.
		The Geneva Convention drafted in 1951 was conceived as a temporary measure.

2336	**frukt**	**fruit**
	nn	Vilken frukt tycker du bäst om?
		What fruit do you like the best?

2337	**front**	**front**
	nn	En samstämmig, internationell front måste klart ta ställning mot detta.
		A united international front must take a clear position against this.

2338	**mynt**	**coin**

	nn	Han tog fram några mynt.
		He took out some coins.

2339 firma

company

nn En privat firma kan inte bestämma om utgifterna är skäliga.

A private firm cannot decide whether the expenditure is appropriate.

2340 lila

lilac; lilac

adj; nn Det är detta mörkt lila inom cellen som säger oss att en gen är aktiverad där.

It's this dark purple precipitate within the cell that's telling us a gene is turned on there.

2341 överraska

surprise

vb I stället för att överraska oss har ni tyvärr gjort oss besvikna.

Unfortunately, instead of surprising us, you have disappointed us.

2342 luta

lean

vb Luta er inte mot dörrarna.

Don't lean against the doors.

2343 utväg

way out

nn Jag stöder även Charles Tannocks uppfattning om att "vilken utväg som helst är en bra utväg".

I also support Mr Tannock's idea that 'any way out is a good way out'.

2344 pank

broke

adj Jag blev nästan pank på att övertyga henne att jag var något.

I nearly went broke trying to convince her I was anything but.

2345 kulle

hill

nn Hundratals invandrare flydde från alla håll och kanter för att ta skydd på en kulle i utkanten av staden.

Fleeing from all quarters, hundreds of immigrants took refuge on a hill on the outskirts of the town.

2346 skriven

written

adj En minnestavla, skriven med latinska bokstäver till vänster och med bamumskrift till höger, visar bamumdynastin från 1300–talet fram till vår tid.

A plaque showing the Bamum dynasty from the 14th century down to today, written in the Roman alphabet on the left and the Bamum script on the right.

2347 koma

coma

nn Akut toxicitet (vid engångsdos) Symtomen på oral toxicitet hos gnagare är desamma som för andra potenta neuroleptiska substanser: hypoaktivitet, koma, tremor, kloniska kramper, salivavsöndring och minskad viktökning

Acute (single–dose) toxicity Signs of oral toxicity in rodents were characteristic of potent neuroleptic compounds: hypoactivity, coma, tremors, clonic convulsions, salivation, and depressed weight gain

2348 vice

deputy

adj Vice premiärminister samt utrikes – och invandringsminister.

Deputy Prime Minister, Minister for Foreign Affairs and Immigration .

2349 råda

advise

vb Det måste råda större öppenhet när det gäller medlemsstaternas användning av EU:s medel ,

There must be greater transparency of the use of EU funds by Member States ,

2350 VD

Chief executive

	nn	Person som är föremål för brottsutredningar från de tunisiska myndigheternas sida avseende delaktighet i behörighetsmissbruk som en offentlig tjänsteman (f.d. VD för Société Tunisienne de Banque och f.d. VD för Banque Nationale Agricole) gjort sig skyldig till för att uppnå oskäliga fördelar för tredje part och åsamka förvaltningen skada.

Person subject to judicial investigations by the Tunisian authorities for complicity in the misuse of office by a public office– holder (former CEO of Société Tunisienne de Banque and former CEO of Banque Nationale Agricole) to procure an unjustified advantage for a third party and to cause a loss to the administration.

2351 virus   **virus**

nn

Influensaviruset är ett RNA–virus som innehåller åtta gener.

The influenza virus is an RNA virus containing eight genes.

2352 reklam   **advertising**

nn

Många företag gör reklam för sina produkter på tv.

Many companies advertise their products on TV.

2353 fattas   **missing; want**

adj; vb

Sedan har vi den stora pusselbit som fattas: tillgången till rättvisa.

Then there is the big missing part of the jigsaw: access to justice.

2354 identitet   **identity**

nn

I enlighet med artikel 14.3 i förordning (EEG) nr 2081/92 registreras inte en ursprungsbeteckning eller en geografisk beteckning när detta med hänsyn till ett varumärkes anseende och renommé och den tid som det har använts är ägnat att vilseleda konsumenten om produktens rätta identitet.

Whereas, pursuant to Article 14 (3) of Regulation (EEC) No 2081/92, a designation of origin or geographical indication may not be registered where, in the light of a trade mark's reputation and renown and the length of time it has been used, registration is liable to mislead the consumer as to the true identity of the product;

2355 samband   **connection|conjunction**

nn

I samband med våra förhandlingar med WTO, måste denna fråga tas upp.

In relation to our negotiations with the WTO, this issue will have to be addressed.

2356 passande   **suitable; apropos**

adj; adv

Hur har slavklassen gett tidsenlig andlig mat genom sin styrande krets, och varför är det passande att underordna sig slavklassen?

How has the slave class provided timely spiritual food through its Governing Body, and why is submission to the slave class fitting?

2357 diamant   **diamond**

nn

Parternas argument för att syntetisk diamant och aluminiumoxid skall tillhöra samma marknad som kiselkarbid skulle likaväl kunna användas om CBN, zirkonium–aluminiumoxid, fraktionerad aluminiumoxid i gel och borkarbid (parterna har inte angivit att borkarbid utgör en del av den relevanta produktmarknaden).

Indeed, the parties' argument for including synthetic diamonds and aluminium oxide in the same market as SiC could just as well be extended to CBN, zirconia, seeded gel aluminium oxide, and boron carbide (the latter has not been mentioned by the parties as forming part of the relevant product market).

2358 ras   **race|breed**

nn

Tröskelvärden under vilka en lokal ras anses riskera att försvinna från djurhållningen (antal avelsdjur av honkön (1)).

Thresholds under which a local breed is considered as being in danger of being lost to farming (number of breeding females (1)).

2359	**kris**	**crisis**
	nn	

När ett planerat kris– eller omstruktureringsstöd anmäls till kommissionen, skall medlemsstaten ange om företaget redan tidigare har mottagit kris– eller omstruktureringsstöd, inklusive stöd som beviljats innan dessa riktlinjer började tillämpas och stöd som inte anmälts.

When planned rescue or restructuring aid is notified to the Commission, the Member State must specify whether the firm concerned has already received rescue or restructuring aid in the past, including any such aid granted before the date of application of these Guidelines and any unnotified aid.

2360	**verktyg**	**tool|instrument**
	nn	

Gå och hämta lite verktyg.

Go get some tools.

2361	**avstängd**	**out; secluded**
	adv; adj	

Vem vill du helst ha avstängd?

Who'd you rather have out?

2362	**isär**	**apart**
	adv	

Marknaden för handarbets– och symaskinsnålar måste hållas isär från marknaden för symaskinsnålar för industriellt bruk. Sådana nålar tillverkades inte av dessa företag under överträdelseperioden.

The market for hand sewing and craft needles must be distinguished from the market for industrial machine needles which were not manufactured by the undertakings during the infringement period.

2363	**passion**	**passion**
	nn	

Sitherna litar på deras passion för styrka.

The Sith rely on their passion for their strength.

2364	**pressa**	**press|squeeze**
	vb	

Tvärtom blir grossisternas handlingsutrymme i förhållande till tillverkarna särskilt begränsat och tillåter inte att de försöker pressa priserna.

On the contrary, the wholesalers' room for manoeuvre vis–à–vis the manufacturers is particularly limited and does not enable them to constrain prices in any appreciable way.

2365	**jämfört**	**comparing**
	prp	

Så vad du gör är att du jämför den vinkeln inte med den här, utan med den där.

So what you're doing is comparing that angle instead of with this one, but with that one.

2366	**attityd**	**attitude**
	nn	

Sven gillar inte Marys attityd.

Sven doesn't like Mary's attitude.

2367	**trygg**	**safe|confident**
	adj	

Är du trygg?

Are you safe?

2368	**intryck**	**impression**
	nn	

Vad fick ni för intryck av det?

What were your impressions of it?

2369	**matta**	**carpet; dull**
	nn; vb	

Vid tester på matta ska suffixet c och parameterbeteckningarna NPc , Ec , tbatc användas i formeln ovan.

For the carpet tests the suffix c and parameter names NPc, Ec, tbatc shall be used in the above equation.

2370	**enormt**	**hugely**
	adv	Behovet av reformer i Italien är enormt.

The need for reform in Italy is enormous.

2371	**reporter**	**commentator**
	nn	

Efter att ha varit med vid en sammankomst som Jehovas vittnen anordnade skrev en reporter från Sydeuropa: "Det här är människor med starka familjeband, de får lära sig att visa kärlek och att följa sitt samvete så att de inte skadar andra."

After attending a convention of Jehovah's Witnesses, a reporter from southern Europe commented: "These are people with strong family ties, they are taught to love and to live by their conscience so as not to harm others."

2372	**bransch**	**trade**
	nn	

I synnerhet är marknadstillträde för små och medelstora företag en mycket viktig förutsättning för att se till att en god tjänst tillhandahålls, att nätneutralitet tillämpas och att vi naturligtvis bemyndigar oberoende tillsynsmyndigheter i medlemsstaterna att företräda sin bransch och sina företag, men också deras konsumenter i andra EU–länder.

In particular, market access for small and medium–sized enterprises is quite an important prerequisite for ensuring that a good service is being offered, that network neutrality is implemented and that we of course authorise the independent regulatory authorities in the Member States to represent their industry and their enterprises, but also their consumers in other European countries.

2373	**tidpunkt**	**point in time**
	nn	

Världssamfundet har inte bestämt en faktisk tidpunkt för diskussion om denna fråga.

The international community has not set a clear point in time at which this issue will be debated.

2374	**styrelse**	**board|government**
	nn	

En styrelse med en företrädare för varje deltagande medlemsstat, som får ingå åtaganden för sin regerings räkning, och en företrädare för kommissionen skall vara byråns beslutsfattande organ.

A Steering Board composed of one representative of each participating Member State, authorised to commit its government, and a representative of the Commission, shall be the decision–making body of the Agency.

2375	**överge**	**abandon**
	vb	Tror du att vi borde överge skeppet?

Do you think we should abandon ship?

2376	**utsökt**	**delicious; exquisitely**
	adj; adv	Ett utsökt bord, fantastiska stolar, en behaglig atmosfär, som alltid.

An exquisite table, magnificent chairs, a congenial atmosphere, as always.

2377	**i och för sig**	**in and for itself**
	phr	

I och för sig innehåller resolutionen i sin helhet många bra synpunkter och krav.

In and for itself, the resolution as a whole contains many good viewpoints and demands.

2378	**frivilligt**	**freely**
	adv	Vilken flykting lämnar frivilligt sin hembygd?

Where are the refugees who willingly leave their homeland?

2379	**lagligt**	**timely**
	adv	Framställandet av detta betänkande av Whitehead är lägligt och opportunt.
		The production of this report by Mr Whitehead is timely and opportune.

2380	**motståndare**	**opponents**
	nn	Detta styre kommer att ta hel och full kontroll över världens angelägenheter och avlägsna alla motståndare till Guds kungarike. (Daniel 2:44)
		It will take complete control of the world's affairs and remove all opposers of God's Kingdom.–Daniel 2:44.

2381	**populär**	**exoteric**
	adj	Han är av naturen en vänlig person och populär hos barnen i området.
		He is by nature a kind person and is popular with the children in his neighborhood.

2382	**leverera**	**deliver**
	vb	b) till spritindustrin leverera äpplen, persikor och päron som har återtagits från marknaden,
		(b) supply to the distilling industry : apples, peaches, and pears which have been withdrawn from the market;

2383	**ärende**	**matter**
	nn	Jag kräver att detta ärende hänskjuts till parlamentets plenarsammanträde.
		I insist this matter be referred to Parliament's plenary for debate there.

2384	**online**	**on-line**
	adj	Googleprojektet, som återfinns online på Google.org, går ut på att skapa en stor databas med exempelmeningar översatta till många språk.
		The Google Project, which can be found online at Google.org, is working on creating a large database of example sentences translated into many languages.

2385	**missförstånd**	**misunderstanding**
	nn	I Jean Louis Cottignys betänkande kallas detta för en fond för anpassning till tillväxten, och för att undvika missförstånd föreslår jag därför att vi återgår till det namn som Europeiska kommissionen använder, det vill säga en europeisk fond för justering av globaliseringseffekter.
		Mr Cottigny's report refers to this as a growth adjustment fund, and I propose that, in order to avoid any confusion, we revert to the name used by the European Commission, that is to say a European globalisation adjustment fund.

2386	**insistera**	**insist**
	vb	Så denna gång måste vi insistera på dessa bestämmelser och insistera på att dessa angelägenheter säkerställs.
		So this time we must insist on these provisions and insist on these matters being secured.

2387	**grå**	**gray**
	adj	Hans skjorta var grå och slipsen gul.
		His shirt was gray and the tie was yellow.

2388	**blöt**	**wet**
	adj	Som tur är blev ingen blöt.
		Luckily nobody got wet.

| 2389 | **envis** | **stubborn** |

	adj	Han är envis, men om vi överraskar honom kanske han ger med sig.– Vi kan nog fixa det
		He's stubborn, but if we can catch him off guard, maybe loosen him up, I think we can work it out
2390	**bricka**	**tray|badge; tile**
	nn; vb	Deras hållning skiljer sig från länder där kärnkraften har blivit en bricka i en valkamp till en grad som nästan är oetisk, med tanke på situationen i Japan.
		This is in contrast to countries where nuclear energy has become a pawn in pre–election battles to an extent that is almost unethical, bearing in mind the situation in Japan.
2391	**läsk**	**soft drink**
	nn	Det handlar framför allt om läsk, godis och annat sådant som barn konsumerar i större mängder än vad som är önskvärt.
		What, above all, we are concerned with here are soft drinks, sweets and the like which children consume in larger quantities than is desirable.
2392	**leve**	**levee**
	nn	Så leve globaliseringen, men leve en globalisering i båda riktningarna!
		So long live globalisation, but long live globalisation in both directions!
2393	**boka**	**book|enter**
	vb	Jag skulle vilja boka ett flyg till Vancouver.
		I'd like to book a flight to Vancouver.
2394	**kunglig**	**royal**
	adj	På fråga härom vid förhandlingen kunde ONP inte redogöra närmare för grunden till att det i kunglig förordning av den 25 juni 1997 fastställdes en räntesats som översteg inflationen.
		When questioned on that subject at the hearing, the NPO was not able to explain why the Royal Decree of 25 June 1997 had set an interest rate exceeding the rate of inflation.
2395	**undersökning**	**investigation**
	nn	En färsk undersökning visar att antalet rökare minskar.
		A recent survey shows that the number of smokers is decreasing.
2396	**riksdagsledamot**	**Member of Parliament**
	nn	"Som riksdagsledamot har man ett stort ansvar, inte bara för sig själv eller partiet utan för den svenska politiken i stort."
		A Member of Parliament has a great responsibility, not only for themselves or the party but for the Swedish policy in general.
2397	**förhoppningsvis**	**hopefully**
	adv	EU och medlemsstaternas offentliga förvaltningar, och projekt som dessa medfinansierar, är de första platser där detta ändrade synsätt bör testas, främjas och förhoppningsvis förverkligas.
		The European Union and Member States public administrations, and projects co–financed by them, are the first places where this change of perspective should be tested, fostered and hopefully realised.
2398	**tråkig**	**boring|dusty**
	adj	Skolan är tråkig.
		School is boring.
2399	**lejon**	**lion**
	nn	"En levande hund har det bättre än ett dött lejon." (Predikaren 9:4)
		"A live dog is better off than a dead lion."–Ecclesiastes 9:4.

2400 **segla**   **sail**

vb

En båt utanför en av de grekiska öarna, med en kolportör från British and Foreign Bible Society ombord, blev "omringad av så många båtar fulla av barn som ville ha [biblar] att han var tvungen , att ge order åt kaptenen att segla i väg", för att han inte skulle bli av med hela sitt lager på ett enda ställe!

In a boat off one of the Greek islands, a colporteur of the BFBS was "so beset with boats full of children who came for [Bibles], that he was obliged . . . to order the captain to get under way" lest he should part with his whole stock in one place!

2401 **bakgrund**   **background**

nn

Mot bakgrund av att ÖBB–Infrastruktur AG och ÖBB–Personenverkehr AG tillhör samma koncern ställer jag mig även frågande till huruvida den information som tillhandahålls av ÖBB–Infrastruktur AG, såsom infrastrukturförvaltare, tillhandahålls på ett icke–diskriminerande sätt.

I would also query whether, in light of the fact that ÖBB-Infrastruktur AG and ÖBB-Personenverkehr AG belong to the same group of companies, the information being supplied by ÖBB-Infrastruktur AG , as the infrastructure manager, is being supplied on a non-discriminatory basis.

2402 **lysa**   **shine|light**

vb

Låt stjärnorna lysa över dig.

Let the stars shine over you.

2403 **blogginlägg**   **blog entry**

nn

Om en bloggare publicerar pinsamma fotografier av dig tar du bilder av dig själv som du gillar och publicerar dem i ett blogginlägg.

If a blogger is publishing unflattering photos of you, take pictures you prefer and publish them in a blog post.

2404 **fransk**   **French**

adj

Är det här fransk?

Is this French?

2405 **östra**   **eastward**

adj

Jag vill inte blanda ihop det östra partnerskapet med sysselsättningsproblemen.

I would not mix the Eastern Partnership with the challenges of employment.

2406 **släkting**   **relative**

nn

En annan teori går ut på att bröderna i själva verket var kusiner till Jesus, trots att de grekiska skrifterna använder olika ord för "bror", "kusin" och "släkting".

Another theory is that these brothers were actually cousins of Jesus, although the Greek Scriptures use distinct words for "brother," "cousin," and "relative."

2407 **centrum**   **center**

nn

Det finns en park i centrum.

There is a park in the middle of the city.

2408 **grotta**   **cave**

nn

Sensorerna indikerar en stor grotta bakom vattenfallet.

Sensors indicate a huge cave behind the waterfall.

2409 **slicka**   **lick**

vb

Jag vill slicka dig här och nu för att visa min glädje.

I will lick you in front of everyone to show my joy.

2410 **ratt**   **steering wheel**

nn

På hjulförsedda maskiner skall styrningen vara konstruerad och tillverkad så att kraften, vid plötsliga ratt– eller styrstångsrörelser på grund av stötar mot styrhjulen, reduceras.

In the case of wheeled machinery, the steering system must be designed and constructed in such a way as to reduce the force of sudden movements of the steering wheel or the steering lever caused by shocks to the guide wheels.

2411 till dess **till then**

adv

Jag skulle också vilja be fru Riis-Jørgensen att tygla sin otålighet till dess.

I would also like to ask Mrs Riis-Jörgensen to contain her impatience until then.

2412 låg **low | base**

adj

Permanent låg ränta kräver permanent lägre statsskuld och lägre statliga underskott.

A permanently low interest rate requires permanently low government debts and deficits.

2413 tårta **cake**

nn

De hade väl inte väntat sig att bli mottagna ombord med te, kaffe och tårta?

Surely they had not expected to be received on board with tea, coffee and cake?

2414 vettig **sensible**

adj

Han verkar vettig!

He seems decent enough!

2415 fordon **vehicle**

nn

Lämna alltid företräde för fordon som kommer från höger.

Always yield to traffic from the right.

2416 mäktig **powerful**

adj

Sven är en mäktig man.

Sven is a great man.

2417 tillit **trust | faith**

nn

Med dig vågar jag känna tillit igen!

With you, I feel that I can trust again!

2418 brand **fire**

nn

Skjulet stacks i brand.

The hut was set on fire.

2419 kors **cross**

nn

För muspekaren till den här kvadraten tills markören förvandlas till ett kors.

Place the mouse cursor on this square, until it turns into a target cross.

2420 meningslös **senseless**

adj

Invånarna i Quebec hänger sig åt en skön kamp i försvaret av det franska, men striden är meningslös efter den så kallade tysta revolutionen då deras nationalitet störtade samman.

The natives of Quebec are putting up a good fight in defence of French, but the collapse of their birthrate, since the onset of what is known as the silent revolution, makes this battle in vain.

2421 folkomröstning **referendum**

nn

Jag välkomnar den debatt om en eventuell folkomröstning i Tyskland som Edmund Stoiber har tagit initiativ till.

I welcome the debate initiated by Mr Stoiber on a possible referendum in Germany.

2422 metod
nn
Vår lärare försökte att använda en ny metod för att lära ut engelska.
Our teacher tried to use a new method of teaching English.

method

2423 anlända
vb
Han är på väg och kommer att anlända i sinom tid.
He is on his way and will arrive in due course.

arrive

2424 därnere
adv
Varför körde Smiler at öster, om pengarna är därnere?
But why did Smiler head east when he made his break, if the money is down here somewhere?– Oh

down there

2425 ställning
nn
De har dels bestritt att artikel 122 i varumärkesförordning nr 207/2009 är tillämplig i det aktuella målet, dels att talan skulle vara väckt för tidigt, att det är obligatoriskt att inleda förfarandet vid kommissionen innan talan väcks, att harmoniseringsbyrån inte skulle kunna ha ställning som svarande och att tribunalen saknar behörighet.
They dispute, first, the applicability of Article 122 of Trade mark Regulation No 207/2009 to the present case and, secondly, the arguments that their action is premature, that the procedure before the Commission is mandatory, that OHIM has no legal standing and that the General Court has no jurisdiction.

position | score

2426 heja
vb; int
Heja mamma Europa!
Well done Mother Europe!

cheer; hurray

2427 övning
nn
Nummer tre, den här övningen kallar jag att insupa, och det är en härlig övning.
Third, this exercise I call savoring, and this is a beautiful exercise.

exercise | practice

2428 samt
con
Forskningsenheter som är etablerade i Litauen och som deltar i gemenskapens forskningsprogram skall ha samma rättigheter och skyldigheter som enheterna som är etablerade i gemenskapen vad gäller äganderätt, utnyttjande samt spridning av information och immateriell äganderätt som härrör från detta deltagande, om inte annat följer av bilaga II.
Research entities established in Lithuania participating in Community research programmes, shall, as regards ownership, exploitation and dissemination of information and intellectual property arising from such participation, have the same rights and obligations as those of research entities established in the Community, subject to the provisions of Annex II.

and

2429 nuvarande
adj
Burj Khalifa är världens nuvarande högsta skyskrapa.
Burj Khalifa is currently the tallest skyscraper in the world.

current | present

2430 demon
nn
Antigen litar jag på änglarna, eller låter Sam lita på en demon
it's either trust the angels, or let, Sammy trust a demon?!

demon

2431 automatiskt
adv
Det sker automatiskt.
It happens automatically.

automatically

2432 användning

use | application

nn	I denna modul beskrivs den del av förfarandet som ett anmält organ använder för att konstatera och intyga att ett, för den berörda produktionen, representativt provexemplar uppfyller tillämpliga bestämmelser i direktiv 96/48/EG samt i TSD vad avser lämplighet för användning, vilket visas med hjälp av typvaliditetsprovning genom driftserfarenhet.
	This module describes that part of the procedure by which a notified body ascertains and attests that a specimen, representative of the production envisaged, meets the provisions of Directive 96/48/EC and of the TSI that apply to it for suitability for use, to be demonstrated by type validation by in service experience.

2433 väninna   **girlfriend**

nn

Jag letar efter en väninna till mig.

I'm looking for a girlfriend of mine.

2434 tina   **thaw; tub**

vb; nn

Det verkar bli nödvändigt att fortsätta med att tina upp de ömsesidiga förbindelserna trots kränkningarna.

It seems necessary to continue the policy of thawing mutual relations despite these abuses.

2435 serie   **series | division**

nn

En animerad GIF–bild består av en serie av pixelbilder som på ett mycket utrymmessnålt sätt har placerats i en enda fil.

An animated GIF picture is a sequence of pixel pictures that are assigned in a single file and use space efficiently.

2436 religion   **religion**

nn

Religionsfrihet är inte frihet från religion utan friheten att få ha en religion.

Freedom of religion is not freedom from religion but the freedom to have religion.

2437 stånd   **stand | condition**

nn

Varje år, vid vintersolståndet, strömmar turister till Newgrange för att betrakta en i högsta grad spektakulär företeelse, som visar vad forntida folk var i stånd att utföra.

Each year at the time of the winter solstice, tourists flock to Newgrange to see a truly spectacular evidence of the abilities of the ancients.

2438 angenäm   **enjoyable**

adj

Smaken ska sammanfattningsvis vara angenäm och inte kryddstark.

As a whole, its taste must be pleasant and not spicy.

2439 rinna   **run | stream**

vb

Låt lösningen rinna till 1 mm ovanför adsorbentlagret, tillsätt sedan ytterligare 70 ml n–hexan för att eliminera de naturligt förekommande n–alkanerna.

Allow the solvent to flow away until it reaches 1 mm above the upper level of the absorbant then percolate a further 70 ml of n–hexane in order to eliminate the n–alkanes naturally present.

2440 flytande   **liquid; fluently**

adj; adv

Sven kan tala flytande franska.

Sven can speak French fluently.

2441 hamburgare   **rissole**

nn

De klonade livsmedlen är i sig så dyra att man inte kan göra en hamburgare av dem.

The clones themselves are so expensive that you would not make a hamburger out of them.

2442	**arbetare**	**worker**
	nn	Vad beträffar den belgiska handlingsplanen så hänvisar den uttryckligen till ingripande av den Europeiska socialfondens mål 4 med förhoppning om att öka möjligheterna till att utbildningen av arbetare för att främja anställbarheten och utveckla möjligheterna för livslångt lärande – planen stöder faktiskt detta synsätt.

The Belgian action plan refers explicitly to the intervention of the European Social Fund Objective 4 with a view to increasing the possibilities for training for workers to promote employability and to develop possibilities for lifelong learning. The plan actually supports that point of view.

2443 vetenskap — **science**

nn

Kemiska produkter använda i industrin, vetenskap, fotografering, jordbruk och skogsbruk, bindemedel använda i industri, lösbart gelatin.

Chemical products used in industry, science, photography, agriculture and forestry, adhesive substances used in industry, soluble gelatin.

2444 december — **december**

nn

Genom en skrivelse av den 30 december 1998 underrättade kommissionen Frankrike om sitt beslut att utvidga förfarande C 31/98 till stöd N 618/98.

By letter dated 30 December 1998, the Commission informed France of its decision to extend proceedings C 31/98 to include aid N 618/98.

2445 måltid — **meal**

nn

En god konjak kompletterar en fin måltid.

A good brandy completes a fine meal.

2446 framtida — **future**

adj

Det skulle skapa ett klimat för framtida obalanser och framtida kriser.

That would create a climate for future imbalances and future crises.

2447 legend — **legend**

nn

HON var en legend redan under sin livstid.

SHE was a legend in her lifetime.

2448 från och med — **from .. to**

prp

På förslag av JURI–utskottet beslutade parlamentet att godkänna mandaten för ledamöterna Karoline Graswander–Hainz med verkan från och med den 9 juli 2015, Stefano Maullu med verkan från och med den 13 juli 2015, Nikolaos Chountis med verkan från och med den 20 juli 2015 och Auke Zijlstra med verkan från och med den 1 september 2015.

On a proposal from the JURI Committee, Parliament validated the mandates of Karoline Graswander–Hainz, with effect from 9 July 2015, Stefano Maullu, with effect from 13 July 2015, Nikolaos Chountis, with effect from 20 July 2015 and Auke Zijlstra, with effect from 1 September 2015.

2449 docka — **dock; puppet**

vb; nn

Du kan docka bokmärkesfältet under adressfältet så att det blir lätt att komma åt.

You can dock the bar under the address bar for easy access.

2450 grind — **gate**

nn

Du har just köpt en grind!

You just bought a gate!

2451 manager — **manager**

nn

Er manager här behöver en manager.

Your manager here needs a manager.

2452	**knacka**	**tap**
	vb	FoIja dina order, knacka dorr.
		Follow your instructions, knock on a few doors.
2453	**osynlig**	**invisible**
	adj	På det här sättet kan två markstationer, som inte kan ha direktkontakt med varandra, länkas samman med en osynlig "ledning" via satellit.
		In this way, two earth stations that cannot directly communicate with each other can be linked by an invisible wire via satellite.
2454	**vansinnigt**	**insanely**
	adv	En riktig gammal ungmö, säkert vansinnigt kär i chefen.
		One of those sterling old maids, probably madly in love with the boss.
2455	**vänja**	**accustom|inured**
	vb	Det är som om vi har blivit vana vid trafikstockningar och olyckor – men vi kan inte nöja oss med att vänja oss vid klimatförändringen när den väl har börjat.
		It is as though we have become inured to congestion and accidents – but we cannot be content to inure ourselves to climate change once it has begun.
2456	**kreditkort**	**credit card**
	nn	Jag lämnade mitt kreditkort hemma.
		I left my credit card at home.
2457	**politiker**	**politician**
	nn	Jag tror inte att politiker alltid är ärliga.
		I don't believe politicians are always honest.
2458	**osäker**	**uncertain|unsafe**
	adj	Denna brist på information gör att kommissionen blir än mer osäker på om den planerade åtgärden är förenlig med den gemensamma marknaden.
		This lack of information raises further doubts by the Commission in relation to a compatible implementation of the intended measure.
2459	**tavla**	**board|painting**
	nn	Hjärtat skall böjas till urskillning (Ord 2:2); hjärtat skall akta på de rätta buden (3:1); buden skall skrivas på hjärtats tavla (3:3).
		The heart is to be applied to discernment (Pr 2:2); the heart is to observe right commandments (3:1); these are to be written "upon the tablet of [the] heart."
2460	**förhålla sig**	**behave**
	vb	Det räcker enligt min uppfattning inte med att i skäl Z bara hänvisa till att EG–domstolen förhåller sig till Europakonventionen på samma sätt som en nationell författningsdomstol förhåller sig till Europakonventionen.
		I consider Recital Z to be inadequate in merely pointing out that the ECJ stands in the same relation to the ECHR as does any national constitutional court.
2461	**kant**	**edge|rim**
	nn	Den punkt på den lysande ytan som ligger längst från fordonets symmetrilängdplan får inte ligga mer än 400 mm från fordonets yttersta kant.
		the point on the illuminating surface which is farthest from the vehicle's median longitudinal plane must be not more than 400 mm from the extreme outer edge of the vehicle.
2462	**efternamn**	**surname**
	nn	Sven heter Jackson i efternamn.
		Sven's last name is Jackson.

2463 **lapp**
nn

patch | Lapp

Får jag se din lapp?

Let me see your patch.

2464 **återkomma**
vb

come back | recur

Även om direktiv 2007/44 innebär en uttömmande harmonisering av utvärderingskriterierna, som jag ska återkomma till, utgör det däremot inte en uttömmande harmonisering av utvärderingsförfarandet.

Although, and I shall return to this, Directive 2007/44 introduces the exhaustive harmonisation of the assessment criteria, by contrast it does not introduce exhaustive harmonisation of the assessment procedure.

2465 **stuga**
nn

cottage | cabin

Hon har en stuga vid havet.

She has a cottage by the sea.

2466 **medvetet**
adv

consciously

Det är även medvetet om uppgifterna att det skulle ske ett ökande antal kränkningar av grekiskt luftrum av turkiska militärflygplan och om hur känslig denna fråga är i Grekland.

It is also aware of complaints about an increasing number of violations of Greek airspace by Turkish military aircraft, and of the sensitive nature of this question in Greece.

2467 **lån**
nn

loan

Samma dag antog kommissionen också två förslag inom området för lån från Euratom för att höja lånetaket och säkerställa fortlöpande tillgång till lån från Euratom i synnerhet till kärnkraftssäkerhet och avvecklingsprojekt i kandidatländer och icke–medlemsländer.

The same day, the Commission adopted also two proposals in the field of Euratom loans in order to increase the borrowing limit and to ensure the continuing availability of Euratom loans in particular for nuclear safety and decommissioning projects in candidate and other non–member countries.

2468 **trut**
nn

gull | beak

Hans stora trut kommer att ge dig problem.

That big mouth is gonna get you in trouble.

2469 **uttrycka**
vb

express

Om den rapporterande prövaren inte lämnar någon information om orsakssamband bör sponsorn samråda med den rapporterande prövaren och uppmuntra till att uttrycka en ståndpunkt om denna aspekt.

In the absence of information on causality from the reporting investigator, the sponsor should consult the reporting investigator and encourage him to express an opinion on this aspect.

2470 **flykt**
nn

escape

Kvinnor och flickor på flykt är särskilt utsatta och faller offer för människohandel, tvångsäktenskap, sexuellt utnyttjande och könsrelaterat våld. EU har en handlingsplan för jämställdhet för 2016–2020 i vilken man åtar sig att främja jämställdhet och kvinnors egenmakt i sina externa relationer.

considering the special situation of vulnerability of women and girl refugees who are victims of human trafficking, forced marriages, sexual exploitation and gender violence; whereas the EU, in its Gender Action Plan 2016–2020, has fully committed to gender equality and women's empowerment throughout its external relations;

2471 **sådan här**

like this

phr   Alla omtänksamma handlingar behöver naturligtvis inte föregås av en sådan här tragedi eller kräva en sådan här självuppoffring.
Of course, not all acts of kindness involve such tragedy and personal sacrifice.

2472 kontant   **cash**
adj   Att köpa ett konkursbo kräver snabba beslut och tillgång till kontanter.
Acquiring a bankrupt estate demands quick decisions and access to ready cash.

2473 feber   **fever**
nn   Har du feber?
Do you have a fever?

2474 sjunde   **seventh**
num   I Tyskland är vart sjunde jobb direkt eller indirekt beroende av biltillverkning.
In Germany, every seventh job depends directly or indirectly on car manufacture.

2475 praktisk   **practical**
adj   Flera olika undersökningar och praktisk erfarenhet visar att det finns stort utrymme för kostnadseffektiva energibesparingar inom dessa två områden, förmodligen större än inom andra sektorer [3].
Numerous studies and practical experience show that there is a large potential for energy savings here, probably larger than in any other sector [3].

2476 bi   **honeybee**
nn   Hon är oftast söt som honung, och hon kan sticka som ett bi när folk trampar på henne.
She is as sweet as honey most of the time, and she can sting like a bee when people stand on her corns.

2477 flyta   **float|flow**
vb   Jag har sett så mycket blod flyta att det räcker för två liv!
I've seen enough blood spilt to last two lifetimes!

2478 center   **center**
nn   En begäran från DPAG om att utesluta de båda sistnämnda från mötet tillbakavisades av förhörsombudet. PTT Post BV och Center Parcs NV uppmanades emellertid att i sina utläggningar inskränka sig till frågorna i ärende COMP/36.915, dvs. inte gå in på de egna klagomålen mot DPAG.
A request by DPAG that PTT Post BV and Center Parcs NV should be excluded from the meeting was rejected by the hearing officer, though he did ask these two undertakings to confine their remarks to the subject matter of the procedure in Case COMP/36.915, in other words not to go into their own complaints agaist DPAG.

2479 dagbok   **diary**
nn   Skrev du något i din dagbok idag?
Did you write anything in your diary today?

2480 åklagare   **prosecutor**
nn   Det finns i dagsläget ingen anledning att inrätta en europeisk åklagare.
In the present situation, there is no reason to establish a European Prosecutor.

2481 svaghet   **weakness**
nn   Mycket vanliga biverkningar (rapporterade hos minst · av · patienter) är: • Håravfall • Onormal minskning av antalet neutrofiler i blodet • Minskning av antalet vita blodkroppar i blodet • Brist på röda blodkroppar • Minskning av antalet lymfocyter i blodet • Påverkan på perifera nerver (smärta och domning)

• Smärta i en led eller leder • Muskelsmärta • Illamående och diarré •
Kräkningar • Svaghet och trötthet
The common side–effects (reported in at least · in

2482	**ersätta**	**replace|pay**
	vb	Du kan ersätta en del av vetemjölet med rågmjöl.
		You can replace a little bit of the white flour with rye flour.
2483	**gottgöra**	**make good**
	vb	Om vi är uppriktiga, kommer vår ursäkt att innebära att vi erkänner felet, söker få förlåtelse och försöker gottgöra skadan så långt det är möjligt.
		If we are sincere, our apology will include an admission of any wrong, a seeking of forgiveness, and an effort to undo damage to the extent possible.
2484	**tröst**	**comfort|reassurance**
	nn	När jag flyttade till en ny stad, hämtade jag tröst från den berättelsen, för jag kunde tänka mig in i hur det kändes för Rut att bege sig till en främmande plats där hon inte kände någon.
		When I moved to a new city, I drew comfort from this story because I could imagine how Ruth felt going to a strange place and not knowing anyone.
2485	**härnäst**	**next**
	adv	Jag skulle till exempel vilja fråga kommissionären vad som sker härnäst med Galileo?
		For example, I should like to ask the Commissioner, what happens next with Galileo?
2486	**jägare**	**hunter**
	nn	Nyckeln till att vara en del av en grupp jägare är ordet "grupp".
		The key to being part of a hunting pack is the word "pack."
2487	**återgå**	**revert|go back**
	vb	Återgå till era poster!
		Return to your posts!
2488	**troligtvis**	**very likely**
	adv	Det spökar troligtvis där.
		It's probably haunted.
2489	**fult**	**hideous**
	adv	Det där var ett ganska fult sår..
		That's a pretty ugly cut..
2490	**valv**	**vault**
	nn	Du, jag är en professionell valv - och skåpstekniker.
		Look, i'm a professional safe and vault technician.
2491	**oro**	**concern|anxiety**
	nn	Det finns ingen orsak till oro.
		There's no reason for concern.
2492	**ständigt**	**constantly**
	adv	När det gäller såväl metod som mål, politisk integration eller samarbete, anser vi att det ständigt diskuterade perspektivet om en överstatlig, enhetlig och integrerad makt är kontraproduktivt.
		In terms of both method and objective – political integration or cooperation – we think it is counterproductive to be constantly brandishing the prospect of a unitary and integrated supranational power.
2493	**förfölja**	**persecute; in pursuit of; persecution**

	vb; prp; nn	Fru talman! Hur kommer det sig att demokrater känner sig så begränsade när det gäller att namnge diktatorer och de som ägnade sina karriärer åt att bekämpa demokrati, förslava länder och förfölja dem som vågade säga emot dem och är ansvariga för brotten?

Madam President, why is it that democrats feel so restrained about naming dictators and those who dedicated their careers to combating democracy, enslaving countries, persecuting those who dared to speak against them and are responsible for crimes?

2494	**paradis**	**paradise**
	nn	Vilket paradis skulle brottslingen då få komma till?

Into what Paradise, then, was the evildoer to enter?

2495	**fysiskt**	**physically**
	adv	Detta innefattar andra andevarelser, universum, den fruktbara jorden och alla former av fysiskt liv på vår jord.

These include other spirit creatures, the universe, the productive earth, and all forms of physical life on our globe.

2496	**buren**	**cage**
	nn	De kliniska observationerna bör göras utanför buren på en standardarena.

Detailed clinical observations should be made outside the home cage in a standard arena.

2497	**student**	**student**
	nn	Det är en student som vill träffa dig.

A student wants to see you.

2498	**brett**	**widely**
	adv	Jag tror att det i och för sig finns ett brett samförstånd om behovet av skydd.

I believe that we all broadly agree on the need for protection, as it stands.

2499	**fästmö**	**fiancee**
	nn	Fästmö, faktiskt.

Fiancee actually.

2500	**protest**	**protest**
	nn	I början av juli 2014, under demonstrationer i protest mot Israels Operation Protective Edge på Gazaremsan, vars mål var att stoppa terrororganisationen Hamas, slog van Aartsen fast att "inga gränser överskreds" när ISIS–supportrar stämde upp i det antijudiska stridsropet: "Khaybar Khaybar, ya yahud, Jaish Muhammad, sa yahud" ["Judar, minns Khaybar, Muhammeds armé återvänder"] — i grunden en uppmaning till folkmord – och "död åt judarna".

In early July 2014, during demonstrations protesting Israel's Operation Protective Edge in the Gaza strip against the Hamas terrorist organization, Van Aartsen stated that "No boundaries were crossed" when ISIS supporters chanted the anti–Jewish battle cry: "Khaybar Khaybar, ya yahud, Jaish Muhammad, sa yahud" ["Jews, remember Khaybar, the army of Muhammad is returning"] — basically an incitement to genocide — and "death to the Jews."

2501	**generellt**	**generally**
	adv	Generellt sett lever kvinnor längre än män.

Generally speaking, women live longer than men.

2502	**lugnande**	**soothing; reposeful**
	nn; adj	Ni talar om att debatterna skall äga rum i lugn och ro, men bomber framkallar inga känslor av lugn.

Mr President, you have called for serenity in these debates, but bombs do not create a feeling of serenity.

2503	**öster**	**east; east**
	adv; nn	Slutligen planeras och utlovas en utvidgning mot öster och söder.
		Finally, enlargement to the east and to the south was planned and promised.

2503 **öster**
adv; nn
east; east
Slutligen planeras och utlovas en utvidgning mot öster och söder.
Finally, enlargement to the east and to the south was planned and promised.

2504 **då och då**
adv
now and then
Vi åker och fiskar då och då.
We go fishing once in a while.

2505 **bruten**
adj
broken
Om den arbetssökande är fullständigt utlämnad åt arbetsgivarens goda vilja beträffande inhämtande av upplysningar som kan utgöra fakta som ger anledning att anta att det har förekommit diskriminering, kan jämvikten vara bruten mellan arbetsgivarens frihet och den arbetssökandes rättigheter, vilka unionslagstiftningen har tillmätt en stor betydelse.
Where a job applicant appears to be entirely dependent on the good will of the employer with regard to obtaining information capable of constituting facts from which it may be presumed that there has been discrimination, the balance between the freedom of employers to recruit the people of their choice and the rights of job applicants, to which the EU legislature has attached special significance, would therefore seem to have been upset.

2506 **näst**
adj; adv; prp
second; next; next to
Är Sven näst i tur?
Is Sven next?

2507 **trosa**
nn
briefs
De passar perfekt till mina röda läder trosor!
It matches perfect with my red leather panties!

2508 **smäll**
nn
bang|slap
Vi börjar med en smäll!
Let's start this party with a bang!

2509 **bete sig**
vb
behave
Jag tycker att vi borde ge litet mer skydd till personer som beter sig på ett ansvarsfullt sätt än till de som beter sig oansvarigt.
I think we should give a little more protection to people who act responsibly than to those who act irresponsibly.

2510 **förtjust**
adj
delighted
Hon verkar vara förtjust med att prata om sig själv.
She seems to be fond of talking about herself.

2511 **slagen**
adj
beaten
Den anklagade blev slagen och en bekännelse tvingades fram genom brutal behandling.
The accused was beaten and a confession extracted by brutal treatment.

2512 **explodera**
vb
explode|burst
Explosivt: ämnen och preparat som kan explodera vid kontakt med öppen eld eller som är mer känsliga för stötar eller friktion än dinitrobensen
Explosive: substances and preparations which may explode under the effect of flame or which are more sensitive to shocks or friction than dinitrobenzene

2513 **terapi**
nn
therapy
Detta är särskilt viktigt i samband med tillkomsten av sådana nya behandlingsmetoder som genterapi och därtill knuten cellterapi samt xenogen somatisk terapi.

This is particularly important in the context of the emergence of new therapies, such as gene therapy and associated cell therapies, and xenogenic somatic therapy.

| 2514 | **svettas** | **sweat** |

vb

När han vaknade var han genomblöt av svett.

Upon awakening, he would be soaking wet with perspiration.

2515 parti — **party**

nn

Dessutom har ett politiskt parti utan våldsamma anknytningar förbjudits i Belgien.

Moreover, a political party without any violent connections has been banned in Belgium.

2516 aktie — **share**

nn

Du kallar det för aktier, optioner, derivat, bostadslånskrediter.

You call them stock, or stock options, derivatives, mortgage–backed securities.

2517 kompani — **company**

nn

Dutroux, Nihoul, Derochette och kompani, eller granskar ni Wathelet?

Dutroux, Nihoul, Derochette and company or are you targeting Wathelet?

2518 dyr — **expensive**

adj

Den där dunkudden ser dyr ut.

That down pillow looks expensive.

2519 nöja sig — **be satisfied**

vb

Det kan således inte bli fråga om att nöja sig med ett nedbantat Galileo–program.

There should, therefore, be no question of making do with a cut–price Galileo project.

2520 chaufför — **driver**

nn

Han är en dålig chaufför.

He is a bad driver.

2521 potatis — **potato**

nn

Dessa ämnen är växtproteiner som härrör från antingen vete, ärter och potatis, som kan användas som alternativ till det för närvarande godkända ämnet gelatin som utvinns ur animaliska produkter.

Those substances are plant proteins derived from either wheat, peas or potatoes, which can be an alternative to the currently authorized substance gelatine, derived from animal products.

2522 kåk — **shanty**

nn

Man har under lång tid försökt att förbättra den eländiga sociala situationen för romerna, som lever i samhällets utkant i kåk– eller tältstäder.

Attempts have been made over a long period to improve the poor social situation of the Roma who live on the fringes of society in shanty towns or tent cities.

2523 potta — **potty**

nn

Om jag hämtar en potta eller något, kan du göra det här då?

Well, how about if I get you, like, a potty or something, can you do it here then?

2524 uttalande — **pronouncing**

nn

Hon har skickat oroväckande rapporter och jag hoppas att hon kommer att få möjlighet att svara på rådets uttalande imorgon.

She has sent worrying reports and I hope she will have an opportunity to respond to the Council's statement tomorrow.

2525 **liter**

nn

liter

Försäljningsbeteckningen "äggaromatiserat vin" får kompletteras med termen cremovo zabaione om sådan produkt innehåller minst 80 % vin med den skyddade ursprungsbeteckningen "Marsala" och har en äggulehalt på minst 60 gram per liter.

The sales denomination 'egg–based aromatised wine' may be accompanied by the term 'cremovo zabaione', where such product contains wine of the protected designation of origin 'Marsala' in a proportion of not less than 80 % and has an egg yolk content of not less than 60 grams per litre.

Adjectives

21	**så**-*adv; con; adj; prn; vb*	so; so; such; that; sow
44	**bra**-*adj; adv*	good|great; well
48	**få**-*vb; adj; nn; prn; av*	get|have; few; few; few; could
53	**alla**-*adj; nn; prn*	all; all; all
65	**allt**-*adj; nn; prn*	all; all; all
68	**litet**-*adj; adv; nn; prn*	small; little; little; some
69	**mycket**-*adv; adj; nn*	very; much; heaps
88	**sen**-*adj; adv*	late; then
95	**väl**-*adj; adv; nn*	well; well; well
105	**annan**-*adj; prn*	other|guess; else
106	**hel**-*adj; adv*	whole|full; long
109	**vid**-*prp; nn; adv; adj*	at|on; space; so; wide
112	**rätt**-*adj; adv; nn*	correct; rightly; the right
120	**fel**-*adj; adv; nn*	wrong; wrong; error
122	**viss**-*adj; prn*	certain; some
131	**död**-*nn; adj; adv*	death; dead; below ground
136	**precis**-*adv; adj*	just; precise
144	**just**-*adj; adv*	just|correct; just
147	**god**-*adj*	good
157	**första**-*nn; adj; vb*	first; initial; make out
160	**snäll**-*adj*	kind
163	**jävla**-*adj*	fucking
164	**ledsen**-*adj*	sorry|upset
173	**borta**-*adj; adv*	away|gone; away
182	**ens**-*prn; adj*	your; in line with each other
184	**vän**-*nn; adj*	friend
186	**enda**-*adj*	only|one
188	**kvar**-*adj; adv*	left; over
189	**samma**-*adv; prn; adj*	same; same; the same
197	**väldig**-*adj*	vast|mighty
204	**slut**-*adv; nn; adj*	out; over; ending
207	**skit**-*nn; adj*	shit; crap
209	**fram**-*adv; adj; prp*	forward; up; up
213	**stor**-*adj*	great|high
216	**först**-*adv; adj*	first|only; primary
221	**rädd**-*adj*	afraid|scared
227	**säker**-*adj*	sure|safe
229	**liten**-*adj*	small|little
231	**nästa**-*nn; adj*	neighbor; next
238	**sist**-*adj; adv*	last; last
248	**tidigare**-*adj; adv*	earlier; previously
249	**ny**-*adj*	new
253	**hela**-*adj; prn; vb*	whole; all; heal
262	**fast**-*adj; adv; con; nn*	fixed; firm; though; stuck
278	**inne**-*adv; prp; adj*	inside; within; in
279	**öppen**-*adj*	open
285	**lika**-*adj; adv; prn*	equal; as; same
288	**ensam**-*adj; adv*	alone|sole; singly
294	**faktisk**-*adj*	actual|factual
298	**vidare**-*adj; adv*	more; further
299	**kul**-*adj*	funny
310	**trevlig**-*adj*	nice
312	**ringa**-*vb; adj*	call|dial; small
320	**redo**-*adj*	ready
324	**gammal**-*adj*	old
327	**glad**-*adj*	pleased
329	**flest**-*adj*	most
330	**tyst**-*adj; adv*	silent; quietly
334	**nära**-*adv; prp; adj; vb*	near; near; close; cherish
340	**sista**-*nn; adj*	last; final
342	**all**-*adj; prn*	all; all
345	**klar**-*adj*	clear|ready
350	**galen**-*adj; adv*	crazy; amiss
356	**sådan**-*adj*	such
371	**egen**-*adj; prn*	own; one's own
383	**lätt**-*adj; adv*	easy|light; easy
384	**fin**-*adj*	nice|fine
385	**nere**-*adj; adv*	down; down
392	**rolig**-*adj*	funny
395	**vacker**-*adj*	beautiful|lovely
402	**lång**-*adj*	long
408	**lugn**-*adj; nn*	quiet; calm
410	**perfekt**-*adj; nn; adv*	perfect; perfect; perfectly
415	**ond**-*adj*	evil|bad
418	**plan**-*nn; adj*	plan|plane; plane
424	**huvud**-*nn; adj*	head; home
427	**tom**-*adj*	blank|clear
429	**full**-*adj*	full|complete
443	**direkt**-*adv; adj*	immediately; direct
448	**kort**-*adj; nn; adv*	short; card; shortly
456	**viktig**-*adj*	important

457	**tänkt**-*adj*	thought|imagined	663	**underbar**-*adj*	great|lovely
460	**välkommen**-*adj*	welcome	667	**hungrig**-*adj*	hungry
466	**dum**-*adj*	stupid|silly	671	**intressant**-*adj; adv*	interesting; interestingly
469	**använd**-*adj*	used	673	**hög**-*adj; nn*	high|tall; heap
471	**flera**-*adj; adv*	several|many; more	677	**speciell**-*adj*	special
475	**trött**-*adj*	tired	686	**sönder**-*adj; adv*	broken; asunder
484	**älskad**-*adj; nn*	beloved; beloved	689	**omöjlig**-*adj*	impossible
486	**kär**-*adj*	in love|dear	692	**ombord**-*adv; nn; adj; prp*	on board; onboard; aboard; aboard
494	**skyldig**-*adj*	obliged			
497	**arg**-*adj*	angry	694	**bland**-*prp; adj*	among; mid
500	**gift**-*adj; nn*	married; poison	700	**kallad**-*adj*	called
510	**synd**-*nn; vb; adj*	sin; trespass; wrongdoing	705	**utmärkt**-*adv; adj*	excellent; grand
514	**riktig**-*adj*	proper|correct	706	**stackars**-*adj*	poor
519	**sjuk**-*adj*	sick	709	**jättebra**-*adj*	super|cool
520	**igång**-*adj*	going	714	**äkta**-*adj; vb*	real; marry
527	**absolut**-*adv; adj*	absolutely; absolute	715	**fantastisk**-*adj*	fantastic
529	**förbi**-*adv; prp; vb; adj*	past; past; go by; gone	726	**upptagen**-*adj*	busy|occupied
			743	**halv**-*adj*	half
531	**möjlig**-*adj*	potential	746	**äldre**-*adj; nn*	older|elderly; senior
537	**ung**-*adj*	young	747	**framåt**-*adv; prp; adj*	forward; along; go-ahead
541	**förra**-*adj*	last|former			
542	**exakt**-*adv; adj*	exactly|flat; exact	749	**intresserad**-*adj*	interested
557	**vänster**-*adj; nn*	left; left	753	**stilla**-*adj; adv; vb*	still|quiet; still; still
561	**eget**-*adj*	own	756	**värd**-*nn; adj*	host; worth
568	**tvungen**-*adj*	forced|enforced	760	**ren**-*adj; nn*	clean|pure; reindeer
569	**grund**-*nn; adj*	basis; shallow	775	**ljus**-*nn; nnpl; adj*	light; candles; light
572	**smart**-*adj*	smart|shrewd	776	**bättre**-*adj; adv*	better; better
587	**dålig**-*adj*	bad|ill	789	**van**-*adj*	practised
590	**höger**-*adj*	right-hand	792	**så kallad**-*adj*	so-called
596	**vit**-*adj; nn*	Caucasian; Caucasian	794	**extra**-*adj; adv*	extra; extra
598	**snygg**-*adj*	nice|neat	803	**nervös**-*adj*	nervous|highly-strung
602	**svart**-*adj*	black	810	**varm**-*adj*	warm
605	**orolig**-*adj*	worried|concerned	835	**skadad**-*adj*	harmed
608	**lycklig**-*adj*	lucky	842	**blå**-*adj*	blue
614	**försiktig**-*adj*	careful|cautious	859	**beredd**-*adj*	prepared
618	**levande**-*adj*	live|living	860	**amerikansk**-*adj*	American
622	**till och med**-*adv; adj*	even; inclusive	874	**kall**-*adj; nn*	cold|cool; calling
			878	**röd**-*adj*	red
625	**fri**-*adj; adv*	free|clear; at large	891	**rik**-*adj*	wealthy
638	**stark**-*adj*	strong|powerful	900	**vanlig**-*adj*	common|ordinary
646	**duktig**-*adj*	good|clever	904	**tråkigt**-*adj*	boring
647	**olik**-*adj*	different	905	**gratis**-*adj; nn; adv*	free; free; costlessly
654	**tredje**-*adj*	third	911	**lik**-*adj; nn; adv*	like; corpse; after the fashion of
655	**stolt**-*adj; adv*	proud; proudly			
656	**ytterligare**-*adj; adv*	further; further	921	**ordentlig**-*adj*	proper|good
658	**söt**-*adj*	sweet	927	**härlig**-*adj*	lovely

936	**tagen**-*adj*	taken	1194	**rosa**-*adj; nn; vb*	pink; pink; praise
940	**jäkla**-*adj*	damn	1201	**vilse**-*adj; adv*	lost; astray
946	**sakta**-*adv; adj; vb*	slowly; low; slow	1206	**lurad**-*adj*	done
955	**tokig**-*adj*	crazy	1208	**vis**-*nn; adj*	way; sage
958	**nöjd**-*adj*	satisfied	1211	**bar**-*nn; adj*	bar; bare
962	**spännande**-*adj*	exciting	1215	**el**-*nn; adj*	electricity; electric
963	**noga**-*adv; adj*	exactly; exact	1232	**tysk**-*nn; adj*	German; German
964	**öde**-*nn; adj*	fortune; desert	1238	**botten**-*nn; adj*	bottom; lousy
968	**band**-*nn; adj*	band|tape; tied	1263	**otrolig**-*adj*	incredible
977	**gravid**-*adj*	pregnant	1271	**grad**-*nn; adj*	degree; straight
992	**upprörd**-*adj*	upset	1274	**vuxen**-*adj; nn*	adult; adult
993	**ärlig**-*adj*	honest|sincere	1276	**förvirrad**-*adj*	confused|perplexed
999	**laga**-*vb; adj*	prepare|repair; legal	1280	**ansvarig**-*adj*	responsible
1001	**evig**-*adj*	eternal|undying	1284	**förfluten**-*adj*	past
1002	**bestämd**-*adj; adv*	determined; assuredly	1293	**svag**-*adj*	weak|low
1007	**färdig**-*adj*	finished|ready	1296	**enkel**-*adj; nn*	simple; single
1008	**förbannad**-*adj*	cursed	1297	**hemlig**-*adj; adv*	secret; secretly
1009	**loss**-*adj*	loose|loss	1299	**ful**-*adj*	ugly
1021	**frisk**-*adj*	fresh|healthy	1300	**öppet**-*adj; adv*	open; openly
1027	**mycken**-*adj*	much	1301	**klok**-*adj*	sensible|clever
1033	**matt**-*adj; adv*	mat|dull; faintly	1307	**elak**-*adj*	mean|bad
1040	**strid**-*nn; adj*	battle; rapid	1313	**fruktansvärd**-*adj*	terrible|horrible
1046	**sådär**-*adj*	so-so|like	1318	**vänlig**-*adj*	friendly|kind
1052	**hemsk**-*adj*	terrible	1319	**sur**-*adj*	acid|sour
1077	**helig**-*adj*	holy|sacred	1321	**naken**-*adj; nn; adv*	naked; starkers; in the nude
1079	**present**-*nn; adj*	present; present	1330	**bekant**-*adj*	known
1083	**skär**-*nn; adj*	notch; pure	1333	**tung**-*adj*	heavy
1091	**oskyldig**-*adj*	innocent	1334	**het**-*adj*	hot
1094	**drog**-*nn; adj*	drug; pulled	1335	**ytterlig**-*adj*	utter
1097	**snabb**-*adj*	fast|rapid	1339	**svår**-*adj*	difficult|severe
1106	**farlig**-*adj*	dangerous	1355	**fet**-*adj*	fat|oily
1110	**knäpp**-*adj; nn*	wacky; flick	1360	**normal**-*adj; nn*	normal; standard
1115	**konstig**-*adj*	weird|odd	1368	**tacksam**-*adj*	grateful
1117	**tuff**-*adj; nn*	tough; tuff	1374	**jobbigt**-*adj*	annoying
1122	**liknande**-*adj; adv*	similar; similarly	1375	**förvånad**-*adj; vb*	astonished; taken aback
1125	**arm**-*nn; adj*	arm; wretched			
1131	**oavsett**-*adj; prp*	regardless; apart from	1380	**ledig**-*adj; adv*	free|vacant; out
1151	**vind**-*nn; adj*	wind; warped	1381	**svensk**-*adj*	Swedish
1153	**vaken**-*adj*	awake	1391	**grön**-*adj*	green
1176	**född**-*adj*	born	1392	**äcklig**-*adj*	disgusting
1179	**känd**-*adj*	known	1406	**andra**-*adj*	second
1180	**inblandad**-*adj*	interested|mixed-up	1415	**post**-*nn; adj*	mail; postal
1183	**besviken**-*adj*	disappointed	1417	**mörk**-*adj*	dark
1185	**hård**-*adj*	hard|tough	1428	**ovanlig**-*adj*	unusual
1189	**privat**-*adj; adv*	private; privately	1430	**rysk**-*adj*	Russian
1190	**blind**-*adj*	blind	1436	**oskadd**-*adj*	unharmed

1437	**publik**-*nn; adj*	audience; public
1438	**imponerande**-*adj*	impressive
1447	**döende**-*adj; nn*	dying; dying
1459	**norrut**-*adj*	northwardly
1460	**misstänkt**-*adj; nn*	suspected; suspect
1471	**märklig**-*adj*	notable
1475	**lysande**-*adj; nn*	brilliant; pageant
1484	**sann**-*adj*	real|truthful
1499	**tiga**-*adj; vb*	silent; subside
1500	**nyfiken**-*adj*	curious
1506	**spänn**-*adj*	uptight
1507	**verklig**-*adj*	real|factual
1513	**norra**-*adj*	northern
1522	**strålande**-*adj*	beaming|brilliant
1524	**leende**-*adj; nn; adv*	smiling; smile; smilingly
1527	**mänsklig**-*adj*	human
1531	**rak**-*adj*	straight|erect
1539	**släkt**-*nn; adj*	family; related
1540	**skrämmande**-*adj*	scary|appalling
1544	**främsta**-*adj*	top
1545	**allvarlig**-*adj*	serious
1548	**vittne**-*nn; adj*	witness; deponent
1551	**bäst**-*adj; adv*	best; best
1574	**i första hand**-*adv; adj*	firsthand; firsthand
1577	**lös**-*adj; adv*	loose; loose
1583	**lat**-*adj*	lazy
1590	**olaglig**-*adj*	illegal
1607	**alternativ**-*adj; nn*	alternative; alternative
1608	**förälskad**-*adj; nn*	in love; inamorata
1611	**led**-*nn; adj*	joint|way; evil
1614	**personlig**-*adj*	personal
1617	**mobil**-*adj*	mobile
1659	**förste**-*adj*	earliest
1662	**sårad**-*adj*	wounded
1663	**gjord**-*adj; nn*	made; girth
1672	**grav**-*adj; nn*	grave; grave
1677	**värdelös**-*adj*	worthless
1682	**grym**-*adj*	cruel
1697	**besatt**-*adj*	obsessed|possessed
1704	**vild**-*adj*	wild
1708	**förbannat**-*adv: adj*	cursedly; damn
1712	**falsk**-*adj*	fake|wrong
1716	**beroende**-*adj; nn; adv*	dependent; dependence; reliably
1720	**spansk**-*adj*	Spanish
1730	**försvunnen**-*adj*	missing
1732	**djup**-*nn; adj*	depth; deep
1736	**seriös**-*adj*	serious
1738	**erbjudande**-*nn; adj*	offer; offering
1743	**inre**-*adj; nn*	internal; interior
1744	**svartsjuk**-*adj*	jealous
1748	**stilig**-*adj*	stylish
1750	**klädd**-*adj*	dressed
1754	**förtjusande**-*adj*	adorable
1759	**underlig**-*adj*	curious|weird
1768	**gemensam**-*adj*	common
1772	**desperat**-*adj*	desperate
1781	**enorm**-*adj*	huge|enormous
1792	**komplicerad**-*adj*	complicated
1804	**korrekt**-*adv; adj*	correctly; correct
1814	**kvitt**-*adj*	quits
1818	**otrogen**-*adj; nn*	unfaithful; infidel
1820	**förbjuden**-*adj*	prohibited|banned
1824	**korkad**-*adj*	brainless
1839	**salt**-*nn; adj*	salt; salty
1848	**känslig**-*adj*	sensitive
1850	**medveten**-*adj*	aware
1857	**imponerad**-*adj*	struck
1860	**fattig**-*adj*	impoverished
1863	**japansk**-*adj*	Japanese
1864	**hal**-*adj*	slippery
1865	**knapp**-*nn; adj*	button; scanty
1866	**stängd**-*adj*	closed
1873	**likadan**-*adj*	similar
1894	**kamrat**-*nn; adj*	companion; matey
1897	**blyg**-*adj*	shy
1902	**trist**-*adj*	sad
1917	**träffad**-*adj*	hit
1918	**trasig**-*adj*	broken
1937	**beväpnad**-*adj*	armed
1939	**jobbig**-*adj*	tough|annoying
1940	**gul**-*adj*	yellow
1948	**tjock**-*adj*	thick
1951	**gyllene**-*adj*	golden
1959	**framgång**-*nn; adj*	success; succeeded
1962	**skum**-*nn; adj*	foam; foamy
1968	**närvarande**-*adj*	present
1972	**främmande**-*adj; nn*	foreign|alien; stranger
1976	**elev**-*nn; adj*	student; scholastic
1987	**brittisk**-*adj*	British
1999	**modern**-*adj*	modern

2000	**följande**-*adj*	following	2242	**skön**-*adj; nn*	comfortable; discretion
2003	**magisk**-*adj*	magical			
2004	**förbannelse**-*nn; adj*	curse; maledictive	2252	**fält**-*nn; adj*	field; plain
			2256	**häftig**-*adj*	acute|violent|fierce
2015	**smutsig**-*adj*	dirty	2262	**uppåt**-*prp; adv; adj*	up; upwards; in high spirits
2024	**kinesisk**-*adj*	Chinese			
2025	**flygande**-*adj; nn*	flying; flit	2271	**bekväm**-*adj*	comfortable
2029	**lokal**-*adj; nn*	local; room	2277	**kristen**-*adj; nn*	Christian; Christian
2033	**orättvis**-*adj*	unfair	2291	**försenad**-*adj*	delayed|late
2041	**berömd**-*adj*	famous|prominent	2299	**teknisk**-*adj*	technical
2061	**rejält**-*adj*	proper	2303	**skicklig**-*adj*	skilled|skilful
2066	**anställd**-*nn; adj*	employee; engaged	2320	**tidig**-*adj*	early
2070	**löjlig**-*adj*	ridiculous	2325	**västra**-*adj*	westerly
2079	**olycklig**-*adj*	unhappy	2328	**politisk**-*adj*	political
2083	**villig**-*adj*	willing	2335	**tillfällig**-*adj*	temporary
2087	**billig**-*adj*	cheap	2340	**lila**-*adj; nn*	lilac; lilac
2088	**döv**-*adj*	deaf	2344	**pank**-*adj*	broke
2090	**inklusive**-*adj; adv*	including; inclusive of	2346	**skriven**-*adj*	written
2094	**avundsjuk**-*adj*	jealous	2348	**vice**-*adj*	deputy
2100	**dubbel**-*adj; nn*	double; doubles	2353	**fattas**-*adj; vb*	missing; want
2102	**yttre**-*adj; nn*	external; exterior	2356	**passande**-*adj; adv*	suitable; apropos
2111	**civil**-*adj*	civil	2361	**avstängd**-*adv; adj*	out; secluded
2132	**usel**-*adj*	wretched	2367	**trygg**-*adj*	safe|confident
2133	**halt**-*nn; adj*	halt|content; lame	2376	**utsökt**-*adj; adv*	delicious; exquisitely
2138	**törstig**-*adj*	thirsty	2381	**populär**-*adj*	exoteric
2141	**homosexuell**-*nn; adj*	gay; queer	2384	**online**-*adj*	on-line
			2387	**grå**-*adj*	gray
2146	**övertygad**-*adj*	convinced	2388	**blöt**-*adj*	wet
2155	**rar**-*adj*	nice	2389	**envis**-*adj*	stubborn
2158	**intelligent**-*adj*	intelligent	2394	**kunglig**-*adj*	royal
2181	**jättefin**-*adj*	awesome|gorgeous	2398	**tråkig**-*adj*	boring|dusty
2182	**okänd**-*adj*	unknown	2404	**fransk**-*adj*	French
2188	**enastående**-*adj; adv*	outstanding; exceptionally	2405	**östra**-*adj*	eastward
			2412	**låg**-*adj*	low|base
2194	**lidande**-*adj; nn*	suffering; suffering	2414	**vettig**-*adj*	sensible
2196	**fascinerande**-*adj*	fascinating	2416	**mäktig**-*adj*	powerful
2198	**förstörd**-*adj*	destroyed	2420	**meningslös**-*adj*	senseless
2201	**läskig**-*adj*	creepy|scary	2429	**nuvarande**-*adj*	current|present
2202	**sökt**-*adj*	far-fetched	2438	**angenäm**-*adj*	enjoyable
2204	**kommande**-*adj; nn*	coming; future	2440	**flytande**-*adj; adv*	liquid; fluently
2212	**rund**-*adj; nn*	round; round	2446	**framtida**-*adj*	future
2218	**romantisk**-*adj*	Romantic	2453	**osynlig**-*adj*	invisible
2220	**italiensk**-*adj*	Italian	2458	**osäker**-*adj*	uncertain|unsafe
2221	**dömd**-*adj*	devoted	2472	**kontant**-*adj*	cash
2222	**total**-*adj*	total|overall	2475	**praktisk**-*adj*	practical
2226	**före detta**-*pfx; adj*	ex-; late	2502	**lugnande**-*nn; adj*	soothing; reposeful
2228	**spänd**-*adj*	tense	2505	**bruten**-*adj*	broken

2506	**näst-***adj; adv; prp*	second; next; next to
2510	**förtjust-***adj*	delighted
2511	**slagen-***adj*	beaten
2518	**dyr-***adj*	expensive

Adverbs

2	**det**-*art; prn; adv*	the; it; there	
5	**inte**-*prn; adv*	not; none	
6	**att**-*part; con; adv*	to; that; how	
7	**en**-*art; prn; adv*	an|the; one; about	
11	**på**-*adv; prp*	on; on	
13	**för**-*con; prp; nn; adv*	for; for; prow; fore	
15	**vad**-*adv; prn; nn*	how; that; calf	
16	**med**-*prp; nn; adv*	with; runner; too	
17	**som**-*con; prn; prp; adv*	as; as; like; when	
18	**här**-*adv; nn*	here; army	
19	**om**-*con; prp; nn; adv*	whether; on; if; round	
21	**så**-*adv; con; adj; prn; vb*	so; so; such; that; sow	
22	**till**-*adv; prp; con*	to; for; until	
28	**av**-*prp; adv*	of; off	
30	**nu**-*adv*	presently	
31	**ja**-*adv; nn; vb*	yes|well; yes; yean	
33	**nej**-*nn; adv*	no; no	
34	**bara**-*adv; con*	only; so long as	
37	**hur**-*adv*	how	
39	**där**-*adv*	where	
43	**då**-*adv; con*	when; when	
44	**bra**-*adj; adv*	good|great; well	
45	**när**-*adv; con; prp*	when; when; near	
47	**ut**-*adv*	out	
52	**varför**-*adv*	why	
54	**från**-*prp; adv*	from; off	
55	**upp**-*adv*	up	
57	**okej**-*adv*	okay	
58	**igen**-*adv*	again	
64	**in**-*adv*	in	
67	**ingen**-*prn; adv*	no one; not any	
68	**litet**-*adj; adv; nn; prn*	small; little; little; some	
69	**mycket**-*adv; adj; nn*	very; much; heaps	
72	**aldrig**-*adv*	never	
73	**kanske**-*adv*	perhaps	
74	**något**-*adv; prn*	something; something	
79	**inget**-*prn; nn; adv*	nothing; naught; not any	
80	**lite**-*adv*	a little	
81	**efter**-*adv; prp; con*	after; after; since	
82	**ju**-*adv*	of course	
85	**tillbaka**-*adv*	back	
87	**över**-*adv; prp*	over; over	
88	**sen**-*adj; adv*	late; then	
90	**ner**-*adv*	down	
91	**åt**-*prp; adv*	at; tight	
95	**väl**-*adj; adv; nn*	well; well; well	
97	**också**-*adv*	also	
99	**nog**-*adv*	enough	
101	**hit**-*adv; nn*	here; hit	
104	**mot**-*prp; adv*	against; opposite	
106	**hel**-*adj; adv*	whole|full; long	
109	**vid**-*prp; nn; adv; adj*	at|on; space; so; wide	
112	**rätt**-*adj; adv; nn*	correct; rightly; the right	
114	**själv**-*prn; adv*	himself; by itself	
115	**alltid**-*adv*	always	
116	**hem**-*nn; adv*	place; home	
119	**verkligen**-*adv*	really|indeed	
120	**fel**-*adj; adv; nn*	wrong; wrong; error	
131	**död**-*nn; adj; adv*	death; dead; below ground	
136	**precis**-*adv; adj*	just; precise	
137	**bort**-*adv; prp*	away|forth; off	
144	**just**-*adj; adv*	just|correct; just	
151	**innan**-*adv; con; prp*	before; before; before	
153	**helt**-*adv*	completely|fully	
161	**länge**-*adv*	long	
166	**var**-*adv; prn; nn*	where; each; pus	
173	**borta**-*adj; adv*	away|gone; away	
176	**fortfarande**-*adv*	still	
188	**kvar**-*adj; adv*	left; over	
189	**samma**-*adv; prn; adj*	same; same; the same	
192	**ute**-*adv*	out|outside	
194	**dit**-*adv*	there|where	
196	**snart**-*adv*	soon	
201	**redan**-*adv*	already	
204	**slut**-*adv; nn; adj*	out; over; ending	
205	**sedan**-*adv; con; prp; nn*	then; since; since; sedan	
208	**härifrån**-*adv*	of this place	
209	**fram**-*adv; adj; prp*	forward; up; up	
212	**jo**-*adv*	yes	
216	**först**-*adv; adj*	first|only; primary	

217	**säkert**-*adv*	safely|sure	
222	**därför**-*con; adv*	therefore|so; why	
238	**sist**-*adj; adv*	last; last	
240	**annat**-*adv*	otherwise	
241	**riktigt**-*adv*	really|properly	
244	**sant**-*adv*	truly	
246	**ihop**-*adv*	Together	
248	**tidigare**-*adj; adv*	earlier; previously	
252	**väldigt**-*adv*	very|ever so	
262	**fast**-*adj; adv; con; nn*	fixed; firm; though; stuck	
264	**hemma**-*adv*	home	
265	**klart**-*adv*	clear|plain	
266	**faktiskt**-*adv*	actually|in fact	
268	**idag**-*adv*	today	
272	**lugnt**-*adv*	quietly	
273	**runt**-*adv; prp*	round; around	
274	**gärna**-*adv*	gladly	
277	**annars**-*adv; con*	otherwise; if not	
278	**inne**-*adv; prp; adj*	inside; within; in	
282	**även**-*adv*	also|even	
285	**lika**-*adj; adv; prn*	equal; as; same	
286	**illa**-*adv*	badly|wrong	
288	**ensam**-*adj; adv*	alone|sole; singly	
290	**ihåg**-*adv*	to (one's) mind	
291	**ok**-*adv; nn*	done; yoke	
293	**ändå**-*adv; con*	still; still	
296	**nästan**-*adv*	almost	
298	**vidare**-*adj; adv*	more; further	
301	**ifrån**-*adv*	from	
302	**långt**-*adv*	far	
304	**fort**-*adv; nn*	fast|speedily; fort	
305	**emot**-*adv; prp*	against; against	
307	**heller**-*adv*	either	
309	**tillsammans**-*adv*	together	
315	**till exempel**-*adv*	for example	
319	**bland annat**-*adv*	amongst others	
330	**tyst**-*adj; adv*	silent; quietly	
334	**nära**-*adv; prp; adj; vb*	near; near; close; cherish	
336	**svårt**-*adv*	badly|sorely	
344	**ibland**-*adv*	sometimes	
346	**fint**-*adv; nn*	fine; feint	
347	**iväg**-*adv*	along	
349	**ännu**-*adv*	yet|more	
350	**galen**-*adj; adv*	crazy; amiss	

353	**bakom**-*prp; adv*	behind; in the back of
362	**alls**-*adv*	at all
370	**igenom**-*adv; prp*	through; through
372	**uppe**-*adv; prp*	up; up
383	**lätt**-*adj; adv*	easy|light; easy
385	**nere**-*adj; adv*	down; down
386	**ikväll**-*adv*	tonight
394	**ganska**-*adv*	quite|pretty
403	**stort**-*adv*	largely
406	**förut**-*adv; con*	before; before
410	**perfekt**-*adj; nn; adv*	perfect; perfect; perfectly
411	**undan**-*adv; prp*	away; from
413	**utanför**-*adv; prp*	outside; outside
420	**imorgon**-*adv*	tomorrow
428	**självklart**-*adv*	naturally
433	**sent**-*adv*	late
437	**snabbt**-*adv*	fast|rapidly
438	**vadå**-*adv*	what
441	**i alla fall**-*adv*	anyway|at least
443	**direkt**-*adv; adj*	immediately; direct
445	**före**-*adv; con; prp; nn*	before; before; before; surface
447	**någonsin**-*adv*	ever
448	**kort**-*adj; nn; adv*	short; card; shortly
465	**vitt**-*adv*	wide
468	**hårt**-*adv*	hard|harshly
471	**flera**-*adj; adv*	several|many; more
474	**egentligen**-*adv*	really|in fact
481	**alltså**-*adv; phr; con; abr*	then; that is; so; that's
490	**tyvärr**-*adv*	unfortunately
492	**igår**-*adv*	yesterday
493	**tidigt**-*adv*	early|soon
501	**konstigt**-*adv*	strange
506	**jaha**-*adv*	well
508	**otroligt**-*adv*	incredibly
509	**tillräckligt**-*adv*	enough
522	**strax**-*adv*	just
527	**absolut**-*adv; adj*	absolutely; absolute
529	**förbi**-*adv; prp; vb; adj*	past; past; go by; gone
532	**framför**-*adv; prp; con*	preferably; in front of; before
536	**omkring**-*adv; prp*	about|round; about
538	**hemskt**-*adv*	ever so|awfully
540	**enkelt**-*adv*	easy

542	**exakt**-*adv; adj*	exactly|flat; exact		741	**nyss**-*adv*	just
543	**dåligt**-*adv*	badly		747	**framåt**-*adv; prp; adj*	forward; along; go-ahead
549	**förrän**-*adv; con*	before; before				
552	**överallt**-*adv*	everywhere		753	**stilla**-*adj; adv; vb*	still|quiet; still; still
553	**förr**-*adv; con*	sooner; before		761	**utom**-*prp; con; adv*	except; save; outside of
558	**rakt**-*adv*	straight|due				
565	**annorlunda**-*adv*	differently		769	**genast**-*adv*	immediately
576	**underbart**-*adv*	wonderfully		770	**istället för**-*adv; con*	instead of; rather than
583	**fantastiskt**-*adv*	incredibly				
584	**ofta**-*adv*	frequently		776	**bättre**-*adj; adv*	better; better
589	**framför allt**-*adv*	above all		778	**visst**-*adv*	by all means
595	**ned**-*adv*	down		780	**imorse**-*adv*	this morning
612	**inte ens**-*adv*	not even		784	**liksom**-*con; adv; prp*	as well as; like; like
617	**helt enkelt**-*adv; phr*	simply; nothing less than		794	**extra**-*adj; adv*	extra; extra
619	**naturligtvis**-*adv*	of course		795	**förresten**-*adv*	incidentally
620	**alldeles**-*adv*	just|quite		796	**ingenstans**-*adv*	nowhere
622	**till och med**-*adv; adj*	even; inclusive		800	**vanligt**-*adv*	usually|generally
				805	**dessutom**-*adv*	further|additionally
625	**fri**-*adj; adv*	free|clear; at large		813	**i samband med**-*adv*	in connection with
627	**det vill säga**-*adv; phr*	that is; i.e.		824	**överens**-*adv*	agree
628	**vackert**-*adv*	beautifully		827	**endast**-*adv*	only|just
629	**särskilt**-*adv*	particularly		831	**speciellt**-*adv*	especially
655	**stolt**-*adj; adv*	proud; proudly		838	**ihjäl**-*adv*	to death
656	**ytterligare**-*adj; adv*	further; further		843	**knappast**-*adv*	hardly|ill
669	**äntligen**-*adv*	finally		848	**djupt**-*adv*	deep|profoundly
671	**intressant**-*adj; adv*	interesting; interestingly		854	**tydligen**-*adv*	apparently|clearly
675	**försiktigt**-*adv*	carefully		861	**bredvid**-*prp; adv*	next; close by
676	**istället**-*adv*	instead		887	**häftigt**-*adv*	heavily
679	**förutom**-*prp; adv*	in addition to; outside of		895	**bak**-*nn; adv; prp*	back; behind; behind
681	**ungefär**-*adv*	approximately		905	**gratis**-*adj; nn; adv*	free; free; costlessly
682	**åtminstone**-*adv*	at least		907	**jämt**-*adv*	always
686	**sönder**-*adj; adv*	broken; asunder		911	**lik**-*adj; nn; adv*	like; corpse; after the fashion of
691	**farligt**-*adv*	hazardly				
692	**ombord**-*adv; nn; adj; prp*	on board; onboard; aboard; aboard		914	**an**-*adv*	to
				920	**framme**-*adv*	in front
695	**plötsligt**-*adv; phr*	suddenly; out of the blue		922	**förmodligen**-*adv*	presumably
				945	**rent**-*adv*	purely
702	**skönt**-*adv*	beautifully		946	**sakta**-*adv; adj; vb*	slowly; low; slow
703	**knappt**-*adv*	hardly		963	**noga**-*adv; adj*	exactly; exact
705	**utmärkt**-*adv; adj*	excellent; grand		998	**normalt**-*adv*	normally
713	**någonstans**-*adv*	somewhere|anywhere		1002	**bestämd**-*adj; adv*	determined; assuredly
723	**fullt**-*adv*	fully|completely		1026	**omedelbart**-*adv*	immediately
725	**allvarligt**-*adv*	seriously		1033	**matt**-*adj; adv*	mat|dull; faintly
735	**därifrån**-*adv*	from there		1044	**samtidigt**-*adv*	at the same time
				1053	**antagligen**-*adv*	probably
				1070	**definitivt**-*adv*	definitely

1076	**uppför**-*prp; adv*	up; uphill
1078	**bråttom**-*adv*	in a hurry
1111	**still**-*adv*	still
1122	**liknande**-*adj; adv*	similar; similarly
1124	**desto**-*adv*	nevertheless
1134	**samman**-*adv*	together
1136	**löjligt**-*adv*	ridiculously
1161	**och så vidare**-*adv; abr*	and so on; etc.
1182	**totalt**-*adv*	totally
1186	**för övrigt**-*adv; prp*	otherwise; besides
1189	**privat**-*adj; adv*	private; privately
1201	**vilse**-*adj; adv*	lost; astray
1216	**givetvis**-*adv*	of course
1254	**i början**-*adv*	at first
1294	**efteråt**-*adv*	afterwards
1297	**hemlig**-*adj; adv*	secret; secretly
1298	**personligt**-*adv*	individually
1300	**öppet**-*adj; adv*	open; openly
1305	**likadant**-*adv*	same
1308	**troligen**-*adv*	probably
1321	**naken**-*adj; nn; adv*	naked; starkers; in the nude
1347	**i slutet**-*adv*	at the end
1350	**rättvist**-*adv*	fair|justly
1352	**inuti**-*prp; adv*	within; inside
1356	**varifrån**-*adv*	from where
1359	**nödvändigt**-*adv*	perforce
1361	**roligt**-*adv*	amusingly
1369	**långsamt**-*adv*	slowly
1380	**ledig**-*adj; adv*	free|vacant; out
1382	**lågt**-*adv*	low
1408	**nyligen**-*adv*	recently
1409	**personligen**-*adv*	personally
1446	**högt**-*adv*	high|loud
1448	**som vanligt**-*adv*	as usual
1450	**fullständigt**-*adv*	completely
1453	**i övrigt**-*adv*	otherwise
1463	**fritt**-*adv; nn*	free; swing
1470	**starkt**-*adv*	strong
1483	**vart**-*adv*	where
1489	**alltför**-*adv*	too
1491	**okay**-*adv*	okay
1493	**kraftigt**-*adv*	heavily
1517	**verkligt**-*adv*	real
1518	**hittills**-*adv*	to date
1524	**leende**-*adj; nn; adv*	smiling; smile; smilingly
1534	**sött**-*adv*	sweetly
1541	**politiskt**-*adv*	politically
1543	**mer eller mindre**-*adv*	more or less
1551	**bäst**-*adj; adv*	best; best
1555	**uppenbarligen**-*adv*	obviously
1556	**bakåt**-*adv*	backwards
1573	**typiskt**-*adv; prp*	typically; like
1574	**i första hand**-*adv; adj*	firsthand; firsthand
1577	**lös**-*adj; adv*	loose; loose
1582	**tydligt**-*adv*	clearly
1601	**i synnerhet**-*adv*	in particular
1604	**dock**-*adv*	however
1624	**allra**-*adv*	very
1628	**sällan**-*adv*	rarely
1644	**enbart**-*adv*	solely|merely
1657	**i allmänhet**-*adv*	generally
1670	**emellan**-*adv; prp*	between; between
1674	**åter**-*prp; adv*	re; again
1683	**gott**-*adv*	good|well
1698	**dyrt**-*adv*	dearly
1701	**itu**-*adv*	apart
1703	**snarare**-*adv*	rather
1707	**ovanför**-*adv; prp*	above; above
1708	**förbannat**-*adv: adj*	cursedly; damn
1714	**norr**-*adv*	north
1716	**beroende**-*adj; nn; adv*	dependent; dependence; reliably
1718	**lyckligt**-*adv*	happily
1723	**uppenbart**-*adv*	clear
1725	**söderut**-*adv*	southward
1752	**söder**-*adv; nn*	south; south
1756	**cirka**-*adv*	about|circa
1777	**i förhållande till**-*adv; prp*	relative to; vis-a-vis
1795	**dubbelt**-*adv*	twice
1804	**korrekt**-*adv; adj*	correctly; correct
1807	**så småningom**-*adv*	eventually
1823	**i själva verket**-*adv*	in fact|actually
1825	**i fråga**-*adv*	in question
1843	**naturligt**-*adv*	naturally
1846	**på så sätt**-*adv*	thereby
1852	**halvt**-*adv*	half
1869	**kring**-*adv*	round

1888	**ordentligt**-*adv*	properly		2397	**förhoppningsvis**-*adv*	hopefully
1896	**tvärtom**-*adv*	on the contrary				
1911	**slutligen**-*adv*	finally|eventually		2411	**till dess**-*adv*	till then
1924	**hemifrån**-*adv*	from home		2424	**därnere**-*adv*	down there
1935	**minsann**-*adv*	indeed		2431	**automatiskt**-*adv*	automatically
1983	**intill**-*adv; prp*	adjacent; near to		2440	**flytande**-*adj; adv*	liquid; fluently
1989	**officiellt**-*adv*	officially		2454	**vansinnigt**-*adv*	insanely
2005	**för närvarande**-*adv*	currently		2466	**medvetet**-*adv*	consciously
				2485	**härnäst**-*adv*	next
2010	**snett**-*adv*	askew		2488	**troligtvis**-*adv*	very likely
2011	**vänligt**-*adv*	kindly		2489	**fult**-*adv*	hideous
2014	**såsom**-*con; prp; adv*	as; as; qua		2492	**ständigt**-*adv*	constantly
				2495	**fysiskt**-*adv*	physically
2065	**till sist**-*adv*	finally		2498	**brett**-*adv*	widely
2073	**allt mer**-*adv*	increasingly		2501	**generellt**-*adv*	generally
2077	**nuförtiden**-*adv*	these days		2503	**öster**-*adv; nn*	east; east
2081	**vanligtvis**-*adv*	usually		2504	**då och då**-*adv*	now and then
2090	**inklusive**-*adj; adv*	including; inclusive of		2506	**näst**-*adj; adv; prp*	second; next; next to
2091	**sorgligt**-*adv*	sadly				
2120	**oerhört**-*adv*	tremendously				
2126	**ont**-*nn; adv*	evil|wrong; badly				
2142	**minus**-*adv; nn*	minus; minus				
2151	**västerut**-*adv*	west				
2172	**österut**-*adv*	eastward				
2187	**extremt**-*adv*	extremely				
2188	**enastående**-*adj; adv*	outstanding; exceptionally				
2192	**härmed**-*adv*	hereby				
2223	**gemensamt**-*adv*	in common				
2229	**i huvudsak**-*adv*	essentially				
2243	**numera**-*adv*	nowadays				
2249	**mer och mer**-*adv*	increasingly				
2262	**uppåt**-*prp; adv; adj*	up; upwards; in high spirits				
2264	**prick**-*nn; adv*	dot; sharp				
2270	**därefter**-*adv*	then|thereafter				
2280	**utför**-*prp; adv*	down; down				
2324	**med anledning av**-*adv; prp*	on the occasion of; on				
2330	**piano**-*adv; nn*	piano; piano				
2356	**passande**-*adj; adv*	suitable; apropos				
2361	**avstängd**-*adv; adj*	out; secluded				
2362	**isär**-*adv*	apart				
2370	**enormt**-*adv*	hugely				
2376	**utsökt**-*adj; adv*	delicious; exquisitely				
2378	**frivilligt**-*adv*	freely				
2379	**lagligt**-*adv*	timely				

Conjunctions

6	**att**-*part; con; adv*	to; that; how
8	**och**-*con; prp*	and
13	**för**-*con; prp; nn; adv*	for; for; prow; fore
17	**som**-*con; prn; prp; adv*	as; as; like; when
19	**om**-*con; prp; nn; adv*	whether; on; if; round
21	**så**-*adv; con; adj; prn; vb*	so; so; such; that; sow
22	**till**-*adv; prp; con*	to; for; until
27	**men**-*con; nn*	but|however; injury
34	**bara**-*adv; con*	only; so long as
43	**då**-*adv; con*	when; when
45	**när**-*adv; con; prp*	when; when; near
51	**eller**-*con*	or
78	**än**-*con*	than
81	**efter**-*adv; prp; con*	after; after; since
121	**utan**-*con; prp*	without; without
151	**innan**-*adv; con; prp*	before; before; before
205	**sedan**-*adv; con; prp; nn*	then; since; since; sedan
222	**därför**-*con; adv*	therefore|so; why
262	**fast**-*adj; adv; con; nn*	fixed; firm; though; stuck
277	**annars**-*adv; con*	otherwise; if not
284	**även om**-*con*	although
293	**ändå**-*adv; con*	still; still
400	**eftersom**-*con*	since
406	**förut**-*adv; con*	before; before
409	**jaså**-*con*	indeed
445	**före**-*adv; con; prp; nn*	before; before; before; surface
476	**medan**-*con*	while
479	**så att**-*con*	so that
481	**alltså**-*adv; phr; con; abr*	then; that is; so; that's
532	**framför**-*adv; prp; con*	preferably; in front of; before
549	**förrän**-*adv; con*	before; before
553	**förr**-*adv; con*	sooner; before
555	**trots att**-*con*	while
761	**utom**-*prp; con; adv*	except; save; outside of
770	**istället för**-*adv; con*	instead of; rather than
784	**liksom**-*con; adv; prp*	as well as; like; like
802	**för att**-*con*	to
807	**samtidigt som**-*con*	while
858	**varken**-*con*	neither
917	**därför att**-*con*	because
941	**varken...eller**-*con*	neither nor
983	**antingen**-*con*	either
1178	**ifall**-*con*	in case
1529	**vare sig**-*con*	whether
1578	**ty**-*con*	for
1960	**såvida**-*con*	provided
2014	**såsom**-*con; prp; adv*	as; as; qua
2428	**samt**-*con*	and

Prepositions

8	**och**-*con; prp*	and
11	**på**-*adv; prp*	on; on
12	**i**-*prp; prn*	in; ye
13	**för**-*con; prp; nn; adv*	for; for; prow; fore
16	**med**-*prp; nn; adv*	with; runner; too
17	**som**-*con; prn; prp; adv*	as; as; like; when
19	**om**-*con; prp; nn; adv*	whether; on; if; round
22	**till**-*adv; prp; con*	to; for; until
28	**av**-*prp; adv*	of; off
45	**när**-*adv; con; prp*	when; when; near
54	**från**-*prp; adv*	from; off
81	**efter**-*adv; prp; con*	after; after; since
87	**över**-*adv; prp*	over; over
91	**åt**-*prp; adv*	at; tight
104	**mot**-*prp; adv*	against; opposite
109	**vid**-*prp; nn; adv; adj*	at|on; space; so; wide
121	**utan**-*con; prp*	without; without
137	**bort**-*adv; prp*	away|forth; off
150	**under**-*prp; nn*	during; marvel
151	**innan**-*adv; con; prp*	before; before; before
178	**ur**-*prp; nn*	from; watch
205	**sedan**-*adv; con; prp; nn*	then; since; since; sedan
209	**fram**-*adv; adj; prp*	forward; up; up
225	**hos**-*prp*	in
230	**genom**-*prp*	through
256	**tills**-*prp*	until
273	**runt**-*adv; prp*	round; around
278	**inne**-*adv; prp; adj*	inside; within; in
305	**emot**-*adv; prp*	against; against
334	**nära**-*adv; prp; adj; vb*	near; near; close; cherish
339	**genom att**-*prp*	by
353	**bakom**-*prp; adv*	behind; in the back of
354	**mellan**-*prp*	between
366	**på grund av**-*prp*	because of
370	**igenom**-*adv; prp*	through; through
372	**uppe**-*adv; prp*	up; up
380	**när det gäller**-*prp*	with
411	**undan**-*adv; prp*	away; from
413	**utanför**-*adv; prp*	outside; outside
445	**före**-*adv; con; prp; nn*	before; before; before; surface
487	**inom**-*prp*	within
529	**förbi**-*adv; prp; vb; adj*	past; past; go by; gone
532	**framför**-*adv; prp; con*	preferably; in front of; before
536	**omkring**-*adv; prp*	about|round; about
556	**inför**-*prp*	before
573	**enligt**-*prp*	according to
679	**förutom**-*prp; adv*	in addition to; outside of
684	**trots**-*prp; nn*	despite; defiance
692	**ombord**-*adv; nn; adj; prp*	on board; onboard; aboard; aboard
694	**bland**-*prp; adj*	among; mid
699	**å**-*int; prp; nn*	oh; on; stream
747	**framåt**-*adv; prp; adj*	forward; along; go-ahead
761	**utom**-*prp; con; adv*	except; save; outside of
784	**liksom**-*con; adv; prp*	as well as; like; like
861	**bredvid**-*prp; adv*	next; close by
895	**bak**-*nn; adv; prp*	back; behind; behind
898	**per**-*prp*	per
1019	**i form av**-*prp*	in form of
1043	**vad gäller**-*prp; phr*	at; as to
1076	**uppför**-*prp; adv*	up; uphill
1127	**angående**-*prp*	concerning
1131	**oavsett**-*adj; prp*	regardless; apart from
1173	**med hjälp av**-*prp*	with
1186	**för övrigt**-*adv; prp*	otherwise; besides
1244	**med tanke på**-*prp*	towards
1352	**inuti**-*prp; adv*	within; inside
1377	**via**-*prp*	via
1379	**längs**-*prp*	along
1466	**i fråga om**-*prp*	regarding
1536	**likt**-*prp*	like
1552	**tack vare**-*prp*	thanks to
1573	**typiskt**-*adv; prp*	typically; like
1668	**bortom**-*prp*	beyond
1670	**emellan**-*adv; prp*	between; between
1674	**åter**-*prp; adv*	re; again
1688	**beroende på**-*prp*	due to
1707	**ovanför**-*adv; prp*	above; above
1777	**i förhållande till**-*adv; prp*	relative to; vis-a-vis

1969	**utav-**prp	out of
1983	**intill-**adv; prp	adjacent; near to
2014	**såsom-**con; prp; adv	as; as; qua
2022	**till följd av-**prp	for
2261	**med hänsyn till-**prp	with regard to
2262	**uppåt-**prp; adv; adj	up; upwards; in high spirits
2280	**utför-**prp; adv	down; down
2324	**med anledning av-**adv; prp	on the occasion of; on
2365	**jämfört-**prp	comparing
2448	**från och med-**prp	from .. to
2493	**förfölja-**vb; prp; nn	persecute; in pursuit of; persecution
2506	**näst-**adj; adv; prp	second; next; next to

Pronouns

1	**jag**-*prn; nn*	I; self
2	**det**-*art; prn; adv*	the; it; there
4	**du**-*prn*	you
5	**inte**-*prn; adv*	not; none
7	**en**-*art; prn; adv*	an|the; one; about
10	**vi**-*prn*	we
12	**i**-*prp; prn*	in; ye
14	**han**-*prn*	it
15	**vad**-*adv; prn; nn*	how; that; calf
17	**som**-*con; prn; prp; adv*	as; as; like; when
20	**den**-*art; prn*	the; it
21	**så**-*adv; con; adj; prn; vb*	so; so; such; that; sow
24	**de**-*art; prn*	the; they
25	**ni**-*prn*	you
35	**hon**-*prn*	she
38	**min**-*prn; nn*	my|mine; air
42	**din**-*prn*	your
48	**få**-*vb; adj; nn; prn; av*	get|have; few; few; few; could
49	**mig**-*prn*	me
50	**man**-*nn; prn*	man; you
53	**alla**-*adj; nn; prn*	all; all; all
61	**dem**-*prn*	them
63	**sig**-*prn*	itself
65	**allt**-*adj; nn; prn*	all; all; all
67	**ingen**-*prn; adv*	no one; not any
68	**litet**-*adj; adv; nn; prn*	small; little; little; some
70	**vem**-*prn*	who
74	**något**-*adv; prn*	something; something
79	**inget**-*prn; nn; adv*	nothing; naught; not any
84	**henne**-*prn*	her
86	**hans**-*prn*	his
92	**oss**-*prn*	ourself
94	**någon**-*prn*	any
105	**annan**-*adj; prn*	otherguess; else
107	**detta**-*prn*	this
110	**några**-*prn*	some
114	**själv**-*prn; adv*	himself; by itself
122	**viss**-*adj; prn*	certain; some
125	**vår**-*prn; nn*	our|ours; spring
138	**sin**-*prn*	its
143	**dig**-*prn*	you
156	**honom**-*prn*	him
166	**var**-*adv; prn; nn*	where; each; pus
168	**vilken**-*prn*	which
169	**hennes**-*prn*	her
182	**ens**-*prn; adj*	your; in line with each other
189	**samma**-*adv; prn; adj*	same; same; the same
195	**ingenting**-*prn*	nothing
211	**er**-*prn*	you
215	**varje**-*prn*	each
218	**deras**-*prn*	their
250	**vilket**-*prn*	which
253	**hela**-*adj; prn; vb*	whole; all; heal
259	**denna**-*prn*	that
285	**lika**-*adj; adv; prn*	equal; as; same
317	**vilka**-*prn*	which
333	**båda**-*prn; vb*	both|either; bode
342	**all**-*adj; prn*	all; all
358	**fler**-*prn*	more
368	**varandra**-*prn*	each other
371	**egen**-*adj; prn*	own; one's own
399	**någonting**-*prn*	anything
431	**herre**-*nn; prn*	gentleman; you
559	**dess**-*prn*	its
704	**varenda**-*prn*	every
765	**både**-*prn*	both
783	**detsamma**-*prn*	the same
1049	**vems**-*prn*	whose
1266	**mitt**-*prn; nn*	my; middle
1373	**vars**-*prn*	whose
1626	**icke**-*prn*	not
1694	**var och en**-*prn*	each
1910	**denne**-*prn*	this
1931	**era**-*nn; prn*	era; your
2164	**bägge**-*prn*	either|both

Nouns

1	**jag**-*prn; nn*	I; self
3	**vara**-*vb; nn*	be|make; article
13	**för**-*con; prp; nn; adv*	for; for; prow; fore
15	**vad**-*adv; prn; nn*	how; that; calf
16	**med**-*prp; nn; adv*	with; runner; too
18	**här**-*adv; nn*	here; army
19	**om**-*con; prp; nn; adv*	whether; on; if; round
27	**men**-*con; nn*	but|however; injury
29	**vilja**-*av; vb; nn*	will; will; wish
31	**ja**-*adv; nn; vb*	yes|well; yes; yean
33	**nej**-*nn; adv*	no; no
36	**komma**-*vb; nn*	come|lead; comma
38	**min**-*prn; nn*	my|mine; air
40	**göra**-*vb; nn*	do|have; task
48	**få**-*vb; adj; nn; prn; av*	get|have; few; few; few; could
50	**man**-*nn; prn*	man; you
53	**alla**-*adj; nn; prn*	all; all; all
56	**tro**-*vb; nn*	believe|think; faith
60	**tack**-*nn*	thanks
65	**allt**-*adj; nn; prn*	all; all; all
68	**litet**-*adj; adv; nn; prn*	small; little; little; some
69	**mycket**-*adv; adj; nn*	very; much; heaps
79	**inget**-*prn; nn; adv*	nothing; naught; not any
93	**fan**-*nn; nn; int*	fan; bugger; damn
95	**väl**-*adj; adv; nn*	well; well; well
98	**år**-*nn*	year
101	**hit**-*adv; nn*	here; hit
102	**pappa**-*nn*	dad
103	**mamma**-*nn*	mom
108	**känna**-*vb; nn*	feel; sense
109	**vid**-*prp; nn; adv; adj*	at|on; space; so; wide
112	**rätt**-*adj; adv; nn*	correct; rightly; the right
116	**hem**-*nn; adv*	place; home
118	**dag**-*nn*	day
120	**fel**-*adj; adv; nn*	wrong; wrong; error
125	**vår**-*prn; nn*	our|ours; spring
126	**liv**-*nn*	life
127	**sätt**-*nn*	way|set
130	**håll**-*nn*	hold|direction
131	**död**-*nn; adj; adv*	death; dead; below ground
132	**tid**-*nn*	time
139	**gång**-*nn*	time|walking
142	**gud**-*nn*	the Lord
146	**barn**-*nn*	children|child
148	**hjälp**-*nn*	help
150	**under**-*prp; nn*	during; marvel
152	**förlåt**-*nn*	veil
154	**folk**-*nn*	people|folk
155	**peng**-*nn*	coin
157	**första**-*nn; adj; vb*	first; initial; make out
166	**var**-*adv; prn; nn*	where; each; pus
167	**helvete**-*nn*	hell
171	**sak**-*nn*	cause|matter
172	**fara**-*nn; vb*	danger; go
178	**ur**-*prp; nn*	from; watch
179	**hand**-*nn*	hand
180	**problem**-*nn*	problem
181	**morgon**-*nn*	dawn
183	**väg**-*nn*	way|road
184	**vän**-*nn; adj*	friend
190	**kväll**-*nn*	night
193	**namn**-*nn*	name
198	**fru**-*nn*	wife
202	**visa**-*vb; nn*	show|display; ballad
204	**slut**-*adv; nn; adj*	out; over; ending
205	**sedan**-*adv; con; prp; nn*	then; since; since; sedan
207	**skit**-*nn; adj*	shit; crap
210	**fråga**-*nn; vb*	question; question
223	**jobb**-*nn*	work
231	**nästa**-*nn; adj*	neighbor; next
232	**sex**-*num; nn*	six; sex
234	**son**-*nn*	son
236	**dollar**-*nn*	dollar
237	**bil**-*nn*	car|taxicab
239	**tag**-*nn*	hold|purchase
251	**minut**-*nn*	minute
255	**värld**-*nn*	world
257	**lägg**-*nn*	leg
258	**älskling**-*nn*	sweetheart
261	**åker**-*nn*	field
262	**fast**-*adj; adv; con; nn*	fixed; firm; though; stuck

263	**människa**-*nn*	person|creature	393	**reda**-*vb; nn*	make|clear up; order
275	**del**-*nn*	part|piece	396	**lov**-*nn*	holiday
276	**rör**-*nn*	pipe|tube	404	**lära**-*vb; nn*	teach; teaching
280	**polis**-*nn*	police (officer)	405	**grabb**-*nn*	chap
281	**tur**-*nn*	tour|turn	408	**lugn**-*adj; nn*	quiet; calm
287	**kvinna**-*nn*	woman	410	**perfekt**-*adj; nn; adv*	perfect; perfect; perfectly
291	**ok**-*adv; nn*	done; yoke	416	**kompis**-*nn*	buddy|mate
295	**fall**-*nn*	event|fall	418	**plan**-*nn; adj*	plan|plane; plane
297	**slå**-*vb; nn*	beat; crossbar	422	**stämma**-*nn; vb*	meeting; agree with|tune
300	**natt**-*nn*	night	423	**nummer**-*nn*	number|size
303	**kille**-*nn*	guy	424	**huvud**-*nn; adj*	head; home
304	**fort**-*adv; nn*	fast|speedily; fort	425	**sticka**-*vb; nn*	run|stick; tingling
308	**hus**-*nn*	housing|family	430	**sida**-*nn*	page|side
311	**plats**-*nn*	place|location	431	**herre**-*nn; prn*	gentleman; you
313	**familj**-*nn*	family	432	**kärlek**-*nn*	pash
314	**bo**-*vb; nn*	stay|live; den	434	**månad**-*nn*	month
322	**stad**-*nn*	town	435	**käft**-*nn*	jaw
326	**dörr**-*nn*	door	439	**pojke**-*nn*	lad|boy
331	**chans**-*nn*	chance	445	**före**-*adv; con; prp; nn*	before; before; before; surface
332	**rum**-*nn*	room	448	**kort**-*adj; nn; adv*	short; card; shortly
335	**klocka**-*nn; vb*	clock; clock	449	**tjej**-*nn*	girl
337	**par**-*nn*	couple|team	451	**vecka**-*nn; vb*	week; fold
340	**sista**-*nn; adj*	last; final	453	**sanning**-*nn*	truth
341	**ätt**-*nn*	family	455	**roll**-*nn*	role|personage
343	**ord**-*nn*	words	458	**öga**-*nn*	eye
346	**fint**-*adv; nn*	fine; feint	459	**förälder**-*nn*	parent
348	**bror**-*nn*	brother	462	**rest**-*nn*	residual
352	**mor**-*nn*	mother	463	**hjärta**-*nn*	heart
357	**timme**-*nn*	hour	464	**lycka**-*nn*	happiness|luck
360	**kapten**-*nn*	captain	478	**allihop**-*nn*	all
361	**mat**-*nn*	food|meal	480	**blod**-*nn*	blood
363	**försök**-*nn*	attempt|trial	483	**ursäkt**-*nn*	excuse
364	**vapen**-*nn*	arms|weapon	484	**älskad**-*adj; nn*	beloved; beloved
365	**dotter**-*nn*	daughter	485	**val**-*nn*	choice|election
367	**ben**-*nn*	bone|leg	489	**tv**-*abr; nn*	TV; television
373	**flicka**-*nn; vb*	girl; patch	491	**land**-*nn*	country
374	**miss**-*nn*	miss	495	**typ**-*nn*	type|model
375	**räcka**-*vb; nn*	cover|pass; course	496	**jävel**-*phr; nn*	son of a bitch; bugger
376	**skull**-*nn*	sake	498	**massa**-*nn*	pulp|amount
377	**ställe**-*nn*	place|stead	499	**order**-*nn*	order|orders
378	**idiot**-*nn*	moron	500	**gift**-*adj; nn*	married; poison
379	**herr**-*nn*	Mr.	502	**kaffe**-*nn*	coffee
381	**syster**-*nn*	nurse	504	**springa**-*vb; nn*	run; slit
382	**skola**-*nn; vb*	school|college; school	505	**läge**-*nn*	location|position
388	**idé**-*nn; nn*	proposal; idea			
389	**vatten**-*nn*	water			

510	**synd**-*nn; vb; adj*	sin; trespass; wrongdoing
512	**topp**-*nn*	top|crest
513	**hälsa**-*nn; vb*	health; greet
515	**misstag**-*nn*	mistake
516	**ögonblick**-*nn*	moment
521	**tjänst**-*nn*	service|favor
523	**dricka**-*vb; nn*	drink; soft drink
524	**historia**-*nn*	history|story
525	**middag**-*nn*	dinner|midday
526	**fart**-*nn*	speed|pace
528	**stund**-*nn*	while
530	**krig**-*nn*	war
534	**jord**-*nn*	soil|world
535	**resa**-*nn; vb*	travel; travel
545	**hund**-*nn*	dog
546	**doktor**-*nn*	doctor
547	**ansikte**-*nn*	face|countenance
548	**arbete**-*nn*	work|working
550	**allting**-*nn*	everything
557	**vänster**-*adj; nn*	left; left
564	**person**-*nn*	person
566	**dam**-*nn*	woman
569	**grund**-*nn; adj*	basis; shallow
571	**aning**-*nn*	idea
574	**eld**-*nn*	flame|enthusiasm
575	**internet**-*nn*	internet
577	**början**-*nn*	beginning|first
578	**chef**-*nn*	manager|head
579	**fred**-*nn*	peace
580	**råd**-*nn*	advice
581	**general**-*nn*	general
582	**sekund**-*nn*	second
588	**kläder**-*nn*	clothes|clothing
591	**kropp**-*nn*	body|corpus
592	**andas**-*vb; nn*	breathe; breathing
593	**öl**-*nn*	beer
594	**skada**-*nn; vb*	damage; hurt
596	**vit**-*adj; nn*	Caucasian; Caucasian
597	**telefon**-*nn*	phone
599	**kung**-*nn*	king
601	**farbror**-*nn*	uncle
603	**hår**-*nn*	hair
606	**röra**-*vb; nn*	move|touch; mess
609	**bär**-*nn*	berry
615	**allvar**-*nn*	gravity|seriousness
616	**adjö**-*nn*	goodbye
624	**svar**-*nn*	response|rejoinder
626	**djur**-*nn*	animal|cattle
631	**läkare**-*nn*	physician|medic
633	**medlemsstat**-*nn*	member state
636	**fängelse**-*nn*	prison|imprisonment
637	**ända**-*vb; nn*	end; termination
639	**raring**-*nn*	dear|sweetie
640	**affär**-*nn*	business|affair
641	**stopp**-*nn*	stop|jam
643	**bok**-*nn*	book
644	**advokat**-*nn*	attorney
645	**meter**-*nn*	meter
649	**mark**-*nn*	ground|counter
650	**fader**-*nn*	father
651	**bevis**-*nn*	evidence|proof
657	**meddelande**-*nn*	message
659	**mord**-*nn*	murder
660	**film**-*nn*	movie
661	**spel**-*nn*	game
662	**gata**-*nn*	street
664	**sjukhus**-*nn*	hospital
665	**tacka**-*vb; nn*	thank; billet
666	**dröm**-*nn*	dream
670	**baby**-*nn*	baby
672	**musik**-*nn*	music
673	**hög**-*adj; nn*	high|tall; heap
674	**samtal**-*nn*	conversation|talk
678	**nyhet**-*nn*	novelty|innovation
680	**skitsnack**-*nn*	bullshit
683	**fröken**-*nn*	teacher
684	**trots**-*prp; nn*	despite; defiance
685	**fest**-*nn*	party|celebration
688	**agent**-*nn*	agent
690	**drink**-*nn*	drink
692	**ombord**-*adv; nn; adj; prp*	on board; onboard; aboard; aboard
696	**brev**-*nn*	letter
697	**lag**-*nn*	law|team
698	**slag**-*nn*	kind|type
699	**å**-*int; prp; nn*	oh; on; stream
701	**kontor**-*nn*	office
708	**mördare**-*nn*	killer
710	**pistol**-*nn*	gun
711	**flickvän**-*nn*	girlfriend
712	**åk**-*nn*	car

717	**överste-***nn*	colonel	821	**partner-***nn*	partner
719	**skål-***int; nn*	cheers; bowl|dish	822	**flod-***nn*	river|flood
724	**text-***nn*	text	823	**kyrka-***nn*	church
727	**jul-***nn*	Christmas	828	**lägenhet-***nn*	apartment
728	**glas-***nn*	glass|glassware	832	**mening-***nn*	sense|opinion
729	**leda-***vb; nn*	lead; disgust	833	**sol-***nn*	sun
730	**lunch-***nn*	lunch	834	**sort-***nn*	variety|kind
731	**möte-***nn*	meeting|appointment	839	**unge-***nn*	young|kid
733	**anledning-***nn*	reason|occasion	840	**framtid-***nn*	future
734	**president-***nn*	President	841	**hopp-***nn*	hope|jump
737	**vila-***nn; vb*	rest; rest	844	**tåg-***nn*	train
739	**uppdrag-***nn*	mission|assignment	845	**fönster-***nn*	window
742	**fly-***vb; nn*	escape|flee; noctuid moth	846	**kontroll-***nn*	control|check
746	**äldre-***adj; nn*	older|elderly; senior	847	**olycka-***nn*	accident
748	**information-***nn*	information	849	**grej-***nn*	gadget|article
754	**säng-***nn*	bedstead	850	**karl-***nn*	fellow|guy
755	**själ-***nn*	mind	852	**guld-***nn*	gold
756	**värd-***nn; adj*	host; worth	853	**luft-***nn*	air
757	**mål-***nn*	goal|objective	862	**överraskning-***nn*	surprise
758	**vända-***nn; vb*	turn; turn	863	**armé-***nn; nnpl*	army; military
760	**ren-***adj; nn*	clean|pure; reindeer	868	**sergeant-***nn*	sergeant
762	**steg-***nn*	step	869	**nåd-***nn*	ladyship|lord
764	**kontakt-***nn*	contact|plug	870	**hälft-***nn*	half
766	**hinna-***nn; vb*	membrane|coat; have time	871	**broder-***nn*	brother
774	**bit-***nn*	bit|piece	873	**tal-***nn*	speech|number
775	**ljus-***nn; nnpl; adj*	light; candles; light	874	**kall-***adj; nn*	cold|cool; calling
777	**nick-***nn*	nod	875	**papper-***nn*	paper|papers
781	**engelska-***nn*	Englishwoman|English	876	**bord-***nn*	table|desk
785	**ö-***nn*	island	877	**besök-***nn*	visit
787	**närhet-***nn*	vicinity|closeness	881	**kräva-***vb; nn*	demand|claim; crop
788	**respekt-***nn*	respect|awe	882	**brott-***nn*	crime|breach
790	**område-***nn*	area|field	883	**hjälte-***nn*	goody
791	**båt-***nn*	boat	884	**golv-***nn*	floor
793	**sällskap-***nn*	company|partner	885	**skepp-***nn*	sail
797	**känsla-***nn*	feeling|sense	886	**make-***nn*	husband|spouse
799	**beslut-***nn*	decision|order	888	**vin-***nn*	wine
806	**himmel-***nn*	sky	889	**ordning-***nn*	order
808	**hav-***nn*	sea	892	**svin-***nn*	swine|pig
811	**säkerhet-***nn*	security|safety	893	**löjtnant-***nn*	lieutenant
814	**häst-***nn*	horse	894	**frukost-***nn*	breakfast
815	**röst-***nn*	voice	895	**bak-***nn; adv; prp*	back; behind; behind
816	**skog-***nn*	forest	897	**tillstånd-***nn*	condition
817	**rygg-***nn*	back	899	**nyckel-***nn*	key
818	**bild-***nn*	photo|image	902	**tanke-***nn*	thought|mind
819	**ära-***nn; vb*	honor; honor	903	**grupp-***nn*	group|section
			905	**gratis-***adj; nn; adv*	free; free; costlessly

906	**boll**-*nn*	ball		986	**kött**-*nn*	meat
908	**match**-*nn*	match		987	**hjärna**-*nn*	brain
909	**soldat**-*nn*	soldier		988	**mun**-*nn*	mouth
911	**lik**-*adj; nn; adv*	like; corpse; after the fashion of		989	**fisk**-*nn*	fish
				991	**ålder**-*nn*	age
912	**makt**-*nn*	authority|force		994	**hål**-*nn*	mouth|gap
913	**styrka**-*nn; vb*	strength; prove		995	**kök**-*nn*	kitchen
923	**sko**-*nn; vb*	shoe; shoe		996	**vägg**-*nn*	wall
925	**syssla**-*nn; vb*	occupation; busy		1000	**college**-*nn*	college
926	**översättning**-*nn*	translation		1003	**gräns**-*nn*	limit
928	**mästare**-*nn*	champion		1004	**buss**-*nn*	bus
929	**major**-*nn*	major		1006	**exempel**-*nn*	example
930	**farfar**-*nn*	grandfather		1011	**mil**-*nn*	ten kilometres
931	**kyss**-*nn*	kiss		1012	**klass**-*nn*	class|rating
933	**spår**-*nn*	track|trace		1013	**skydd**-*nn*	protection
934	**gäng**-*nn*	gang|lot		1015	**diskutera**-*vb; nn*	discuss; reason
935	**tand**-*nn*	tooth		1016	**ed**-*nn*	oath
937	**lärare**-*nn*	teacher		1017	**smärta**-*nn; vb*	pain; pain
938	**kusin**-*nn*	cousin		1018	**driva**-*vb; nn*	drive|power; drift
939	**farväl**-*nn*	farewell		1020	**Europa**-*nn*	Europe
942	**tecken**-*nn*	sign		1022	**monster**-*nn*	monster
943	**taxi**-*nn*	taxi		1024	**väska**-*nn*	bag
944	**hemlighet**-*nn*	secret		1028	**ledare**-*nn*	leader
947	**stycken**-*nn*	paragraph		1030	**lista**-*nn; vb*	list; list
949	**orsak**-*nn*	cause|occasion		1035	**hustru**-*nn*	wife
950	**skalle**-*nn*	skull		1037	**semester**-*nn*	holiday
951	**titt**-*nn*	look		1040	**strid**-*nn; adj*	battle; rapid
953	**England**-*nn*	England		1041	**strand**-*nn*	beach
954	**skäl**-*nn*	reason|ground		1045	**självmord**-*nn*	suicide
957	**pris**-*nn*	price|prize		1047	**spark**-*nn*	kick
960	**tak**-*nn*	ceiling|top		1048	**hora**-*nn; vb*	whore; whore
961	**gömma**-*vb; nn*	hide; hiding place		1054	**nöje**-*nn*	pleasure
964	**öde**-*nn; adj*	fortune; desert		1055	**skillnad**-*nn*	difference
965	**mormor**-*nn*	grandmother		1056	**tidning**-*nn*	newspaper
967	**bank**-*nn*	bank		1057	**offer**-*nn*	victims
968	**band**-*nn; adj*	band|tape; tied		1060	**kamera**-*nn*	camera
970	**ansvar**-*nn*	responsibility		1061	**bröllop**-*nn*	wedding
971	**regel**-*nn*	rule		1062	**is**-*nn*	ice
973	**tryck**-*nn*	pressure		1064	**företag**-*nn*	business|company
974	**kraft**-*nn*	force		1068	**alltihop**-*nn*	the lot
975	**skott**-*nn*	shot		1072	**ägg**-*nn*	egg
976	**hotell**-*nn*	hotel		1073	**professor**-*nn*	professor
979	**föda**-*nn; vb*	food; feed		1075	**regering**-*nn*	government|rule
980	**träd**-*nn*	tree		1079	**present**-*nn; adj*	present; present
981	**fot**-*nn*	leg		1080	**frihet**-*nn*	freedom
985	**poäng**-*nn*	point		1083	**skär**-*nn; adj*	notch; pure

1084	**toalett**-*nn*	toilet|bathroom	1157	**mod**-*nn*	bravery
1085	**lek**-*nn*	play|game	1158	**far**-*nn*	father
1086	**bud**-*nn*	bid|offer	1160	**lördag**-*nn*	Saturday
1090	**helg**-*nn*	holiday	1162	**plus**-*nn*	plus
1092	**minne**-*nn*	memory|mind	1163	**station**-*nn*	station
1093	**by**-*nn*	village	1164	**mörker**-*nn*	darkness
1094	**drog**-*nn; adj*	drug; pulled	1165	**nät**-*nn*	web
1096	**förslag**-*nn*	proposal|draft	1166	**situation**-*nn*	situation
1099	**medicin**-*nn*	medicine	1167	**pass**-*nn*	passport|pass
1100	**procent**-*nn*	percent	1168	**byggnad**-*nn*	building
1101	**gumma**-*nn*	old woman	1174	**rapport**-*nn*	report
1103	**kopp**-*nn*	cup	1175	**majestät**-*nn*	Majesty
1104	**kuk**-*nn*	cock	1177	**lögn**-*nn*	lie|falsehood
1105	**form**-*nn*	form|shape	1181	**team**-*nn*	team
1107	**stil**-*nn*	style|genre	1187	**kilo**-*nn*	kilo
1108	**hals**-*nn*	neck	1188	**svärd**-*nn*	sword
1109	**frankrike**-*nn*	France	1192	**köp**-*nn*	buy|purchase
1110	**knäpp**-*adj; nn*	wacky; flick	1194	**rosa**-*adj; nn; vb*	pink; pink; praise
1112	**nytta**-*nn*	use|utility	1196	**mage**-*nn*	stomach|belly
1113	**gåva**-*nn*	present	1197	**uppmärksamhet**-*nn*	attention
1116	**franska**-*nn*	French	1198	**avsky**-*nn; vb*	disgust; detest
1117	**tuff**-*adj; nn*	tough; tuff	1199	**kniv**-*nn*	knife
1119	**fiende**-*nn*	foe	1200	**katt**-*nn*	cat
1123	**ligg**-*nn*	fuck	1202	**domare**-*nn*	justice
1125	**arm**-*nn; adj*	arm; wretched	1204	**ring**-*nn*	ring|circle
1126	**snut**-*nn*	cop	1207	**tusentals**-*nn*	thousands of
1129	**karriär**-*nn*	career	1208	**vis**-*nn; adj*	way; sage
1130	**förhållande**-*nn*	ratio|relationship	1209	**tillfälle**-*nn*	opportunity
1132	**blomma**-*nn; vb*	flower; flower	1210	**lord**-*nn*	Lord
1133	**ljud**-*nn*	sound	1211	**bar**-*nn; adj*	bar; bare
1135	**äktenskap**-*nn*	marriage	1212	**råka**-*vb; nn*	happen; rook
1137	**show**-*nn*	show	1214	**lust**-*nn*	desire
1139	**födelsedag**-*nn*	birthday	1215	**el**-*nn; adj*	electricity; electric
1141	**lås**-*nn*	lock|clasp	1217	**klänning**-*nn*	dress
1143	**berg**-*nn*	mountain	1218	**färg**-*nn*	color
1144	**fredag**-*nn*	Friday	1219	**skrika**-*vb; nn*	scream; jay
1145	**sten**-*nn*	pebble|stone	1220	**rädsla**-*nn*	fear
1146	**position**-*nn*	position	1222	**brud**-*nn*	bride|chick
1147	**stryk**-*nn*	beating	1223	**prinsessa**-*nn*	princess
1148	**språk**-*nn*	language	1224	**ting**-*nn*	thing
1150	**satan**-*nn*	satan	1225	**rock**-*nn*	coat
1151	**vind**-*nn; adj*	wind; warped	1226	**polare**-*nn*	cock|buddy
1152	**radio**-*nn*	radio	1228	**annanstans**-*nn*	elsewhere
1154	**bro**-*nn*	bridge	1229	**drottning**-*nn*	Queen
1155	**eftermiddag**-*nn*	afternoon	1231	**flygplats**-*nn*	airport
1156	**bröst**-*nn*	breast|tits			

1232	**tysk**-*nn; adj*	German; German		1309	**bomb**-*nn*	bomb
1233	**näsa**-*nn*	nose		1310	**skuld**-*nn*	debt
1234	**adress**-*nn*	address		1311	**panik**-*nn*	panic
1236	**syn**-*nn*	view|sight		1312	**måne**-*nn*	moon
1237	**faktum**-*nn*	fact		1314	**gubbe**-*nn*	old man
1238	**botten**-*nn; adj*	bottom; lousy		1316	**park**-*nn*	park
1239	**sväng**-*nn*	turn		1317	**kula**-*nn*	ball|bulb
1242	**farmor**-*nn*	grandmother		1320	**hot**-*nn*	threat
1247	**knä**-*nn*	knee		1321	**naken**-*adj; nn; adv*	naked; starkers; in the nude
1248	**system**-*nn*	system				
1250	**stjärna**-*nn*	star		1322	**mardröm**-*nn*	nightmare
1252	**gevär**-*nn*	rifle		1323	**geni**-*nn*	genius
1253	**hörn**-*nn*	corner		1324	**mjölk**-*nn*	milk
1255	**flaska**-*nn*	bottle		1325	**pund**-*nn*	pound
1256	**måndag**-*nn*	Monday		1326	**assistent**-*nn*	assistant
1258	**program**-*nn*	program		1327	**källare**-*nn*	cellar
1259	**våld**-*nn*	violence|grasp		1328	**koll**-*nn*	check
1261	**våning**-*nn*	floor|apartment		1329	**fälla**-*nn; vb*	trap; precipitate
1262	**prins**-*nn*	prince		1331	**champagne**-*nn*	champagne
1264	**sång**-*nn*	singing		1336	**hatt**-*nn*	hat|cap
1266	**mitt**-*prn; nn*	my; middle		1338	**linda**-*vb; nn*	wind; bandage
1267	**rykte**-*nn*	reputation|rumor		1340	**mirakel**-*nn*	miracle
1269	**flyg**-*nn*	flight		1341	**ängel**-*nn*	angel
1270	**vakt**-*nn*	guard|watch		1343	**rad**-*nn*	row
1271	**grad**-*nn; adj*	degree; straight		1345	**dans**-*nn*	dance
1272	**gisslan**-*nn*	hostage		1346	**hall**-*nn*	hall
1274	**vuxen**-*adj; nn*	adult; adult		1348	**lön**-*nn*	salary|wages
1275	**fylla**-*vb; nn*	fill|stuff; booze		1349	**operation**-*nn*	surgery
1278	**gäst**-*nn*	guest		1353	**skjuts**-*nn*	conveyance
1279	**söndag**-*nn*	Sunday		1354	**bråk**-*nn*	fight
1281	**ende**-*nn*	sole		1357	**anfall**-*nn*	attack
1282	**märke**-*nn*	notice|label		1358	**lögnare**-*nn*	liar
1283	**kilometer**-*nn*	kilometer		1360	**normal**-*adj; nn*	normal; standard
1285	**skära**-*vb; nn*	cut; sickle		1362	**linje**-*nn*	line
1286	**avtal**-*nn*	agreement|contract		1363	**varning**-*nn*	warning|caution
1287	**whisky**-*nn*	whiskey		1364	**tystnad**-*nn*	silence
1288	**scen**-*nn*	scene		1366	**möjlighet**-*nn*	opportunity
1289	**träff**-*nn*	hit		1367	**skrik**-*nn*	cry|scream
1290	**präst**-*nn*	priest		1370	**press**-*nn*	press|oppression
1291	**sjö**-*nn*	lake		1371	**dåre**-*nn*	fool|lunatic
1292	**kurs**-*nn*	course|rate		1376	**plikt**-*nn*	duty
1295	**höghet**-*nn*	highness		1378	**lukt**-*nn*	smell|fume
1296	**enkel**-*adj; nn*	simple; single		1383	**energi**-*nn*	energy
1303	**karta**-*nn*	map		1384	**ro**-*nn; vb*	peace; row
1304	**kyckling**-*nn*	chicken		1385	**smak**-*nn*	taste|flavor
1306	**halvtimme**-*nn*	half		1388	**signal**-*nn*	signal

1389	**favorit**-*nn*	favorite		1460	**misstänkt**-*adj; nn*	suspected; suspect
1390	**åsikt**-*nn*	opinion|idea		1462	**talang**-*nn*	talent
1393	**humör**-*nn*	humor		1463	**fritt**-*adv; nn*	free; swing
1396	**tjuv**-*nn*	thief		1464	**tålamod**-*nn*	patience
1397	**dator**-*nn*	computer		1465	**midnatt**-*nn;*	midnight
1398	**tomt**-*nn*	lot|plot		1467	**förlorare**-*nn*	loser
1400	**klubb**-*nn*	club		1468	**sommar**-*nn*	summer
1402	**begravning**-*nn*	funeral		1469	**väder**-*nn*	weather
1403	**stöd**-*nn*	support		1472	**japan**-*nn*	Japanese
1404	**webbplats**-*nn*	web site		1473	**mars**-*nn*	march
1405	**glass**-*nn*	ice cream		1474	**fågel**-*nn*	bird
1407	**låda**-*nn*	box		1475	**lysande**-*adj; nn*	brilliant; pageant
1410	**hämnd**-*nn*	revenge		1476	**universum**-*nn*	universe
1412	**skönhet**-*nn*	beauty		1478	**seger**-*nn*	victory
1413	**kontrakt**-*nn*	contract|agreement		1479	**kommissarie**-*nn*	commissioner
1414	**bröd**-*nn*	bread		1480	**åratal**-*nn*	years
1415	**post**-*nn; adj*	mail; postal		1481	**risk**-*nn*	risk
1416	**planet**-*nn*	planet		1482	**verklighet**-*nn*	reality
1418	**rättvisa**-*nn*	justice|fairness		1485	**foto**-*nn*	photo
1419	**straff**-*nn*	penalty		1487	**punkt**-*nn*	point|dot
1421	**paus**-*nn*	rest|stop		1492	**gräs**-*nn*	grass
1422	**röv**-*nn*	ass		1494	**utrustning**-*nn*	equipment
1423	**stat**-*nn*	state		1496	**examen**-*nn*	degree|exam
1424	**öken**-*nn*	desert		1497	**öra**-*nn*	ear
1425	**kostym**-*nn*	suit		1502	**sprit**-*nn*	spirits
1427	**madame**-*nn*	madame		1504	**promenad**-*nn*	walk
1429	**choklad**-*nn*	chocolate		1508	**frid**-*nn*	peace
1431	**glädje**-*nn*	delight		1509	**paket**-*nn*	package|pack
1432	**avstånd**-*nn*	distance		1510	**pizza**-*nn*	pizza
1433	**spelare**-*nn*	player		1511	**delta**-*vb; nn*	participate; delta
1434	**erfarenhet**-*nn*	experience		1514	**flotta**-*nn; vb*	fleet; float
1435	**galning**-*nn*	manicac		1515	**rymd**-*nn*	space
1437	**publik**-*nn; adj*	audience; public		1516	**biljett**-*nn*	ticket
1439	**byxa**-*nn*	trousers|pants		1519	**hyra**-*nn; vb*	rent|rental; rent
1440	**djävul**-*nn*	devil		1521	**ambulans**-*nn*	ambulance
1441	**klient**-*nn*	client		1523	**amerikan**-*nn*	American
1442	**fotboll**-*nn*	football		1524	**leende**-*adj; nn; adv*	smiling; smile; smilingly
1443	**oskuld**-*nn*	innocence				
1447	**döende**-*adj; nn*	dying; dying		1526	**sjukdom**-*nn*	disease|illness
1449	**konst**-*nn*	art		1528	**gård**-*nn*	courtyard
1452	**behov**-*nn*	need		1530	**medborgare**-*nn*	citizens
1454	**Kina**-*nn*	China		1532	**sinne**-*nn*	mind
1455	**as**-*nn*	as		1533	**förklaring**-*nn*	explanation
1456	**kund**-*nn*	customer		1535	**uppgift**-*nn*	task|information
1457	**strunt**-*nn*	rubbish|garbage		1537	**önskan**-*nn*	desire|wish
1458	**författare**-*nn*	writer		1538	**samvete**-*nn*	conscience

1539	**släkt**-*nn; adj*	family; related	1623	**utbildning**-*nn*	training
1542	**trick**-*nn*	trick	1625	**senator**-*nn*	senator
1546	**morfar**-*nn*	grandfather	1629	**faster**-*nn*	aunt
1547	**otur**-*nn*	bad luck	1630	**blåsa**-*vb; nn*	blow; bladder
1548	**vittne**-*nn; adj*	witness; deponent	1631	**tisdag**-*nn*	Tuesday
1553	**rättighet**-*nn*	privilege	1632	**skräp**-*nn*	debris|rubbish
1554	**fånge**-*nn*	captive	1633	**hiss**-*nn*	elevator
1558	**kar**-*nn*	vat	1634	**maskin**-*nn*	machine
1559	**patient**-*nn*	patient	1635	**bas**-*nn; phr*	base; top dog
1560	**godis**-*nn*	candy	1636	**klippa**-*vb; nn*	cut|clip; cliff
1561	**nivå**-*nn*	level	1637	**kliv**-*nn*	stride
1563	**löfte**-*nn*	promise	1638	**april**-*nn*	april
1564	**dölja**-*vb; nn*	hide; veils	1641	**rån**-*nn*	robbery
1565	**nacke**-*nn*	neck	1642	**jacka**-*nn*	jacket
1566	**intresse**-*nn*	interest	1643	**kopia**-*nn*	copy
1569	**ryss**-*nn*	Russian	1646	**port**-*nn*	door|gate
1570	**trubbel**-*nn*	trouble	1647	**besvär**-*nn*	trouble
1571	**kod**-*nn*	code	1648	**test**-*nn*	test
1572	**check**-*nn*	check	1650	**kvart**-*nn*	quarter
1575	**baksida**-*nn*	back|rear	1652	**ordförande**-*nn*	chairman
1579	**torsdag**-*nn*	Thursday	1653	**fingeravtryck**-*nn*	fingerprint
1580	**läger**-*nn*	camp	1654	**Tomte**-*nn*	Santa
1581	**magi**-*nn*	magic	1655	**snack**-*nn*	chatter
1585	**knark**-*nn*	dope|drugs	1656	**stolthet**-*nn*	pride
1587	**vagn**-*nn*	carriage|wagon	1658	**farsa**-*nn*	dad
1589	**läcka**-*nn; vb*	leak; seep	1660	**motor**-*nn*	engine
1591	**torka**-*vb; nn*	dry; drought	1661	**badrum**-*nn*	bathroom
1592	**drag**-*nn*	features|move	1663	**gjord**-*adj; nn*	made; girth
1593	**socker**-*nn*	sugar	1664	**prov**-*nn*	sample
1594	**flygplan**-*nn*	aircraft|plane	1665	**evighet**-*nn*	eternity
1595	**kollega**-*nn*	colleague	1666	**gosse**-*nn*	lad
1596	**jude**-*nn*	Jew	1667	**penna**-*nn*	pencil
1597	**vinnare**-*nn*	winner	1671	**vansinne**-*nn*	madness|insanity
1598	**restaurang**-*nn*	restaurant	1672	**grav**-*adj; nn*	grave; grave
1599	**ost**-*nn*	cheese	1673	**träning**-*nn*	training
1600	**trappa**-*nn*	staircase|stairs	1675	**inspektör**-*nn*	inspector
1602	**kanon**-*nn*	cannon	1676	**däck**-*nn*	deck
1603	**storlek**-*nn*	size	1678	**gråt**-*nn*	crying
1607	**alternativ**-*adj; nn*	alternative; alternative	1679	**skatt**-*nn*	tax
1608	**förälskad**-*adj; nn*	in love; inamorata	1680	**skam**-*nn*	shame
1609	**apa**-*nn*	monkey	1681	**nolla**-*nn; num*	zero; zero
1611	**led**-*nn; adj*	joint|way; evil	1684	**björn**-*nn*	bear
1613	**gris**-*nn*	pig	1685	**äventyr**-*nn*	adventure
1616	**tok**-*nn*	fool|silly	1686	**lösning**-*nn*	solution
1618	**tjänare**-*nn*	servant	1687	**cigarett**-*nn*	cigarette
1621	**morbror**-*nn*	uncle	1689	**bensin**-*nn*	petrol|fuel

1690	**oliv**-*nn*	olive
1692	**vikt**-*nn*	weight
1693	**tillgång**-*nn*	access|asset
1695	**skoj**-*nn*	fun
1700	**kvarter**-*nn*	block
1705	**granne**-*nn*	neighbor
1711	**främling**-*nn*	stranger|foreigner
1713	**fantasi**-*nn*	fantasy|imagination
1716	**beroende**-*adj; nn; adv*	dependent; dependence; reliably
1719	**kejsare**-*nn*	emperor
1721	**medlem**-*nn*	member
1724	**bio**-*nn*	cinema
1726	**bete**-*nn; vb*	bait|pasture; behave
1727	**sorg**-*nn*	sorrow|grief
1728	**detalj**-*nn*	detail
1729	**förrädare**-*nn*	betrayer
1731	**moster**-*nn*	aunt
1732	**djup**-*nn; adj*	depth; deep
1733	**kontanter**-*nn*	cash|readies
1734	**soffa**-*nn*	sofa
1735	**cancer**-*nn*	cancer
1737	**gryning**-*nn*	dawn
1738	**erbjudande**-*nn; adj*	offer; offering
1739	**tant**-*nn*	aunt
1741	**älskare**-*nn*	lover
1742	**september**-*nn*	September
1743	**inre**-*adj; nn*	internal; interior
1745	**slav**-*nn*	slave
1747	**expert**-*nn*	expert
1749	**humor**-*nn*	humor
1751	**försvar**-*nn*	defense
1752	**söder**-*adv; nn*	south; south
1753	**fegis**-*nn*	funk
1755	**natur**-*nn*	nature
1757	**hat**-*nn*	hatred
1758	**glasögon**-*nn*	glasses
1760	**tävling**-*nn*	contest|race
1761	**sömn**-*nn*	sleep
1762	**förstärkning**-*nn*	strengthening
1763	**resultat**-*nn*	results
1766	**noll**-*nn*	zero
1767	**spöke**-*nn*	ghost
1769	**samhälle**-*nn*	community
1771	**afton**-*nn*	evening
1773	**kaos**-*nn*	turmoil
1775	**läxa**-*nn*	lesson
1776	**läpp**-*nn*	lip
1778	**jakt**-*nn*	hunting
1780	**proffs**-*nn*	pro
1782	**juni**-*nn*	june
1783	**finger**-*nn*	finger
1784	**väst**-*nn*	vest
1785	**stol**-*nn*	chair
1786	**olja**-*nn; vb*	oil; oil
1788	**pilot**-*nn*	pilot
1789	**attack**-*nn*	attack
1790	**verk**-*nn*	work
1791	**berättelse**-*nn*	story
1793	**officer**-*nn*	officer
1794	**vänskap**-*nn*	amity
1798	**ton**-*nn*	ton
1799	**ström**-*nn*	stream|river
1802	**piller**-*nn*	pill
1805	**skådespelare**-*nn*	actor
1806	**projekt**-*nn*	project
1808	**storm**-*nn*	storm
1810	**start**-*nn*	launch
1811	**drake**-*nn*	dragon
1812	**borgmästare**-*nn*	mayor
1813	**party**-*nn*	rave|bash
1815	**media**-*nn*	media
1816	**trupp**-*nn*	troops|squad
1817	**snubbe**-*nn*	fella
1818	**otrogen**-*adj; nn*	unfaithful; infidel
1819	**katastrof**-*nn*	disaster|crash
1821	**egendom**-*nn*	property
1822	**marknad**-*nn*	market
1827	**vietnam**-*nn*	Vietnam
1828	**bana**-*nn*	path|course
1830	**silver**-*nn*	silver
1831	**grand**-*nn*	shred
1832	**bluff**-*nn*	bluff|sham
1833	**teori**-*nn*	theory
1834	**låt**-*nn*	song|track
1836	**mänsklighet**-*nn*	mankind
1838	**insida**-*nn*	inside
1839	**salt**-*nn; adj*	salt; salty
1840	**slott**-*nn*	castle
1841	**överlevande**-*nn*	survival
1845	**avdelning**-*nn*	section
1847	**service**-*nn*	service

1849	**rulla-***nn; vb*	roll|list; roll	1928	**utredning-***nn*	investigation
1851	**data-***nn*	data	1929	**lastbil-***nn*	truck
1853	**tröja-***nn*	sweater	1930	**kanal-***nn*	duct|channel
1854	**personal-***nn*	staff	1931	**era-***nn; prn*	era; your
1855	**kaka-***nn*	cake|cookie	1932	**förmögenhet-***nn*	fortune
1856	**skugga-***nn; vb*	shadow; shadow	1933	**penis-***nn*	penis
1859	**hud-***nn*	skin|hide	1934	**körkort-***nn*	driving license
1861	**sekreterare-***nn*	clerk	1936	**slagsmål-***nn*	fight
1865	**knapp-***nn; adj*	button; scanty	1944	**kunskap-***nn*	knowledge
1867	**lillebror-***nn*	kid brother	1945	**barnbarn-***nn*	grandchild
1868	**förlåtelse-***nn*	forgiveness	1946	**förtroende-***nn*	confidence|faith
1870	**enhet-***nn*	unit|entity	1947	**akt-***nn*	act
1871	**uniform-***nn*	uniform	1949	**krav-***nn*	claim|requirement
1872	**snygging-***nn*	hottie	1950	**spegel-***nn*	mirror
1874	**universitet-***nn*	university	1952	**vinter-***nn*	winter
1875	**sovrum-***nn*	bedroom	1953	**kram-***nn*	hug
1876	**relation-***nn*	relationship	1954	**politik-***nn*	policy
1877	**knipa-***nn; vb*	fix; pinch	1955	**fartyg-***nn*	craft|vessel
1878	**bekymmer-***nn*	concern|worry	1956	**krona-***nn*	krona|crown
1879	**syfte-***nn*	aim|object	1957	**lektion-***nn*	lesson
1880	**modell-***nn*	model	1958	**ammunition-***nn*	ammunition
1882	**skjorta-***nn*	shirt	1959	**framgång-***nn; adj*	success; succeeded
1883	**plånbok-***nn*	wallet	1961	**puss-***nn*	kiss
1884	**kamp-***nn*	struggle|fight	1962	**skum-***nn; adj*	foam; foamy
1885	**blogga-***nn*	blog	1963	**kokain-***nn*	cocaine
1886	**terrorism-***nn*	terrorism	1965	**beteende-***nn*	behavior
1889	**juli-***nn*	july	1966	**art-***nn*	species|nature
1890	**sajt-***nn*	web site	1967	**källa-***nn*	source
1891	**befäl-***nn*	command	1971	**tunnel-***nn*	tunnel|subway
1892	**mask-***nn*	mask|rainworm	1972	**främmande-***adj; nn*	foreign|alien; stranger
1893	**antal-***nn*	number			
1894	**kamrat-***nn; adj*	companion; matey	1974	**experiment-***nn*	experiment
1898	**förhör-***nn*	hearing|interrogation	1975	**nigger-***nn*	nigger
1899	**rörelse-***nn*	movement|business	1976	**elev-***nn; adj*	student; scholastic
1900	**konstapel-***nn*	constable	1977	**dugg-***nn*	atom
1905	**bibel-***nn*	bible	1978	**betyg-***nn*	certificate|testimonial
1907	**jury-***nn*	jury	1980	**värde-***nn*	value
1908	**andetag-***nn*	breath	1981	**villkor-***nn*	terms|condition
1914	**regn-***nn*	rain	1984	**lampa-***nn*	lamp
1915	**ande-***nn*	mind|ghost	1985	**kommendör-***nn*	commander
1919	**prat-***nn*	talk|chatter	1988	**rep-***nn*	rope
1921	**tvekan-***nn*	hesitation	1992	**kanin-***nn*	rabbit
1922	**närvaro-***nn*	presence	1993	**stålar-***nn*	cash
1923	**häck-***nn*	hedge	1994	**soppa-***nn*	soup
1925	**kust-***nn*	coast	1995	**orm-***nn*	snake|sneak
1927	**domstol-***nn*	(law)court	1996	**dygn-***nn*	day

1997	**kanada**-*nn*	Canada
2002	**djungel**-*nn*	jungle
2004	**förbannelse**-*nn; adj*	curse; maledictive
2006	**cell**-*nn*	cell
2007	**get**-*nn*	goat
2008	**huvudvärk**-*nn*	headache
2009	**yrke**-*nn*	profession
2013	**artikel**-*nn*	article
2019	**myndighet**-*nn*	authority
2025	**flygande**-*adj; nn*	flying; flit
2026	**tränare**-*nn*	coach
2029	**lokal**-*adj; nn*	local; room
2030	**överenskommelse**-*nn*	agreement|deal
2031	**dussin**-*nn*	dozen
2034	**sand**-*nn*	sand
2035	**kid**-*nn*	kid
2036	**hamn**-*nn*	port|harbor
2037	**motstånd**-*nn*	resistance
2038	**helikopter**-*nn*	helicopter
2039	**torn**-*nn*	tower|thorn
2040	**råtta**-*nn*	rat
2043	**tunga**-*nn*	tongue
2044	**onsdag**-*nn*	Wednesday
2045	**fabrik**-*nn*	factory
2046	**skratt**-*nn*	laugh|laughing
2047	**intervju**-*nn*	interview
2048	**skrivbord**-*nn*	desk
2049	**bibliotek**-*nn*	library
2051	**kryp**-*nn*	insect
2052	**forskare**-*nn*	scientist
2053	**föreställning**-*nn*	performance
2055	**morsa**-*vb; nn*	greet; mom
2056	**ondska**-*nn*	evil
2057	**fruktan**-*nn*	fear|dread
2058	**saga**-*nn*	fairy tale
2059	**samling**-*nn*	collection|gathering
2062	**blick**-*nn*	look|glance
2063	**tvivel**-*nn*	doubt
2064	**inbrott**-*nn*	burglary
2066	**anställd**-*nn; adj*	employee; engaged
2067	**halvår**-*nn*	six months
2068	**yta**-*nn; vb*	surface; whine
2069	**robot**-*nn*	robot
2072	**video**-*nn*	video

2076	**förmåga**-*nn*	ability|capacity
2078	**kilogram**-*nn*	kilogram
2085	**skylla**-*nn*	blame
2086	**axel**-*nn*	axis
2089	**slöseri**-*nn*	waste
2092	**betydelse**-*nn*	importance
2096	**pool**-*nn*	pool
2097	**garderob**-*nn*	wardrobe
2100	**dubbel**-*adj; nn*	double; doubles
2101	**tips**-*nn*	tip|wrinkle
2102	**yttre**-*adj; nn*	external; exterior
2103	**motiv**-*nn*	motif
2105	**riddare**-*nn*	knight
2106	**kön**-*nn*	sex
2107	**forskning**-*nn*	research
2108	**material**-*nn*	material
2109	**korv**-*nn*	sausage
2110	**besättning**-*nn*	crew
2112	**telefonnummer**-*nn*	phone number
2113	**ägare**-*nn*	owner
2115	**applåd**-*nn*	applause
2116	**ilska**-*nn*	anger
2117	**inbjudan**-*nn*	invitation
2118	**november**-*nn*	November
2119	**rättegång**-*nn*	trial|lawsuit
2121	**sänka**-*vb; nn*	lower|cut; fold
2122	**förlust**-*nn*	loss
2124	**skilsmässa**-*nn*	divorce
2125	**tår**-*nn*	tear
2126	**ont**-*nn; adv*	evil|wrong; badly
2127	**ämne**-*nn*	subject
2129	**belöning**-*nn*	reward
2130	**sträck**-*nn*	extension
2131	**medel**-*nn*	means
2133	**halt**-*nn; adj*	halt|content; lame
2134	**trädgård**-*nn*	garden
2136	**andel**-*nn*	share
2139	**sport**-*nn*	sports
2140	**oktober**-*nn*	October
2141	**homosexuell**-*nn; adj*	gay; queer
2142	**minus**-*adv; nn*	minus; minus
2143	**tillåtelse**-*nn*	permission
2147	**kräk**-*nn*	wretch|skunk
2148	**konto**-*nn*	account
2149	**maj**-*nn*	may

2150	**kapitel**-*nn*	chapter		2225	**varelse**-*nn*	creature
2153	**fördel**-*nn*	advantage		2227	**passagerare**-*nn*	passenger
2154	**spanien**-*nn*	Spain		2231	**datum**-*nn*	date
2156	**snö**-*nn*	snow		2232	**barnvakt**-*nn*	baby-sitter
2157	**alkohol**-*nn*	alcohol		2233	**tank**-*nn*	tank
2159	**korridor**-*nn*	corridor|hall		2234	**lojalitet**-*nn*	loyalty
2160	**ficka**-*nn*	pocket		2235	**militär**-*nn*	military|soldier
2161	**story**-*nn*	story		2236	**amiral**-*nn*	admiral
2162	**undantag**-*nn*	exception		2237	**bingo**-*nn*	bingo
2163	**journalist**-*nn*	journalist		2238	**föremål**-*nn*	subject
2165	**mur**-*nn*	wall		2239	**heder**-*nn*	honor|credit
2166	**cykel**-*nn*	bicycle		2240	**hurra**-*nn; vb*	hurray; hurray
2167	**handling**-*nn*	action|document		2241	**vinst**-*nn*	profit|yield
2168	**garage**-*nn*	garage		2242	**skön**-*adj; nn*	comfortable; discretion
2170	**indian**-*nn*	Indian		2244	**sal**-*nn*	hall
2171	**livstid**-*nn*	lifetime		2245	**anda**-*nn*	breath
2175	**leksak**-*nn*	toy		2246	**Ryssland**-*nn*	Russia
2177	**dusch**-*nn*	shower		2247	**sikte**-*nn*	sight
2178	**framsteg**-*nn*	progress		2248	**teknik**-*nn*	technique
2179	**riktning**-*nn*	direction|course		2250	**reaktion**-*nn*	reaction
2180	**vinge**-*nn*	wing		2252	**fält**-*nn; adj*	field; plain
2183	**trä**-*nn; vb*	wood; thread		2253	**behandling**-*nn*	treatment
2185	**lur**-*nn*	earphone		2254	**korpral**-*nn*	corporal
2186	**borgen**-*nn*	guarantee		2255	**dikt**-*nn*	poem
2189	**förändring**-*nn*	change		2259	**pasta**-*nn*	pasta
2190	**jätte**-*nn*	giant		2263	**händelse**-*nn*	event|incident
2191	**rumpa**-*nn; vb*	buttocks; duff		2264	**prick**-*nn; adv*	dot; sharp
2193	**ungdom**-*nn*	youth		2265	**ledning**-*nn*	management
2194	**lidande**-*adj; nn*	suffering; suffering		2266	**tävla**-*vb; nn*	compete; contest
2195	**teater**-*nn*	theater		2267	**augusti**-*nn*	august
2197	**häxa**-*nn*	witch		2268	**butik**-*nn*	store
2200	**indien**-*nn*	India		2269	**bälte**-*nn*	belt
2204	**kommande**-*adj; nn*	coming; future		2272	**ärr**-*nn*	scar
2205	**pension**-*nn*	pension		2273	**värme**-*nn*	warmth|warm
2206	**fett**-*nn*	fat		2274	**utkik**-*nn*	outlook
2207	**Sverige**-*nn*	Sweden		2275	**bön**-*nn*	prayer
2208	**vodka**-*nn*	vodka		2276	**larm**-*nn*	alarm|noise
2209	**konstnär**-*nn*	artist		2277	**kristen**-*adj; nn*	Christian; Christian
2210	**heroin**-*nn*	heroin		2278	**utseende**-*nn*	appearance|look
2212	**rund**-*adj; nn*	round; round		2281	**boskap**-*nn*	cattle
2213	**utsida**-*nn*	outside		2284	**ko**-*nn*	cow
2214	**pjäs**-*nn*	play		2286	**julafton**-*nn*	Christmas Eve
2215	**bebis**-*nn; nnpl*	baby; babies		2288	**utsikt**-*nn*	view|outlook
2216	**höjd**-*nn*	height|high		2290	**bränsle**-*nn*	fuel
2217	**byte**-*nn*	change		2292	**roman**-*nn*	novel
2219	**chock**-*nn*	shock		2293	**omständighet**-*nn*	circumstance

2294	**omgång**-*nn*	round
2295	**dumhet**-*nn*	stupidity
2296	**skinn**-*nn*	leather|skin
2297	**ledtråd**-*nn*	clue
2298	**dal**-*nn*	valley
2300	**böna**-*nn; vb*	bean; beseech
2302	**utrymme**-*nn*	space|room
2306	**golf**-*nn*	golf
2307	**motorväg**-*nn*	motorway|highway
2308	**gas**-*nn*	gas
2309	**besökare**-*nn*	visitors
2310	**påse**-*nn*	pouch|bag
2311	**vrede**-*nn*	anger
2312	**växel**-*nn*	gear|switch
2313	**kärring**-*nn*	bag|bitch
2315	**mus**-*nn*	mouse|pussy
2317	**förare**-*nn*	driver
2318	**dokument**-*nn*	document
2319	**pastor**-*nn*	pastor
2322	**damm**-*nn*	dust|pond
2323	**nonsens**-*nn*	nonsense
2327	**lager**-*nn*	stock
2329	**instruktion**-*nn*	instruction
2330	**piano**-*adv; nn*	piano; piano
2331	**schack**-*nn*	chess
2333	**siffra**-*nn*	number
2336	**frukt**-*nn*	fruit
2337	**front**-*nn*	front
2338	**mynt**-*nn*	coin
2339	**firma**-*nn*	company
2340	**lila**-*adj; nn*	lilac; lilac
2343	**utväg**-*nn*	way out
2345	**kulle**-*nn*	hill
2347	**koma**-*nn*	coma
2350	**VD**-*nn*	Chief executive
2351	**virus**-*nn*	virus
2352	**reklam**-*nn*	advertising
2354	**identitet**-*nn*	identity
2355	**samband**-*nn*	connection|conjunction
2357	**diamant**-*nn*	diamond
2358	**ras**-*nn*	race|breed
2359	**kris**-*nn*	crisis
2360	**verktyg**-*nn*	tool|instrument
2363	**passion**-*nn*	passion
2366	**attityd**-*nn*	attitude
2368	**intryck**-*nn*	impression
2369	**matta**-*nn; vb*	carpet; dull
2371	**reporter**-*nn*	commentator
2372	**bransch**-*nn*	trade
2373	**tidpunkt**-*nn*	point in time
2374	**styrelse**-*nn*	board|government
2380	**motståndare**-*nn*	opponents
2383	**ärende**-*nn*	matter
2385	**missförstånd**-*nn*	misunderstanding
2390	**bricka**-*nn; vb*	tray|badge; tile
2391	**läsk**-*nn*	soft drink
2392	**leve**-*nn*	levee
2395	**undersökning**-*nn*	investigation
2396	**riksdagsledamot**-*nn*	Member of Parliament
2399	**lejon**-*nn*	lion
2401	**bakgrund**-*nn*	background
2403	**blogginlägg**-*nn*	blog entry
2406	**släkting**-*nn*	relative
2407	**centrum**-*nn*	center
2408	**grotta**-*nn*	cave
2410	**ratt**-*nn*	steering wheel
2413	**tårta**-*nn*	cake
2415	**fordon**-*nn*	vehicle
2417	**tillit**-*nn*	trust|faith
2418	**brand**-*nn*	fire
2419	**kors**-*nn*	cross
2421	**folkomröstning**-*nn*	referendum
2422	**metod**-*nn*	method
2425	**ställning**-*nn*	position|score
2427	**övning**-*nn*	exercise|practice
2430	**demon**-*nn*	demon
2432	**användning**-*nn*	use|application
2433	**väninna**-*nn*	girlfriend
2434	**tina**-*vb; nn*	thaw; tub
2435	**serie**-*nn*	series|division
2436	**religion**-*nn*	religion
2437	**stånd**-*nn*	stand|condition
2441	**hamburgare**-*nn*	rissole
2442	**arbetare**-*nn*	worker
2443	**vetenskap**-*nn*	science
2444	**december**-*nn*	december
2445	**måltid**-*nn*	meal
2447	**legend**-*nn*	legend
2449	**docka**-*vb; nn*	dock; puppet
2450	**grind**-*nn*	gate
2451	**manager**-*nn*	manager

2456	**kreditkort**-*nn*	credit card
2457	**politiker**-*nn*	politician
2459	**tavla**-*nn*	board|painting
2461	**kant**-*nn*	edge|rim
2462	**efternamn**-*nn*	surname
2463	**lapp**-*nn*	patch|Lapp
2465	**stuga**-*nn*	cottage|cabin
2467	**lån**-*nn*	loan
2468	**trut**-*nn*	gull|beak
2470	**flykt**-*nn*	escape
2473	**feber**-*nn*	fever
2476	**bi**-*nn*	honeybee
2478	**center**-*nn*	center
2479	**dagbok**-*nn*	diary
2480	**åklagare**-*nn*	prosecutor
2481	**svaghet**-*nn*	weakness
2484	**tröst**-*nn*	comfort|reassurance
2486	**jägare**-*nn*	hunter
2490	**valv**-*nn*	vault
2491	**oro**-*nn*	concern|anxiety
2493	**förfölja**-*vb; prp; nn*	persecute; in pursuit of; persecution
2494	**paradis**-*nn*	paradise
2496	**buren**-*nn*	cage
2497	**student**-*nn*	student
2499	**fästmö**-*nn*	fiancee
2500	**protest**-*nn*	protest
2502	**lugnande**-*nn; adj*	soothing; reposeful
2503	**öster**-*adv; nn*	east; east
2507	**trosa**-*nn*	briefs
2508	**smäll**-*nn*	bang|slap
2513	**terapi**-*nn*	therapy
2515	**parti**-*nn*	party
2516	**aktie**-*nn*	share
2517	**kompani**-*nn*	company
2520	**chaufför**-*nn*	driver
2521	**potatis**-*nn*	potato
2522	**kåk**-*nn*	shanty
2523	**potta**-*nn*	potty
2524	**uttalande**-*nn*	pronouncing
2525	**liter**-*nn*	liter

Verbs

3	**vara**-*vb; nn*	be|make; article
9	**ha**-*vb*	have
21	**så**-*adv; con; adj; prn; vb*	so; so; such; that; sow
23	**kunna**-*vb; av*	be able to; could
29	**vilja**-*av; vb; nn*	will; will; wish
31	**ja**-*adv; nn; vb*	yes|well; yes; yean
32	**veta**-*vb*	ken
36	**komma**-*vb; nn*	come|lead; comma
40	**göra**-*vb; nn*	do|have; task
41	**måste**-*vb*	must
46	**ta**-*vb*	take|carry
48	**få**-*vb; adj; nn; prn; av*	get|have; few; few; few; could
56	**tro**-*vb; nn*	believe|think; faith
59	**säga**-*vb*	say|speak
62	**gå**-*vb*	go|walk
66	**se**-*vb*	see|view
75	**behöva**-*vb*	need|have to
76	**finnas**-*vb*	be|be found
77	**bli**-*vb*	be|become
83	**två**-*num; vb*	two; wash
89	**ge**-*vb*	give|yield
96	**vänta**-*vb*	wait|be waiting
100	**låta**-*vb*	let|allow
108	**känna**-*vb; nn*	feel; sense
111	**böra**-*vb; av*	ought; should
113	**mena**-*vb*	mean
117	**titta**-*vb*	look|watch
124	**prata**-*vb*	talk|speak
128	**förstå**-*vb*	grasp|catch
129	**älska**-*vb*	love|adore
133	**tycka**-*vb*	think|find
134	**sluta**-*vb*	stop|quit
135	**gilla**-*vb*	like|approve of
140	**tänka**-*vb*	think
141	**höra**-*vb*	hear|learn
145	**berätta**-*vb*	tell
149	**hända**-*vb*	happen|come
157	**första**-*nn; adj; vb*	first; initial; make out
158	**hjälpa**-*vb*	help|be helped
159	**ursäkta**-*vb*	excuse|be sorry
162	**heta**-*vb*	be called
165	**stanna**-*vb*	stay|stop
170	**stå**-*vb*	stand
172	**fara**-*nn; vb*	danger; go
175	**hålla**-*vb*	keep|hold
177	**köra**-*vb*	drive|wheel
185	**må**-*vb*	feel
187	**hitta**-*vb*	find|fall on
191	**försöka**-*vb*	try|endeavour
199	**sitta**-*vb*	sit|be seated
202	**visa**-*vb; nn*	show|display; ballad
203	**kolla**-*vb*	check
206	**te sig**-*vb*	look
210	**fråga**-*nn; vb*	question; question
214	**träffa**-*vb*	meet|hit
219	**börja**-*vb*	start|begin
220	**åka**-*vb*	go|ride
224	**lämna**-*vb*	leave|give
228	**hoppas**-*vb*	hope
233	**lyssna**-*vb*	listen|hark
235	**verka**-*vb*	act|seem
242	**tala**-*vb*	speak|say
243	**dö**-*vb*	die
245	**klara**-*vb*	clear
247	**dra**-*vb*	drag|draw
253	**hela**-*adj; prn; vb*	whole; all; heal
254	**ligga**-*vb*	lie
267	**bliva**-*vb*	become|come out
269	**minnas**-*vb*	recollect
270	**betyda**-*vb*	mean|imply
271	**hämta**-*vb*	fetch
283	**spela**-*vb*	play
289	**släppa**-*vb*	drop|release
297	**slå**-*vb; nn*	beat; crossbar
306	**be**-*vb*	ask|pray
312	**ringa**-*vb; adj*	call|dial; small
314	**bo**-*vb; nn*	stay|live; den
318	**åta sig**-*vb*	undertake
321	**jobba**-*vb*	work|job
323	**fatta**-*vb*	take|grasp
325	**äta**-*vb*	eat
328	**döda**-*vb*	kill
333	**båda**-*prn; vb*	both|either; bode
334	**nära**-*adv; prp; adj; vb*	near; near; close; cherish
335	**klocka**-*nn; vb*	clock; clock
338	**leva**-*vb*	live
351	**rädda**-*vb*	save|rescue

355	**oroa**-*vb*	worry
359	**skynda**-*vb*	hurry
369	**glömma**-*vb*	forget
373	**flicka**-*nn; vb*	girl; patch
375	**räcka**-*vb; nn*	cover|pass; course
382	**skola**-*nn; vb*	school|college; school
387	**sätta**-*vb*	put|seat
390	**handla**-*vb*	act|shop
391	**följa**-*vb*	follow
393	**reda**-*vb; nn*	make|clear up; order
397	**flytta**-*vb*	move|transfer
398	**kalla**-*vb*	call|name
401	**hata**-*vb*	hate
404	**lära**-*vb; nn*	teach; teaching
407	**anta**-*vb*	adopt|suppose
412	**skicka**-*vb*	send
414	**leta**-*vb*	search
417	**stoppa**-*vb*	stop
419	**betala**-*vb*	pay
421	**önska**-*vb*	wish|want
422	**stämma**-*nn; vb*	meeting; agree with|tune
425	**sticka**-*vb; nn*	run|stick; tingling
426	**gifta**-*vb*	marry
436	**hoppa**-*vb*	jump|skip
440	**lugna**-*vb*	calm|soothe
442	**skriva**-*vb*	write|score
444	**köpa**-*vb*	buy
446	**sova**-*vb*	sleep
450	**skjuta**-*vb*	shoot
451	**vecka**-*nn; vb*	week; fold
452	**gälla**-*vb*	be valid|be available
454	**nå**-*vb*	reach|come to
461	**lita**-*vb*	rely
470	**undra**-*vb*	wonder
472	**svara**-*vb*	respond|rejoin
473	**fixa**-*vb*	fix
477	**träffas**-*vb*	meet
482	**lägga**-*vb*	lay|settle
503	**simma**-*vb*	swim
504	**springa**-*vb; nn*	run; slit
507	**förklara**-*vb*	explain|declare
510	**synd**-*nn; vb; adj*	sin; trespass; wrongdoing
513	**hälsa**-*nn; vb*	health; greet
517	**läsa**-*vb*	read
518	**slåss**-*vb*	fight|battle
523	**dricka**-*vb; nn*	drink; soft drink
529	**förbi**-*adv; prp; vb; adj*	past; past; go by; gone
533	**fortsätta**-*vb*	continue|proceed
535	**resa**-*nn; vb*	travel; travel
539	**fungera**-*vb*	work|function
544	**snacka**-*vb; phr*	chat; chew the fat
551	**använda**-*vb*	use|devote
554	**sakna**-*vb*	miss
560	**vinna**-*vb*	win|overcome
562	**skaffa**-*vb*	get|acquire
563	**bruka**-*vb; av*	farm|till; would
570	**söka**-*vb*	search
585	**vakna**-*vb*	wake|be awake
586	**uppfatta**-*vb*	perceive|apprehend
592	**andas**-*vb; nn*	breathe; breathing
594	**skada**-*nn; vb*	damage; hurt
600	**passa**-*vb*	fit|suit|watch
606	**röra**-*vb; nn*	move|touch; mess
607	**arbeta**-*vb*	work|labour
611	**ställa**-*vb*	set|stall
613	**dansa**-*vb*	dance
621	**beklaga**-*vb*	regret
623	**akta**-*vb*	guard|be careful of
630	**förlora**-*vb*	lose
632	**ljuga**-*vb*	lie
635	**skoja**-*vb*	joke
637	**ända**-*vb; nn*	end; termination
642	**skydda**-*vb*	protect|safeguard
648	**sälja**-*vb*	sell
652	**rätta**-*vb*	correct|straight
653	**kasta**-*vb*	throw|cast
665	**tacka**-*vb; nn*	thank; billet
668	**ordna**-*vb*	arrange
693	**skämma**-*vb*	shame|spoil
707	**ändra**-*vb*	change
714	**äkta**-*adj; vb*	real; marry
716	**pågå**-*vb*	run
718	**lova**-*vb*	promise
720	**svära**-*vb*	swear|vow
721	**flyga**-*vb*	fly
722	**tillhöra**-*vb*	belong
729	**leda**-*vb; nn*	lead; disgust
736	**äga**-*vb*	own
737	**vila**-*nn; vb*	rest; rest
738	**lukta**-*vb*	smell|sniff

740	**välja**-*vb*	choose|opt
742	**fly**-*vb; nn*	escape|flee; noctuid moth
744	**leka**-*vb*	play|paddle
745	**förstöra**-*vb*	spoil|devastate
750	**bestämma**-*vb*	determine|settle
751	**låtsas**-*vb*	pretend
752	**hänga**-*vb*	hang
753	**stilla**-*adj; adv; vb*	still|quiet; still; still
758	**vända**-*nn; vb*	turn; turn
759	**bära**-*vb*	wear|bear
763	**gissa**-*vb*	guess
766	**hinna**-*nn; vb*	membrane|coat; have time
767	**stjäla**-*vb*	steal
768	**försvinna**-*vb*	disappear
771	**byta**-*vb*	change|swap
772	**dela**-*vb*	share|divide
773	**låna**-*vb*	borrow
779	**förtjäna**-*vb*	earn|deserve
782	**kosta**-*vb*	cost
786	**prova**-*vb*	try|test
798	**räkna**-*vb*	count|score
801	**störa**-*vb*	interfere with|disrupt
804	**översätta**-*vb*	translate
809	**knulla**-*vb*	fuck|frig
812	**välkomna**-*vb*	welcome
819	**ära**-*nn; vb*	honor; honor
820	**öppna**-*vb*	unclose
825	**bevisa**-*vb*	prove
826	**lösa**-*vb*	solve|resolve
830	**slappna**-*vb*	relax
836	**säkra**-*vb*	secure
837	**våga**-*vb*	dare|venture
851	**starta**-*vb*	start|launch
855	**behålla**-*vb*	retain
857	**bjuda**-*vb*	invite|offer
864	**binda**-*vb*	bind|tie down
865	**tjäna**-*vb*	serve|earn
866	**förstås**-*vb*	comprehend|catch
867	**fånga**-*vb*	catch|fetch
872	**sjunga**-*vb*	sing
879	**bero**-*vb*	depend
880	**falla**-*vb*	fall|drop
881	**kräva**-*vb; nn*	demand|claim; crop
890	**skita**-*vb*	crap
896	**bygga**-*vb*	build|erect
901	**skämta**-*vb*	make jokes|jest
910	**inse**-*vb*	realize|see
913	**styrka**-*nn; vb*	strength; prove
915	**presentera**-*vb*	present|feature
916	**sköta**-*vb*	operate|conduct
918	**uppskatta**-*vb*	estimate|assess
919	**missa**-*vb*	miss
923	**sko**-*nn; vb*	shoe; shoe
924	**möta**-*vb*	meet|counter
925	**syssla**-*nn; vb*	occupation; busy
932	**rida**-*vb*	ride
946	**sakta**-*adv; adj; vb*	slowly; low; slow
948	**hamna**-*vb*	land
952	**lyckas**-*vb*	succeed
956	**tappa**-*vb*	lose|drop
959	**överleva**-*vb*	survive
961	**gömma**-*vb; nn*	hide; hiding place
972	**avsluta**-*vb*	end|close
978	**backa**-*vb*	back
979	**föda**-*nn; vb*	food; feed
982	**bryta**-*vb*	break|diverge
984	**skratta**-*vb*	laugh
990	**ske**-*vb*	be done|occur
997	**stänga**-*vb*	close|shut
999	**laga**-*vb; adj*	prepare|repair; legal
1005	**kämpa**-*vb*	fight
1010	**vägra**-*vb*	refuse|balk
1014	**skapa**-*vb*	create|establish
1015	**diskutera**-*vb; nn*	discuss; reason
1017	**smärta**-*nn; vb*	pain; pain
1018	**driva**-*vb; nn*	drive|power; drift
1023	**suga**-*vb*	suck
1025	**synas**-*vb*	appear
1030	**lista**-*nn; vb*	list; list
1031	**jaga**-*vb*	hunt|chase
1034	**koppla**-*vb*	connect
1036	**ena**-*num; vb*	one; conciliate
1038	**strunta**-*vb*	ignore|skip
1039	**skrämma**-*vb*	scare|frighten
1042	**anse**-*vb*	consider|deem
1048	**hora**-*nn; vb*	whore; whore
1050	**fria**-*vb*	free|propose
1051	**slippa**-*vb; phr*	avoid; get rid of
1058	**klä**-*vb*	dress|clothe
1059	**dyka**-*vb*	dive
1063	**le**-*vb*	smile

1065	**innebära**-*vb*	imply|infer
1066	**föredra**-*vb*	prefer|deliver
1067	**duga**-*vb*	get by
1069	**begära**-*vb*	ask
1071	**mörda**-*vb*	murder|kill
1074	**återvända**-*vb*	return|go back
1081	**stiga**-*vb*	rise|increase
1082	**lura**-*vb*	fool|trick
1087	**likna**-*vb*	resemble|look like
1088	**finna**-*vb*	find
1089	**tvinga**-*vb*	force
1095	**plocka**-*vb*	pick|pluck
1098	**tyckas**-*vb*	seem
1102	**röka**-*vb*	smoke
1114	**närma**-*vb*	approach
1118	**gråta**-*vb*	cry
1120	**smaka**-*vb*	taste
1121	**föra**-*vb*	conduct|lead
1128	**tvätta**-*vb*	wash
1132	**blomma**-*nn; vb*	flower; flower
1138	**kontrollera**-*vb*	verify|check
1140	**spara**-*vb*	save
1142	**samla**-*vb*	collect|gather
1149	**kyssa**-*vb*	kiss
1159	**fira**-*vb*	celebrate
1169	**bry sig**-*vb*	care
1170	**gratulera**-*vb*	congratulate
1171	**föreslå**-*vb*	propose|suggest
1172	**brinna**-*vb*	burn
1191	**växa**-*vb*	grow|wax
1193	**orka**-*vb*	be able to
1194	**rosa**-*adj; nn; vb*	pink; pink; praise
1195	**sparka**-*vb*	kick
1198	**avsky**-*nn; vb*	disgust; detest
1203	**förändras**-*vb*	change
1205	**packa**-*vb*	pack
1212	**råka**-*vb; nn*	happen; rook
1213	**påminna**-*vb*	remind
1219	**skrika**-*vb; nn*	scream; jay
1221	**hindra**-*vb*	hinder
1227	**erkänna**-*vb*	admit|recognize
1230	**lyfta**-*vb*	lift|take off
1235	**bråka**-*vb*	fight
1240	**testa**-*vb*	test
1243	**påstå**-*vb*	argue|suggest
1245	**fundera**-*vb*	think
1246	**styra**-*vb*	control|guide
1249	**kontakta**-*vb*	contact
1251	**försvara**-*vb*	defend|justify
1257	**föreställa**-*vb*	represent|introduce|imagine
1260	**städa**-*vb*	clean|tidy
1268	**låsa**-*vb*	lock
1273	**acceptera**-*vb*	accept
1275	**fylla**-*vb; nn*	fill|stuff; booze
1277	**förvänta**-*vb*	expect
1285	**skära**-*vb; nn*	cut; sickle
1302	**planera**-*vb*	plan
1315	**förlåta**-*vb*	forgive|pardon
1329	**fälla**-*nn; vb*	trap; precipitate
1332	**märka**-*vb*	notice
1337	**umgås**-*vb*	associate
1338	**linda**-*vb; nn*	wind; bandage
1344	**träna**-*vb*	train|exercise
1351	**skämmas**-*vb*	embarrass|be ashamed
1365	**drömma**-*vb*	dream
1372	**undvika**-*vb*	avoid
1375	**förvånad**-*adj; vb*	astonished; taken aback
1384	**ro**-*nn; vb*	peace; row
1386	**frysa**-*vb*	freeze|be cold
1387	**besöka**-*vb*	visit|call at
1394	**nämna**-*vb*	mention
1395	**rapportera**-*vb*	report
1399	**hantera**-*vb*	manage
1401	**krossa**-*vb*	crush|smash
1411	**stinka**-*vb*	stink
1420	**ryka**-*vb*	smoke|reek
1426	**skaka**-*vb*	shake|wobble
1444	**lyda**-*vb*	obey
1445	**tillåta**-*vb*	allow|let
1451	**meddela**-*vb*	inform
1461	**erbjuda**-*vb*	offer
1477	**gräva**-*vb*	dig
1486	**blöda**-*vb*	bleed
1488	**koncentrera**-*vb*	concentrate
1490	**spränga**-*vb*	blast|blow up
1495	**avslöja**-*vb*	reveal|uncover
1498	**trivas**-*vb*	thrive
1499	**tiga**-*adj; vb*	silent; subside
1501	**existera**-*vb*	exist|be
1503	**förändra**-*vb*	change|transform
1505	**väcka**-*vb*	awaken

1511	**delta**-*vb; nn*	participate; delta		1764	**blunda**-*vb*	shut one's eyes
1512	**rita**-*vb*	draw		1765	**hota**-*vb*	menace
1514	**flotta**-*nn; vb*	fleet; float		1774	**mötas**-*vb*	meet
1519	**hyra**-*nn; vb*	rent|rental; rent		1779	**sikta**-*vb*	take aim|point
1520	**behandla**-*vb*	treat|process		1786	**olja**-*nn; vb*	oil; oil
1525	**spåra**-*vb*	track|trace		1787	**utföra**-*vb*	perform|execute
1549	**lida**-*vb*	suffer|receive		1796	**döma**-*vb*	judge|sentence
1550	**täcka**-*vb*	cover		1797	**studera**-*vb*	study|read
1557	**ana**-*vb*	sense|imagine		1800	**välsigna**-*vb*	bless
1562	**angå**-*vb*	concern|respect		1801	**befria**-*vb*	free|liberate
1564	**dölja**-*vb; nn*	hide; veils		1803	**ladda**-*vb*	charge
1567	**upptäcka**-*vb*	discover|find		1826	**rymma**-*vb*	accommodate|escape
1568	**tvivla**-*vb*	doubt		1829	**svika**-*vb*	disappoint|fail
1576	**befinna**-*vb*	be		1835	**spöa**-*vb*	whip
1584	**ångra**-*vb*	regret		1837	**fokusera**-*vb*	focus
1586	**pröva**-*vb*	try|examine		1842	**längta**-*vb*	long
1588	**klättra**-*vb*	climb		1844	**slita**-*vb*	tear
1589	**läcka**-*nn; vb*	leak; seep		1849	**rulla**-*nn; vb*	roll|list; roll
1591	**torka**-*vb; nn*	dry; drought		1856	**skugga**-*nn; vb*	shadow; shadow
1605	**bränna**-*vb*	burn		1858	**rösta**-*vb*	vote
1606	**slänga**-*vb*	throw|toss		1862	**pissa**-*vb*	piss
1610	**varna**-*vb*	warn|alert		1877	**knipa**-*nn; vb*	fix; pinch
1612	**njuta**-*vb*	enjoy		1881	**beställa**-*vb*	order
1615	**fingra**-*vb*	paw		1887	**innehålla**-*vb*	contain|include
1620	**bada**-*vb*	bathe		1895	**besegra**-*vb*	defeat|beat
1622	**hämnas**-*vb*	revenge		1901	**förbereda**-*vb*	prepare
1627	**undersöka**-*vb*	examine|investigate		1903	**stirra**-*vb*	stare
1630	**blåsa**-*vb; nn*	blow; bladder		1904	**öva**-*vb*	practice|train
1636	**klippa**-*vb; nn*	cut|clip; cliff		1906	**identifiera**-*vb*	identify
1639	**misslyckas**-*vb; phr*	fail; fall flat		1912	**frukta**-*vb*	fear
				1913	**bita**-*vb*	bite
1640	**trycka**-*vb*	press|print		1916	**avgöra**-*vb*	determine|judge
1645	**satsa**-*vb*	invest|stake		1920	**måla**-*vb*	paint
1649	**respektera**-*vb*	respect		1926	**skilja**-*vb*	distinguish|separate
1651	**vakta**-*vb*	guard		1938	**slösa**-*vb*	waste
1669	**tåla**-*vb*	tolerate|bear		1941	**samarbeta**-*vb*	cooperate
1691	**glo**-*vb*	stare		1942	**ropa**-*vb*	call
1696	**gripa**-*vb*	seize|catch		1943	**blanda**-*vb*	mix|shuffle
1699	**supa**-*vb*	guzzle|drink		1964	**tillbringa**-*vb*	spend
1706	**riskera**-*vb*	risk|hazard		1970	**misstänka**-*vb*	suspect
1710	**filma**-*vb*	film		1973	**riva**-*vb*	tear
1717	**upprepa**-*vb*	repeat		1979	**somna**-*vb*	fall asleep
1722	**landa**-*vb*	land		1982	**representera**-*vb*	represent
1726	**bete**-*nn; vb*	bait|pasture; behave		1986	**mata**-*vb*	feed
1740	**närma sig**-*vb*	approach		1990	**bekräfta**-*vb*	confirm
1746	**öka**-*vb*	increase		1991	**övertyga**-*vb*	convince

1998	**offra**-*vb*	sacrifice		2230	**lämpa sig**-*vb*	lend oneself to
2001	**förmoda**-*vb*	assume|suppose		2240	**hurra**-*nn; vb*	hurray; hurray
2012	**anmäla**-*vb*	announce		2251	**uppleva**-*vb*	experience
2016	**vittna**-*vb*	testify		2257	**dröja**-*vb*	delay|be late
2017	**upphöra**-*vb*	cease|expire		2258	**anfalla**-*vb*	attack|charge
2018	**begrava**-*vb*	bury		2260	**avbryta**-*vb*	interrupt|cancel
2020	**utnyttja**-*vb*	use|exploit		2266	**tävla**-*vb; nn*	compete; contest
2021	**ingå**-*vb*	enter		2279	**peka**-*vb*	point
2023	**råna**-*vb*	rob		2283	**reta**-*vb*	tease|anger
2027	**passera**-*vb*	cross|pass through		2285	**förhindra**-*vb*	prevent|avoid
2028	**haja**-*vb*	get|dig		2287	**övertala**-*vb*	persuade
2042	**fastna**-*vb*	get caught		2289	**begå**-*vb*	commit
2050	**agera**-*vb*	act		2300	**böna**-*nn; vb*	bean; beseech
2054	**väga**-*vb*	weigh		2301	**återstå**-*vb*	remain
2055	**morsa**-*vb; nn*	greet; mom		2304	**bege sig**-*vb*	head|repair
2060	**beundra**-*vb*	admire		2305	**fiska**-*vb*	fish
2068	**yta**-*nn; vb*	surface; whine		2314	**anropa**-*vb*	call
2071	**sy**-*vb*	sew|work		2316	**roa**-*vb*	entertain|amuse
2074	**spy**-*vb*	vomit		2321	**inta**-*vb*	occupy|take in
2075	**tända**-*vb*	light|ignite		2326	**kissa**-*vb*	pee
2080	**rensa**-*vb*	clear|clean		2332	**orsaka**-*vb*	cause
2082	**samlas**-*vb*	gather|collect		2334	**ogilla**-*vb*	disapprove
2084	**beskriva**-*vb*	describe		2341	**överraska**-*vb*	surprise
2093	**mista**-*vb*	lose		2342	**luta**-*vb*	lean
2095	**såra**-*vb*	hurt|offend		2349	**råda**-*vb*	advise
2098	**sjunka**-*vb*	sink|fall		2353	**fattas**-*adj; vb*	missing; want
2099	**trötta**-*vb*	weary		2364	**pressa**-*vb*	press|squeeze
2104	**förhandla**-*vb*	negotiate		2369	**matta**-*nn; vb*	carpet; dull
2114	**påverka**-*vb*	affect		2375	**överge**-*vb*	abandon
2121	**sänka**-*vb; nn*	lower|cut; fold		2382	**leverera**-*vb*	deliver
2123	**placera**-*vb*	place|position		2386	**insistera**-*vb*	insist
2128	**sno**-*vb*	twist|turn		2390	**bricka**-*nn; vb*	tray|badge; tile
2135	**överlämna**-*vb*	submit|transmit		2393	**boka**-*vb*	book|enter
2137	**klaga**-*vb*	complain		2400	**segla**-*vb*	sail
2144	**förbli**-*vb*	remain|keep		2402	**lysa**-*vb*	shine|light
2145	**arrestera**-*vb*	arrest		2409	**slicka**-*vb*	lick
2169	**bevara**-*vb*	preserve		2423	**anlända**-*vb*	arrive
2173	**ramla**-*vb*	fall|tumble		2426	**heja**-*vb; int*	cheer; hurray
2174	**regna**-*vb*	rain		2434	**tina**-*vb; nn*	thaw; tub
2176	**sända**-*vb*	send		2439	**rinna**-*vb*	run|stream
2183	**trä**-*nn; vb*	wood; thread		2449	**docka**-*vb; nn*	dock; puppet
2184	**försäkra**-*vb*	assure|ensure		2452	**knacka**-*vb*	tap
2191	**rumpa**-*nn; vb*	buttocks; duff		2455	**vänja**-*vb*	accustom|inured
2199	**stöta**-*vb*	bump		2460	**förhålla sig**-*vb*	behave
2203	**besluta**-*vb*	decide		2464	**återkomma**-*vb*	come back|recur
2211	**sprida**-*vb*	spread		2469	**uttrycka**-*vb*	express

2477	**flyta**-*vb*	float|flow
2482	**ersätta**-*vb*	replace|pay
2483	**gottgöra**-*vb*	make good
2487	**återgå**-*vb*	revert|go back
2493	**förfölja**-*vb; prp; nn*	persecute; in pursuit of; persecution
2509	**bete sig**-*vb*	behave
2512	**explodera**-*vb*	explode|burst
2514	**svettas**-*vb*	sweat
2519	**nöja sig**-*vb*	be satisfied

Alphabetical order

527	**absolut**-*adv; adj*	absolutely; absolute
1273	**acceptera**-*vb*	accept
1392	**äcklig**-*adj*	disgusting
616	**adjö**-*nn*	goodbye
1234	**adress**-*nn*	address
644	**advokat**-*nn*	attorney
640	**affär**-*nn*	business|affair
1771	**afton**-*nn*	evening
2113	**ägare**-*nn*	owner
736	**äga**-*vb*	own
688	**agent**-*nn*	agent
2050	**agera**-*vb*	act
1072	**ägg**-*nn*	egg
699	**å**-*int; prp; nn*	oh; on; stream
220	**åka**-*vb*	go|ride
261	**åker**-*nn*	field
2480	**åklagare**-*nn*	prosecutor
712	**åk**-*nn*	car
714	**äkta**-*adj; vb*	real; marry
623	**akta**-*vb*	guard|be careful of
1135	**äktenskap**-*nn*	marriage
2516	**aktie**-*nn*	share
1947	**akt**-*nn*	act
991	**ålder**-*nn*	age
746	**äldre**-*adj; nn*	older|elderly; senior
72	**aldrig**-*adv*	never
2157	**alkohol**-*nn*	alcohol
53	**alla**-*adj; nn; prn*	all; all; all
342	**all**-*adj; prn*	all; all
620	**alldeles**-*adv*	just|quite
478	**allihop**-*nn*	all
1624	**allra**-*adv*	very
362	**alls**-*adv*	at all
2073	**allt mer**-*adv*	increasingly
65	**allt**-*adj; nn; prn*	all; all; all
1489	**alltför**-*adv*	too
115	**alltid**-*adv*	always
1068	**alltihop**-*nn*	the lot
550	**allting**-*nn*	everything
481	**alltså**-*adv; phr; con; abr*	then; that is; so; that's
1545	**allvarlig**-*adj*	serious
725	**allvarligt**-*adv*	seriously
615	**allvar**-*nn*	gravity|seriousness
484	**älskad**-*adj; nn*	beloved; beloved
1741	**älskare**-*nn*	lover
129	**älska**-*vb*	love|adore
258	**älskling**-*nn*	sweetheart
1607	**alternativ**-*adj; nn*	alternative; alternative
1521	**ambulans**-*nn*	ambulance
1523	**amerikan**-*nn*	American
860	**amerikansk**-*adj*	American
2236	**amiral**-*nn*	admiral
1958	**ammunition**-*nn*	ammunition
2127	**ämne**-*nn*	subject
914	**an**-*adv*	to
1557	**ana**-*vb*	sense|imagine
78	**än**-*con*	than
293	**ändå**-*adv; con*	still; still
2245	**anda**-*nn*	breath
592	**andas**-*vb; nn*	breathe; breathing
637	**ända**-*vb; nn*	end; termination
2136	**andel**-*nn*	share
1915	**ande**-*nn*	mind|ghost
1908	**andetag**-*nn*	breath
1406	**andra**-*adj*	second
707	**ändra**-*vb*	change
2258	**anfalla**-*vb*	attack|charge
1357	**anfall**-*nn*	attack
1127	**angående**-*prp*	concerning
1562	**angå**-*vb*	concern|respect
1341	**ängel**-*nn*	angel
2438	**angenäm**-*adj*	enjoyable
1584	**ångra**-*vb*	regret
571	**aning**-*nn*	idea
2423	**anlända**-*vb*	arrive
733	**anledning**-*nn*	reason|occasion
2012	**anmäla**-*vb*	announce
105	**annan**-*adj; prn*	otherguess; else
1228	**annanstans**-*nn*	elsewhere
277	**annars**-*adv; con*	otherwise; if not
240	**annat**-*adv*	otherwise
565	**annorlunda**-*adv*	differently
349	**ännu**-*adv*	yet|more
2314	**anropa**-*vb*	call
1042	**anse**-*vb*	consider|deem
547	**ansikte**-*nn*	face|countenance
2066	**anställd**-*nn; adj*	employee; engaged
1280	**ansvarig**-*adj*	responsible
970	**ansvar**-*nn*	responsibility

1053	**antagligen**-*adv*	probably
1893	**antal**-*nn*	number
407	**anta**-*vb*	adopt|suppose
1032	**antingen...eller**-*phr*	either or
983	**antingen**-*con*	either
669	**äntligen**-*adv*	finally
469	**använd**-*adj*	used
551	**använda**-*vb*	use|devote
2432	**användning**-*nn*	use|application
1609	**apa**-*nn*	monkey
2115	**applåd**-*nn*	applause
1638	**april**-*nn*	april
819	**ära**-*nn; vb*	honor; honor
1480	**åratal**-*nn*	years
2442	**arbetare**-*nn*	worker
607	**arbeta**-*vb*	work|labour
548	**arbete**-*nn*	work|working
2383	**ärende**-*nn*	matter
497	**arg**-*adj*	angry
993	**ärlig**-*adj*	honest|sincere
863	**armé**-*nn; nnpl*	army; military
1125	**arm**-*nn; adj*	arm; wretched
98	**år**-*nn*	year
2145	**arrestera**-*vb*	arrest
2272	**ärr**-*nn*	scar
2013	**artikel**-*nn*	article
1966	**art**-*nn*	species|nature
1390	**åsikt**-*nn*	opinion|idea
1455	**as**-*nn*	as
1326	**assistent**-*nn*	assistant
318	**åta sig**-*vb*	undertake
325	**äta**-*vb*	eat
2487	**återgå**-*vb*	revert|go back
2464	**återkomma**-*vb*	come back|recur
1674	**åter**-*prp; adv*	re; again
2301	**återstå**-*vb*	remain
1074	**återvända**-*vb*	return|go back
682	**åtminstone**-*adv*	at least
91	**åt**-*prp; adv*	at; tight
1789	**attack**-*nn*	attack
511	**åtta**-*num*	eight
2366	**attityd**-*nn*	attitude
341	**ätt**-*nn*	family
6	**att**-*part; con; adv*	to; that; how
2267	**augusti**-*nn*	august

2431	**automatiskt**-*adv*	automatically
2260	**avbryta**-*vb*	interrupt|cancel
1845	**avdelning**-*nn*	section
284	**även om**-*con*	although
282	**även**-*adv*	also|even
1685	**äventyr**-*nn*	adventure
1916	**avgöra**-*vb*	determine|judge
28	**av**-*prp; adv*	of; off
1198	**avsky**-*nn; vb*	disgust; detest
1495	**avslöja**-*vb*	reveal|uncover
972	**avsluta**-*vb*	end|close
1432	**avstånd**-*nn*	distance
2361	**avstängd**-*adv; adj*	out; secluded
1286	**avtal**-*nn*	agreement|contract
2094	**avundsjuk**-*adj*	jealous
2086	**axel**-*nn*	axis

B

670	**baby**-*nn*	baby
978	**backa**-*vb*	back
333	**båda**-*prn; vb*	both|either; bode
1620	**bada**-*vb*	bathe
765	**både**-*prn*	both
1661	**badrum**-*nn*	bathroom
2164	**bägge**-*prn*	either|both
1556	**bakåt**-*adv*	backwards
2401	**bakgrund**-*nn*	background
895	**bak**-*nn; adv; prp*	back; behind; behind
353	**bakom**-*prp; adv*	behind; in the back of
1575	**baksida**-*nn*	back|rear
2269	**bälte**-*nn*	belt
1828	**bana**-*nn*	path|course
968	**band**-*nn; adj*	band|tape; tied
967	**bank**-*nn*	bank
34	**bara**-*adv; con*	only; so long as
759	**bära**-*vb*	wear|bear
1945	**barnbarn**-*nn*	grandchild
609	**bär**-*nn*	berry
1211	**bar**-*nn; adj*	bar; bare
146	**barn**-*nn*	children|child
2232	**barnvakt**-*nn*	baby-sitter
1635	**bas**-*nn; phr*	base; top dog
1551	**bäst**-*adj; adv*	best; best
791	**båt**-*nn*	boat

776	**bättre**-*adj; adv*	better; better
2215	**bebis**-*nn; nnpl*	baby; babies
1891	**befäl**-*nn*	command
1576	**befinna**-*vb*	be
1801	**befria**-*vb*	free|liberate
1069	**begära**-*vb*	ask
2289	**begå**-*vb*	commit
2304	**bege sig**-*vb*	head|repair
2018	**begrava**-*vb*	bury
1402	**begravning**-*nn*	funeral
855	**behålla**-*vb*	retain
1520	**behandla**-*vb*	treat|process
2253	**behandling**-*nn*	treatment
75	**behöva**-*vb*	need|have to
1452	**behov**-*nn*	need
1330	**bekant**-*adj*	known
621	**beklaga**-*vb*	regret
1990	**bekräfta**-*vb*	confirm
2271	**bekväm**-*adj*	comfortable
1878	**bekymmer**-*nn*	concern|worry
2129	**belöning**-*nn*	reward
367	**ben**-*nn*	bone|leg
1689	**bensin**-*nn*	petrol|fuel
145	**berätta**-*vb*	tell
1791	**berättelse**-*nn*	story
859	**beredd**-*adj*	prepared
1143	**berg**-*nn*	mountain
1688	**beroende på**-*prp*	due to
1716	**beroende**-*adj; nn; adv*	dependent; dependence; reliably
2041	**berömd**-*adj*	famous|prominent
879	**bero**-*vb*	depend
1697	**besatt**-*adj*	obsessed|possessed
2110	**besättning**-*nn*	crew
1895	**besegra**-*vb*	defeat|beat
2084	**beskriva**-*vb*	describe
2203	**besluta**-*vb*	decide
799	**beslut**-*nn*	decision|order
2309	**besökare**-*nn*	visitors
1387	**besöka**-*vb*	visit|call at
877	**besök**-*nn*	visit
1881	**beställa**-*vb*	order
1002	**bestämd**-*adj; adv*	determined; assuredly
750	**bestämma**-*vb*	determine|settle
1647	**besvär**-*nn*	trouble
1183	**besviken**-*adj*	disappointed
419	**betala**-*vb*	pay
2509	**bete sig**-*vb*	behave
1965	**beteende**-*nn*	behavior
1726	**bete**-*nn; vb*	bait|pasture; behave
270	**betyda**-*vb*	mean|imply
2092	**betydelse**-*nn*	importance
1978	**betyg**-*nn*	certificate|testimonial
2060	**beundra**-*vb*	admire
1937	**beväpnad**-*adj*	armed
2169	**bevara**-*vb*	preserve
306	**be**-*vb*	ask|pray
825	**bevisa**-*vb*	prove
651	**bevis**-*nn*	evidence|proof
1905	**bibel**-*nn*	bible
2049	**bibliotek**-*nn*	library
818	**bild**-*nn*	photo|image
1516	**biljett**-*nn*	ticket
2087	**billig**-*adj*	cheap
237	**bil**-*nn*	car|taxicab
864	**binda**-*vb*	bind|tie down
2237	**bingo**-*nn*	bingo
2476	**bi**-*nn*	honeybee
1724	**bio**-*nn*	cinema
1913	**bita**-*vb*	bite
774	**bit**-*nn*	bit|piece
1684	**björn**-*nn*	bear
857	**bjuda**-*vb*	invite|offer
842	**blå**-*adj*	blue
319	**bland annat**-*adv*	amongst others
1943	**blanda**-*vb*	mix|shuffle
694	**bland**-*prp; adj*	among; mid
1630	**blåsa**-*vb; nn*	blow; bladder
2062	**blick**-*nn*	look|glance
1190	**blind**-*adj*	blind
267	**bliva**-*vb*	become|come out
77	**bli**-*vb*	be|become
1486	**blöda**-*vb*	bleed
480	**blod**-*nn*	blood
1885	**blogga**-*nn*	blog
2403	**blogginlägg**-*nn*	blog entry
1132	**blomma**-*nn; vb*	flower; flower
2388	**blöt**-*adj*	wet
1832	**bluff**-*nn*	bluff|sham
1764	**blunda**-*vb*	shut one's eyes
1897	**blyg**-*adj*	shy
2393	**boka**-*vb*	book|enter

643	**bok**-*nn*	book
906	**boll**-*nn*	ball
1309	**bomb**-*nn*	bomb
2300	**böna**-*nn; vb*	bean; beseech
2275	**bön**-*nn*	prayer
111	**böra**-*vb; av*	ought; should
876	**bord**-*nn*	table|desk
2186	**borgen**-*nn*	guarantee
1812	**borgmästare**-*nn*	mayor
577	**början**-*nn*	beginning|first
219	**börja**-*vb*	start|begin
173	**borta**-*adj; adv*	away|gone; away
137	**bort**-*adv; prp*	away|forth; off
1668	**bortom**-*prp*	beyond
2281	**boskap**-*nn*	cattle
1238	**botten**-*nn; adj*	bottom; lousy
314	**bo**-*vb; nn*	stay|live; den
44	**bra**-*adj; adv*	good|great; well
1235	**bråka**-*vb*	fight
1354	**bråk**-*nn*	fight
2418	**brand**-*nn*	fire
1605	**bränna**-*vb*	burn
2372	**bransch**-*nn*	trade
2290	**bränsle**-*nn*	fuel
1078	**bråttom**-*adv*	in a hurry
861	**bredvid**-*prp; adv*	next; close by
2498	**brett**-*adv*	widely
696	**brev**-*nn*	letter
2390	**bricka**-*nn; vb*	tray|badge; tile
1172	**brinna**-*vb*	burn
1987	**brittisk**-*adj*	British
871	**broder**-*nn*	brother
1414	**bröd**-*nn*	bread
1061	**bröllop**-*nn*	wedding
1154	**bro**-*nn*	bridge
348	**bror**-*nn*	brother
1156	**bröst**-*nn*	breast|tits
882	**brott**-*nn*	crime|breach
1222	**brud**-*nn*	bride|chick
563	**bruka**-*vb; av*	farm|till; would
2505	**bruten**-*adj*	broken
1169	**bry sig**-*vb*	care
982	**bryta**-*vb*	break|diverge
1086	**bud**-*nn*	bid|offer
2496	**buren**-*nn*	cage
1004	**buss**-*nn*	bus

2268	**butik**-*nn*	store
896	**bygga**-*vb*	build|erect
1168	**byggnad**-*nn*	building
1093	**by**-*nn*	village
771	**byta**-*vb*	change|swap
2217	**byte**-*nn*	change
1439	**byxa**-*nn*	trousers|pants

C

1735	**cancer**-*nn*	cancer
2006	**cell**-*nn*	cell
2478	**center**-*nn*	center
2407	**centrum**-*nn*	center
1331	**champagne**-*nn*	champagne
331	**chans**-*nn*	chance
2520	**chaufför**-*nn*	driver
1572	**check**-*nn*	check
578	**chef**-*nn*	manager|head
2219	**chock**-*nn*	shock
1429	**choklad**-*nn*	chocolate
1687	**cigarett**-*nn*	cigarette
1756	**cirka**-*adv*	about|circa
2111	**civil**-*adj*	civil
1000	**college**-*nn*	college
2166	**cykel**-*nn*	bicycle

D

2504	**då och då**-*adv*	now and then
43	**då**-*adv; con*	when; when
1676	**däck**-*nn*	deck
2479	**dagbok**-*nn*	diary
118	**dag**-*nn*	day
587	**dålig**-*adj*	bad|ill
543	**dåligt**-*adv*	badly
2298	**dal**-*nn*	valley
2322	**damm**-*nn*	dust|pond
566	**dam**-*nn*	woman
613	**dansa**-*vb*	dance
1345	**dans**-*nn*	dance
39	**där**-*adv*	where
2270	**därefter**-*adv*	then|thereafter
1371	**dåre**-*nn*	fool|lunatic
917	**därför att**-*con*	because
222	**därför**-*con; adv*	therefore|so; why

735	**därifrån**-*adv*	from there
2424	**därnere**-*adv*	down there
1851	**data**-*nn*	data
1397	**dator**-*nn*	computer
2231	**datum**-*nn*	date
24	**de**-*art; prn*	the; they
2444	**december**-*nn*	december
1070	**definitivt**-*adv*	definitely
772	**dela**-*vb*	share|divide
275	**del**-*nn*	part|piece
1511	**delta**-*vb; nn*	participate; delta
2430	**demon**-*nn*	demon
61	**dem**-*prn*	them
20	**den**-*art; prn*	the; it
259	**denna**-*prn*	that
1910	**denne**-*prn*	this
218	**deras**-*prn*	their
1772	**desperat**-*adj*	desperate
559	**dess**-*prn*	its
805	**dessutom**-*adv*	further|additionally
1124	**desto**-*adv*	nevertheless
627	**det vill säga**-*adv; phr*	that is; i.e.
1728	**detalj**-*nn*	detail
2	**det**-*art; prn; adv*	the; it; there
783	**detsamma**-*prn*	the same
107	**detta**-*prn*	this
2357	**diamant**-*nn*	diamond
143	**dig**-*prn*	you
2255	**dikt**-*nn*	poem
42	**din**-*prn*	your
443	**direkt**-*adv; adj*	immediately; direct
1015	**diskutera**-*vb; nn*	discuss; reason
194	**dit**-*adv*	there|where
1440	**djävul**-*nn*	devil
2002	**djungel**-*nn*	jungle
1732	**djup**-*nn; adj*	depth; deep
848	**djupt**-*adv*	deep|profoundly
626	**djur**-*nn*	animal|cattle
1604	**dock**-*adv*	however
2449	**docka**-*vb; nn*	dock; puppet
328	**döda**-*vb*	kill
131	**död**-*nn; adj; adv*	death; dead; below ground
1447	**döende**-*adj; nn*	dying; dying
546	**doktor**-*nn*	doctor
2318	**dokument**-*nn*	document
1564	**dölja**-*vb; nn*	hide; veils
236	**dollar**-*nn*	dollar
1202	**domare**-*nn*	justice
1796	**döma**-*vb*	judge|sentence
2221	**dömd**-*adj*	devoted
1927	**domstol**-*nn*	(law)court
326	**dörr**-*nn*	door
365	**dotter**-*nn*	daughter
2088	**döv**-*adj*	deaf
243	**dö**-*vb*	die
1592	**drag**-*nn*	features|move
1811	**drake**-*nn*	dragon
247	**dra**-*vb*	drag|draw
523	**dricka**-*vb; nn*	drink; soft drink
690	**drink**-*nn*	drink
1018	**driva**-*vb; nn*	drive|power; drift
1094	**drog**-*nn; adj*	drug; pulled
2257	**dröja**-*vb*	delay|be late
1365	**drömma**-*vb*	dream
666	**dröm**-*nn*	dream
1229	**drottning**-*nn*	Queen
2100	**dubbel**-*adj; nn*	double; doubles
1795	**dubbelt**-*adv*	twice
1067	**duga**-*vb*	get by
1977	**dugg**-*nn*	atom
646	**duktig**-*adj*	good|clever
466	**dum**-*adj*	stupid|silly
2295	**dumhet**-*nn*	stupidity
4	**du**-*prn*	you
2177	**dusch**-*nn*	shower
2031	**dussin**-*nn*	dozen
1996	**dygn**-*nn*	day
1059	**dyka**-*vb*	dive
2518	**dyr**-*adj*	expensive
1698	**dyrt**-*adv*	dearly

E

1016	**ed**-*nn*	oath
81	**efter**-*adv; prp; con*	after; after; since
1294	**efteråt**-*adv*	afterwards
1155	**eftermiddag**-*nn*	afternoon
2462	**efternamn**-*nn*	surname
400	**eftersom**-*con*	since
371	**egen**-*adj; prn*	own; one's own

1821	**egendom**-*nn*	property
474	**egentligen**-*adv*	really|in fact
561	**eget**-*adj*	own
829	**ej**-*part*	not
1307	**elak**-*adj*	mean|bad
574	**eld**-*nn*	flame|enthusiasm
1976	**elev**-*nn; adj*	student; scholastic
51	**eller**-*con*	or
1215	**el**-*nn; adj*	electricity; electric
1184	**elva**-*num*	eleven
1670	**emellan**-*adv; prp*	between; between
305	**emot**-*adv; prp*	against; against
1036	**ena**-*num; vb*	one; conciliate
7	**en**-*art; prn; adv*	an|the; one; about
2188	**enastående**-*adj; adv*	outstanding; exceptionally
1644	**enbart**-*adv*	solely|merely
186	**enda**-*adj*	only|one
827	**endast**-*adv*	only|just
1281	**ende**-*nn*	sole
1383	**energi**-*nn*	energy
781	**engelska**-*nn*	Englishwoman|English
953	**England**-*nn*	England
1870	**enhet**-*nn*	unit|entity
1296	**enkel**-*adj; nn*	simple; single
540	**enkelt**-*adv*	easy
573	**enligt**-*prp*	according to
1781	**enorm**-*adj*	huge|enormous
2370	**enormt**-*adv*	hugely
288	**ensam**-*adj; adv*	alone|sole; singly
182	**ens**-*prn; adj*	your; in line with each other
2389	**envis**-*adj*	stubborn
1931	**era**-*nn; prn*	era; your
1738	**erbjudande**-*nn; adj*	offer; offering
1461	**erbjuda**-*vb*	offer
1434	**erfarenhet**-*nn*	experience
1227	**erkänna**-*vb*	admit|recognize
211	**er**-*prn*	you
2482	**ersätta**-*vb*	replace|pay
26	**ett**-*art*	an|one
1020	**Europa**-*nn*	Europe
1001	**evig**-*adj*	eternal|undying
1665	**evighet**-*nn*	eternity
542	**exakt**-*adv; adj*	exactly|flat; exact
1496	**examen**-*nn*	degree|exam

1006	**exempel**-*nn*	example
1501	**existera**-*vb*	exist|be
1974	**experiment**-*nn*	experiment
1747	**expert**-*nn*	expert
2512	**explodera**-*vb*	explode|burst
794	**extra**-*adj; adv*	extra; extra
2187	**extremt**-*adv*	extremely

F

2045	**fabrik**-*nn*	factory
650	**fader**-*nn*	father
1474	**fågel**-*nn*	bird
294	**faktisk**-*adj*	actual|factual
266	**faktiskt**-*adv*	actually|in fact
1237	**faktum**-*nn*	fact
1329	**fälla**-*nn; vb*	trap; precipitate
880	**falla**-*vb*	fall|drop
295	**fall**-*nn*	event|fall
1712	**falsk**-*adj*	fake|wrong
2252	**fält**-*nn; adj*	field; plain
313	**familj**-*nn*	family
867	**fånga**-*vb*	catch|fetch
636	**fängelse**-*nn*	prison|imprisonment
1554	**fånge**-*nn*	captive
93	**fan**-*nn; nn; int*	fan; bugger; damn
1713	**fantasi**-*nn*	fantasy|imagination
715	**fantastisk**-*adj*	fantastic
583	**fantastiskt**-*adv*	incredibly
172	**fara**-*nn; vb*	danger; go
601	**farbror**-*nn*	uncle
1007	**färdig**-*adj*	finished|ready
930	**farfar**-*nn*	grandfather
1218	**färg**-*nn*	color
1106	**farlig**-*adj*	dangerous
691	**farligt**-*adv*	hazardly
1242	**farmor**-*nn*	grandmother
1158	**far**-*nn*	father
1658	**farsa**-*nn*	dad
526	**fart**-*nn*	speed|pace
1955	**fartyg**-*nn*	craft|vessel
939	**farväl**-*nn*	farewell
2196	**fascinerande**-*adj*	fascinating
262	**fast**-*adj; adv; con; nn*	fixed; firm; though; stuck
1629	**faster**-*nn*	aunt

2499	**fästmö**-*nn*	fiancee	1231	**flygplats**-*nn*	airport
2042	**fastna**-*vb*	get caught	2470	**flykt**-*nn*	escape
2353	**fattas**-*adj; vb*	missing; want	2440	**flytande**-*adj; adv*	liquid; fluently
323	**fatta**-*vb*	take|grasp	2477	**flyta**-*vb*	float|flow
1860	**fattig**-*adj*	impoverished	397	**flytta**-*vb*	move|transfer
48	**få**-*vb; adj; nn; prn; av*	get|have; few; few; few; could	742	**fly**-*vb; nn*	escape|flee; noctuid moth
1389	**favorit**-*nn*	favorite	979	**föda**-*nn; vb*	food; feed
2473	**feber**-*nn*	fever	1176	**född**-*adj*	born
1753	**fegis**-*nn*	funk	1139	**födelsedag**-*nn*	birthday
120	**fel**-*adj; adv; nn*	wrong; wrong; error	1837	**fokusera**-*vb*	focus
226	**fem**-*num*	five	2000	**följande**-*adj*	following
1709	**femte**-*num*	fifth	391	**följa**-*vb*	follow
2032	**femton**-*num*	fifteen	154	**folk**-*nn*	people|folk
685	**fest**-*nn*	party|celebration	2421	**folkomröstning**-*nn*	referendum
1355	**fet**-*adj*	fat|oily	845	**fönster**-*nn*	window
2206	**fett**-*nn*	fat	802	**för att**-*con*	to
2160	**ficka**-*nn*	pocket	2005	**för närvarande**-*adv*	currently
1119	**fiende**-*nn*	foe	1186	**för övrigt**-*adv; prp*	otherwise; besides
1710	**filma**-*vb*	film			
660	**film**-*nn*	movie	459	**förälder**-*nn*	parent
384	**fin**-*adj*	nice|fine	1608	**förälskad**-*adj; nn*	in love; inamorata
1653	**fingeravtryck**-*nn*	fingerprint	1203	**förändras**-*vb*	change
1783	**finger**-*nn*	finger	1503	**förändra**-*vb*	change|transform
1615	**fingra**-*vb*	paw	2189	**förändring**-*nn*	change
76	**finnas**-*vb*	be|be found	2317	**förare**-*nn*	driver
1088	**finna**-*vb*	find	1121	**föra**-*vb*	conduct|lead
346	**fint**-*adv; nn*	fine; feint	1008	**förbannad**-*adj*	cursed
1159	**fira**-*vb*	celebrate	1708	**förbannat**-*adv; adj*	cursedly; damn
2339	**firma**-*nn*	company			
2305	**fiska**-*vb*	fish	2004	**förbannelse**-*nn; adj*	curse; maledictive
989	**fisk**-*nn*	fish			
473	**fixa**-*vb*	fix	1901	**förbereda**-*vb*	prepare
1241	**fjärde**-*num*	fourth	529	**förbi**-*adv; prp; vb; adj*	past; past; go by; gone
1255	**flaska**-*nn*	bottle			
471	**flera**-*adj; adv*	several|many; more	1820	**förbjuden**-*adj*	prohibited|banned
358	**fler**-*prn*	more	2144	**förbli**-*vb*	remain|keep
329	**flest**-*adj*	most	13	**för**-*con; prp; nn; adv*	for; for; prow; fore
373	**flicka**-*nn; vb*	girl; patch			
711	**flickvän**-*nn*	girlfriend	2153	**fördel**-*nn*	advantage
822	**flod**-*nn*	river|flood	2415	**fordon**-*nn*	vehicle
1514	**flotta**-*nn; vb*	fleet; float	2226	**före detta**-*pfx; adj*	ex-; late
2025	**flygande**-*adj; nn*	flying; flit			
721	**flyga**-*vb*	fly	445	**före**-*adv; con; prp; nn*	before; before; before; surface
1269	**flyg**-*nn*	flight			
1594	**flygplan**-*nn*	aircraft|plane	1066	**föredra**-*vb*	prefer|deliver
			2238	**föremål**-*nn*	subject

1171	**föreslå**-*vb*	propose|suggest	128	**förstå**-*vb*	grasp|catch
1257	**föreställa**-*vb*	represent|introduce|imagine	1659	**förste**-*adj*	earliest
2053	**föreställning**-*nn*	performance	745	**förstöra**-*vb*	spoil|devastate
1064	**företag**-*nn*	business|company	2198	**förstörd**-*adj*	destroyed
1458	**författare**-*nn*	writer	1251	**försvara**-*vb*	defend|justify
1284	**förfluten**-*adj*	past	1751	**försvar**-*nn*	defense
2493	**förfölja**-*vb; prp; nn*	persecute; in pursuit of; persecution	768	**försvinna**-*vb*	disappear
2460	**förhålla sig**-*vb*	behave	1730	**försvunnen**-*adj*	missing
1130	**förhållande**-*nn*	ratio|relationship	304	**fort**-*adv; nn*	fast|speedily; fort
2104	**förhandla**-*vb*	negotiate	176	**fortfarande**-*adv*	still
2285	**förhindra**-*vb*	prevent|avoid	779	**förtjäna**-*vb*	earn|deserve
2397	**förhoppningsvis**-*adv*	hopefully	1754	**förtjusande**-*adj*	adorable
1898	**förhör**-*nn*	hearing|interrogation	2510	**förtjust**-*adj*	delighted
507	**förklara**-*vb*	explain|declare	1946	**förtroende**-*nn*	confidence|faith
1533	**förklaring**-*nn*	explanation	533	**fortsätta**-*vb*	continue|proceed
1315	**förlåta**-*vb*	forgive|pardon	406	**förut**-*adv; con*	before; before
1868	**förlåtelse**-*nn*	forgiveness	679	**förutom**-*prp; adv*	in addition to; outside of
152	**förlåt**-*nn*	veil	1375	**förvånad**-*adj; vb*	astonished; taken aback
1467	**förlorare**-*nn*	loser	1277	**förvänta**-*vb*	expect
630	**förlora**-*vb*	lose	1276	**förvirrad**-*adj*	confused|perplexed
2122	**förlust**-*nn*	loss	1442	**fotboll**-*nn*	football
2076	**förmåga**-*nn*	ability|capacity	981	**fot**-*nn*	leg
1105	**form**-*nn*	form|shape	1485	**foto**-*nn*	photo
2001	**förmoda**-*vb*	assume|suppose	210	**fråga**-*nn; vb*	question; question
922	**förmodligen**-*adv*	presumably	209	**fram**-*adv; adj; prp*	forward; up; up
1932	**förmögenhet**-*nn*	fortune	747	**framåt**-*adv; prp; adj*	forward; along; go-ahead
541	**förra**-*adj*	last|former	589	**framför allt**-*adv*	above all
1729	**förrädare**-*nn*	betrayer	532	**framför**-*adv; prp; con*	preferably; in front of; before
553	**förr**-*adv; con*	sooner; before	1959	**framgång**-*nn; adj*	success; succeeded
549	**förrän**-*adv; con*	before; before	1711	**främling**-*nn*	stranger|foreigner
795	**förresten**-*adv*	incidentally	1972	**främmande**-*adj; nn*	foreign|alien; stranger
2184	**försäkra**-*vb*	assure|ensure	920	**framme**-*adv*	in front
2291	**försenad**-*adj*	delayed|late	1544	**främsta**-*adj*	top
614	**försiktig**-*adj*	careful|cautious	2178	**framsteg**-*nn*	progress
675	**försiktigt**-*adv*	carefully	2446	**framtida**-*adj*	future
2052	**forskare**-*nn*	scientist	840	**framtid**-*nn*	future
2107	**forskning**-*nn*	research	2448	**från och med**-*prp*	from .. to
1096	**förslag**-*nn*	proposal|draft	1109	**frankrike**-*nn*	France
191	**försöka**-*vb*	try|endeavour	54	**från**-*prp; adv*	from; off
363	**försök**-*nn*	attempt|trial	2404	**fransk**-*adj*	French
216	**först**-*adv; adj*	first|only; primary	1116	**franska**-*nn*	French
157	**första**-*nn; adj; vb*	first; initial; make out	1144	**fredag**-*nn*	Friday
1762	**förstärkning**-*nn*	strengthening	579	**fred**-*nn*	peace
866	**förstås**-*vb*	comprehend|catch			

625	**fri**-*adj; adv*	free|clear; at large
1050	**fria**-*vb*	free|propose
1508	**frid**-*nn*	peace
1080	**frihet**-*nn*	freedom
1021	**frisk**-*adj*	fresh|healthy
1463	**fritt**-*adv; nn*	free; swing
2378	**frivilligt**-*adv*	freely
683	**fröken**-*nn*	teacher
2337	**front**-*nn*	front
894	**frukost**-*nn*	breakfast
2057	**fruktan**-*nn*	fear|dread
1313	**fruktansvärd**-*adj*	terrible|horrible
1912	**frukta**-*vb*	fear
2336	**frukt**-*nn*	fruit
198	**fru**-*nn*	wife
1386	**frysa**-*vb*	freeze|be cold
1299	**ful**-*adj*	ugly
429	**full**-*adj*	full|complete
1450	**fullständigt**-*adv*	completely
723	**fullt**-*adv*	fully|completely
2489	**fult**-*adv*	hideous
1245	**fundera**-*vb*	think
539	**fungera**-*vb*	work|function
1275	**fylla**-*vb; nn*	fill|stuff; booze
260	**fyra**-*num*	four
2495	**fysiskt**-*adv*	physically

G

350	**galen**-*adj; adv*	crazy; amiss
452	**gälla**-*vb*	be valid|be available
1435	**galning**-*nn*	manicac
324	**gammal**-*adj*	old
934	**gäng**-*nn*	gang|lot
139	**gång**-*nn*	time|walking
394	**ganska**-*adv*	quite|pretty
2168	**garage**-*nn*	garage
2097	**garderob**-*nn*	wardrobe
1528	**gård**-*nn*	courtyard
274	**gärna**-*adv*	gladly
2308	**gas**-*nn*	gas
1278	**gäst**-*nn*	guest
662	**gata**-*nn*	street
1113	**gåva**-*nn*	present
62	**gå**-*vb*	go|walk
1768	**gemensam**-*adj*	common

2223	**gemensamt**-*adv*	in common
769	**genast**-*adv*	immediately
581	**general**-*nn*	general
2501	**generellt**-*adv*	generally
1323	**geni**-*nn*	genius
339	**genom att**-*prp*	by
230	**genom**-*prp*	through
2007	**get**-*nn*	goat
1252	**gevär**-*nn*	rifle
89	**ge**-*vb*	give|yield
500	**gift**-*adj; nn*	married; poison
426	**gifta**-*vb*	marry
135	**gilla**-*vb*	like|approve of
763	**gissa**-*vb*	guess
1272	**gisslan**-*nn*	hostage
1216	**givetvis**-*adv*	of course
1663	**gjord**-*adj; nn*	made; girth
327	**glad**-*adj*	pleased
1431	**glädje**-*nn*	delight
728	**glas**-*nn*	glass|glassware
1758	**glasögon**-*nn*	glasses
1405	**glass**-*nn*	ice cream
369	**glömma**-*vb*	forget
1691	**glo**-*vb*	stare
147	**god**-*adj*	good
1560	**godis**-*nn*	candy
2306	**golf**-*nn*	golf
884	**golv**-*nn*	floor
961	**gömma**-*vb; nn*	hide; hiding place
40	**göra**-*vb; nn*	do|have; task
1666	**gosse**-*nn*	lad
1683	**gott**-*adv*	good|well
2483	**gottgöra**-*vb*	make good
2387	**grå**-*adj*	gray
405	**grabb**-*nn*	chap
1271	**grad**-*nn; adj*	degree; straight
1831	**grand**-*nn*	shred
1705	**granne**-*nn*	neighbor
1003	**gräns**-*nn*	limit
1492	**gräs**-*nn*	grass
1118	**gråta**-*vb*	cry
905	**gratis**-*adj; nn; adv*	free; free; costlessly
1678	**gråt**-*nn*	crying
687	**grattis**-*int*	congratulations
1170	**gratulera**-*vb*	congratulate

1672	**grav**-*adj; nn*	grave; grave
1477	**gräva**-*vb*	dig
977	**gravid**-*adj*	pregnant
849	**grej**-*nn*	gadget|article
2450	**grind**-*nn*	gate
1696	**gripa**-*vb*	seize|catch
1613	**gris**-*nn*	pig
1391	**grön**-*adj*	green
2408	**grotta**-*nn*	cave
569	**grund**-*nn; adj*	basis; shallow
903	**grupp**-*nn*	group|section
1682	**grym**-*adj*	cruel
1737	**gryning**-*nn*	dawn
1314	**gubbe**-*nn*	old man
142	**gud**-*nn*	the Lord
1940	**gul**-*adj*	yellow
852	**guld**-*nn*	gold
1101	**gumma**-*nn*	old woman
1951	**gyllene**-*adj*	golden

H

1923	**häck**-*nn*	hedge
2256	**häftig**-*adj*	acute|violent|fierce
887	**häftigt**-*adv*	heavily
2028	**haja**-*vb*	get|dig
1864	**hal**-*adj*	slippery
870	**hälft**-*nn*	half
174	**hallå**-*int*	hey
175	**hålla**-*vb*	keep|hold
1346	**hall**-*nn*	hall
130	**håll**-*nn*	hold|direction
994	**hål**-*nn*	mouth|gap
513	**hälsa**-*nn; vb*	health; greet
1108	**hals**-*nn*	neck
2133	**halt**-*nn; adj*	halt|content; lame
743	**halv**-*adj*	half
2067	**halvår**-*nn*	six months
1852	**halvt**-*adv*	half
1306	**halvtimme**-*nn*	half
2441	**hamburgare**-*nn*	rissole
1622	**hämnas**-*vb*	revenge
948	**hamna**-*vb*	land
1410	**hämnd**-*nn*	revenge
2036	**hamn**-*nn*	port|harbor
271	**hämta**-*vb*	fetch

149	**hända**-*vb*	happen|come
2263	**händelse**-*nn*	event|incident
390	**handla**-*vb*	act|shop
2167	**handling**-*nn*	action|document
179	**hand**-*nn*	hand
752	**hänga**-*vb*	hang
14	**han**-*prn*	it
86	**hans**-*prn*	his
1399	**hantera**-*vb*	manage
18	**här**-*adv; nn*	here; army
1185	**hård**-*adj*	hard|tough
208	**härifrån**-*adv*	of this place
927	**härlig**-*adj*	lovely
2192	**härmed**-*adv*	hereby
2485	**härnäst**-*adv*	next
603	**hår**-*nn*	hair
468	**hårt**-*adv*	hard|harshly
814	**häst**-*nn*	horse
401	**hata**-*vb*	hate
1757	**hat**-*nn*	hatred
1336	**hatt**-*nn*	hat|cap
9	**ha**-*vb*	have
808	**hav**-*nn*	sea
2197	**häxa**-*nn*	witch
2239	**heder**-*nn*	honor|credit
2426	**heja**-*vb; int*	cheer; hurray
71	**hej**-*int*	hi
253	**hela**-*adj; prn; vb*	whole; all; heal
106	**hel**-*adj; adv*	whole|full; long
1090	**helg**-*nn*	holiday
1077	**helig**-*adj*	holy|sacred
2038	**helikopter**-*nn*	helicopter
307	**heller**-*adv*	either
617	**helt enkelt**-*adv; phr*	simply; nothing less than
153	**helt**-*adv*	completely|fully
167	**helvete**-*nn*	hell
1924	**hemifrån**-*adv*	from home
1297	**hemlig**-*adj; adv*	secret; secretly
944	**hemlighet**-*nn*	secret
264	**hemma**-*adv*	home
116	**hem**-*nn; adv*	place; home
1052	**hemsk**-*adj*	terrible
538	**hemskt**-*adv*	ever so|awfully
84	**henne**-*prn*	her
169	**hennes**-*prn*	her

2210	**heroin**-*nn*	heroin
200	**herregud**-*int*	Oh my God!
431	**herre**-*nn; prn*	gentleman; you
379	**herr**-*nn*	Mr.
1334	**het**-*adj*	hot
162	**heta**-*vb*	be called
806	**himmel**-*nn*	sky
1221	**hindra**-*vb*	hinder
766	**hinna**-*nn; vb*	membrane|coat; have time
1633	**hiss**-*nn*	elevator
524	**historia**-*nn*	history|story
101	**hit**-*adv; nn*	here; hit
187	**hitta**-*vb*	find|fall on
1518	**hittills**-*adv*	to date
158	**hjälpa**-*vb*	help|be helped
148	**hjälp**-*nn*	help
883	**hjälte**-*nn*	goody
987	**hjärna**-*nn*	brain
463	**hjärta**-*nn*	heart
673	**hög**-*adj; nn*	high|tall; heap
590	**höger**-*adj*	right-hand
1295	**höghet**-*nn*	highness
1446	**högt**-*adv*	high|loud
2216	**höjd**-*nn*	height|high
2141	**homosexuell**-*nn; adj*	gay; queer
156	**honom**-*prn*	him
35	**hon**-*prn*	she
228	**hoppas**-*vb*	hope
436	**hoppa**-*vb*	jump|skip
841	**hopp**-*nn*	hope|jump
1048	**hora**-*nn; vb*	whore; whore
141	**höra**-*vb*	hear|learn
1253	**hörn**-*nn*	corner
225	**hos**-*prp*	in
1765	**hota**-*vb*	menace
976	**hotell**-*nn*	hotel
1320	**hot**-*nn*	threat
1859	**hud**-*nn*	skin|hide
1749	**humor**-*nn*	humor
1393	**humör**-*nn*	humor
545	**hund**-*nn*	dog
966	**hundra**-*num*	hundred
1619	**hundratal**-*num*	hundred
667	**hungrig**-*adj*	hungry
37	**hur**-*adv*	how

2240	**hurra**-*nn; vb*	hurray; hurray
308	**hus**-*nn*	housing|family
1035	**hustru**-*nn*	wife
424	**huvud**-*nn; adj*	head; home
2008	**huvudvärk**-*nn*	headache
1519	**hyra**-*nn; vb*	rent|rental; rent

I

441	**i alla fall**-*adv*	anyway|at least
1657	**i allmänhet**-*adv*	generally
1029	**i år**-*phr*	this year
1254	**i början**-*adv*	at first
1265	**i enlighet med**-*phr*	in accordance with
1777	**i förhållande till**-*adv; prp*	relative to; vis-a-vis
1019	**i form av**-*prp*	in form of
1574	**i första hand**-*adv; adj*	firsthand; firsthand
1466	**i fråga om**-*prp*	regarding
1825	**i fråga**-*adv*	in question
2229	**i huvudsak**-*adv*	essentially
2377	**i och för sig**-*phr*	in and for itself
1453	**i övrigt**-*adv*	otherwise
813	**i samband med**-*adv*	in connection with
1823	**i själva verket**-*adv*	in fact|actually
1347	**i slutet**-*adv*	at the end
1770	**i stort sett**-*phr*	generally speaking
1601	**i synnerhet**-*adv*	in particular
344	**ibland**-*adv*	sometimes
1626	**icke**-*prn*	not
268	**idag**-*adv*	today
388	**idé**-*nn; nn*	proposal; idea
1906	**identifiera**-*vb*	identify
2354	**identitet**-*nn*	identity
378	**idiot**-*nn*	moron
1178	**ifall**-*con*	in case
301	**ifrån**-*adv*	from
520	**igång**-*adj*	going
492	**igår**-*adv*	yesterday
58	**igen**-*adv*	again
370	**igenom**-*adv; prp*	through; through
290	**ihåg**-*adv*	to (one's) mind
838	**ihjäl**-*adv*	to death

246	**ihop**-*adv*	Together
386	**ikväll**-*adv*	tonight
286	**illa**-*adv*	badly|wrong
2116	**ilska**-*nn*	anger
420	**imorgon**-*adv*	tomorrow
780	**imorse**-*adv*	this morning
1857	**imponerad**-*adj*	struck
1438	**imponerande**-*adj*	impressive
64	**in**-*adv*	in
2117	**inbjudan**-*nn*	invitation
1180	**inblandad**-*adj*	interested|mixed-up
2064	**inbrott**-*nn*	burglary
2170	**indian**-*nn*	Indian
2200	**indien**-*nn*	India
748	**information**-*nn*	information
556	**inför**-*prp*	before
2021	**ingå**-*vb*	enter
67	**ingen**-*prn; adv*	no one; not any
796	**ingenstans**-*adv*	nowhere
195	**ingenting**-*prn*	nothing
79	**inget**-*prn; nn; adv*	nothing; naught; not any
2090	**inklusive**-*adj; adv*	including; inclusive of
151	**innan**-*adv; con; prp*	before; before; before
278	**inne**-*adv; prp; adj*	inside; within; in
1065	**innebära**-*vb*	imply|infer
1887	**innehålla**-*vb*	contain|include
1809	**inom ramen för**-*phr*	within the framework of
487	**inom**-*prp*	within
1743	**inre**-*adj; nn*	internal; interior
910	**inse**-*vb*	realize|see
1838	**insida**-*nn*	inside
2386	**insistera**-*vb*	insist
1675	**inspektör**-*nn*	inspector
2329	**instruktion**-*nn*	instruction
2321	**inta**-*vb*	occupy|take in
612	**inte ens**-*adv*	not even
969	**inte minst**-*phr*	not least
2158	**intelligent**-*adj*	intelligent
5	**inte**-*prn; adv*	not; none
575	**internet**-*nn*	internet
2047	**intervju**-*nn*	interview
1983	**intill**-*adv; prp*	adjacent; near to
671	**intressant**-*adj; adv*	interesting; interestingly
1566	**intresse**-*nn*	interest
749	**intresserad**-*adj*	interested
2368	**intryck**-*nn*	impression
1352	**inuti**-*prp; adv*	within; inside
12	**i**-*prp; prn*	in; ye
2362	**isär**-*adv*	apart
1062	**is**-*nn*	ice
770	**istället för**-*adv; con*	instead of; rather than
676	**istället**-*adv*	instead
2220	**italiensk**-*adj*	Italian
1701	**itu**-*adv*	apart
347	**iväg**-*adv*	along

J

31	**ja**-*adv; nn; vb*	yes|well; yes; yean
1642	**jacka**-*nn*	jacket
2486	**jägare**-*nn*	hunter
1031	**jaga**-*vb*	hunt|chase
1	**jag**-*prn; nn*	I; self
506	**jaha**-*adv*	well
940	**jäkla**-*adj*	damn
1778	**jakt**-*nn*	hunting
2365	**jämfört**-*prp*	comparing
907	**jämt**-*adv*	always
1472	**japan**-*nn*	Japanese
1863	**japansk**-*adj*	Japanese
409	**jaså**-*con*	indeed
709	**jättebra**-*adj*	super|cool
2181	**jättefin**-*adj*	awesome|gorgeous
2190	**jätte**-*nn*	giant
496	**jävel**-*phr; nn*	son of a bitch; bugger
567	**javisst**-*int*	very good
163	**jävla**-*adj*	fucking
212	**jo**-*adv*	yes
321	**jobba**-*vb*	work|job
1939	**jobbig**-*adj*	tough|annoying
1374	**jobbigt**-*adj*	annoying
223	**jobb**-*nn*	work
534	**jord**-*nn*	soil|world
2163	**journalist**-*nn*	journalist
82	**ju**-*adv*	of course
1596	**jude**-*nn*	Jew

2286	**julafton**-*nn*	Christmas Eve	2035	**kid**-*nn*	kid
1889	**juli**-*nn*	july	303	**kille**-*nn*	guy
727	**jul**-*nn*	Christmas	2078	**kilogram**-*nn*	kilogram
1782	**juni**-*nn*	june	1283	**kilometer**-*nn*	kilometer
1907	**jury**-*nn*	jury	1187	**kilo**-*nn*	kilo
144	**just**-*adj; adv*	just|correct; just	1454	**Kina**-*nn*	China
			2024	**kinesisk**-*adj*	Chinese
	K*		2326	**kissa**-*vb*	pee
			292	**kl.**-*abr*	o'clock
502	**kaffe**-*nn*	coffee	1750	**klädd**-*adj*	dressed
435	**käft**-*nn*	jaw	588	**kläder**-*nn*	clothes|clothing
1855	**kaka**-*nn*	cake|cookie	2137	**klaga**-*vb*	complain
2522	**kåk**-*nn*	shanty	1217	**klänning**-*nn*	dress
700	**kallad**-*adj*	called	345	**klar**-*adj*	clear|ready
874	**kall**-*adj; nn*	cold|cool; calling	245	**klara**-*vb*	clear
1967	**källa**-*nn*	source	265	**klart**-*adv*	clear|plain
1327	**källare**-*nn*	cellar	1012	**klass**-*nn*	class|rating
398	**kalla**-*vb*	call|name	1588	**klättra**-*vb*	climb
1060	**kamera**-*nn*	camera	1058	**klä**-*vb*	dress|clothe
1005	**kämpa**-*vb*	fight	1441	**klient**-*nn*	client
1884	**kamp**-*nn*	struggle|fight	1636	**klippa**-*vb; nn*	cut|clip; cliff
1894	**kamrat**-*nn; adj*	companion; matey	1637	**kliv**-*nn*	stride
1997	**kanada**-*nn*	Canada	335	**klocka**-*nn; vb*	clock; clock
1930	**kanal**-*nn*	duct|channel	1301	**klok**-*adj*	sensible|clever
1179	**känd**-*adj*	known	1400	**klubb**-*nn*	club
1992	**kanin**-*nn*	rabbit	2452	**knacka**-*vb*	tap
108	**känna**-*vb; nn*	feel; sense	1247	**knä**-*nn*	knee
1602	**kanon**-*nn*	cannon	1110	**knäpp**-*adj; nn*	wacky; flick
73	**kanske**-*adv*	perhaps	843	**knappast**-*adv*	hardly|ill
797	**känsla**-*nn*	feeling|sense	1865	**knapp**-*nn; adj*	button; scanty
1848	**känslig**-*adj*	sensitive	703	**knappt**-*adv*	hardly
2461	**kant**-*nn*	edge|rim	1585	**knark**-*nn*	dope|drugs
1773	**kaos**-*nn*	turmoil	1877	**knipa**-*nn; vb*	fix; pinch
2150	**kapitel**-*nn*	chapter	1199	**kniv**-*nn*	knife
360	**kapten**-*nn*	captain	809	**knulla**-*vb*	fuck|frig
486	**kär**-*adj*	in love|dear	1571	**kod**-*nn*	code
432	**kärlek**-*nn*	pash	1963	**kokain**-*nn*	cocaine
850	**karl**-*nn*	fellow|guy	995	**kök**-*nn*	kitchen
1558	**kar**-*nn*	vat	203	**kolla**-*vb*	check
1129	**karriär**-*nn*	career	1595	**kollega**-*nn*	colleague
2313	**kärring**-*nn*	bag|bitch	1328	**koll**-*nn*	check
1303	**karta**-*nn*	map	2347	**koma**-*nn*	coma
653	**kasta**-*vb*	throw|cast	2204	**kommande**-*adj; nn*	coming; future
1819	**katastrof**-*nn*	disaster|crash			
1200	**katt**-*nn*	cat	36	**komma**-*vb; nn*	come|lead; comma
1719	**kejsare**-*nn*	emperor	1985	**kommendör**-*nn*	commander

1479	**kommissarie**-*nn*	commissioner
2517	**kompani**-*nn*	company
416	**kompis**-*nn*	buddy|mate
1792	**komplicerad**-*adj*	complicated
1488	**koncentrera**-*vb*	concentrate
2284	**ko**-*nn*	cow
2106	**kön**-*nn*	sex
1900	**konstapel**-*nn*	constable
1115	**konstig**-*adj*	weird|odd
501	**konstigt**-*adv*	strange
2209	**konstnär**-*nn*	artist
1449	**konst**-*nn*	art
1249	**kontakta**-*vb*	contact
764	**kontakt**-*nn*	contact|plug
2472	**kontant**-*adj*	cash
1733	**kontanter**-*nn*	cash|readies
2148	**konto**-*nn*	account
701	**kontor**-*nn*	office
1413	**kontrakt**-*nn*	contract|agreement
1138	**kontrollera**-*vb*	verify|check
846	**kontroll**-*nn*	control|check
444	**köpa**-*vb*	buy
1643	**kopia**-*nn*	copy
1192	**köp**-*nn*	buy|purchase
1034	**koppla**-*vb*	connect
1103	**kopp**-*nn*	cup
177	**köra**-*vb*	drive|wheel
1824	**korkad**-*adj*	brainless
1934	**körkort**-*nn*	driving license
2254	**korpral**-*nn*	corporal
1804	**korrekt**-*adv; adj*	correctly; correct
2159	**korridor**-*nn*	corridor|hall
2419	**kors**-*nn*	cross
448	**kort**-*adj; nn; adv*	short; card; shortly
2109	**korv**-*nn*	sausage
782	**kosta**-*vb*	cost
1425	**kostym**-*nn*	suit
986	**kött**-*nn*	meat
1493	**kraftigt**-*adv*	heavily
974	**kraft**-*nn*	force
2147	**kräk**-*nn*	wretch|skunk
1953	**kram**-*nn*	hug
881	**kräva**-*vb; nn*	demand|claim; crop
1949	**krav**-*nn*	claim|requirement
2456	**kreditkort**-*nn*	credit card
530	**krig**-*nn*	war

1869	**kring**-*adv*	round
2359	**kris**-*nn*	crisis
2277	**kristen**-*adj; nn*	Christian; Christian
1956	**krona**-*nn*	krona|crown
591	**kropp**-*nn*	body|corpus
1401	**krossa**-*vb*	crush|smash
2051	**kryp**-*nn*	insect
1104	**kuk**-*nn*	cock
299	**kul**-*adj*	funny
1317	**kula**-*nn*	ball|bulb
2345	**kulle**-*nn*	hill
1456	**kund**-*nn*	customer
2394	**kunglig**-*adj*	royal
599	**kung**-*nn*	king
23	**kunna**-*vb; av*	be able to; could
1944	**kunskap**-*nn*	knowledge
1292	**kurs**-*nn*	course|rate
938	**kusin**-*nn*	cousin
1925	**kust**-*nn*	coast
190	**kväll**-*nn*	night
188	**kvar**-*adj; adv*	left; over
1700	**kvarter**-*nn*	block
1650	**kvart**-*nn*	quarter
287	**kvinna**-*nn*	woman
1814	**kvitt**-*adj*	quits
1304	**kyckling**-*nn*	chicken
823	**kyrka**-*nn*	church
1149	**kyssa**-*vb*	kiss
931	**kyss**-*nn*	kiss

L

1589	**läcka**-*nn; vb*	leak; seep
1407	**låda**-*nn*	box
1803	**ladda**-*vb*	charge
2412	**låg**-*adj*	low|base
999	**laga**-*vb; adj*	prepare|repair; legal
828	**lägenhet**-*nn*	apartment
505	**läge**-*nn*	location|position
2327	**lager**-*nn*	stock
1580	**läger**-*nn*	camp
482	**lägga**-*vb*	lay|settle
257	**lägg**-*nn*	leg
2379	**lagligt**-*adv*	timely
697	**lag**-*nn*	law|team
1382	**lågt**-*adv*	low

631	**läkare**-*nn*	physician|medic
224	**lämna**-*vb*	leave|give
2230	**lämpa sig**-*vb*	lend oneself to
1984	**lampa**-*nn*	lamp
773	**låna**-*vb*	borrow
1722	**landa**-*vb*	land
491	**land**-*nn*	country
402	**lång**-*adj*	long
161	**länge**-*adv*	long
1369	**långsamt**-*adv*	slowly
1379	**längs**-*prp*	along
302	**långt**-*adv*	far
1842	**längta**-*vb*	long
2467	**lån**-*nn*	loan
2463	**lapp**-*nn*	patch|Lapp
1776	**läpp**-*nn*	lip
937	**lärare**-*nn*	teacher
404	**lära**-*vb; nn*	teach; teaching
2276	**larm**-*nn*	alarm|noise
517	**läsa**-*vb*	read
1268	**låsa**-*vb*	lock
2201	**läskig**-*adj*	creepy|scary
2391	**läsk**-*nn*	soft drink
1141	**lås**-*nn*	lock|clasp
1929	**lastbil**-*nn*	truck
1583	**lat**-*adj*	lazy
100	**låta**-*vb*	let|allow
1834	**låt**-*nn*	song|track
751	**låtsas**-*vb*	pretend
383	**lätt**-*adj; adv*	easy|light; easy
1775	**läxa**-*nn*	lesson
1028	**ledare**-*nn*	leader
729	**leda**-*vb; nn*	lead; disgust
1380	**ledig**-*adj; adv*	free|vacant; out
2265	**ledning**-*nn*	management
1611	**led**-*nn; adj*	joint|way; evil
164	**ledsen**-*adj*	sorry|upset
2297	**ledtråd**-*nn*	clue
1524	**leende**-*adj; nn; adv*	smiling; smile; smilingly
2447	**legend**-*nn*	legend
2399	**lejon**-*nn*	lion
744	**leka**-*vb*	play|paddle
1085	**lek**-*nn*	play|game
2175	**leksak**-*nn*	toy
1957	**lektion**-*nn*	lesson
414	**leta**-*vb*	search
618	**levande**-*adj*	live|living
338	**leva**-*vb*	live
1063	**le**-*vb*	smile
2392	**leve**-*nn*	levee
2382	**leverera**-*vb*	deliver
2194	**lidande**-*adj; nn*	suffering; suffering
1549	**lida**-*vb*	suffer|receive
254	**ligga**-*vb*	lie
1123	**ligg**-*nn*	fuck
285	**lika**-*adj; adv; prn*	equal; as; same
1873	**likadan**-*adj*	similar
1305	**likadant**-*adv*	same
911	**lik**-*adj; nn; adv*	like; corpse; after the fashion of
1122	**liknande**-*adj; adv*	similar; similarly
1087	**likna**-*vb*	resemble|look like
784	**liksom**-*con; adv; prp*	as well as; like; like
1536	**likt**-*prp*	like
2340	**lila**-*adj; nn*	lilac; lilac
1867	**lillebror**-*nn*	kid brother
1338	**linda**-*vb; nn*	wind; bandage
1362	**linje**-*nn*	line
1030	**lista**-*nn; vb*	list; list
461	**lita**-*vb*	rely
80	**lite**-*adv*	a little
229	**liten**-*adj*	small|little
2525	**liter**-*nn*	liter
68	**litet**-*adj; adv; nn; prn*	small; little; little; some
126	**liv**-*nn*	life
2171	**livstid**-*nn*	lifetime
1133	**ljud**-*nn*	sound
632	**ljuga**-*vb*	lie
775	**ljus**-*nn; nnpl; adj*	light; candles; light
1563	**löfte**-*nn*	promise
1358	**lögnare**-*nn*	liar
1177	**lögn**-*nn*	lie|falsehood
2234	**lojalitet**-*nn*	loyalty
2070	**löjlig**-*adj*	ridiculous
1136	**löjligt**-*adv*	ridiculously
893	**löjtnant**-*nn*	lieutenant
2029	**lokal**-*adj; nn*	local; room
1348	**lön**-*nn*	salary|wages
1160	**lördag**-*nn*	Saturday
1210	**lord**-*nn*	Lord

1577	**lös**-*adj; adv*	loose; loose		2451	**manager**-*nn*	manager
826	**lösa**-*vb*	solve|resolve		1256	**måndag**-*nn*	Monday
1686	**lösning**-*nn*	solution		1312	**måne**-*nn*	moon
1009	**loss**-*adj*	loose|loss		263	**människa**-*nn*	person|creature
718	**lova**-*vb*	promise		50	**man**-*nn; prn*	man; you
396	**lov**-*nn*	holiday		1527	**mänsklig**-*adj*	human
853	**luft**-*nn*	air		1836	**mänsklighet**-*nn*	mankind
408	**lugn**-*adj; nn*	quiet; calm		1322	**mardröm**-*nn*	nightmare
2502	**lugnande**-*nn; adj*	soothing; reposeful		1332	**märka**-*vb*	notice
440	**lugna**-*vb*	calm|soothe		1282	**märke**-*nn*	notice|label
272	**lugnt**-*adv*	quietly		1471	**märklig**-*adj*	notable
738	**lukta**-*vb*	smell|sniff		1822	**marknad**-*nn*	market
1378	**lukt**-*nn*	smell|fume		649	**mark**-*nn*	ground|counter
730	**lunch**-*nn*	lunch		1473	**mars**-*nn*	march
1206	**lurad**-*adj*	done		1634	**maskin**-*nn*	machine
1082	**lura**-*vb*	fool|trick		1892	**mask**-*nn*	mask|rainworm
2185	**lur**-*nn*	earphone		498	**massa**-*nn*	pulp|amount
1214	**lust**-*nn*	desire		928	**mästare**-*nn*	champion
2342	**luta**-*vb*	lean		41	**måste**-*vb*	must
464	**lycka**-*nn*	happiness|luck		1986	**mata**-*vb*	feed
952	**lyckas**-*vb*	succeed		908	**match**-*nn*	match
608	**lycklig**-*adj*	lucky		2108	**material**-*nn*	material
1718	**lyckligt**-*adv*	happily		361	**mat**-*nn*	food|meal
1444	**lyda**-*vb*	obey		1033	**matt**-*adj; adv*	mat|dull; faintly
1230	**lyfta**-*vb*	lift|take off		2369	**matta**-*nn; vb*	carpet; dull
1475	**lysande**-*adj; nn*	brilliant; pageant		185	**må**-*vb*	feel
2402	**lysa**-*vb*	shine|light		1702	**med andra ord**-*phr*	in other words
233	**lyssna**-*vb*	listen|hark		2324	**med anledning av**-*adv; prp*	on the occasion of; on

M

				2261	**med hänsyn till**-*prp*	with regard to
1427	**madame**-*nn*	madame		1173	**med hjälp av**-*prp*	with
1196	**mage**-*nn*	stomach|belly		1244	**med tanke på**-*prp*	towards
1581	**magi**-*nn*	magic				
2003	**magisk**-*adj*	magical		476	**medan**-*con*	while
1175	**majestät**-*nn*	Majesty		1530	**medborgare**-*nn*	citizens
2149	**maj**-*nn*	may		657	**meddelande**-*nn*	message
929	**major**-*nn*	major		1451	**meddela**-*vb*	inform
886	**make**-*nn*	husband|spouse		2131	**medel**-*nn*	means
2416	**mäktig**-*adj*	powerful		1815	**media**-*nn*	media
912	**makt**-*nn*	authority|force		1099	**medicin**-*nn*	medicine
1920	**måla**-*vb*	paint		1721	**medlem**-*nn*	member
757	**mål**-*nn*	goal|objective		633	**medlemsstat**-*nn*	member state
2445	**måltid**-*nn*	meal		16	**med**-*prp; nn; adv*	with; runner; too
103	**mamma**-*nn*	mom		1850	**medveten**-*adj*	aware
434	**månad**-*nn*	month		2466	**medvetet**-*adv*	consciously

354	**mellan**-*prp*	between		1546	**morfar**-*nn*	grandfather
113	**mena**-*vb*	mean		181	**morgon**-*nn*	dawn
27	**men**-*con; nn*	but|however; injury		1417	**mörk**-*adj*	dark
832	**mening**-*nn*	sense|opinion		1164	**mörker**-*nn*	darkness
2420	**meningslös**-*adj*	senseless		965	**mormor**-*nn*	grandmother
1543	**mer eller mindre**-*adv*	more or less		352	**mor**-*nn*	mother
2249	**mer och mer**-*adv*	increasingly		2055	**morsa**-*vb; nn*	greet; mom
645	**meter**-*nn*	meter		1731	**moster**-*nn*	aunt
2422	**metod**-*nn*	method		1774	**mötas**-*vb*	meet
525	**middag**-*nn*	dinner|midday		924	**möta**-*vb*	meet|counter
1465	**midnatt**-*nn;*	midnight		731	**möte**-*nn*	meeting|appointment
49	**mig**-*prn*	me		2103	**motiv**-*nn*	motif
2235	**militär**-*nn*	military|soldier		1660	**motor**-*nn*	engine
1909	**miljard**-*num*	billion		2307	**motorväg**-*nn*	motorway|highway
488	**miljon**-*num*	million		104	**mot**-*prp; adv*	against; opposite
1011	**mil**-*nn*	ten kilometres		2380	**motståndare**-*nn*	opponents
269	**minnas**-*vb*	recollect		2037	**motstånd**-*nn*	resistance
1092	**minne**-*nn*	memory|mind		988	**mun**-*nn*	mouth
38	**min**-*prn; nn*	my|mine; air		2165	**mur**-*nn*	wall
1935	**minsann**-*adv*	indeed		672	**musik**-*nn*	music
2142	**minus**-*adv; nn*	minus; minus		2315	**mus**-*nn*	mouse|pussy
251	**minut**-*nn*	minute		1027	**mycken**-*adj*	much
1340	**mirakel**-*nn*	miracle		69	**mycket**-*adv; adj; nn*	very; much; heaps
919	**missa**-*vb*	miss		2019	**myndighet**-*nn*	authority
2385	**missförstånd**-*nn*	misunderstanding		2338	**mynt**-*nn*	coin
1639	**misslyckas**-*vb; phr*	fail; fall flat				
374	**miss**-*nn*	miss			**N**	
515	**misstag**-*nn*	mistake		1565	**nacke**-*nn*	neck
1970	**misstänka**-*vb*	suspect		869	**nåd**-*nn*	ladyship|lord
1460	**misstänkt**-*adj; nn*	suspected; suspect		94	**någon**-*prn*	any
2093	**mista**-*vb*	lose		447	**någonsin**-*adv*	ever
1266	**mitt**-*prn; nn*	my; middle		713	**någonstans**-*adv*	somewhere|anywhere
1324	**mjölk**-*nn*	milk		399	**någonting**-*prn*	anything
1617	**mobil**-*adj*	mobile		74	**något**-*adv; prn*	something; something
1880	**modell**-*nn*	model		110	**några**-*prn*	some
1999	**modern**-*adj*	modern		1321	**naken**-*adj; nn; adv*	naked; starkers; in the nude
1157	**mod**-*nn*	bravery		1394	**nämna**-*vb*	mention
531	**möjlig**-*adj*	potential		193	**namn**-*nn*	name
1366	**möjlighet**-*nn*	opportunity		380	**när det gäller**-*prp*	with
1022	**monster**-*nn*	monster		334	**nära**-*adv; prp; adj; vb*	near; near; close; cherish
1621	**morbror**-*nn*	uncle		45	**när**-*adv; con; prp*	when; when; near
708	**mördare**-*nn*	killer		787	**närhet**-*nn*	vicinity|closeness
1071	**mörda**-*vb*	murder|kill				
659	**mord**-*nn*	murder				

1740	**närma sig**-*vb*	approach
1114	**närma**-*vb*	approach
1968	**närvarande**-*adj*	present
1922	**närvaro**-*nn*	presence
1233	**näsa**-*nn*	nose
2506	**näst**-*adj; adv; prp*	second; next; next to
296	**nästan**-*adv*	almost
231	**nästa**-*nn; adj*	neighbor; next
1165	**nät**-*nn*	web
300	**natt**-*nn*	night
1843	**naturligt**-*adv*	naturally
619	**naturligtvis**-*adv*	of course
1755	**natur**-*nn*	nature
454	**nå**-*vb*	reach|come to
595	**ned**-*adv*	down
33	**nej**-*nn; adv*	no; no
90	**ner**-*adv*	down
385	**nere**-*adj; adv*	down; down
803	**nervös**-*adj*	nervous|highly-strung
777	**nick**-*nn*	nod
1975	**nigger**-*nn*	nigger
634	**nio**-*num*	nine
25	**ni**-*prn*	you
1561	**nivå**-*nn*	level
1612	**njuta**-*vb*	enjoy
1359	**nödvändigt**-*adv*	perforce
963	**noga**-*adv; adj*	exactly; exact
99	**nog**-*adv*	enough
2519	**nöja sig**-*vb*	be satisfied
958	**nöjd**-*adj*	satisfied
1054	**nöje**-*nn*	pleasure
1681	**nolla**-*nn; num*	zero; zero
1766	**noll**-*nn*	zero
2323	**nonsens**-*nn*	nonsense
1360	**normal**-*adj; nn*	normal; standard
998	**normalt**-*adv*	normally
1513	**norra**-*adj*	northern
1714	**norr**-*adv*	north
1459	**norrut**-*adj*	northwardly
2118	**november**-*nn*	November
30	**nu**-*adv*	presently
2077	**nuförtiden**-*adv*	these days
2243	**numera**-*adv*	nowadays
423	**nummer**-*nn*	number|size
2429	**nuvarande**-*adj*	current|present
249	**ny**-*adj*	new

899	**nyckel**-*nn*	key
1500	**nyfiken**-*adj*	curious
678	**nyhet**-*nn*	novelty|innovation
1408	**nyligen**-*adv*	recently
741	**nyss**-*adv*	just
1112	**nytta**-*nn*	use|utility

O

1131	**oavsett**-*adj; prp*	regardless; apart from
1161	**och så vidare**-*adv; abr*	and so on; etc.
8	**och**-*con; prp*	and
97	**också**-*adv*	also
964	**öde**-*nn; adj*	fortune; desert
2120	**oerhört**-*adv*	tremendously
1057	**offer**-*nn*	victims
1793	**officer**-*nn*	officer
1989	**officiellt**-*adv*	officially
1998	**offra**-*vb*	sacrifice
584	**ofta**-*adv*	frequently
458	**öga**-*nn*	eye
2334	**ogilla**-*vb*	disapprove
516	**ögonblick**-*nn*	moment
610	**oj**-*int*	gee
291	**ok**-*adv; nn*	done; yoke
2182	**okänd**-*adj*	unknown
1746	**öka**-*vb*	increase
1491	**okay**-*adv*	okay
57	**okej**-*adv*	okay
1424	**öken**-*nn*	desert
2140	**oktober**-*nn*	October
1590	**olaglig**-*adj*	illegal
647	**olik**-*adj*	different
1690	**oliv**-*nn*	olive
1786	**olja**-*nn; vb*	oil; oil
593	**öl**-*nn*	beer
847	**olycka**-*nn*	accident
2079	**olycklig**-*adj*	unhappy
692	**ombord**-*adv; nn; adj; prp*	on board; onboard; aboard; aboard
19	**om**-*con; prp; nn; adv*	whether; on; if; round
1026	**omedelbart**-*adv*	immediately
2294	**omgång**-*nn*	round
536	**omkring**-*adv; prp*	about|round; about
689	**omöjlig**-*adj*	impossible

790	**område**-*nn*	area|field
2293	**omständighet**-*nn*	circumstance
415	**ond**-*adj*	evil|bad
2056	**ondska**-*nn*	evil
2384	**online**-*adj*	on-line
785	**ö**-*nn*	island
2044	**onsdag**-*nn*	Wednesday
1537	**önskan**-*nn*	desire|wish
421	**önska**-*vb*	wish|want
2126	**ont**-*nn; adv*	evil|wrong; badly
1349	**operation**-*nn*	surgery
279	**öppen**-*adj*	open
1300	**öppet**-*adj; adv*	open; openly
820	**öppna**-*vb*	unclose
1497	**öra**-*nn*	ear
2033	**orättvis**-*adj*	unfair
921	**ordentlig**-*adj*	proper|good
1888	**ordentligt**-*adv*	properly
499	**order**-*nn*	order|orders
1652	**ordförande**-*nn*	chairman
668	**ordna**-*vb*	arrange
889	**ordning**-*nn*	order
343	**ord**-*nn*	words
1193	**orka**-*vb*	be able to
1995	**orm**-*nn*	snake|sneak
355	**oroa**-*vb*	worry
605	**orolig**-*adj*	worried|concerned
2491	**oro**-*nn*	concern|anxiety
2332	**orsaka**-*vb*	cause
949	**orsak**-*nn*	cause|occasion
2458	**osäker**-*adj*	uncertain|unsafe
1436	**oskadd**-*adj*	unharmed
1443	**oskuld**-*nn*	innocence
1091	**oskyldig**-*adj*	innocent
92	**oss**-*prn*	ourself
2503	**öster**-*adv; nn*	east; east
2172	**österut**-*adv*	eastward
1599	**ost**-*nn*	cheese
2405	**östra**-*adj*	eastward
2453	**osynlig**-*adj*	invisible
1818	**otrogen**-*adj; nn*	unfaithful; infidel
1263	**otrolig**-*adj*	incredible
508	**otroligt**-*adv*	incredibly
1547	**otur**-*nn*	bad luck
1707	**ovanför**-*adv; prp*	above; above
1428	**ovanlig**-*adj*	unusual

1904	**öva**-*vb*	practice|train
87	**över**-*adv; prp*	over; over
552	**överallt**-*adv*	everywhere
824	**överens**-*adv*	agree
2030	**överenskommels e**-*nn*	agreement|deal
2375	**överge**-*vb*	abandon
2135	**överlämna**-*vb*	submit|transmit
1841	**överlevande**-*nn*	survival
959	**överleva**-*vb*	survive
2341	**överraska**-*vb*	surprise
862	**överraskning**-*nn*	surprise
804	**översätta**-*vb*	translate
926	**översättning**-*nn*	translation
717	**överste**-*nn*	colonel
2287	**övertala**-*vb*	persuade
2146	**övertygad**-*adj*	convinced
1991	**övertyga**-*vb*	convince
2427	**övning**-*nn*	exercise|practice

P

366	**på grund av**-*prp*	because of
1846	**på så sätt**-*adv*	thereby
11	**på**-*adv; prp*	on; on
1205	**packa**-*vb*	pack
716	**pågå**-*vb*	run
1509	**paket**-*nn*	package|pack
1213	**påminna**-*vb*	remind
1311	**panik**-*nn*	panic
2344	**pank**-*adj*	broke
102	**pappa**-*nn*	dad
875	**papper**-*nn*	paper|papers
2494	**paradis**-*nn*	paradise
1316	**park**-*nn*	park
337	**par**-*nn*	couple|team
2515	**parti**-*nn*	party
821	**partner**-*nn*	partner
1813	**party**-*nn*	rave|bash
2310	**påse**-*nn*	pouch|bag
2227	**passagerare**-*nn*	passenger
2356	**passande**-*adj; adv*	suitable; apropos
600	**passa**-*vb*	fit|suit|watch
2027	**passera**-*vb*	cross|pass through
2363	**passion**-*nn*	passion

1167	**pass**-*nn*	passport|pass	2381	**populär**-*adj*	exoteric
2259	**pasta**-*nn*	pasta	1646	**port**-*nn*	door|gate
1243	**påstå**-*vb*	argue|suggest	1146	**position**-*nn*	position
2319	**pastor**-*nn*	pastor	1415	**post**-*nn; adj*	mail; postal
1559	**patient**-*nn*	patient	2521	**potatis**-*nn*	potato
1421	**paus**-*nn*	rest|stop	2523	**potta**-*nn*	potty
2114	**påverka**-*vb*	affect	2475	**praktisk**-*adj*	practical
2279	**peka**-*vb*	point	1290	**präst**-*nn*	priest
155	**peng**-*nn*	coin	124	**prata**-*vb*	talk|speak
1933	**penis**-*nn*	penis	1919	**prat**-*nn*	talk|chatter
1667	**penna**-*nn*	pencil	136	**precis**-*adv; adj*	just; precise
2205	**pension**-*nn*	pension	915	**presentera**-*vb*	present|feature
410	**perfekt**-*adj; nn; adv*	perfect; perfect; perfectly	1079	**present**-*nn; adj*	present; present
			734	**president**-*nn*	President
898	**per**-*prp*	per	2364	**pressa**-*vb*	press|squeeze
1854	**personal**-*nn*	staff	1370	**press**-*nn*	press|oppression
1614	**personlig**-*adj*	personal	2264	**prick**-*nn; adv*	dot; sharp
1409	**personligen**-*adv*	personally	1223	**prinsessa**-*nn*	princess
1298	**personligt**-*adv*	individually	1262	**prins**-*nn*	prince
564	**person**-*nn*	person	957	**pris**-*nn*	price|prize
2330	**piano**-*adv; nn*	piano; piano	1189	**privat**-*adj; adv*	private; privately
1802	**piller**-*nn*	pill	180	**problem**-*nn*	problem
1788	**pilot**-*nn*	pilot	1100	**procent**-*nn*	percent
1862	**pissa**-*vb*	piss	1073	**professor**-*nn*	professor
710	**pistol**-*nn*	gun	1780	**proffs**-*nn*	pro
1510	**pizza**-*nn*	pizza	1258	**program**-*nn*	program
2214	**pjäs**-*nn*	play	1806	**projekt**-*nn*	project
2123	**placera**-*vb*	place|position	1504	**promenad**-*nn*	walk
1883	**plånbok**-*nn*	wallet	2500	**protest**-*nn*	protest
1302	**planera**-*vb*	plan	786	**prova**-*vb*	try|test
1416	**planet**-*nn*	planet	1586	**pröva**-*vb*	try|examine
418	**plan**-*nn; adj*	plan|plane; plane	1664	**prov**-*nn*	sample
311	**plats**-*nn*	place|location	1437	**publik**-*nn; adj*	audience; public
1376	**plikt**-*nn*	duty	1325	**pund**-*nn*	pound
1095	**plocka**-*vb*	pick|pluck	1487	**punkt**-*nn*	point|dot
695	**plötsligt**-*adv; phr*	suddenly; out of the blue	1961	**puss**-*nn*	kiss
1162	**plus**-*nn*	plus			
985	**poäng**-*nn*	point		**R**	
439	**pojke**-*nn*	lad|boy			
1226	**polare**-*nn*	cock|buddy	375	**räcka**-*vb; nn*	cover|pass; course
280	**polis**-*nn*	police (officer)	2349	**råda**-*vb*	advise
2457	**politiker**-*nn*	politician	221	**rädd**-*adj*	afraid|scared
1954	**politik**-*nn*	policy	351	**rädda**-*vb*	save|rescue
2328	**politisk**-*adj*	political	1152	**radio**-*nn*	radio
1541	**politiskt**-*adv*	politically	1343	**rad**-*nn*	row
2096	**pool**-*nn*	pool	580	**råd**-*nn*	advice

1220	**rädsla**-*nn*	fear
1531	**rak**-*adj*	straight|erect
1212	**råka**-*vb; nn*	happen; rook
798	**räkna**-*vb*	count|score
558	**rakt**-*adv*	straight|due
2173	**ramla**-*vb*	fall|tumble
2023	**råna**-*vb*	rob
1641	**rån**-*nn*	robbery
1395	**rapportera**-*vb*	report
1174	**rapport**-*nn*	report
2155	**rar**-*adj*	nice
639	**raring**-*nn*	dear|sweetie
2358	**ras**-*nn*	race|breed
112	**rätt**-*adj; adv; nn*	correct; rightly; the right
2040	**råtta**-*nn*	rat
652	**rätta**-*vb*	correct|straight
2119	**rättegång**-*nn*	trial|lawsuit
1553	**rättighet**-*nn*	privilege
2410	**ratt**-*nn*	steering wheel
1418	**rättvisa**-*nn*	justice|fairness
1350	**rättvist**-*adv*	fair|justly
2250	**reaktion**-*nn*	reaction
201	**redan**-*adv*	already
393	**reda**-*vb; nn*	make|clear up; order
320	**redo**-*adj*	ready
971	**regel**-*nn*	rule
1075	**regering**-*nn*	government|rule
2174	**regna**-*vb*	rain
1914	**regn**-*nn*	rain
2061	**rejält**-*adj*	proper
2352	**reklam**-*nn*	advertising
1876	**relation**-*nn*	relationship
2436	**religion**-*nn*	religion
760	**ren**-*adj; nn*	clean|pure; reindeer
2080	**rensa**-*vb*	clear|clean
945	**rent**-*adv*	purely
1988	**rep**-*nn*	rope
2371	**reporter**-*nn*	commentator
1982	**representera**-*vb*	represent
535	**resa**-*nn; vb*	travel; travel
1649	**respektera**-*vb*	respect
788	**respekt**-*nn*	respect|awe
1598	**restaurang**-*nn*	restaurant
462	**rest**-*nn*	residual
1763	**resultat**-*nn*	results
2283	**reta**-*vb*	tease|anger

932	**rida**-*vb*	ride
2105	**riddare**-*nn*	knight
891	**rik**-*adj*	wealthy
2396	**riksdagsledamot**-*nn*	Member of Parliament
514	**riktig**-*adj*	proper|correct
241	**riktigt**-*adv*	really|properly
2179	**riktning**-*nn*	direction|course
312	**ringa**-*vb; adj*	call|dial; small
1204	**ring**-*nn*	ring|circle
2439	**rinna**-*vb*	run|stream
1706	**riskera**-*vb*	risk|hazard
1481	**risk**-*nn*	risk
1512	**rita**-*vb*	draw
1973	**riva**-*vb*	tear
2316	**roa**-*vb*	entertain|amuse
2069	**robot**-*nn*	robot
1225	**rock**-*nn*	coat
878	**röd**-*adj*	red
1102	**röka**-*vb*	smoke
392	**rolig**-*adj*	funny
1361	**roligt**-*adv*	amusingly
455	**roll**-*nn*	role|personage
2292	**roman**-*nn*	novel
2218	**romantisk**-*adj*	Romantic
1384	**ro**-*nn; vb*	peace; row
1942	**ropa**-*vb*	call
606	**röra**-*vb; nn*	move|touch; mess
1899	**rörelse**-*nn*	movement|business
276	**rör**-*nn*	pipe|tube
1194	**rosa**-*adj; nn; vb*	pink; pink; praise
1858	**rösta**-*vb*	vote
815	**röst**-*nn*	voice
1422	**röv**-*nn*	ass
1849	**rulla**-*nn; vb*	roll|list; roll
332	**rum**-*nn*	room
2191	**rumpa**-*nn; vb*	buttocks; duff
2212	**rund**-*adj; nn*	round; round
273	**runt**-*adv; prp*	round; around
817	**rygg**-*nn*	back
1420	**ryka**-*vb*	smoke|reek
1267	**rykte**-*nn*	reputation|rumor
1515	**rymd**-*nn*	space
1826	**rymma**-*vb*	accommodate|escape
1430	**rysk**-*adj*	Russian
2246	**Ryssland**-*nn*	Russia

1569	**ryss-**nn	Russian

S

479	**så att-**con	so that
792	**så kallad-**adj	so-called
1807	**så småningom-**adv	eventually
21	**så-**adv; con; adj; prn; vb	so; so; such; that; sow
2471	**sådan här-**phr	like this
356	**sådan-**adj	such
1046	**sådär-**adj	so-so|like
2058	**saga-**nn	fairy tale
59	**säga-**vb	say|speak
1890	**sajt-**nn	web site
227	**säker-**adj	sure|safe
811	**säkerhet-**nn	security|safety
217	**säkert-**adv	safely|sure
2152	**såklart-**int	of course
554	**sakna-**vb	miss
171	**sak-**nn	cause|matter
836	**säkra-**vb	secure
946	**sakta-**adv; adj; vb	slowly; low; slow
648	**sälja-**vb	sell
1628	**sällan-**adv	rarely
793	**sällskap-**nn	company|partner
2244	**sal-**nn	hall
1839	**salt-**nn; adj	salt; salty
1941	**samarbeta-**vb	cooperate
2355	**samband-**nn	connection|conjunction
1769	**samhälle-**nn	community
2082	**samlas-**vb	gather|collect
1142	**samla-**vb	collect|gather
2059	**samling-**nn	collection|gathering
189	**samma-**adv; prn; adj	same; same; the same
1134	**samman-**adv	together
674	**samtal-**nn	conversation|talk
2428	**samt-**con	and
807	**samtidigt som-**con	while
1044	**samtidigt-**adv	at the same time
1538	**samvete-**nn	conscience
2176	**sända-**vb	send
2034	**sand-**nn	sand
754	**säng-**nn	bedstead

1264	**sång-**nn	singing
2121	**sänka-**vb; nn	lower|cut; fold
1484	**sann-**adj	real|truthful
453	**sanning-**nn	truth
244	**sant-**adv	truly
1662	**sårad-**adj	wounded
2095	**såra-**vb	hurt|offend
629	**särskilt-**adv	particularly
2014	**såsom-**con; prp; adv	as; as; qua
1150	**satan-**nn	satan
1645	**satsa-**vb	invest|stake
387	**sätta-**vb	put|seat
127	**sätt-**nn	way|set
1960	**såvida-**con	provided
1288	**scen-**nn	scene
2331	**schack-**nn	chess
205	**sedan-**adv; con; prp; nn	then; since; since; sedan
1478	**seger-**nn	victory
2400	**segla-**vb	sail
1861	**sekreterare-**nn	clerk
582	**sekund-**nn	second
1037	**semester-**nn	holiday
88	**sen-**adj; adv	late; then
1625	**senator-**nn	senator
433	**sent-**adv	late
1742	**september-**nn	September
868	**sergeant-**nn	sergeant
2435	**serie-**nn	series|division
1736	**seriös-**adj	serious
1847	**service-**nn	service
66	**se-**vb	see|view
232	**sex-**num; nn	six; sex
1137	**show-**nn	show
430	**sida-**nn	page|side
2333	**siffra-**nn	number
1388	**signal-**nn	signal
63	**sig-**prn	itself
1779	**sikta-**vb	take aim|point
2247	**sikte-**nn	sight
1830	**silver-**nn	silver
503	**simma-**vb	swim
1532	**sinne-**nn	mind
138	**sin-**prn	its
238	**sist-**adj; adv	last; last

340	**sista**-*nn; adj*	last; final
199	**sitta**-*vb*	sit|be seated
1166	**situation**-*nn*	situation
755	**själ**-*nn*	mind
428	**självklart**-*adv*	naturally
1045	**självmord**-*nn*	suicide
114	**själv**-*prn; adv*	himself; by itself
2282	**sjätte**-*num*	sixth
1291	**sjö**-*nn*	lake
519	**sjuk**-*adj*	sick
1526	**sjukdom**-*nn*	disease|illness
664	**sjukhus**-*nn*	hospital
2474	**sjunde**-*num*	seventh
872	**sjunga**-*vb*	sing
2098	**sjunka**-*vb*	sink|fall
467	**sju**-*num*	seven
1715	**sjutton**-*num*	seventeen
835	**skadad**-*adj*	harmed
594	**skada**-*nn; vb*	damage; hurt
1805	**skådespelare**-*nn*	actor
562	**skaffa**-*vb*	get|acquire
1426	**skaka**-*vb*	shake|wobble
719	**skål**-*int; nn*	cheers; bowl|dish
950	**skalle**-*nn*	skull
954	**skäl**-*nn*	reason|ground
1351	**skämmas**-*vb*	embarrass|be ashamed
693	**skämma**-*vb*	shame|spoil
1680	**skam**-*nn*	shame
901	**skämta**-*vb*	make jokes|jest
1014	**skapa**-*vb*	create|establish
1285	**skära**-*vb; nn*	cut; sickle
1083	**skär**-*nn; adj*	notch; pure
1679	**skatt**-*nn*	tax
885	**skepp**-*nn*	sail
990	**ske**-*vb*	be done|occur
412	**skicka**-*vb*	send
2303	**skicklig**-*adj*	skilled|skilful
1926	**skilja**-*vb*	distinguish|separate
1055	**skillnad**-*nn*	difference
2124	**skilsmässa**-*nn*	divorce
2296	**skinn**-*nn*	leather|skin
890	**skita**-*vb*	crap
207	**skit**-*nn; adj*	shit; crap
680	**skitsnack**-*nn*	bullshit
1882	**skjorta**-*nn*	shirt
450	**skjuta**-*vb*	shoot
1353	**skjuts**-*nn*	conveyance
816	**skog**-*nn*	forest
635	**skoja**-*vb*	joke
1695	**skoj**-*nn*	fun
382	**skola**-*nn; vb*	school|college; school
2242	**skön**-*adj; nn*	comfortable; discretion
1412	**skönhet**-*nn*	beauty
923	**sko**-*nn; vb*	shoe; shoe
702	**skönt**-*adv*	beautifully
916	**sköta**-*vb*	operate|conduct
975	**skott**-*nn*	shot
1540	**skrämmande**-*adj*	scary|appalling
1039	**skrämma**-*vb*	scare|frighten
1632	**skräp**-*nn*	debris|rubbish
984	**skratta**-*vb*	laugh
2046	**skratt**-*nn*	laugh|laughing
1219	**skrika**-*vb; nn*	scream; jay
1367	**skrik**-*nn*	cry|scream
442	**skriva**-*vb*	write|score
2048	**skrivbord**-*nn*	desk
2346	**skriven**-*adj*	written
1856	**skugga**-*nn; vb*	shadow; shadow
1310	**skuld**-*nn*	debt
376	**skull**-*nn*	sake
1962	**skum**-*nn; adj*	foam; foamy
642	**skydda**-*vb*	protect|safeguard
1013	**skydd**-*nn*	protection
494	**skyldig**-*adj*	obliged
2085	**skylla**-*nn*	blame
359	**skynda**-*vb*	hurry
2511	**slagen**-*adj*	beaten
698	**slag**-*nn*	kind|type
1936	**slagsmål**-*nn*	fight
2406	**släkting**-*nn*	relative
1539	**släkt**-*nn; adj*	family; related
1606	**slänga**-*vb*	throw|toss
289	**släppa**-*vb*	drop|release
830	**slappna**-*vb*	relax
518	**slåss**-*vb*	fight|battle
297	**slå**-*vb; nn*	beat; crossbar
1745	**slav**-*nn*	slave
2409	**slicka**-*vb*	lick
1051	**slippa**-*vb; phr*	avoid; get rid of
1844	**slita**-*vb*	tear
1938	**slösa**-*vb*	waste
2089	**slöseri**-*nn*	waste

1840	**slott**-*nn*	castle
204	**slut**-*adv; nn; adj*	out; over; ending
134	**sluta**-*vb*	stop|quit
1911	**slutligen**-*adv*	finally|eventually
1120	**smaka**-*vb*	taste
1385	**smak**-*nn*	taste|flavor
2508	**smäll**-*nn*	bang|slap
572	**smart**-*adj*	smart|shrewd
1017	**smärta**-*nn; vb*	pain; pain
2015	**smutsig**-*adj*	dirty
1097	**snabb**-*adj*	fast|rapid
437	**snabbt**-*adv*	fast|rapidly
544	**snacka**-*vb; phr*	chat; chew the fat
1655	**snack**-*nn*	chatter
160	**snäll**-*adj*	kind
1703	**snarare**-*adv*	rather
196	**snart**-*adv*	soon
2010	**snett**-*adv*	askew
2156	**snö**-*nn*	snow
2128	**sno**-*vb*	twist|turn
1817	**snubbe**-*nn*	fella
1126	**snut**-*nn*	cop
598	**snygg**-*adj*	nice|neat
1872	**snygging**-*nn*	hottie
1593	**socker**-*nn*	sugar
1752	**söder**-*adv; nn*	south; south
1725	**söderut**-*adv*	southward
1734	**soffa**-*nn*	sofa
570	**söka**-*vb*	search
2202	**sökt**-*adj*	far-fetched
909	**soldat**-*nn*	soldier
833	**sol**-*nn*	sun
604	**som att**-*phr*	as to
1448	**som vanligt**-*adv*	as usual
17	**som**-*con; prn; prp; adv*	as; as; like; when
1468	**sommar**-*nn*	summer
1979	**somna**-*vb*	fall asleep
1761	**sömn**-*nn*	sleep
1279	**söndag**-*nn*	Sunday
686	**sönder**-*adj; adv*	broken; asunder
234	**son**-*nn*	son
1994	**soppa**-*nn*	soup
2091	**sorgligt**-*adv*	sadly
1727	**sorg**-*nn*	sorrow|grief
834	**sort**-*nn*	variety|kind
658	**söt**-*adj*	sweet
1534	**sött**-*adv*	sweetly
446	**sova**-*vb*	sleep
1875	**sovrum**-*nn*	bedroom
2228	**spänd**-*adj*	tense
2154	**spanien**-*nn*	Spain
1506	**spänn**-*adj*	uptight
962	**spännande**-*adj*	exciting
1720	**spansk**-*adj*	Spanish
1140	**spara**-*vb*	save
1525	**spåra**-*vb*	track|trace
1195	**sparka**-*vb*	kick
1047	**spark**-*nn*	kick
933	**spår**-*nn*	track|trace
677	**speciell**-*adj*	special
831	**speciellt**-*adv*	especially
1950	**spegel**-*nn*	mirror
1433	**spelare**-*nn*	player
283	**spela**-*vb*	play
661	**spel**-*nn*	game
1835	**spöa**-*vb*	whip
1767	**spöke**-*nn*	ghost
2139	**sport**-*nn*	sports
1148	**språk**-*nn*	language
1490	**spränga**-*vb*	blast|blow up
2211	**sprida**-*vb*	spread
504	**springa**-*vb; nn*	run; slit
1502	**sprit**-*nn*	spirits
2074	**spy**-*vb*	vomit
706	**stackars**-*adj*	poor
1260	**städa**-*vb*	clean|tidy
322	**stad**-*nn*	town
1993	**stålar**-*nn*	cash
611	**ställa**-*vb*	set|stall
377	**ställe**-*nn*	place|stead
2425	**ställning**-*nn*	position|score
422	**stämma**-*nn; vb*	meeting; agree with|tune
2492	**ständigt**-*adv*	constantly
2437	**stånd**-*nn*	stand|condition
997	**stänga**-*vb*	close|shut
1866	**stängd**-*adj*	closed
165	**stanna**-*vb*	stay|stop
638	**stark**-*adj*	strong|powerful
1470	**starkt**-*adv*	strong
851	**starta**-*vb*	start|launch
1810	**start**-*nn*	launch

1163	**station**-*nn*	station
1423	**stat**-*nn*	state
170	**stå**-*vb*	stand
762	**steg**-*nn*	step
1145	**sten**-*nn*	pebble|stone
425	**sticka**-*vb; nn*	run|stick; tingling
1081	**stiga**-*vb*	rise|increase
1748	**stilig**-*adj*	stylish
753	**stilla**-*adj; adv; vb*	still|quiet; still; still
1111	**still**-*adv*	still
1107	**stil**-*nn*	style|genre
1411	**stinka**-*vb*	stink
1903	**stirra**-*vb*	stare
767	**stjäla**-*vb*	steal
1250	**stjärna**-*nn*	star
1403	**stöd**-*nn*	support
1785	**stol**-*nn*	chair
655	**stolt**-*adj; adv*	proud; proudly
1656	**stolthet**-*nn*	pride
417	**stoppa**-*vb*	stop
641	**stopp**-*nn*	stop|jam
213	**stor**-*adj*	great|high
801	**störa**-*vb*	interfere with|disrupt
1603	**storlek**-*nn*	size
1808	**storm**-*nn*	storm
403	**stort**-*adv*	largely
2161	**story**-*nn*	story
2199	**stöta**-*vb*	bump
2130	**sträck**-*nn*	extension
1419	**straff**-*nn*	penalty
1522	**strålande**-*adj*	beaming|brilliant
1041	**strand**-*nn*	beach
522	**strax**-*adv*	just
1040	**strid**-*nn; adj*	battle; rapid
1799	**ström**-*nn*	stream|river
1038	**strunta**-*vb*	ignore|skip
1457	**strunt**-*nn*	rubbish|garbage
1147	**stryk**-*nn*	beating
2497	**student**-*nn*	student
1797	**studera**-*vb*	study|read
2465	**stuga**-*nn*	cottage|cabin
528	**stund**-*nn*	while
947	**stycken**-*nn*	paragraph
1246	**styra**-*vb*	control|guide
2374	**styrelse**-*nn*	board|government
913	**styrka**-*nn; vb*	strength; prove

1023	**suga**-*vb*	suck
1699	**supa**-*vb*	guzzle|drink
1319	**sur**-*adj*	acid|sour
1293	**svag**-*adj*	weak|low
2481	**svaghet**-*nn*	weakness
1239	**sväng**-*nn*	turn
1339	**svår**-*adj*	difficult|severe
472	**svara**-*vb*	respond|rejoin
720	**svära**-*vb*	swear|vow
1188	**svärd**-*nn*	sword
624	**svar**-*nn*	response|rejoinder
602	**svart**-*adj*	black
336	**svårt**-*adv*	badly|sorely
1744	**svartsjuk**-*adj*	jealous
1381	**svensk**-*adj*	Swedish
2207	**Sverige**-*nn*	Sweden
2514	**svettas**-*vb*	sweat
1829	**svika**-*vb*	disappoint|fail
892	**svin**-*nn*	swine|pig
1879	**syfte**-*nn*	aim|object
1025	**synas**-*vb*	appear
510	**synd**-*nn; vb; adj*	sin; trespass; wrongdoing
1236	**syn**-*nn*	view|sight
925	**syssla**-*nn; vb*	occupation; busy
1248	**system**-*nn*	system
381	**syster**-*nn*	nurse
2071	**sy**-*vb*	sew|work

T

1552	**tack vare**-*prp*	thanks to
1550	**täcka**-*vb*	cover
665	**tacka**-*vb; nn*	thank; billet
60	**tack**-*nn*	thanks
1368	**tacksam**-*adj*	grateful
936	**tagen**-*adj*	taken
239	**tag**-*nn*	hold|purchase
844	**tåg**-*nn*	train
960	**tak**-*nn*	ceiling|top
1464	**tålamod**-*nn*	patience
1462	**talang**-*nn*	talent
242	**tala**-*vb*	speak|say
1669	**tåla**-*vb*	tolerate|bear
873	**tal**-*nn*	speech|number
2075	**tända**-*vb*	light|ignite
935	**tand**-*nn*	tooth

140	**tänka**-*vb*	think
902	**tanke**-*nn*	thought|mind
2233	**tank**-*nn*	tank
457	**tänkt**-*adj*	thought|imagined
1739	**tant**-*nn*	aunt
956	**tappa**-*vb*	lose|drop
2125	**tår**-*nn*	tear
2413	**tårta**-*nn*	cake
46	**ta**-*vb*	take|carry
2459	**tavla**-*nn*	board|painting
2266	**tävla**-*vb; nn*	compete; contest
1760	**tävling**-*nn*	contest|race
943	**taxi**-*nn*	taxi
206	**te sig**-*vb*	look
1181	**team**-*nn*	team
2195	**teater**-*nn*	theater
942	**tecken**-*nn*	sign
2248	**teknik**-*nn*	technique
2299	**teknisk**-*adj*	technical
597	**telefon**-*nn*	phone
2112	**telefonnummer**-*nn*	phone number
1833	**teori**-*nn*	theory
2513	**terapi**-*nn*	therapy
1886	**terrorism**-*nn*	terrorism
1240	**testa**-*vb*	test
1648	**test**-*nn*	test
724	**text**-*nn*	text
2320	**tidig**-*adj*	early
248	**tidigare**-*adj; adv*	earlier; previously
493	**tidigt**-*adv*	early|soon
1056	**tidning**-*nn*	newspaper
132	**tid**-*nn*	time
2373	**tidpunkt**-*nn*	point in time
1499	**tiga**-*adj; vb*	silent; subside
2411	**till dess**-*adv*	till then
315	**till exempel**-*adv*	for example
2022	**till följd av**-*prp*	for
622	**till och med**-*adv; adj*	even; inclusive
2065	**till sist**-*adv*	finally
22	**till**-*adv; prp; con*	to; for; until
1445	**tillåta**-*vb*	allow|let
2143	**tillåtelse**-*nn*	permission
85	**tillbaka**-*adv*	back
1964	**tillbringa**-*vb*	spend
1209	**tillfälle**-*nn*	opportunity
2335	**tillfällig**-*adj*	temporary
1693	**tillgång**-*nn*	access|asset
722	**tillhöra**-*vb*	belong
2417	**tillit**-*nn*	trust|faith
509	**tillräckligt**-*adv*	enough
309	**tillsammans**-*adv*	together
256	**tills**-*prp*	until
897	**tillstånd**-*nn*	condition
357	**timme**-*nn*	hour
2434	**tina**-*vb; nn*	thaw; tub
1224	**ting**-*nn*	thing
316	**tio**-*num*	ten
2101	**tips**-*nn*	tip|wrinkle
1631	**tisdag**-*nn*	Tuesday
117	**titta**-*vb*	look|watch
951	**titt**-*nn*	look
1618	**tjänare**-*nn*	servant
865	**tjäna**-*vb*	serve|earn
521	**tjänst**-*nn*	service|favor
449	**tjej**-*nn*	girl
1948	**tjock**-*adj*	thick
1342	**tjugo**-*num*	twenty
1396	**tjuv**-*nn*	thief
1084	**toalett**-*nn*	toilet|bathroom
955	**tokig**-*adj*	crazy
1616	**tok**-*nn*	fool|silly
856	**tolv**-*num*	twelve
427	**tom**-*adj*	blank|clear
1654	**Tomte**-*nn*	Santa
1398	**tomt**-*nn*	lot|plot
1798	**ton**-*nn*	ton
512	**topp**-*nn*	top|crest
1591	**torka**-*vb; nn*	dry; drought
2039	**torn**-*nn*	tower|thorn
1579	**torsdag**-*nn*	Thursday
2138	**törstig**-*adj*	thirsty
2222	**total**-*adj*	total|overall
1182	**totalt**-*adv*	totally
2134	**trädgård**-*nn*	garden
980	**träd**-*nn*	tree
1917	**träffad**-*adj*	hit
477	**träffas**-*vb*	meet
214	**träffa**-*vb*	meet|hit
1289	**träff**-*nn*	hit
2398	**tråkig**-*adj*	boring|dusty

904	**tråkigt**-*adj*	boring
2026	**tränare**-*nn*	coach
1344	**träna**-*vb*	train|exercise
1673	**träning**-*nn*	training
2183	**trä**-*nn; vb*	wood; thread
1600	**trappa**-*nn*	staircase|stairs
1918	**trasig**-*adj*	broken
654	**tredje**-*adj*	third
123	**tre**-*num*	three
2224	**trettio**-*num*	thirty
310	**trevlig**-*adj*	nice
1542	**trick**-*nn*	trick
1902	**trist**-*adj*	sad
1498	**trivas**-*vb*	thrive
1853	**tröja**-*nn*	sweater
1308	**troligen**-*adv*	probably
2488	**troligtvis**-*adv*	very likely
2507	**trosa**-*nn*	briefs
2484	**tröst**-*nn*	comfort|reassurance
555	**trots att**-*con*	while
684	**trots**-*prp; nn*	despite; defiance
475	**trött**-*adj*	tired
2099	**trötta**-*vb*	weary
56	**tro**-*vb; nn*	believe|think; faith
1570	**trubbel**-*nn*	trouble
1816	**trupp**-*nn*	troops|squad
2468	**trut**-*nn*	gull|beak
1640	**trycka**-*vb*	press|print
973	**tryck**-*nn*	pressure
2367	**trygg**-*adj*	safe|confident
1117	**tuff**-*adj; nn*	tough; tuff
1333	**tung**-*adj*	heavy
2043	**tunga**-*nn*	tongue
1971	**tunnel**-*nn*	tunnel|subway
281	**tur**-*nn*	tour|turn
732	**tusen**-*num*	thousand
1207	**tusentals**-*nn*	thousands of
489	**tv**-*abr; nn*	TV; television
83	**två**-*num; vb*	two; wash
1896	**tvärtom**-*adv*	on the contrary
1128	**tvätta**-*vb*	wash
1921	**tvekan**-*nn*	hesitation
1089	**tvinga**-*vb*	force
2063	**tvivel**-*nn*	doubt
1568	**tvivla**-*vb*	doubt
568	**tvungen**-*adj*	forced|enforced

1098	**tyckas**-*vb*	seem
133	**tycka**-*vb*	think|find
1578	**ty**-*con*	for
854	**tydligen**-*adv*	apparently|clearly
1582	**tydligt**-*adv*	clearly
1573	**typiskt**-*adv; prp*	typically; like
495	**typ**-*nn*	type|model
1232	**tysk**-*nn; adj*	German; German
330	**tyst**-*adj; adv*	silent; quietly
1364	**tystnad**-*nn*	silence
490	**tyvärr**-*adv*	unfortunately

U

1337	**umgås**-*vb*	associate
411	**undan**-*adv; prp*	away; from
2162	**undantag**-*nn*	exception
663	**underbar**-*adj*	great|lovely
576	**underbart**-*adv*	wonderfully
1759	**underlig**-*adj*	curious|weird
150	**under**-*prp; nn*	during; marvel
1627	**undersöka**-*vb*	examine|investigate
2395	**undersökning**-*nn*	investigation
470	**undra**-*vb*	wonder
1372	**undvika**-*vb*	avoid
537	**ung**-*adj*	young
2193	**ungdom**-*nn*	youth
681	**ungefär**-*adv*	approximately
839	**unge**-*nn*	young|kid
1871	**uniform**-*nn*	uniform
1874	**universitet**-*nn*	university
1476	**universum**-*nn*	universe
55	**upp**-*adv*	up
2262	**uppåt**-*prp; adv; adj*	up; upwards; in high spirits
739	**uppdrag**-*nn*	mission|assignment
372	**uppe**-*adv; prp*	up; up
1555	**uppenbarligen**-*adv*	obviously
1723	**uppenbart**-*adv*	clear
586	**uppfatta**-*vb*	perceive|apprehend
1076	**uppför**-*prp; adv*	up; uphill
1535	**uppgift**-*nn*	task|information
2017	**upphöra**-*vb*	cease|expire
2251	**uppleva**-*vb*	experience
1197	**uppmärksamhet**-*nn*	attention

1717	**upprepa**-*vb*	repeat
992	**upprörd**-*adj*	upset
918	**uppskatta**-*vb*	estimate|assess
1567	**upptäcka**-*vb*	discover|find
726	**upptagen**-*adj*	busy|occupied
178	**ur**-*prp; nn*	from; watch
159	**ursäkta**-*vb*	excuse|be sorry
483	**ursäkt**-*nn*	excuse
2132	**usel**-*adj*	wretched
47	**ut**-*adv*	out
121	**utan**-*con; prp*	without; without
413	**utanför**-*adv; prp*	outside; outside
1969	**utav**-*prp*	out of
1623	**utbildning**-*nn*	training
192	**ute**-*adv*	out|outside
1787	**utföra**-*vb*	perform|execute
2280	**utför**-*prp; adv*	down; down
2274	**utkik**-*nn*	outlook
705	**utmärkt**-*adv; adj*	excellent; grand
2020	**utnyttja**-*vb*	use|exploit
761	**utom**-*prp; con; adv*	except; save; outside of
1928	**utredning**-*nn*	investigation
1494	**utrustning**-*nn*	equipment
2302	**utrymme**-*nn*	space|room
2278	**utseende**-*nn*	appearance|look
2213	**utsida**-*nn*	outside
2288	**utsikt**-*nn*	view|outlook
2376	**utsökt**-*adj; adv*	delicious; exquisitely
2524	**uttalande**-*nn*	pronouncing
2469	**uttrycka**-*vb*	express
2343	**utväg**-*nn*	way out

V

1505	**väcka**-*vb*	awaken
395	**vacker**-*adj*	beautiful|lovely
628	**vackert**-*adv*	beautifully
1043	**vad gäller**-*prp; phr*	at; as to
438	**vadå**-*adv*	what
15	**vad**-*adv; prn; nn*	how; that; calf
1469	**väder**-*nn*	weather
2054	**väga**-*vb*	weigh
837	**våga**-*vb*	dare|venture
996	**vägg**-*nn*	wall

183	**väg**-*nn*	way|road
1587	**vagn**-*nn*	carriage|wagon
1010	**vägra**-*vb*	refuse|balk
1153	**vaken**-*adj*	awake
585	**vakna**-*vb*	wake|be awake
1651	**vakta**-*vb*	guard
1270	**vakt**-*nn*	guard|watch
95	**väl**-*adj; adv; nn*	well; well; well
197	**väldig**-*adj*	vast|mighty
252	**väldigt**-*adv*	very|ever so
1259	**våld**-*nn*	violence|grasp
740	**välja**-*vb*	choose|opt
460	**välkommen**-*adj*	welcome
812	**välkomna**-*vb*	welcome
485	**val**-*nn*	choice|election
1800	**välsigna**-*vb*	bless
2490	**valv**-*nn*	vault
789	**van**-*adj*	practised
758	**vända**-*nn; vb*	turn; turn
1261	**våning**-*nn*	floor|apartment
2433	**väninna**-*nn*	girlfriend
2455	**vänja**-*vb*	accustom|inured
900	**vanlig**-*adj*	common|ordinary
1318	**vänlig**-*adj*	friendly|kind
800	**vanligt**-*adv*	usually|generally
2011	**vänligt**-*adv*	kindly
2081	**vanligtvis**-*adv*	usually
184	**vän**-*nn; adj*	friend
1671	**vansinne**-*nn*	madness|insanity
2454	**vansinnigt**-*adv*	insanely
1794	**vänskap**-*nn*	amity
557	**vänster**-*adj; nn*	left; left
96	**vänta**-*vb*	wait|be waiting
364	**vapen**-*nn*	arms|weapon
1694	**var och en**-*prn*	each
166	**var**-*adv; prn; nn*	where; each; pus
368	**varandra**-*prn*	each other
3	**vara**-*vb; nn*	be|make; article
1677	**värdelös**-*adj*	worthless
1980	**värde**-*nn*	value
756	**värd**-*nn; adj*	host; worth
1529	**vare sig**-*con*	whether
2225	**varelse**-*nn*	creature
704	**varenda**-*prn*	every
52	**varför**-*adv*	why
1356	**varifrån**-*adv*	from where

215	**varje**-*prn*	each
941	**varken...eller**-*con*	neither nor
858	**varken**-*con*	neither
255	**värld**-*nn*	world
810	**varm**-*adj*	warm
2273	**värme**-*nn*	warmth|warm
1610	**varna**-*vb*	warn|alert
1363	**varning**-*nn*	warning|caution
125	**vår**-*prn; nn*	our|ours; spring
1373	**vars**-*prn*	whose
1483	**vart**-*adv*	where
1024	**väska**-*nn*	bag
2151	**västerut**-*adv*	west
1784	**väst**-*nn*	vest
2325	**västra**-*adj*	westerly
389	**vatten**-*nn*	water
1191	**växa**-*vb*	grow|wax
2312	**växel**-*nn*	gear|switch
2350	**VD**-*nn*	Chief executive
451	**vecka**-*nn; vb*	week; fold
70	**vem**-*prn*	who
1049	**vems**-*prn*	whose
235	**verka**-*vb*	act|seem
1507	**verklig**-*adj*	real|factual
119	**verkligen**-*adv*	really|indeed
1482	**verklighet**-*nn*	reality
1517	**verkligt**-*adv*	real
1790	**verk**-*nn*	work
2360	**verktyg**-*nn*	tool|instrument
32	**veta**-*vb*	ken
2443	**vetenskap**-*nn*	science
2414	**vettig**-*adj*	sensible
1377	**via**-*prp*	via
2348	**vice**-*adj*	deputy
298	**vidare**-*adj; adv*	more; further
2072	**video**-*nn*	video
109	**vid**-*prp; nn; adv; adj*	at|on; space; so; wide
1827	**vietnam**-*nn*	Vietnam
456	**viktig**-*adj*	important
1692	**vikt**-*nn*	weight
737	**vila**-*nn; vb*	rest; rest
1704	**vild**-*adj*	wild
29	**vilja**-*av; vb; nn*	will; will; wish
317	**vilka**-*prn*	which

168	**vilken**-*prn*	which
250	**vilket**-*prn*	which
2083	**villig**-*adj*	willing
1981	**villkor**-*nn*	terms|condition
1201	**vilse**-*adj; adv*	lost; astray
1151	**vind**-*nn; adj*	wind; warped
2180	**vinge**-*nn*	wing
1597	**vinnare**-*nn*	winner
560	**vinna**-*vb*	win|overcome
888	**vin**-*nn*	wine
2241	**vinst**-*nn*	profit|yield
1952	**vinter**-*nn*	winter
10	**vi**-*prn*	we
2351	**virus**-*nn*	virus
202	**visa**-*vb; nn*	show|display; ballad
1208	**vis**-*nn; adj*	way; sage
122	**viss**-*adj; prn*	certain; some
778	**visst**-*adv*	by all means
596	**vit**-*adj; nn*	Caucasian; Caucasian
465	**vitt**-*adv*	wide
2016	**vittna**-*vb*	testify
1548	**vittne**-*nn; adj*	witness; deponent
2208	**vodka**-*nn*	vodka
2311	**vrede**-*nn*	anger
1274	**vuxen**-*adj; nn*	adult; adult

V

1404	**webbplats**-*nn*	web site
1287	**whisky**-*nn*	whiskey

Y

2009	**yrke**-*nn*	profession
2068	**yta**-*nn; vb*	surface; whine
1335	**ytterlig**-*adj*	utter
656	**ytterligare**-*adj; adv*	further; further
2102	**yttre**-*adj; nn*	external; exterior

Contact, Further Reading and Resources

For more tools, tips & tricks visit our site www.mostusedwords.com. We publish various language learning resources.

If you like this dictionary, please let others know about it, so they can enjoy it too. Or leave a review/comment online, e.g. on social media, blogs or on forums.

Frequency Dictionaries

Frequency Dictionaries in this series:

Swedish Frequency Dictionary 1 – Essential Vocabulary – 2500 Most Common Swedish Words
Swedish Frequency Dictionary 2 - Intermediate Vocabulary – 2501-5000 Most Common Swedish Words
Swedish Frequency Dictionary 3 - Advanced Vocabulary – 5001-7500 Most Common Swedish Words
Swedish Frequency Dictionary 4 - Intermediate Vocabulary – 7500-10000 Most Common Swedish Words

Please visit our website www.mostusedwords.com/frequency-dictionary/swedish for more inforation.

Our goal is to provide language learnings with frequency dictionaries for every major and minor language there is to be found on this planet. You can view our selection on www.mostusedwords.com/frequency-dictionary

Bilingual books

We're creating a selection of parallel texts, and our selection is ever expanding.

To further help you in your language learning journey, all our bilingual books come with a dictionary included, created for that particular book.

Current bilingual books available are English, Spanish, Portuguese, Italian, French, and German

For more information, check www.mostusedwords.com/parallel-texts. Check back regularly for new books and languages.

Other language learning methods

You'll find reviews of other 3rd party language learning applications, software, audio courses, and apps. There are so many available, and some are (much) better than others.

Check out our reviews at www.mostusedwords.com/reviews.

Contact

If you have any questions, you can contact us through e-mail info@mostusedwords.com.

Printed in the USA
CPSIA information can be obtained
at www.ICGtesting.com
LVHW072017030124
768009LV00006B/304